Wei

Jianlin

卫建林自选集
WEIJIANLIN ZIXUANJI

学习 理论文库

学习出版社

卫建林

卫建林，祖籍山西闻喜县东郭家庄。庄名郭而俱卫姓，不知何故。祖父务农。父母"七七事变"前参加共产党。1939年农历7月27日（公历10月9日）生我于山西长子县庞庄。

1939—1949年，奔命于太行山、太岳山、中条山、晋南平原。父母忙于战事，无暇照看，辗转求生，张家一粥，李家一汤，又须为国民党军追捕逃生耳。故谓"奔命"。

1949—1959年，太原读小学、中学。

1959—1964年，南开大学中文系。有窈窕淑女刘世锦，求为偶，相伴终生。

1964—1975年，《红旗》杂志。"文化大革命"十年，主要在五七干校，出汗出力，称"卖大块"。

1975年后，调来调去。工作是写字，余暇还是写字。难看，只是多。60岁以后用电脑，字好看了，然非手迹。垂垂老矣，此外无以谋生，写下去就是了。

前　言

收入本书的文字，从 1978 年到 2006 年，凡 28 年。

中国共产党成立，28 年取得国家政权。又 28 年，在半殖民地半封建社会和内外战乱的废墟上，确立社会主义制度，建起独立的工业体系和国民经济体系。

然后就是本书文字所由产生的 28 年了。新自由主义全球化一如复仇的旋风扫荡世界，从所向披靡、水银泻地到无处不在地遭遇阻击；世界社会主义运动和民族解放运动，工人运动和群众性社会运动，从备受压抑、七零八落、跌入低谷，到星星点点地重新集结，开始走向埋葬这场灾难的新的行程。中国坚持社会主义，以人民的勤劳和经济增长成就，赢得世界的尊敬。

作者由离开五七干校不久的精壮劳力，变得白发苍苍。曾经师从和深深敬重的前辈，多已相继作古，长寿者也都是曾祖父辈的年龄了。同辈的多数，在坚持不懈地追求真理，给我教益和鼓励。此外则或许退隐，或许改行，或许三弯四转到靠别样的方法讨生活了。每个人走自己的路。只是历史进程颠簸汹涌，个人的进退荣辱、爱恨情仇，其实微不足道。

我们踩着老一代的脚步，经历了革命从农村走向城市，经历了共和国从草创走向繁荣。缺少的，是革命战争血与火的锤炼、深厚的实践和群众工作的基础。生活展示给我们的新的图景，是苏东剧变和世界社会主义运动进入低潮，西方当局策动、胜败参半而目前尚未歇手的"颜色革命"，是世界工人阶级、被压迫人民、被压迫民族，在凄风苦雨中的挣扎和奋争、探索和创造。

见过了创业的艰难和太阳般的辉煌，见过了挫败和退潮，见过了山一般的坚定、海一般的辽阔，也见过了叛、见过了卖、见过了转向到鲁迅先生所说的"人头畜鸣"。生活教导人。有机会阅读历史推出的新版教科书，是我们这一代人的幸运。

因为中文系毕业，对文学有一份特别的感情。研究工作起步于《红楼梦》和鲁迅。1974 年由江西人民出版社出版《曹雪芹论》。1981 年由浙江人民出版社出版《〈呐喊〉〈彷徨〉及其时代》。两书均写于《自选集》所限 28 年之前。1984 年由百花文艺出版社出版《文学要给人民以力量》，1986 年由漓江出版社出版《生活教导着作家》，主要评论当时的文艺现象，也不收入。

1986 年有《社会主义文学及其主旋律》，发表于

《文艺研究》。当时并不在意。大约 1993 年或 1994 年某日，文化部一位素昧平生的同志电话，说他奉命查询"主旋律"提法的由来，最早提出的，竟是这篇文章。其实在我之前，曾见苏联赫拉普钦科院士有此提法，我不过借来解释中国的文艺罢了。

1840 年以来，为中华民族生存、复兴与强盛，作出最伟大贡献的革命家、思想家，是两位。毛泽东之外，就是鲁迅了。为此有 1986 年 1 月的《鲁迅是一个整体——鲁迅思想研究的几个问题》，发表于《红旗》杂志。先生一生，唯热唯光，温暖青年，作烛自焚。我于先生，素所尊崇。80 年代，忽然污蔑纷起，刻毒轻俏，宁愿向汉奸文人和远离人民、远离革命的风花雪月文人，大送秋波了。有此一篇，也说明着连我这样没有多少文学业绩的后继者，还坚守先生的精神，以略略告慰先生于地下。

写于 1989 年 3 月的《历史·人民·文化——五四文化和中国现代化问题研究提纲》，也发表于《文艺研究》。那时时髦"启蒙压倒救亡"和"告别革命"，我这一套算另类。然而不知怎样，竟写出了自精英文化喧嚣中嗅出的火药味。

《自选集》一篇未选。终于对不住我所钟爱的文学。

80 年代末，勤恳工作而祸从天降，闹得一度不发工资。两个孩子上学，全家只靠老伴养活。此后补发工资了，仍然没有工作可做。家小外出，蜗居独守，空寂寥落，如只身游于大雾四塞之野。于是搬出辞海辞源和历年积存的古董，在故纸堆里，写了一本《明代宦官政治》。

我于明史，纯系外行。我的所作，明史专家自然不屑一顾，然而在作者，却借此增长了新一个方面的学问。

宦官多出身寒微，阉割为帝王家奴，生死在帝王一念之间。他们也是受害者，也有过永乐年间郑和这样的杰出人物。但是封建专制制度造就的他们的政治集团，依凭帝王家奴这一唯一资源，远离社会生产，不创造社会财富，不必寒窗苦读，不必战场厮杀，无须文治武功，却转瞬之间居于国家财富权力分配的顶端，"蟒玉遍宗亲，京堂皆乳臭"。明代曾经几度形成与国家政治、军事、人事、司法、文教、财政系统并列甚至权倾其上，由宦官集团控制的，另一个从中央到地方的系统。

宦官治国，无非招权纳贿、竞为苛敛，依据卖身投靠的程度和贿赂的质量数量，实施特务统治，任意确定各级官员的去留升降和褒贬生死，玩弄师保宰辅、六部九卿、封疆大吏、将军总督于股掌，在全国实行敲骨吸髓的大搜刮，"第宅连云，田园遍野，膏粱厌于舆台，文绣被于狗马"。其治文治教，经常使知识分子陷于面对目不识丁而又要屈从权势的尴尬。李自成大军由陕西进山西，再经大同、宣化、昌平，二十几天攻城拔寨，杀入北京，一路都有宦官监军或逃散、或内应、或开门跪接，临到北京城下，还有宦官潜入以劝降。这就是它治军的成就了。

明代天顺年间太监牛玉受贿和私立皇后，事发，南京六科给事中王徽等上言：

> 自古内官贤良者万无一人，无事之时，似为谨慎，一闻国政，便作奸欺。彼如闻陛下将用某人也，必先卖之，以为己功；闻陛下将行某事也，必先泄之，以为己势。人望日归，威权日盛，而内官之祸起矣。此臣所以劝陛下不许内官与闻国政者也。内官侍奉陛下，未免朝夕在于左右。文武大臣，不知廉耻，多与之交结，有馈以金宝珠玉，加以婢膝奴颜者，内官便以为贤能，朝夕在陛下左右称美之；有正大不阿不行私谒者，内官便以为不贤，朝夕相与谤之。陛下天纵圣明，固不为惑，日加浸润，未免致疑。称美者骤跻显位，谤者久屈下僚。怨不归于内官而归于朝廷，恩不归于朝廷而归于内官。贿赂日行，威权日盛，而内官之祸起矣。臣等所以劝陛下不许外官与内官交结者此也。[①]

关于宦官的参政，宦官与官员相互勾结产生的弊害，

① （明）王世贞：《弇山堂别集》（四）中华书局1989年版，第1757—1758页。

这里的描述真是惟妙惟肖。希进群小纷纷逢迎宦官，六部重臣、封疆大吏甘为子侄拜在门下，以至于皇亲贵胄、文武官员、进士举人自我阉割以为升迁之路，市井小民也争相穿起宦官服饰以显其时尚。正所谓"离间之风起于蝇营，谗物之蝉生于长舌"，"官爵视苞苴为进退，刑法任喜怒而轻重"。夤缘攀附、小道取容、挟私构陷、诽谤中伤，成为官场的政治品格，也导引着社会风气的堕落。百职寒心，士气尽灭，政局糜烂，社会分崩离析，已经势在必然。

宦官集团的产生、存在、膨胀、权势熏天，根源于封建专制制度。作为封建专制主义的产物，它堵塞社会生命肌体的毛孔，再生产着一种社会关系、一种社会意识，成为封建社会政治文化遗产中最腐朽、最野蛮、最残酷、最黑暗的部分。一个当代中国学者，要研究这样的课题，揭开民族历史上的这个见不得人的肮脏的疮疤，真是羞于启齿。我们终于可以长出一口气，庆幸不会再来一个刘瑾或是魏忠贤了。然而历史土壤是如此深厚，即使把封建制度埋进土地深处的最伟大的革命，也不能在短时期里，彻底扫荡宦官意识、宦官现象的污浊和腐臭。这是一种悲哀，却又无可奈何。

《明代宦官政治》由山西人民出版社1991年出版。其中的一章《宦官意识和宦官现象》，90年代初期曾经在《光明日报》发表。又有与此相关的两篇文章《阉人政治和阉人政治家》、《李自成和〈明季北略〉》，在《当代思潮》发表，分别署名韦骥和郑勒楫。略微有点闲空，增写几万字，还由花山文艺出版社 1997 年出版过一种《明代宦官政治（增订本)》。

《自选集》一篇未选。又终于对不住曾经那样折磨我的灵魂的明史。

偶尔写些杂文、小说。信笔署名，不存底稿，不集发表的报纸刊物，散佚如风。更要对不住，无缘进《自选集》了。

自 90 年代起，世界动荡，我的兴趣越来越转到和文学、和明史不大相关的领域。于是有《几个紧迫的理论问题》。后来的研究，大体没有越出这些问题的范围。

面对苏东剧变引发的思想混乱，曾经在《光明日报》发表《辩证法是革命的代数学》。同样标题的一本书，由当代中国出版社 1992 年出版。同年，这家出版社还出版了我和妻子刘世锦合编的《西方对外战略策略资料》，署名柳静。它从 1946 年起到苏联解体，按年、月、日辑录西方怎样对付社会主义国家和第三世界国家，至今成为我自己进行研究的必备参考书。

美国人弗朗西斯·福山"历史的终结"之说一度风靡全球。一个中国人用一本书作出回应，并提出和论述第三世界发展学问题。这就是《历史没有句号》，北京师范大学出版社 1997 年出版。

出访俄罗斯，试图从自少年时代起就向往的苏联的命运，把一把世界历史运动的脉，有《忧郁的俄罗斯在反思》，署名文甘君，生活·读书·新知三联出版社2000年出版。

西方全球化中关于科技问题的喧闹昏天黑地，甚至流行"有一台电脑，人人可以成为资本家"的天方夜谭。有《科技属于人民》，署名唐枭，中国人民大学出版社2001年出版。

清算西方全球化的历史和全球化研究中的混乱，有《历史是谁的朋友——全球化：定义、方法论和走向》，署名马也，中央民族大学出版社2003年出版。

出访拉丁美洲，有《西方全球化中的拉丁美洲》，红旗出版社2004年出版。出访非洲的《寻找苦难隧道的尽头》，一并收入。

关于全球化进程中共产党的使命，有《全球化与共产党》，署名贾仕武，香港大风出版社2005年出版。这是一个繁体字本。同年，中国人民大学出版社还出版过一种简体字本。

收入《自选集》的，除了几篇目前尚有存留价值的文章，主要选自以上几本专著。

《自选集》收入的《劳动政治经济学的胜利》，专论劳动者合作经济问题。

在宣传国有企业股份制改造的时候，一批文章纷纷搬出《资本论》。但是只引述马克思关于股份制如何成为"由资本主义生产方式转化为联合的生产方式的过渡形式",连一个完整的句子也不引出,更不要说完整的思想了。然后张开想象的翅膀肆意飞翔。

马克思的完整表述被抹去了。这包括:第一,关于股份制性质的论述:"局限在资本主义界限之内";第二,关于股份制结果的论述:"导致最大规模的掠夺";第三,关于工人合作工厂的论述:"在旧形式内对旧形式打开的第一个缺口",表明"在物质生产力和与之相适应的社会生产形式的一定的发展阶段上,一种新的生产方式怎样会自然而然地从一种生产方式中发展并形成起来";第四,关于股份制和工人合作工厂比较的论述:"资本主义的股份企业,也和合作工厂一样,应当被看做是由资本主义生产方式转化为联合的生产方式的过渡形式,只不过在前者那里,对立是消极地扬弃的,而在后者那里,对立是积极地扬弃的"。①

所有这些话,都印在《资本论》第三卷彼此相连的段落里。无论对于号称以马克思主义为指导的研究而言,还是对于任何一种多少具有科学精神的研究而言,如此对待马克思,都是不严肃、不光彩的事情。

不妨贸然预测:劳动者合作经济,将在人类摆脱新

---

① 《马克思恩格斯全集》第25卷,人民出版社1974年版,第497—498页。

自由主义灾难和创造新的社会秩序的艰难斗争中，扮演特别重要的角色。工人阶级 160 多年以前的这一伟大创造，今天尚处于弱势。但是灰姑娘注定成长为明天工人阶级的大力士。

2006 年夏天，在中国社会科学院马克思主义研究院作学术报告，注意力开始转到世界历史走向问题了。后来又应约为两家刊物就此写过文章。这是一个需要继续关注和深入研究的问题。无论如何，历史已经把这个问题推上前台，值得为它做些什么了。这就有《自选集》最后的《世界向何处去》。

28 年，我们的世界多少王冠落地、权杖易手，名不见经传忽而大富大贵，红得发紫忽而跌落尘埃，忽而"左"得可怕忽而右得可怕，然而只有人民永恒和配称万岁。

对我来说，人民，就是太行山、太岳山、中条山、晋南平原给我一粥一汤，教我认识世界和人生的爷爷奶奶、干爹干娘、哥哥姐姐，就是教我使用改锥扳手的工人师傅，就是五七干校驻地的房东和乡亲，就是北京城里的出租车司机、到家服务的电工和水暖工，就是为我的衣食住行付出劳动的每一个不相识的人。

"人民创造历史"，已经被自命精英者宣判为陈词滥调，我却深信不疑。支撑社会存在的是他们，承担社会苦难的是他们，从历史运动最深处左右它的走向、进行新的创造的，也是他们。28 年如此。整个人类历史如此。

研究社会科学，成为人民中的一员，为他们奔走呼号，从他们的喜怒哀乐中寻得历史运动的来龙去脉，才真正找到智慧的源泉。

读大学的时候，我不算一个安分的学生，中文系而偏要读马克思，为这位伟大革命家和学者思想的深刻、知识底蕴的丰厚、逻辑的缜密和文字的精妙，如醉如痴，可以整段整段地背诵。"文化大革命"了，造过反了，斗过人了，也挨过斗了、"反革命"过了。逍遥和种地之外，读《马克思恩格斯全集》和《列宁全集》，豁然开朗，打开一个更新的世界。

80 年代以来，马列备受冷落而书价大升。先前每月工资可以买旧版全集 20 册，后来工资涨了，每月只能买新版全集两册到三册。时尚是追捧西方著作。反正是读书，何妨也时尚一把呢？于是因为研究第三世界发展问题，集中读了大约上百本西方经济学著作。结构、文字比我们自己的部分文章可取者甚多，尚有思想资料可用，有些作者怀着对第三世界人民悲苦的真挚同情。道理则不越剥削永恒。再就是故作高深的公式、图表，和一旦深问，他们自己也茫然的晦涩术语了。无论在哪一方面，如果同千锤百炼的马克思主义经典著作相比，都黯然失色，不属于有比较资格的层次。

终于补上一课。那时候的舆论，是"重新认识"，以此贬低马克思主义和社会主义、抬高资本主义。"重新认识"，本来符合认识规律。如果不是为着追求真理而是预先已经怀着某种政治偏见，注定偏离科学的轨道。我这回"重新认识"的收获，是倒退，是在新的历史实践的检验中重新回到毛泽东同志：西方资产阶级的文明、资产阶级的民主主义，资产阶级共和国的方案，一齐破了产，学会了马克思列宁主义，在精神上就由被动转入主动。

写字 28 年，没有每提笔，即来一番修身齐家治国平天下的大道理，写而已。60 岁以后敲电脑，敲而已。凡属自己的研究，无一字为求官，无一字为卖钱。

作品发表或出版，作者对每一句话、每一个字，都肩负着责任。我是除本名外，有时用笔名的。这需要有个交代。

因为被讥为"官方理论家"、"无聊理论家"、"左大爷"、"探照灯"、"政治垃圾"，就用"关方"、"吴雷"、"左达"、"谭照"、"郑勒楫"；曾经被糊里糊涂加上"严重违纪"的罪名，就用"韦骥"或"韦纪"；遇到通货膨胀的年份，便有"童澎"；有朋友善意劝告：写那些东西有什么用呢？说了也白说，出来一个"白树沃"；干脆用住地街道门牌的，是"贾仕武"；妻子发现糖尿病，用"唐袅"以搏一笑而有助疗治，也算得夫妻情分；久坐而血脂上升，于是有"郜雪芝"；小孙子马年出生，"马也"，一属马婴儿之爷爷；"文甘君"，从妻子和两个儿子的姓名各取其半拼成；"文熙"则是祖籍闻喜的谐音；"章姗"、"黎寺"、"王尔玛"，就是张三、李四、王二麻子。

作者沉浮求生，写下眼里的时代，也属于这个时代。善为文者如宋人欧阳修，为身后百年读者计，晚年尚孜孜于文稿修改。我不配和欧阳修相比，极愿我的那些文字，在时代递变中尽快化灰化烟，以为不要说百年，即便再存活 28 年，也绝非幸事。何况凡属对重大社会问题的议论，一旦发表或出版，就不再属于作者本人，无权再做实质性修改，只应该改动病句、笔误、标点符号一类技术性错误了。有些地方增加注解，使读者更清晰地看出时代的前进和当时作者的浅陋。

感谢学习出版社的同志。感谢曾经为我的文章和书稿付出劳动的每一位同志，包括不同报刊、出版社的编辑、校对和从事印刷、装订、发行的同志，包括读一读、翻一翻的同志。特别感谢提出批评意见的同志。

28 年，唯独对不起的，是家人。我以写字、读书、剪贴资料、装订成册、摆弄卡片为生活，很少陪他们。如果没有妻子的爱和为家事操劳，如果没有她和儿子经常和我争论，在稿子上横七竖八，写出的东西会更多疏漏。孙子四岁半，曾经在我的生日宴席上举杯，稚气的祝词竟然是"祝爷爷好好喝水，好好看书"。借此书一角，向我的妻子和儿孙，表示我的深深的爱和歉疚。

　　刚刚完稿的《世界向何处去》的一段话，可以引来作为这个前言的结尾：

　　　　世界处于新的大变革的前夜。经历低潮的世界社会主义运动，将又一次奏起它的凯旋曲。历史不是资本主义的朋友。未来属于社会主义。

2006 年 11 月

目　录

人民万岁[*]
——论天安门广场革命群众运动

天安门事件的彻底平反，如同一声春雷，响彻了祖国

---

* 本文收入作者所著《辩证法是革命的代数学》，当代中国出版社 1992 年出版。1978 年 12 月 21 日以特约评论员署名在《人民日报》发表。同日至少有三家外国通讯社进行了报道。南通社注意到，文章说争取民主今天仍然是党的主要任务之一，"据观察家说，这篇文章是概述了最近举行的三届中央委员会会议的决议"，评论指出，争取实现在党的领导下的社会主义民主的斗争还没有完成，解决"人民内部"的一切问题，在任何时候、任何情况下都只能用民主的方法，决不能使用武力和专政的方法，"有些同志搞了多年的革命，却很不了解人民的民主权利"。必须相信广大人民群众的政治觉悟，他们是能判断是非的。文章断言，"没有神仙皇帝"能把民主恩赐给人民，广大人民群众必须自己去争取。党应当领导争取民主的斗争，而党的团结是实现这一目标的前提。从政治斗争转到加速经济建设的时候现已到来，这应当是今后时期内党的主要任务。时事社的报道说，这篇文章一方面呼吁为了实现"四个现代化"，必须清除"四人帮"这个毒瘤，另一方面说，"人民明确地把他们同党、同毛泽东同志为首的党中央区别开来"，表明要把"四人帮"同已故毛泽东主席明确区别开来并拥护毛主席的立场。共同社驻京记者报道的题目是《天安门事件是转向以发展生产为中心的序幕》。报道说，文章的目的是为明年全党工作的重点转到四个现代化上来做好准备。作为实现四个现代化所不可缺少的因素，文章主张确立社会主义法制，实行民主集中，排除官僚主义。以后是以发展生产为中心的时期，不管任何政治力量，任何个人如何设想，不管自觉或不自觉，中国必须实现以四个现代化为中心任务的历史转变。这是党心、军心、民心所向，是历史法则，任何力量、任何个人都不能扭转的。

的千山万水。这是深入揭批林彪、"四人帮"的伟大胜利，是人民力量的伟大胜利，是马克思主义真理的伟大胜利。人民正在用庆祝胜利的欢呼声，用团结一致，艰苦奋斗，建设现代化的社会主义祖国的实际行动，告慰自己的伟大领袖毛泽东同志和他的亲密战友周恩来同志，告慰成千上万的革命先烈。

"历史真相总要大白天下"①。天安门事件的平反昭雪，再一次证明了这条不可移易的定律。这场伟大的革命群众运动，从它诞生的那一天起，就以自己辉煌的光焰普照着中国的大地。它作为中华民族的骄傲、社会主义史上的壮举、中国人民创造历史的不朽丰碑，带着传遍人间、沁人心脾的革命诗文而永垂史册。

一次伟大的革命运动发生之后，人们不仅要长久地回忆它、赞美它，而且要长久地领会它、消化它。天安门事件给予我们的历史的启示，是多方面的。目前，正当全党的工作重心转到社会主义现代化建设上来的重要关头，认真探索它发生的原因，科学估价它的历史地位，努力从政治上、思想上、经济上和文化上吸收它的丰富成果，对于进一步发扬社会主义民主，发展全国安定团结、生动活泼的政治局面，调动一切积极因素，加速国民经济的发展，具有重大的意义。

①《列宁全集》第17卷，人民出版社1959年版，第402页。

两种命运、两种前途的殊死搏斗

　　天安门事件，这场被人民群众誉为"四五"运动的革命风暴，究竟是怎样发生的？是偶然出现的，还是历史的必然？是亿万革命人民的伟大创举，还是个别人挑动的？这是首先必须弄清的问题。

　　历史上一切伟大的政治运动，都植根于社会政治生活、经济生活的深处，都为一定的社会要求所召唤，因而具有深厚的群众基础和群众斗争的规模。恩格斯说："把革命的发生归咎于少数煽动者的恶意那种迷信的时代，是早已过去了。现在每个人都知道，任何地方发生革命动荡，其背后必然有某种社会要求"，这种运动"不是个别人活动的结果，而是民族的要求和需要的自发的不可遏止的表现"[①]。"四人帮"攻击天安门广场革命群众运动是"反革命政治事件"，把弥天的谎言强加在中国人民的头上。这是不足为奇的，因为不进行这种历史的颠倒，他们也就不成其为这次运动的对象和血腥镇压人民的刽子手。但是，对于每个革命者和正直的人士来说，在恩格斯作出上述论断，马克思主义已经深入人心100多年之后，看到在事实面前闭上眼睛，把这次运动说成是少数人的行为，说成是个别人挑动的结果的情况，则只能认为，那是在对马克思主义、对历史进行公开的嘲弄，是在重复早已过时

————————————

　　① 《马克思恩格斯选集》第1卷，人民出版社1995年版，第483页。

的历史唯心主义的"迷信时代"的梦呓。

天安门广场革命群众运动，以悼念周恩来总理、反对"四人帮"作为主题。为什么人民群众对周恩来同志那样无限热爱，对"四人帮"那样切齿痛恨？为什么这一爱一憎，成为这场威武雄壮的革命活剧的主旋律？

10 多年来，中国人民经历了"文化大革命"惊涛骇浪的巨大震荡、颠簸、考验和锻炼。他们从自己的实践中，愈来愈深切地感到，周恩来同志始终和人民群众生活在一起，战斗在一起。他成为人民的愿望、要求、意志和美好品格的化身，成为最忠实、最坚定地执行和捍卫马列主义、毛泽东思想的光荣代表。他砥柱中流，力挽狂澜，奋不顾身地排除林彪、"四人帮"的干扰破坏，为无产阶级专政的巩固，为社会主义建设朝着四个现代化的目标前进，为党和国家的前途和命运，为干部和群众免遭林彪、"四人帮"的摧残，付出了自己的全部心血。1975 年，周恩来同志病重之后，邓小平同志主持中央工作。为了扭转林彪、"四人帮"造成的危难局面，整顿各方面的工作，促进国民经济的好转和人民生活的改善，同"四人帮"进行了针锋相对的斗争，进一步鼓舞和坚定了人民的革命斗志。在毛泽东思想的伟大旗帜下，人民从周恩来同志、邓小平同志和其他老一代无产阶级革命家身上，看到了我国社会主义时期历史发展的主流，看到了它的正确方向，看到了社会主义祖国的光明前景。

林彪、"四人帮"是打着最"高举"、最"左"和最"革命"的"社会主义"的招牌，登上政治舞台的。他们自称是开创新时代的"功臣"和捍卫社会主义的"天骄"。一切不知道他们底细的善良的人们，起初也真以为这是他们的本相。但是，这些"功臣"、"天骄"们到底给中国人民带来了什么呢？人们很快地从他们的行动中发现：他们的社会活动史，就是在"文化大革命"中制造黑暗逆流，给中国人民带来屈辱和痛苦的灾难史。除了一小撮死心塌地追随他们的反动分子之外，广大人民群众都在不同程度上受到了他们的侵害。在社会生产力遭到严重破坏的情况下，人民群众的生活长期得不到提高，甚至有所下降；老干部、老工人、老模范、老知识分子，一夜之间被加上"叛徒"、"特务"、"走资派"、"工人贵族"、"反动权威"等罪名，受到残酷斗争，无情打击；许多党和国家的工作人员，失去了工作的权利；工人做工、农民种田、士兵训练，一概成了"冲击政治"、"为错误路线贴金"的非法行动；正在求学的青少年，则被强行剥夺了学习的机会；诬陷、拘捕、监禁、非刑拷打，已经加在千千万万人的身上，并且随时等待着每一个对他们稍有不满、稍有非议的共产党员和革命者。

比较，从来是防止和医治受骗的重要方法。有马、恩、列、斯和毛泽东同志的书在，有科学社会主义的理论在，有周恩来同志等老一代无产阶级革命家捍卫毛泽东思想、捍卫社会主义事业的光辉实践在，这一切都激励着人民在自己的生活和认识范围内去比较，去思索，去辨别："四人帮"的"社会主义"，究竟是什么货色呢？他们究竟要把我们的国家引到什么方向去呢？

社会主义革命的目的是为了解放生产力和发展生产力。为什么他们却把革命和生产割裂开来,对立起来,在极端"革命"的词句下,诋毁四个现代化,大肆"批判唯生产力论",煽动停工停产,使国民经济走向崩溃的边缘?

社会主义生产的目的是使"所有劳动者过最美好的、最幸福的生活"①,使人民不断增长的需要能够逐步得到满足。为什么他们却诬蔑这是"修正主义",而拼命鼓吹禁欲主义、苦行僧主义?

社会主义国家是人民当家作主的国家,社会主义民主"是任何资产阶级国家所不可能有的最广大的民主"②。为什么他们却任意残害人民,任意剥夺宪法规定的人民管理国家、管理各项经济和文化事业的权利,以及言论、通信、集会等自由,疯狂推行法西斯专制主义?

社会主义只有在无产阶级及其先锋队的领导下才能实现。为什么他们却极力歪曲和丑化我们的党和它的光辉历史,大反所谓"党内资产阶级",千方百计地要搞垮我们的党,拼凑他们尊尊亲亲的阴谋集团?

社会主义把马列主义、毛泽东思想作为自己的理论基础和行动指南。为什么他们却大肆制造迷信,用什么"顶峰"、"终极真理",把马列主义、毛泽东思想教条化、宗教化,用什么"三忠于"、"四无限",把人民群众对革

---

① 《列宁选集》第3卷,人民出版社1995年版,第546页。
② 《毛泽东文集》第7卷,人民出版社1999年版,第207页。

命领袖的敬爱，变成蒙昧主义的偶像膜拜？为什么他们自封为"天马"、"女皇"、"法家领导集团"，请出吕后、武则天之类的封建帝后的亡灵，大造自己的"神圣"形象，甚至建离宫、制御裙、选嬖妾？

社会主义是包括资本主义在内的人类历史发展的逻辑的产物，为什么他们却闭关锁国，拒绝接受国外的先进东西，拒绝接受人类文化的优秀遗产，把学习外国的好东西好经验诬蔑为"洋奴哲学"、"卖国主义"？

还有，在他们的统治下，特别是在他们直接控制的地区和单位，为什么封建主义的特产和地主阶级的国粹，诸如罗织构陷，族株连坐，尊卑森严，思想禁锢，人身依附，投书告密，党同伐异，捣鬼登龙等，统统出现了？

广大的工、农、兵和知识分子通过深入的比较、辨别和思索，终于找到了这些问题的答案："四人帮"念念有词的所谓"社会主义"，原来只是涂着社会主义色彩的彻头彻尾的封建主义。至于他们打着最"高举"、最"左"和最"革命"的旗号进行活动，那不过是为了在 20 世纪 60 年代和 70 年代的中国，建立江记封建小朝廷不得不增制的一件新式舞衣罢了。正像马克思和恩格斯在揭露封建社会主义时所说的："为了拉拢人民，贵族们把无产阶级的乞食袋当作旗帜来挥舞。但是，每当人民跟着他们走的时候，都发现他们的臀部带有旧的封建纹章，于是就哈哈大笑，一哄而散。"① 他们用"高举"的名义掩盖反对马列主义、毛泽东思想的祸心，用"左"的名义掩盖右的实质，用"革命"的名义掩盖反革命的行动，其实都是为了在"社会主义"的招牌下，抬出封建主义，以生产力的停滞代替生产力的飞速发展，以专制代替民主，以迷信代替科学，以黑暗的中国代替光明的中国。

中国向何处去？是沿着中国共产党及其领袖毛泽东同志所指出的四个现代化的目标胜利前进，还是让"四人帮"葬送革命的事业，把社会主义的中国重新拖回到半殖民地半封建的深渊？这个问题就尖锐地摆在了8亿人民的面前。毫无疑义，我们的党和人民，绝对不能容忍中国历史的倒退。对于"四人帮"这个最顽固、最残忍、最凶暴的反革命集团，只能用一个新的、普遍的、胜利的革命来回击。这就是人民得出的紧急结论。

1976年初，人民的好总理、伟大的马克思主义者周恩来同志不幸逝世，全国人民沉浸在无限悲痛之中。而"四人帮"这伙民族的公敌却欣喜若狂，更加肆无忌惮地诽谤周恩来同志，同时全盘否定1975年的工作，把无数的诬蔑，强加在邓小平同志身上。这时，人民群众就再也忍无可忍了。一切关心国家前途和命运、注视着政治斗争的风云变幻的人们，都以积极斗士的姿态，大步跨上了斗争舞台的前沿：人民的权利，必须由人民用斗争来保卫，人民的愿望，必须由人民用斗争来实现。

---

① 《马克思恩格斯选集》第1卷，人民出版社1995年版，第295－296页。

　　这样，以党和人民为一方，以"四人帮"为另一方，一场革命同反革命、光明同黑暗、科学社会主义同封建社会主义的决定中国前途和命运的殊死搏斗，就在天安门广场，在人民英雄纪念碑下爆发了。

历史的里程碑

　　天安门广场，曾经是"五四"运动、"一二·九"运动发生的地方，曾经是毛泽东同志庄严宣告中华人民共和国成立的地方。它铭刻着近代和现代史上为反对内外敌人而英勇献身的人民英雄们的不朽业绩，它成为中国人民争取民族独立和自由幸福的伟大历史的见证。现在——1976年清明节，这里再一次成为举世瞩目的地方。

　　首都人民，全体中国人民，从天安门广场的震天动地的革命呐喊和《国际歌》声中，表明了自己的要求、自己的愿望、自己的意志、自己的力量，显示出历史主人的威武不屈的面貌。

　　在这里参加战斗的，有共产党员、共青团员和少先队员，有工人、农民、士兵、知识分子、学生、干部和家庭妇女。父子相随，兄弟结伴，夫妻同行，师生携手，几百万素不相识的人们，汇成了浩浩荡荡的革命大军。由于林彪、"四人帮"的挑动和分裂，曾经发生过意见分歧甚至长期陷于派性对立的人们，面对着共同的敌人而团结起来；为林彪、"四人帮"的反动宣传和伪善外衣所迷惑，一度受骗上当的人们，在社会主义祖国的存亡面前，也分清了敌我，幡然醒悟；暂时有过彷徨、动摇、消沉、悲观情绪的人们，在这里重新取得了勇气和斗志；遭到过林彪、"四人帮"的打击迫害，坚持原则、宁折不弯的人们，再一次走上了战场；工作、学习或生活在"四人帮"严密控制的单位里的人们，也冲破禁令，投入斗争的漩涡。"四人帮"的 10 年经营，在中国社会政治生活中，造成了两类人。一类是极少数败类，就是组成他们反革命帮派体系的成员；一类是上述这样的绝大多数人，这是"四人帮"替自己造成的掘墓人，革命就是从这些人发生的。正因为这样，所以这次伟大的革命群众运动，动员之广泛，规模之巨大，声势之磅礴，威力之猛烈，在中外历史上都是罕见的。

这场革命群众运动，不仅是党心、军心、民心的一次大检阅，而且是人民的智慧、才能、斗争艺术和历史创造力的一次大检阅。运动发生之前，并没有谁来号召，谁来动员，谁来组织，也没有谁来事先确定斗争的目标，拟定斗争的纲领，准备斗争的旗帜。人民群众既是这场运动的勇敢战士，又是杰出的组织者和指挥员。投枪匕首似的诗文，是斗争的宣言书；铿锵有力的演说、雷鸣般的口号声，是斗争的动员令；要真马列主义、毛泽东思想，要科学社会主义，要人民民主，要四个现代化，是运动的进程中由群众自己拟定的斗争纲领；而实现四个现代化，又是从运动中升起的一面最鼓舞人心、最富有号召力的战斗旗帜。

一切受到"四人帮"压迫和欺侮的人民群众，从普遍的觉醒中真正地站立起来了。他们不仅鲜明地提出了自己的政治要求和经济要求，而且尝试着按照自己的方式、自己的手段、自己的步骤来推动实现这些要求的社会变革，尝试着给整个革命发展的进程打上自己的烙印。他们懂得，只有实现四个现代化，才能最终摆脱贫穷、落后和专制主义的残余，政治上高度民主、经济上繁荣昌盛的社会主义强国才能变成现实。为了实现四个现代化，首先必须割除"四人帮"这个长在党和国家肌体上的最大毒瘤。

尽管当时"四人帮"还在台上耀武扬威，还窃踞着党和国家的重要领导职位，但是，人民群众明确地把斗争的矛头集中到了他们身上。而且，人民明确地把他们同党、同毛泽东同志为首的党中央区别开来。一首题为《愤讨》的诗写道："浦江逆流滚，难阻巨舟航。宏桥将摇断，马卒陷汪洋。"这里的"宏桥将摇"，指的是王、张、江、姚四个人，"马卒"指的是马天水一类"四人帮"的党羽。真实地反映这场革命群众运动的优秀话剧《于无声处》中的梅林说得好："党不是'他们'的，党会战胜'他们'的！"人民不顾"四人帮"的位高权重，对他们采取了极其轻蔑的态度。"紧急通知二三遍，岂知令出违人愿。""四人帮"的"通知"也罢，禁令也罢，在人民面前，都已失灵了。一切都走上了他们的反面，一切都同他们针锋相对。这伙信奉"权力万能"的法西斯专制者们，此时已经成了既不能命、又不能令的可悲的绝物。你不许悼念周总理吗？悼念活动遍布于960万平方公里的辽阔大地；你不许戴白花黑纱吗？8亿人的胸前和左臂，已经成为黑白交织的庄严肃穆的海洋；你用"反革命"之类的帽子恐吓人们吗？纪念碑前传来了义正词严的回答："倘若魔怪喷毒火，自有擒妖打鬼人。"这场革命群众运动宣布："一个使法西斯孙悟空无处逃跑的天罗地网"① 已经形成。"四人帮"及其党羽们是彻底地孤立了。他们失了灵魂，只剩下几具僵尸。这是他们长期作孽的必然结果。既然在中国人民中间，他们已被无情地抛出"生活之舷"，那么，他们最后被钉上历史的耻辱柱，也就指日可待了。

在无产阶级专政条件下，由于敌人钻进党和国家的领导核心内部，使斗争呈现出极其错综复杂的情形。为了判断"四人帮"的政治面貌，认清他们的本质，人们不仅需要时间，而且花费了很大的代价。但是，人们群众一旦认识了"四人帮"的反革命本质，就毫不留情地同他们展开坚决的斗争，表现出舍得一身剐，敢把他们拉下马的大无畏精神。人民群众这种高度的政治觉悟和历史主动性，正是我们党和国家充满力量的最重要的表现。正如列宁所指出的："一个国家的力量在于群众的觉悟。只有当群众知道一切，能判断一切，并自觉地从事一切的时候，国家才有力量。"② 对于人民群众这种以自发的斗争形式出现的自觉的革命行动，我们每一个革命者、每一个马克

---

① 《毛泽东选集》第2卷，人民出版社1991年版，第473页。
② 《列宁选集》第3卷，人民出版社1995年版，第347页。

思主义者，都应举起自己的双手，热情地欢迎它，坚决地支持它。如果不是这样，而是采取相反的态度，寻找各种所谓"理由"，去批评指责群众这种行动，比如说，在中央没有清除"四人帮"之前，不应当这样反对他们呀，反对他们就是"分裂中央"，就是很蠢、很错误的呀，如此等等。按照这种态度，还谈得上什么群众的觉悟、国家的力量呢？那不是要人民永远成为历史的消极力量而任人宰割吗？不去发现、支持和正确引导群众创造历史的自觉行动，不愿意赶上早已走在自己前面的群众革命队伍，反而在由于群众的伟大斗争而获得胜利之后，指手画脚，评头品足，这同马克思主义者对待群众革命运动的态度，难道不是相去十万八千里吗？

在天安门广场的革命群众运动中，老一代无产阶级革命家，无愧于人民给予他们的崇高信任。尤其值得注意的是，一批青年工人，始终战斗在革命的第一线，成为一支最英勇、最刚强的先锋力量。战斗在他们周围的，还有来自各行各业的青年革命者。一代新人在中国人民反对"四人帮"的斗争中的崛起，是我们整个党和国家、整个社会主义事业的希望所在。一个红军老战士引用陈毅同志的诗句写道："红军老战士，今有几人存？新生千百万，浩荡慰忠魂。"天安门广场，成为青年们接过前辈手中的火炬继续前进的地方。这一代新人的出现和他们的辉煌战绩，不仅使健在的老革命家们满怀欣慰，而且可以使已经去世的无产阶级革命家和先烈们，含笑于九泉之下。①

　　正因为"四人帮"发现自己已经陷入全民族的包围，预感到末日的来临，这伙至死不悟的法西斯匪徒终于孤注一掷，撕下一切伪装，彻底露出了同人民为敌到底的狰狞面目。他们把反革命的暴力提上日程，向着手无寸铁的群众进行残暴的镇压。在他们的棍棒下，英雄们的鲜血，点缀着带泪的花圈，滴进了广场的土地。接着来到的，就是追查"谣言"，收缴诗词，罗织罪名，把英雄们一个个投进监狱。这伙历史的罪人在继续嘲弄和亵渎着庄严的历史。他们企图用反革命舆论吞噬真理的声音，掩盖自己的恐惧，用黑夜中的追捕、法庭上的审判，表示自己还有力量。他们在狞笑中举起血腥的酒杯庆祝自己的"胜利"。但这是"四人帮"及其党羽们的最后一乐。正如毛泽东同志所说："一切内外黑暗势力的猖獗，造成了民族的灾难；但是这种猖獗，不但表示了这些黑暗势力的还有力量，而且表示了它们的最后挣扎，表示了人民大众逐渐接

---

　　①　本文发表之后，一位我所敬重的老一代马克思主义理论家指出，文章对党的领导作用论述不够。这个批评是完全正确的。在"文化大革命"的特定历史条件下，由于"四人帮"掌握相当一部分领导权，党对于天安门广场群众革命运动的领导，不能设想可以通过我们平常理解的那种组织程序来实现。许多共产党员投入斗争，以自己的行动吸引着群众。老干部、老革命家即使在政治上失去自由的情况下，也通过子女、亲属及熟悉的同志对运动发生着影响。周恩来同志的光辉形象，本身就是党的领导的生动体现。万人瞩目的四个现代化，更是党所提出的口号。广大群众的觉悟，也是党长期教育的结果。本文有多处明确指出这些事实。尽管如此，没有拿出篇幅专门对党的领导问题进行集中论述，不能不说是一个显著缺点。这是需要特别说明并进行自我批评的。

　　　　　　　　　　——《辩证法是革命的代数学》作者注，1992 年 5 月。

近了胜利。"① 同一切濒临灭顶之灾的黑暗势力的垂死挣扎一样，"四人帮"对天安门广场群众革命运动的这场残酷的镇压，不过是为他们自己重重地加上一笔血债。他们正在大步地向墓门跨进了。

恩格斯说：如果企图用暴力来压制人民群众的革命要求，"那只能使它越来越强烈，直到它把自己的枷锁打碎"。② 1976 年的清明节，是阴风森森的最黑暗的一天，也是骄阳四射的最光明的一天。这一天，人民遭到的镇压骇人听闻，人民表现出来的革命英雄主义也可歌可泣。新的革命诗文和抗议信，弹片一般向"四人帮"飞去。被捕的英雄们在监狱里和法庭上，正气凛然，慷慨陈词，演出了新的壮烈斗争的一幕。更多的英雄受到人民群众的保护。斗争使人民"发现自己的力量，扩大自己的眼界，提高自己的能力，清醒自己的头脑，锻炼自己的意志"③。一些在这以前还犹疑着、忍耐着或不明真相的人，也拍案而起了。这是天安门广场群众革命运动的继续。斗争没有停止，而是沿着纵深的方向继续发展并取得越来越广泛厚实的群众基础。人民懂得：个人的力量是微弱的，但是被共同的利益、愿望和斗争目标联结起来的集体力量，却不可战胜。真理是属于他们的，生活是属于他们的，数量的多数是属于他们的，因而胜利也一定是属于他们的。

列宁说过："而从政治的观点看来，最重要的事情恰

---

① 《毛泽东选集》第 2 卷，人民出版社 1991 年版，第 703－704 页。
② 《马克思恩格斯选集》第 1 卷，人民出版社 1995 年版，第 483 页。
③ 《列宁全集》第 23 卷，人民出版社 1958 年版，第 247 页。

恰是使群众有所准备。"① 天安门广场的革命运动，是决定我们党同"四人帮"斗争胜负的群众力量的伟大演习。它为十月最后粉碎"四人帮"的胜利，奠定了最重要的群众基础。正是在这个意义上，我们说，天安门事件敲响了"四人帮"的丧钟。

天安门广场的革命群众运动，不仅预示着"四人帮"的彻底垮台，而且揭开了一个新的历史转变的序幕，标志着我国的社会主义革命和社会主义建设从此转入新的发展时期，即以实现四个现代化为中心的持久地高速度地发展社会生产力，以及改革同生产力的发展不相适应的生产关系和上层建筑的最伟大、最生动、最活跃的新时期。

天安门事件中，人民群众为什么那样奋不顾身地捍卫马列主义、毛泽东思想，那样强烈地要求人民民主、要求科学，那样坚决地反对"四人帮"的假马克思主义、专制主义和迷信呢？这是因为，受到压制和迫害的切身经历，斗争的事实，使他们愈来愈懂得，"四人帮"的假马克思主义、专制主义和迷信，是一种黑暗的力量。它瓦解无产阶级专政，阻碍社会生产力的发展，破坏四个现代化的实现，使国家和人民停留在贫穷落后的状态。这场群众革命运动的目的，就是为了扫除这股黑暗力量，巩固无产阶级专政，造成一个安定团结的政治局面，保护人民的和平劳动，为实现四个现代化，迅速发展社会生产力，以及在生产发展的基础上改善人民生活，开辟最广阔的道路和

---

① 《列宁选集》第4卷，人民出版社1995年版，第382页。

前景。

当我国的社会主义改造取得决定性胜利时，毛泽东同志曾经反复教育全党同志必须把工作的重心，由革命时期的大规模的疾风暴雨式的阶级斗争转变到生产建设上来，正确区分和处理两类不同性质的矛盾，"团结全国各族人民进行一场新的战争——向自然界开战，发展我们的经济，发展我们的文化，使全体人民比较顺利地走过目前的过渡时期，巩固我们的新制度，建设我们的新国家"①。

但是，历史是曲折的，并不像善良而幼稚的人们所想象的那样，是一条铺满鲜花的直路。从社会主义改造基本完成到现在，20多年过去了，由于种种原因，这个从以政治运动为中心到以发展生产为中心的历史转变，却一直没有能够真正实现。由于没有完成这个转变，我们已经吃到了很大的苦头。它不仅严重影响着国民经济的发展，影响着人民生活的改善，而且严重影响着无产阶级专政的巩固，影响着社会主义政治制度和经济制度的完善，影响着社会主义优越性在具体社会历史条件允许范围内的最充分发挥。这种后果的严重性，已经为人们普遍地感觉和认识到了。

为什么周恩来同志根据毛泽东同志的提议，在四届人大一宣布实现四个现代化的宏伟蓝图，就受到全国人民的热烈拥护？为什么捍卫四个现代化，成为天安门广场群众革命运动的一面光辉的战旗？为什么人民英雄们面对周恩

---

① 《毛泽东文集》第7卷，人民出版社1999年版，第216页。

来同志的遗像，发出"四化实现之日，再来设酒重祭"这样悲壮而又满怀希冀的誓言？为什么革命群众同诅咒并妄图扼杀四个现代化的"四人帮"那样不共戴天？唯一的答复就是：走历史的必由之路。不管任何政治力量、任何个人如何设想，愿意或不愿意，自觉或不自觉，中国必须实现以四个现代化为中心任务的历史转变。这是党心、军心、民心所向，是社会主义事业发展的不可避免的趋势。作为一个历史的法则，这是任何力量、任何个人都不能扭转的。千百万群众用血的代价、用时代的最强音，使自己、使更多的人们认识这个历史的法则，成为铭刻在天安门事件这座历史里程碑上的一个不朽的功绩。

我们扫除了"四人帮"这个祸害，有毛泽东思想的伟大旗帜指引方向，有党中央的正确领导，有在这场革命运动中充分显示出自己的历史主动精神、首创精神和高度政治觉悟的亿万人民群众，完全可以坚信，我们的国家不仅能够很快地实现伟大的历史转变，而且在实现这个转变之后，我们的人民将会很快地用自己的实际成果来表明，新的发展时期，在历史的创造方面将会更广泛、更丰富、更自觉、更有计划、更有系统、更勇敢和更鲜明。

生活在教导人们

这是列宁的一句名言。生活是人民群众创造的。它一经创造出来，又成为启示人们继续前进的最好的教师。天安门事件已经过去两年多了，革命的人们，不是正在从这个中国政治生活的光辉灿烂的篇章中，不断地吸取着营养，吸取着经验，吸取着战斗的力量吗？

一切革命者，一切马克思主义者，都必须在群众的生活和斗争中深深扎根，必须老老实实地向群众的生活和斗争学习，特别应当把集中表现出自己创造历史的聪明才智和英雄气概的革命群众运动，当作最好的教科书。列宁在谈到马克思如何向巴黎公社的英雄们学习时说："他以无产阶级群众运动的实际经验为依据，竭力从这个经验中取得实际教训。他向公社'学习'，正像一切伟大的革命思想家不怕向被压迫阶级的伟大运动的经验学习而从来不对这些运动作学究式的'训诫'一样"①。列宁自己也是如此。斯大林说得好："列宁总是鄙弃那些瞧不起群众，想照书本去教导群众的人。因此，列宁总是不倦地教诲我们：要向群众学习，要理解群众的行动，要细心研究群众斗争的实际经验。"② 毛泽东同志在领导中国革命胜利的过程中坚持从群众中来、到群众中去的原则，最善于总结群众斗争的经验，为我们党培育了尊重群众、信任群众、依靠群众的一整套优良传统和作风。无产阶级的革命导师们，用他们的言论和行动，为我们向群众、向群众的革命运动学习，树立了不朽的榜样。

不论在当时，还是现在或将来，天安门广场革命群众运动，永远是我们学习建设社会主义的一所伟大学校。向

---

① 《列宁选集》第 3 卷，人民出版社 1995 年版，第 153 页。
② 《斯大林全集》第六卷，人民出版社 1956 年版，第 55 页。

"四五"运动学习,已经成为一切革命人们的共同口号。那么,这场革命群众运动给予我们的最主要、最宝贵,也是当前实现四个现代化最急需的政治经验,到底是什么呢?

这就是,在社会主义时期,在无产阶级专政条件下,我们党必须继续领导人民群众坚持不懈地进行争取和保卫人民民主的斗争,在广泛的充分的民主基础上,实现高度的正确的集中统一。只有这样,才能真正实行民主集中制,真正造成和保持安定团结、生动活泼的政治局面,才能巩固无产阶级专政,把我国建成现代化的社会主义强国。

毛泽东同志在抗日战争时期指出:"中国缺少的东西固然很多,但是主要的就是少了两件东西:一件是独立,一件是民主。这两件东西少了一件,中国的事情就办不好。"① 我们党领导的新民主主义革命,就是向帝国主义、封建主义和官僚资本主义争国家独立和人民民主的革命,就是为了让中国人民"能过人的生活,能按自己的愿望选择自己的政府"②。但是,能不能说,推倒了三座大山,取得了新民主主义革命的胜利,建立了人民自己的政权,我们党领导下的人民群众争取和保卫民主的斗争,从此就可以结束、就已经完成了呢?

当然不能简单地这样说。这是因为,我们的国家在取

---

① 《毛泽东选集》第 2 卷,人民出版社 1991 年版,第 731 页。
② 《毛泽东选集》第 4 卷,人民出版社 1991 年版,第 239 页。

得新民主主义革命胜利以后，仍然存在着封建主义的残余和资本主义的影响，存在着反人民、反民主的势力。林彪、"四人帮"就是这样的势力。而且，我们的国家现在还是列宁指出的那种"带有官僚主义毛病的工人国家"①。存在着"现代的'共产党员的官僚主义'"②。在这种情况下，人民的民主权利有时会受到这样或那样的侵犯，在一定条件下甚至存在着得而复失的严重危险。因此，继续进行争取、保卫人民民主和建立、完善高度社会民主制度的斗争，就成为全党同志和全国人民的一项长期的、极为重要的政治任务。只要归根到底社会生产力还没有得到高度发展，只要官僚主义还存在，争取和保卫人民民主的斗争就不会结束。这是不以人们意志为转移的历史发展的必然趋势。即使社会生产力高度发展了，也要为保卫和争取更高层次的人民民主而斗争。天安门事件中，人民群众同"四人帮"之间展开的民主与专制的激烈斗争，充分反映了这种必然趋势。而且，这场斗争的严酷事实活生生地教育着人民：社会主义的发展道路并不是笔直又笔直，并不是到处长着芬芳的玫瑰，而是间伏着荆丛与榛莽，为了争取和保卫民主，有时甚至要付出重大的牺牲。

继续争取和保卫人民民主权利，逐步创建和发展社会主义民主制度，必须而且只有在党的领导下，才能不断地走向胜利。因为这种斗争是极其尖锐复杂的。林彪、"四

---

① 《列宁全集》第32卷，人民出版社1958年版，第7页。
② 《列宁全集》第33卷，人民出版社1957年版，第210页。

人帮"这样的反人民、反民主的敌对势力,钻到了我们党和无产阶级专政机构的内部,窃取着党和国家的一部分权力;官僚主义也常常是以"党的领导"的面貌出现的。在这种情况下,如果没有党的领导,没有国家的保护,单纯依靠群众的自发斗争是很难战胜它们的。同时,人民群众中间也存在着各种非无产阶级思想的影响,如果离开党的领导,离开民主集中制,就很容易产生某些无政府主义和极端民主化的偏差。所以,加强党的领导,努力使党的领导适应不断发展变化的情况,是胜利进行争取和保卫人民民主斗争的根本的前提条件。

继续争取和保卫人民民主权利的斗争,就是保卫我们的社会主义制度,保卫无产阶级专政的伟大斗争。在党的领导下,人民群众愈是自觉地进行这个斗争,愈能享有当家作主的民主权利,愈能充分地发挥自己的社会主义积极性,我们的社会主义事业,我们的四个现代化就愈有希望,我们的国家在前进道路上就愈能战胜各种敌人,克服各种困难,革除各种弊端。毛泽东同志说得好:"中国的事情是一定要由中国的大多数人作主"①。为什么在我们的无产阶级专政的国家里,林彪、"四人帮"这么几个假马克思主义的政治骗子能够窃取那么大的权力,能够横行霸道、无法无天,给党和国家造成巨大的损失,维持他们的地位达十年之久,而只是在亿万人民普遍觉醒和直接投入战斗,并且付出严重牺牲之后,才最后垮台?我们怎样

---

① 《毛泽东选集》第 2 卷,人民出版社 1991 年版,第 732 页。

才能避免这种历史悲剧的重演？天安门事件告诉了我们，关键的问题就是要坚持党的民主集中制，人民群众要真正地当家作主。如果人民真正能够按照他们的利益和意志选择各级政府机关的领导人，真正能够对这些领导人进行监督和在事实证明他们不称职的时候，能够把他们罢免掉，那么，这类骗子怎么可能爬到那么高的位置？怎么能劣迹斑斑而竟然长期地发号施令？如果我们的人民真正能够行使宪法所规定的各种民主权利，"四人帮"又怎么能对天安门广场革命群众运动采取反革命暴力手段，使人民付出血的代价？这次革命群众运动的实践，不是已经明白无误、确凿无疑地表明，只要在党的领导下，人民用自己的斗争把被敌人篡夺的民主果实夺回来，充分发扬和保障社会主义民主，那么，任何敌人就都能粉碎，任何困难就都能战胜，任何污泥浊水就都能洗刷干净吗？

天安门事件，是中国人民在无产阶级专政条件下所创造的一种争取和保卫民主，坚持社会主义道路，防止反革命敌对势力严重破坏的斗争形式。党中央为天安门事件彻底平反，使人们深深感到，我们的党是同人民始终站在一起的，是坚决领导人民争取和保卫社会主义民主的斗争的。它必将进一步激励人民群众为充分实现社会主义民主，巩固无产阶级专政而斗争。天安门事件平反以后，群众通过各种形式表明坚决拥护党中央的决定，继续表达进一步发展社会主义民主、加快实现四个现代化的强烈愿望，这是人民群众关心党和国家大事的表现。我们要坚信，人民群众的政治觉悟和判断是非的能力是很高的，他们不会允许个别敌对分子乘机捣乱。同时，我们又要坚持民主集中制，对于人民群众的意见和要求，进行科学的具体的分析，善于集中人民中间正确的东西，而对不正确的东西加以解释和教育。解决群众中的思想问题，只能用说服的方法，决不能用压服的方法；解决人民内部的一切问题，只能用民主的方法，决不能用专政的方法。这是我们在任何时候、任何情况下，都必须坚持的。只有这样，才能实现我们党对人民继续争取和保卫民主的斗争的正确领导，既使斗争保持正确的方向，又不束缚群众的手脚。有些同志搞了多年的革命，却很不了解社会主义民主，一看到人民的民主精神高涨，就惊慌失措，总想用种种办法加以限制和压制，同群众对立，完全离开马克思主义的基本原则，离开我们党的根本立场，这是十分错误的。

　　人民的民主权利，靠人民在党的领导下用自己的斗争去争取和保卫，而不是靠什么神仙皇帝来恩赐。恩赐的东西是不牢靠的。这是因为，不在斗争中提高觉悟，把自己的力量壮大到足以保卫自己所得到的民主的程度，当民主被剥夺时，他们只有无可奈何地接受这种结果。如果民主是恩赐者所赐予的东西，它也就可以随时为恩赐者所收回，而被赐者由于没有经过亲身的斗争，也就不可能深知它的来之不易，不可能充分地懂得它的宝贵，不会去拼死保卫它。毛泽东同志一贯反对恩赐观点，强调指出："自由是人民争来的，不是什么人恩赐的。"① 毛泽东同志的

---

① 《毛泽东选集》第 3 卷，人民出版社 1991 年版，第 1070 页。

这个教导，不仅在新民主主义革命阶段适用，在无产阶级专政的历史阶段也是完全适用的。

我们的国家现在还是通过无产阶级先进阶层来进行管理的。担负这种管理任务的国家干部必须懂得，人民是主人，而我们自己则是人民的公仆。这个位置是绝对颠倒不得的。我们的干部"对于人民必须是恭恭敬敬地听话的"①，必须切实地、全心全意地为人民勤奋工作，把为人民谋取利益，作为自己一切言论和行动的最高标准。谁是为人民服务的，谁不是为人民服务的，谁是人民的公仆，谁要使人民成为自己的公仆，人民自己最清楚。列宁说："劳动群众非常敏感，他们最善于区别谁是忠诚老实的共产党员，谁是为终岁勤劳、既无特权又无'升官之道'的人们所厌恶的共产党员。"② 如果有这样一些共产党员和国家工作人员，忘记了我们党同人民群众的血肉联系，忘记了我们党是依靠人民群众的力量成为执政党的，在人民赋予他们权力之后，不是用这种权力来维护人民的利益，而是一味追求自己的锦衣玉食和高楼大厦，企图剥夺人民当家作主的权利，甚至对人民进行压制、打击和迫害，败坏党和社会主义的崇高声誉，那么，人民就有权抛弃他们。如果这些人在经历了天安门事件这场伟大的群众革命运动之后，却依然故我，什么也没有学到，仍然不愿意在"人民群众"四个字上生长些真心实意，那结果将

① 《毛泽东选集》第4卷，人民出版社1991年版，第503页。
② 《列宁全集》第33卷，人民出版社1957年版，第20—21页。

不会是美妙的。

　　毛泽东同志在总结"五四"运动以来的革命运动的经验时，曾经指出：我们看人的时候，看他"是一个假马克思主义者还是一个真马克思主义者，只要看他和广大的工农群众的关系如何，就完全清楚了。只有这一个辨别的标准，没有第二个标准"。① 天安门广场群众革命运动再一次证明，这个"五四"运动以来的历史经验是颠扑不破的真理。"四人帮"之所以被人民所抛弃，根本的原因，就是因为他们顽固地反人民。一切马克思主义者，一切革命者都应当深刻领会这个真理，都应当把"四人帮"这伙假马克思主义政治骗子的兴亡史引为借鉴，从中吸取教益，诚诚恳恳地作人民的公仆，维护人民的民主权利，向光明的前途进军，而决不要凌驾于人民之上，践踏人民的民主权利，堕入黑暗的逆流中去。

　　为了保障人民的民主权利，必须健全社会主义的法制。我们的党不仅要领导人民继续进行争取民主的斗争，向林彪、"四人帮"这样的钻进党和无产阶级专政机构内部的敌对分子争民主，向官僚主义者争民主，同时又要充分运用国家政权的力量，建立和健全社会主义法制，使民主得到法律和制度的保障，并且把这两个方面很好地、有机地结合起来。社会主义的法制，必须像马克思所指出的："同人民的意志一起产生并由人民的意志所创立"，

_____

① 《毛泽东选集》第2卷，人民出版社1991年版，第567页。

"成为人民意志的自觉表现"①。我们的法律不完备，法制不健全，给林彪、"四人帮"这样的敌对分子留下了可乘之隙。完备法律，健全法制，做到有法可依、有法必依，是当前亟待解决的一项重要任务。

在党中央领导下，全党同志和全国人民正在为加快实现四个现代化而奋斗。实现四个现代化，用现代化大生产的力量，彻底摧毁林彪、"四人帮"的封建社会主义的基础，全面确立、巩固发展和完善社会主义的基础，是一项为人民群众谋利益和只有通过人民群众的奋发努力才能完成的伟大事业。我们兴奋地看到，中国人民在经受巨大的磨难之后，比过去任何时候都更加关心党和国家的命运，更加自觉地和积极地为争取自己的民主权利而进行斗争。天安门广场革命群众运动所显示的人民的意志、愿望和力量，所提供的各方面的宝贵经验，必将在实现四个现代化的进程中，结下无比丰硕的果实。

毛泽东同志在天安门广场曾经高呼："人民万岁。"十年以后，在天安门广场革命群众运动爆发的时候，这里重又出现了"人民万岁"的巨幅标语。这四个字，闪耀着马克思主义的思想光辉，饱含着中国人民争取祖国的繁荣富强和社会主义民主的革命精神。让我们永远铭记人民在这次运动中建树的丰功伟绩，在"人民万岁"这个历史真理的召唤和鼓舞下胜利前进吧！

---

① 《马克思恩格斯全集》第 1 卷，人民出版社 1956 年版，第 184 页。

从爱国主义到共产主义[*]

  党的十一届三中全会以来，随着社会主义现代化建设事业的发展，在我们伟大祖国的土地上，在 10 亿人民中，已经形成一股生气蓬勃的爱国主义的巨大洪流。没有这样一种催人奋进的强大的精神力量，就不可能建设社会主义，更无法实现共产主义的最高理想。在全国人民群众中广泛地、深入地、持久地进行爱国主义教育，团结一切爱国者为社会主义现代化事业而奋斗，是社会主义精神文明建设的一项重要任务。

一

  爱国主义是中国各族人民的优良传统和崇高品德。毛泽东同志在《中国革命和中国共产党》中说过一句有很高概括性的话：中华民族不但以刻苦耐劳著称于世，同时

---

  * 本文发表于 1983 年 1 月《红旗》杂志，收入《辩证法是革命的代数学》一书。

又是酷爱自由、富于革命传统的民族。我们的祖先刻苦耐劳，发挥自己的聪明才干，在我们广大的、富饶的国土上，创造了为世界惊叹的文明。热爱祖国，酷爱自由和富于革命传统，贯穿于整个中华民族的历史，已经成为我们的民族性格。

中国各族人民在长期的劳动和斗争生活中深深地懂得和感受到一个朴素的真理，祖国以土地、山林、河泽和古老而常新的思想文化，养育了自己的子女，每一个中国人在祖国母亲面前，只有尽心报答这如山的恩情的义务，绝无怨愤、忘怀乃至背弃的权利。判断一个人、一个阶级、一个政党以及一种学说、理论、思潮的是非功过和历史地位，要看是促进还是有碍于祖国的进步、人民的团结和幸福，这是一个带有根本意义的尺度。祖国的命运和个人的命运，血肉一般密不可分地连接在一起。国破则家亡，没有祖国的兴旺发达，就没有个人的出路。天下兴亡，匹夫有责，祖国的光明前景要靠祖国的每一个儿女去争取。在不同的历史环境中，有着不同的思想境界和奋斗目标的有志之士，都在时代所决定的范围内，看到了个人同祖国命运的关系，不是在祖国命运之外去寻找个人的出路和位置，而是心甘情愿地为她献出自己的一切。热爱和献身于自己的祖国，可以说是古往今来每一个正直的中国人所不能不具备的起码的道德品质。谁要是没有甚至蔑视这样的道德品质，公然干出损害祖国利益的勾当，就将不齿于国人，为国人所唾骂。

近代以来，几乎所有的资本主义、帝国主义国家都侵略过中国，在中国的土地上制造过悲剧，但又都领教过中国人民的不可征服的伟大力量。鸦片战争期间，从地主阶级抵抗派中涌现出了林则徐和关天培，接着出现了冯子材、刘永福、邓世昌等军事将领和力主变革图强的知识分子龚自珍、魏源、严复等。近代中国的农民不仅在地主阶级的压迫面前，而且在资本主义、帝国主义的侵略面前，表现了不屈不挠的斗争精神。1841年5月，广州三元里人民"少壮争御侮，老弱同赍粮"，掀起了近代农民抵抗侵略者的第一页。太平天国义军同侵略者组织和指挥的洋枪队进行过殊死的战斗。在反对当局以《马关条约》把台湾割让给日本的斗争中，台湾人民表现了可歌可泣的爱国主义精神。他们"愿人人战死而失台，决不愿拱手而让台"，使侵略者付出了侵台军队半数人的性命。1900年义和团的英雄们写下了中国无产阶级成熟之前农民反帝斗争的光辉篇章。甲午战争以后的民族危机，促进了资产阶级的觉醒。先有改良派康有为、梁启超等人发动的百日维新，谭嗣同、林旭等"六君子"慷慨就义。接着发生了资产阶级革命运动，伟大的革命先行者孙中山，和陆皓东、史坚如、邹容、陈天华、徐锡麟、秋瑾、黄花岗七十二烈士以及朱执信、黄兴、蔡锷等人，组成了一代革命者的序列。

近代中国的爱国志士有着惊天地、泣鬼神的爱国精神。战将关天培、冯子材、邓世昌等人，以身许国，视死如归，在敌人面前"气象猛鸷，独冠全军"。为了变法图强，谭嗣同甘愿以身殉难，说："各国变法，无不从流血而成。今中国未闻有因变法而流血者，此国之所以不昌也。有之，请自嗣同始"。陈天华、王懿荣为了向外国侵略者表示抗议，不惜蹈海或坠井自尽，显示了宁为玉碎、不为瓦全的决心。资产阶级女革命家秋瑾写下了"拼将十万头颅血，须把乾坤力挽回"的钢铁誓言。黄花岗七十二烈士中的方声洞、林觉民的绝笔书表示，为了"为天下人谋永福"，甘愿牺牲，以死为乐、以死为荣。这些沸腾人们血液、感奋人们斗志的英雄事迹，举不胜举。

近代以来，各个阶级、阶层的爱国人士为着实现民族的解放和祖国的独立强大，进行过各种各样的探索，设想过各种各样的方式，但是理想总是不能实现。资产阶级向西方寻求真理，结果，先生老是侵略学生。农民由于同落后的生产方式相联系，没有也不可能找到新的思想武器。19世纪中叶以后的中国，资产阶级的改良和革命，传统的、旧式的农民革命战争，虽然程度不同地阻碍了中国殖民地化的进程，但终究没有使自己的民族从帝国主义的枷锁下解放出来。尽管如此，他们留下的爱国主义精神却像丰碑一样永远矗立在我们心中。毛泽东同志为耸立于天安门广场的人民英雄纪念碑题词写道，从1840年起，"为了反对内外敌人，争取民族独立和人民自由幸福，在历次斗争中牺牲的人民英雄们永垂不朽！"一切为中华民族的解放事业作出过努力的人们，都在我们的爱国主义传统中增添了一分异彩，他们将永远为中华民族的子孙后代所崇敬、所纪念。

二

　　历史本身要求并产生了新的领导阶级、新的领导思想和新的战斗方式，这就是以马克思主义思想为旗帜，工人阶级及其先锋队共产党领导的有广大人民群众参加的斗争。一旦马列主义传播到中国并与中国工人运动相结合，一旦中国共产党登上政治舞台，中国革命的面貌就为之一新，祖国就发生了翻天覆地的伟大变化。

　　历史证明了一条真理：只有社会主义才能救中国。在我党领导下，经过北伐战争、土地革命战争、抗日战争和解放战争，祖国赢得了独立，中华民族获得了解放，一个人民当家作主的新中国屹立在世界东方。以后，我们巩固了人民民主政权，实现了除台湾岛屿外的国家的统一，实现了各民族的大团结，多次挫败了帝国主义、霸权主义的侵略、破坏和武装挑衅，基本完成了生产资料私有制的社会主义改造，消灭了剥削制度和剥削阶级，在经济、政治、文化等各个方面的建设中取得了伟大成就。我们今天的祖国，已经不再是受人欺侮的、贫穷落后的国家，而是一个独立的、逐步走向繁荣富强的社会主义新中国，她威武庄严不可侵犯。我们每一个公民都为有这样的祖国而感到无比自豪。许多生活在海外的侨胞再也不像过去那样被人瞧不起了，而是以自己是一个中国人感到骄傲。我们没有任何理由贬低自己所取得的一切成就。这正像邓小平同志指出的："中国在世界上的地位，是在中华人民共和国成立以后才大大提高的。只有中华人民共和国的成立，才使我们这个人口占世界总人口近四分之一的大国，在世界上站起来，而且站住了。还是毛泽东同志那句话：中国人民从此站起来了。""没有中国共产党，不进行新民主主义革命和社会主义革命，不建立社会主义制度，今天我们的国家还会是旧中国的样子。"①

60多年的历史，证明了中国共产党是高举爱国主义旗帜的，中国共产党人是最忠诚、最坚定、最卓越的爱国主义者。在中国社会舞台上，没有任何一个政党像中国共产党这样，为民族的解放和国家的富强作出了卓越的贡献，付出了巨大的牺牲，取得了辉煌的成果。共产党人在我国历史上写下了爱国主义的英雄诗篇，他们的鲜血，浸染着祖国的大地，融入中华民族爱国主义的传统之中。方志敏烈士在监牢里写下了《可爱的中国》，表达了共产党人无限热爱祖国的赤子之心。杨靖宇将军在极端困难的条件下领导东北抗联的抗日斗争，牺牲后发现他肚子里全是草根、树皮、棉絮，连敌人也感到十分惊异。烈士陈觉为了民族解放，为了全国人民的幸福，在就义前给妻子的遗书中说："谁无父母，谁无儿女，谁无情人，我们正是为了救助全中国人民的父母和妻儿，所以牺牲了自己的一切。"刘伯坚同志在就义前所想到的是让自己的儿子继承自己的遗志，"为中国民族的解放努力流血，继续完成我未完成的光荣事业"。我们的这些老一辈无产阶级革命

① 《邓小平文选》第2卷，人民出版社1994年版，第299页。

家、共产党员、烈士身上所体现出来的爱国主义精神，真是光照千古，这是真正的中华魂！是永远不可磨灭的！

中国共产党人之所以是这样的爱国者，是由于共产党人是工人阶级的先锋战士，其所作所为来源于工人阶级的先进性。他们找到了马克思主义这一当代最科学的思想武器。共产党人把争取最广大人民群众的利益作为自己的唯一宗旨，除了人民群众的利益之外没有任何私利。共产党人深深地懂得，如果不是爱国主义者，那么就不可能是一个共产主义者。无产阶级不解放全人类就不能解放自己。共产党人强调和坚持整个无产阶级的不分民族的共同利益。我们的最终奋斗目标，是在全世界实现共产主义。但是正像《共产党宣言》指出的，"如果不就内容而就形式来说，无产阶级反对资产阶级的斗争首先是一国范围内的斗争。每一个国家的无产阶级当然首先应该打倒本国的资产阶级。"① 因此，对于共产主义者来说，国际主义和爱国主义是统一的。一国的工人阶级，一国的共产党员、共青团员、共产主义者，要把本国的事情办好，这本身就是对于世界工人阶级、对于世界人民、对于世界历史的伟大贡献。这里所谓办好，有两种情况：一种是，当本国还受着反动的剥削阶级的统治的时候，必须领导和团结人民群众，推翻反动统治者，使工人阶级上升为统治阶级，使人民当家作主。另一种是，在消灭了剥削阶级、剥削制度，确立了社会主义制度以后，必须领导和团结人民群众把工

---

① 《马克思恩格斯选集》第 1 卷，人民出版社 1972 年版，第 262 页。

作重点转移到社会主义建设的轨道上来，努力提高劳动生产率，提高人民群众的物质、文化生活水平。成为坚定不移的爱国主义者，这是每一个共产主义者的天职和本分。马克思和恩格斯都十分热爱他们的祖国。列宁为俄国各民族人民的解放事业作出的巨大努力和建树的不朽功勋，更是人所共知的。毛泽东、周恩来、刘少奇、朱德等老一代无产阶级革命家既是伟大的共产主义者，也是伟大的民族英雄。

我们党始终高举着爱国主义的旗帜，无论过去、现在和将来，都把争取祖国的独立和统一、维护民族的尊严和荣誉、促进国家的繁荣和富强作为自己的神圣职责。邓小平同志在十二大的开幕词中说："中国人民珍惜同其他国家和人民的友谊和合作，更加珍惜自己经过长期奋斗而得来的独立自主权利。任何外国不要指望中国做他们的附庸，不要指望中国会吞下损害我国利益的苦果。""中国人民有自己的民族自尊心和自豪感，以热爱祖国、贡献全部力量建设社会主义祖国为最大光荣，以损害社会主义祖国利益、尊严和荣誉为最大耻辱。"这是中国共产党人代表全国人民发出的共同心声，也是中国共产党所以得到各族人民拥护和爱戴，能够成为全国各族人民的领导核心的根本原因。

三①

从任何个人来说，不成为爱国主义者，就不可能成为共产主义者；从一个工人阶级的政党来说，不举起爱国主义的旗帜，就根本背弃了共产主义的原则；从我国社会发展的历史来说，不争得并坚决捍卫祖国的独立、民族的尊严，就谈不上建设社会主义，更谈不上向共产主义的高级阶段前进。从爱国主义到共产主义，这是中国共产党人走过的道路，这是伴随现代中国社会前进的脚步而在先进的人们的思想上都经历的过程。毛泽东、朱德、董必武、林伯渠、吴玉章等同志，在成为共产主义者之前，都信仰过资产阶级唯心论及其社会政治学说，都多少参加过资产阶级领导的革命运动，想以此来救国。鲁迅从信仰进化论，郭沫若从信仰泛神论，邹韬奋从追求"政治的清明"和"实业的振兴"，宋庆龄和何香凝从坚持孙中山先生的三

① 本文发表之后发生的北京 1989 年政治风波和苏共失去执政地位、苏联解体，再次证明这个判断是正确的，但是只有这样的表述，显然已经不能概括历史运动提供的丰富内容了。第一，组织上加入共产党，不等于思想上成为合格的共产党人、彻底的共产主义者。第二，在社会主义国家，如果放弃共产主义立场，还有多少爱国主义呢？至少要打折扣，甚至走到相反的立场上去了。1991 年 6 月 2 日，美国前总统尼克松在《华盛顿邮报》发表《戈尔巴乔夫的危机与美国的机会》，在苏联局势"接近真相大白的时刻"，提出演变苏联的两个目标。他说，"戈尔巴乔夫是共产党组织培养的产物，是一个爱国的俄罗斯民族主义者"，演变苏联，要强制他实行的，是"接受肢解帝国、摧毁社会主义的改革"。这就是说，不仅要搞掉苏联社会主义，而且要搞掉这个国家。这就是说，作为苏联领导人，戈尔巴乔夫不许成为共产主义者，也不许成为爱国主义者；不仅要卖党，而且要卖国。

民主义，也同样走到了共产主义的伟大道路上来。

我们今天仍然必须看到，很多人虽然程度不同地具有爱国主义思想，却并不是共产主义者。祖国社会主义建设的成就和她在国际舞台上的地位，极大地鼓舞了全国各族人民和遍布世界各地的中华民族的子孙，激发了他们的爱国主义热情。他们从祖国的强大，产生了作为一个中国人的民族自豪感。从海外归来的李宗仁先生，看到祖国繁荣强盛，深有感慨地说：这"不仅为百年来所未有，且为中国史无前例的新气象"，"我们祖国的前途是无限光明的"。一位原国民党军官从台湾回大陆定居，深感"整个中国的希望就在这里"。他认为，自己的路走对了。我们应当有这样的信心，不论其职业、年龄、教育、经历如何，只要是真正爱国的，总有一天他们会承认共产党人在中国社会发展中所起的作用，总有一天会成为共产主义者的朋友。甚至我们也已经反复地看到了这样的事实：只要他们矢志不二地沿着忠于祖国的道路走下去，历经曲折之后，就会越来越从自己的亲身体验中认识到共产主义的真理，直到自己也成为共产主义者。因此，从爱国主义到共产主义这条中国共产党人走过的道路，同样也是一切爱国者正在走和还将继续走下去的道路。

我们坚持共产主义思想的指导地位，但是绝对没有任何理由要求所有的人立即成为共产主义者，没有任何理由排斥和轻视还没有接受共产主义思想的各种各样的爱国者。作为一种拯救祖国的历史道路，共产主义是中国工人阶级探索的结果。但是，过去人们探索过，现在和将来，人们也还要探索，也还会有各种各样的爱国者从同共产主义者不完全一致的方向去进行探索。所有这些爱国者，包括生活在社会主义制度下的人民，包括台湾、香港、澳门的人民，包括海外侨胞和外籍华人，都可以而且事实上已经为祖国的繁荣昌盛作出这样那样的贡献。我们不允许反对共产主义、反对社会主义制度，必须同来自任何方面的反对共产主义、反对社会主义制度的思想和行为进行原则的斗争，同时又一定要团结和尊重所有的爱国者，和他们一道努力实现祖国的统一与繁荣。在这方面，对于过去"左"倾思想的影响，仍有继续保持警惕和加以肃清的必要。党的十二大报告中指出，"必须尽一切努力，进一步巩固和加强由全体社会主义劳动者、拥护社会主义的爱国者和拥护祖国统一的爱国者组成的，包括台湾同胞、港澳同胞和海外侨胞在内的最广泛的爱国统一战线。"巩固和扩大这种统一战线，是每个共产主义者的义务，也是我们基于共产主义立场的爱国主义的具体表现。我们当然希望所有的人都成为共产主义者，都成为具有共产主义水准的爱国主义者。但是这种希望，不允许，也不可能采取粗暴简单的、行政命令的方式去实现。一个共产党员、一个共青团员，首先应该用自己的实际行动表明，我们作为共产主义者，是真正能够为祖国的美好前景和最广大人民群众的利益作出卓越贡献的彻底的爱国主义者。我们应当通过这种表率的作用，来吸引越来越多的人们走上共产主义道路。

爱国主义并不是抽象的。它在不同的历史条件下，有不同的历史内容。我们的祖国早已走上了社会主义道路，在今天，爱国主义不仅是热爱祖国的大好河山和悠久文化，而且要热爱社会主义的祖国和建设社会主义的人民。今天爱国主义的具体内容，可以用邓小平同志在《目前的形势和任务》中所论述的我们在80年代的三大任务来概括。这就是：在国际事务中反对霸权主义，维护世界和平；实现祖国统一；加紧四个现代化建设。这同时也应该看作是否具有爱国主义立场的标志。

　　每一个中国人，不论生活在大陆，还是生活在台湾、香港、澳门或其他地方，都面临着这样的抉择：你是爱国的吗？这不论是过去、现在和将来，对于具有起码道德感的人来说，答案都只能是肯定的。10亿中国各族人民可以容忍自己的同胞兄弟犯这样那样的错误，可以容忍这样那样的漫长的思想历程，但是，如果谁甘愿背弃自己的祖国，甘愿做中华民族的叛逆，那么，谁就是历史的罪人，谁就使自己在10亿人民中间彻底孤立起来。爱国主义，这是走向共产主义的阶梯，这也是一支点燃中国人民为祖国兴旺发达、繁荣昌盛，发挥一切聪明才智的献身精神的火炬。我们相信，扎扎实实地进行爱国主义的宣传教育，一定会最广泛地动员我们的人民，同心同德，团结一致，完成我们党提出的80年代的三大任务，实现我们党十二大制定的宏伟纲领，培养成千上万的共产主义者，使我们的祖国在社会主义现代化建设中取得越来越伟大的胜利。

几个紧迫的理论问题[*]

社会主义、爱国主义和反和平演变，是当前几个亟待深入研究的重大理论问题。由于中国 1989 年春夏之交北京政治风波，由于东欧几个社会主义国家社会性质的变化，共产党执政地位的丧失，特别是苏联局势日益陷入严重混乱，这些其实并非新近提出的理论问题，不仅具有了紧迫性，而且显示出巨大的现实意义。我自己也还只是准备研究而已。这里主要是列一些题目，提供一种思路，和同志们共同讨论。理论工作的任务是从已经纷陈于世的社会历史现象中揭示和把握它的规律。当历史已经明确无误地告诉我们一些什么的时候，我们却熟视无睹、麻木不仁，只是重复旧的词句敷衍塞责，或是继续在甜蜜的空话中怡然自得，那就太可悲了。理论问题的认识，只有经过反复切磋和争论才能逐步深入。因此，这里讲的意见，诚

---

* 这是作者 1991 年 7 月在中央政策研究室召开的西南西北片省、区、市党委研究室工作座谈会上发言的一部分。收入《卫建林文集》，当代中国出版社 1992 年出版。

恳地希望得到同志们的批评。

（一）马克思主义创始人揭示了人类社会中不同社会形态发展和更替进程的客观规律。他们认为，资本主义高度成熟，其内部生产社会化和生产资料私人占有之间的矛盾、工人阶级和资产阶级的矛盾激化到不可能再在资本主义制度范围内得到解决，资本主义生产关系由生产力发展的形式变成束缚生产力的桎梏，于是社会革命的时代到来了，社会主义制度将代替资本主义制度。

有两种意见是不可取的。

第一，中国原来不是高度发展的资本主义社会而是经济文化落后的半殖民地半封建社会，因此搞社会主义不符合马克思主义创始人原先的设想，不该搞社会主义，搞的也不是社会主义，至多只是"刀耕火种的社会主义"或"封建社会主义"。

第二，既然同马克思主义创始人原先的设想不完全一致，于是宣布马克思主义过时了。

两种意见，都采用了反科学的方法论原则，即从概念出发。"两个凡是"就采用了这样的方法论原则。无论政治倾向或政治词句怎样地不同，一种错误方法论原则的生命力居然如此顽强，实在是饶有兴味的。

社会历史运动比任何公式都丰富得无可比拟。何况马克思主义创始人只是指出社会历史运动的一般规律，从来没有排除历史运动的复杂性、多样性和曲折性。在社会科学中，用重复一般理论原则来代替具体社会历史现象的分析，是一种最危险的倾向。它只能导致谬误。既然从世界范围来说，资产阶级统治已经成为历史进步的阻力，既然20世纪以来俄国、中国这样的国家成为社会矛盾的集聚点，而得到马克思主义武装的工人阶级已经有足够力量承担革命领导者的职责，革命和社会主义制度的确立就是不可避免的。这本身就是马克思主义的要求。

1917年以来社会主义的历史，是否定不了、抹杀不掉的。这是连政治上敌视社会主义但是尚保留着科学良心的资产阶级学者也承认的。只要不是怀有狭隘浅薄的阶级偏见，至少应该不惧怕对社会主义的历史进行研究。

（二）社会主义制度的出现和确立，是人类历史发展对于资本主义制度的否定，是为着解决资本主义制度无法解决的种种社会矛盾、继续推动社会前进的新创造。

资本主义制度的历史从1640年英国克伦威尔革命开始，已经有350多年。"羊吃人"，剥夺农民，种族灭绝，贩卖人口，对于殖民地半殖民地国家的长达300年的公开的、疯狂的杀戮、抢劫和掠夺，造就了为数很少的几个资本主义发达国家。这是世界人民用血泪和尸骨堆积而成的财富宝塔的顶尖。国际范围的民族压迫、阶级压迫仍然以隐蔽和精巧的方式存在。除了侵略、颠覆、干涉内政之外，比如第三世界国家欠发达国家外债，已达13000多亿美元，每年还本付息大约3200亿美元；比如直接投资利润率不断提高，1950—1988年39年间发达国家获利1800亿美元，为投资的2.3倍；比如不等价交换，压低初级产品价格，抬高工业制成品价格，仅此一项，1951—1971年掠夺走1100多亿美元，1980—1988年的8年中，非洲、加勒比海、太平洋地区就损失 1500 亿美元。有人啧啧赞许西方资本主义发达国家对第三世界国家的"援助"。目前这种"援助"每年大约 500 亿美元。但是每年西方发达国家由第三世界国家以各种方式拿走的，是这个数字的 10 倍，即 5000 亿美元。发达国家用掠夺来的金钱收买、分化国内工人阶级，用以缓和国内阶级矛盾、民族矛盾，但是这些矛盾继续存在和发展。美国贫富差距越来越大。据 1991 年 7 月份最新公布的材料，1977—1988 年，美国占家庭总数 1% 的最富有的人纳税后收入上升 122%，占家庭总数 20% 的最穷的人纳税后收入下降 10%。这就是说，到 1988 年，美国最富的 250 万人纳税后收入相当于最穷的 1 亿人纳税后的收入。此外，还有遍及发达国家的失业、流浪、卖淫、吸毒、黑社会组织、凶杀、抢劫、强奸等种种无法解脱的丑恶现象。喜欢说资本主义比社会主义好的人，他们所说的资本主义，只是指美国和少数几个发达国家。要比较，就要全面、客观。世界各国中，实行资本主义制度的居绝大多数。最穷的 41 个国家，每年人均收入 200 美元以下，40 个国家实行货真价实的资本主义制度。要比较，为什么没有勇气同这 40 个国家比较呢？

美国和西方一些势力不是喜欢讲人权，一再就人权问题讨伐社会主义中国，以此作为制裁中国的依据吗？那么好，回顾一下历史吧！就中国而言，在西方列强强制下签订了多少不平等条约，掠夺走了多少黄金、白银、珍宝和其他财富，杀了多少中国人？八国联军杀进北京，美国支持腐朽反动的国民党反动派打内战，企图消灭为中国人民自由民主而奋斗牺牲的共产党人，这算什么人权？至今还干涉中国内政，支持和豢养卖国叛国的资产阶级自由化"精英"，和企图分裂祖国的最野蛮、最黑暗的封建奴隶制代表达赖由暗送秋波而公开勾搭，这又算什么人权？这还只是讲中国，几个例子而已。有兴趣的同志，不妨详尽收集材料，研究资本主义发达国家所以发达的过程及其同第三世界各国的关系，写一部《资本主义人权史》。这将是一部血泪史和控诉书。坦率地说，资本主义是当代最大的人权侵害者，最没有资格讲人权！

世界历史进程对资本主义制度存在的合理性做出否定，使新的社会制度取代资本主义制度成为客观需要。于是社会主义制度应运而生。

（三）社会主义制度的确立，解决了和正在解决哪些人类在资本主义制度下无法解决的社会问题，或者为这些问题的彻底解决开辟了现实的可能性和广阔的前景？换个说法，社会主义制度为人类历史提供了或正在提供哪些前所未有的新东西，作出了或正在作出哪些新贡献？

至少可以列举这么几个方面：

1. 对外的民族独立和国家主权，多民族国家内部各民族间的平等、团结、互助、友爱。

2. 人民当家作主，成为自己国家和历史运动的主人。

3. 消灭剥削阶级和剥削制度，确立公有制的主体地位和按劳分配制度，从根本上保证劳动者在生产资料面前的平等和其他平等权利，保证资源的合理利用和生产力的合理布局，保护诚实劳动，使社会成员走向共同富裕。

4. 以不断满足人民日益增长的物质文化需要，作为生产和建设的根本目的。

5. 集中物力、财力、人力办大事。比如我国 20 世纪 60—70 年代的国力，在资本主义制度下，不可能造出两弹一星。

6. 形成全社会的共同利益、共同理想、共同道德，社会生活中大量存在的是人民内部在根本利益一致基础上的矛盾。

7. 社会全面进步。资本主义的出现曾经使财富像泉水般涌流，但是它的片面发展导致一系列根本性弊病。社会的进步或发展，应该是包括多方面内容的、综合的、整体的范畴。就经济发展而言，社会主义制度曾经创造举世瞩目的奇迹。不仅经济要发展，社会成员的文化、科技、道德素质，人与人的关系，人民群众参与国家管理的程度，人民群众从金钱拜物教以及原始性、自发性、动物性下获得解放的程度等，都应该具有全新的面貌。

8. 国际交往中的和平共处等原则，维护国家主权、民族尊严而又相互尊重的平等的关系。

（四）由于社会主义制度首先在原先经济文化比较落后的国家确立下来，所以更加需要毫不动摇地把发展社会生产力摆在首位，长期坚持下去。真正认识和把握这一点，并通过法律法规，通过党的路线、方针、政策把它确定下来，实在是不容易的事情。我们有过确立社会主义制度以后虽然存在发展生产力的良好愿望却不懂得尊重经济规律以及继续以阶级斗争为纲的严重教训。经过十一届三中全会以来 10 多年的宣传、教育和实践，集中力量发展生产力，把经济搞上去，尊重经济及社会发展规律，这个认识已经深入人心。正因为原先经济文化比较落后，所以必然地提出了进行改革开放即不断完善和发展社会主义制度、积极学习和吸收人类在资本主义制度下创造的一切文明成果的任务。改革开放不是权宜之计，而是推进社会主义事业的一项深刻反映历史发展规律、必须长期坚持下去的基本政策。

（五）近代以来，世界历史提供了两条发展社会生产力、发展经济乃至推动社会进步的道路：资本主义道路和社会主义道路。

资本主义道路，就是它 350 多年昭示给人们的，以"羊吃人"、剥夺农民、种族灭绝、贩卖人口、疯狂掠夺殖民地半殖民地国家和至今仍在进行的新殖民主义剥削、阶级压迫，造就少数几个富国，造就少数几个富国中的占人口比例百分之几的富人。

这是一条现成的和地球上绝大多数人已经习以为常的、有既定模式的道路，一条到处在照抄照搬，结果却有种种不同的道路。1949 年以前的中国照抄照搬过了，世界 100 多个国家还在照抄照搬，东欧、苏联也在照抄照搬，结果都没有达到少数几个资本主义富国的水平；个别因不同原因而程度不同地富起来的国家和地区，因其对大国的依附而经济带有很大的脆弱性。科学社会主义的出现，早已敲响了这条道路的丧钟。资本主义之进入坟墓并最终被全人类彻底抛弃，是一个复杂、曲折、漫长却不可改变的过程。

社会主义道路，是一条全新的道路。它已经显示出巨大的生命力。它之最终被全人类所接受并在世界范围取代资本主义，同样是一个复杂、曲折、漫长却不可改变的过程。

（六）社会主义道路亦如中国共产党几十年的奋斗历史，失败与胜利相交织，荆棘遍地，前景光明。献身创造新生活伟大事业的人，从来就不畏惧探索和牺牲，不会在只有得到立即胜利、升官加爵、财运亨通的允诺之后，才去显示积极性。资产阶级社会的诞生，也需要内战、流血、牺牲精神和英雄气概，产生过无数它今天的渺小后裔完全不能相比的伟大先驱。从 14 世纪资本主义曙光在地中海边升起，到 17 世纪中叶资本主义制度最早在英国出现，费时 300 多年。1640 年之后复辟反复辟斗争 40 余年，资本主义制度才在英国巩固下来。法国爆发资产阶级革命到确立资本主义制度，经过 86 年。从英国资产阶级革命到资产阶级在欧洲取得普遍胜利，历经 200 多年。社会主义面对的，是已经有几千年历史的整个私有制度以及与它必然联系在一起的巨大的历史惰力和陈旧传统。要求社会主义道路必然开张大吉，一路鲜花鼓乐，如果不能在几年、几十年中间赶上和超过少数几个资本主义发达国家，稍遇曲折和风浪，就自惭形秽，以至于从此转向和改换门庭，翻个筋斗去崇拜资本主义，更以至于投身使历史倒退的保守、僵化、陈腐势力，未免可笑和可悲了。

（七）于是又有一种意见：不问姓"社"姓"资"。

　　中国共产党从来是问姓"社"姓"资"的。这见之于 1921 年建党以来的历次党章党纲党规党法和不同历史时期的纲领性文件。十一届三中全会至今，邓小平同志每年都有关于坚持社会主义道路的重要讲话。

　　西方垄断资产阶级也是问姓"社"姓"资"的。尼克松不是早已宣布，要利用社会主义国家进行改革开放的机会，竭尽全力，把西方资本主义的所谓真理，"塞进门里去"吗？即以最近的言论为例：

　　1991 年 5 月 27 日，布什在耶鲁大学讲话，集中谈对华政策。他说，"当我们发现有机会同中华人民共和国合作时，我们将利用这些机会。当中国的行为出现问题时，我们将采取适当的行动"。他把这称为美国对华政策的"指导思想"。他还说，"实行一种最可能改变中国行为的政策，这才是问题的要害"，"最惠国待遇是外部世界影响中国的一种途径"。

　　6 月 2 日，尼克松在《华盛顿邮报》发表《戈尔巴乔夫的危机与美国的机会》，说"美国的关键战略利益不在于从经济上挽救莫斯科，而是要摧毁共产主义制度"。因此，西方那些鼓吹挽救苏联的人"误解了西方的利益所在"。文章又说，美国支持的，是"摧毁社会主义制度的改革"。

　　6 月 5 日，布热津斯基在《华盛顿邮报》上发表《西方的援助应当促使苏联实行改造而非改革》，宣布"西方的目标应当是把苏联改造成政治上完全不同的国家"。

　　7 月 18 日，《纽约时报》发表新闻分析《走向一个较小的世界》，承认"搞掉共产主义的苏联——就像两个德国统一一样——是西方领导人长期以来梦寐以求的"。

长期以来，西方政治家和舆论工具乐此不疲地向社会主义国家的人们灌输一种所谓"非政治化"、"非意识形态化"的观念，把共产党人主张阶级分析、主张加强思想政治工作看作是大逆不道、荒谬绝伦。至于他们自己，阶级观点、政治观点从来就是鲜明的、毫不含糊的。

不问姓"社"姓"资"，如果是指不能给并不具有政治制度色彩的东西人为地贴上政治制度的标签，如果是批评在改革开放问题上不能从姓"社"姓"资"的概念争论中解放出来，不敢于大胆吸收人类创造的全部文明成果，那是正确的。如果作为表述我国根本制度和历史方向的一般性的命题，就站不住了。特别是在国内外敌对势力正在以所谓"非政治化"、"非意识形态化"作为加紧推行和平演变战略的武器的情况下，它只能麻痹坚持社会主义道路的人们。在这里，可以看到面对资本主义庞然大物的怯懦，肩负社会主义创造性历史任务的无能，至少是对历史辩证法的无知。

（八）四项基本原则和改革开放的总方针，统一于建设有中国特色社会主义的实践。改革开放的总方针，赋予四项基本原则以充实的现代内容和巨大活力。离开四项基本原则，改革开放就势必走偏方向以至成为资产阶级自由化的附属品或同义语。邓小平同志就曾经指出，这种所谓"改革"和我们的改革不同，实际上是主张资本主义化，四项基本原则和资产阶级自由化的争论还会继续下去。全部问题在于，在建设有中国特色社会主义的实践中，怎样辩证地认识和把握四项基本原则和改革开放的关系。江泽民同志在建党70周年纪念大会的重要讲话中指出：“不进行改革，就不可能使社会主义制度继续保持蓬勃生机；在改革中不坚持社会主义方向，就会葬送党和人民70年奋斗的全部成果。要划清两种改革开放观，即坚持四项基本原则的改革开放，同资产阶级自由化主张的实质上是资本主义化的‘改革开放’的根本界限。”这一论断怎样深刻总结了我国社会主义现代化建设的成功经验和世界社会主义运动遭受严重挫折的沉痛教训，怎样凝结着丰厚的历史容量，以及它在社会主义实践和马克思主义理论中的划时代意义，应该是不言自明的。

（九）以弱胜强，以小胜大，这是新生事物在曲折中发展、壮大和取得胜利的规律。我们至今还处在这个过程中。经济相对落后的基础，国际资本主义包围的严峻局面，加紧和平演变的咄咄逼人的形势，使社会主义和资本主义两种制度斗争的目前结局至今悬而未决。埋葬社会主义制度，照搬资本主义的现成模式，正是西方的战略目标。但是且不说我们在社会主义制度下生活了40多年的人民不会答应，国情不能允许，即使真正亦步亦趋，至多也是永远落在西方后面，而且势必导致混乱、动荡、分裂、内战，几亿人颠沛流离、饥寒交迫的历史大倒退。不能够用资本主义发展的尺度，作为衡量社会主义发展的标准。我们是在社会主义制度下发展生产力的。我们应该吸取在资本主义时代形成的符合社会化大生产规律而又对我们有益的经验，而不能学习同资本主义剥削制度必然联系的丑恶东西。尤其重要的是独立自主地进行新的创造。坚持四项基本原则而又永远立足于不断变化发展的现实，坚持改革开放而又有效地防止和抵制和平演变，坚持党的执政地位而又永远是人民群众的忠诚儿子，——对于共产党员来说，这个过程中的每一步骤都是考验，都充满着创造性劳动。考验和创造，和共产党员的生命同在。只有这样，才谈得上充分发挥社会主义制度的优越性，使我国社会生产力的发展、综合国力的提高乃至社会的全面进步，达到在资本主义制度下不可思议的速度和效果。

（十）在当代中国，爱国主义与社会主义本质上是统一的。

马克思主义创始人指出，资产阶级的统治离开民族独立是不行的。民族独立，本来应该是资产阶级民主革命的任务。但是1848年这场典型的资产阶级革命，却是由于工人阶级的英勇斗争，才使欧洲许多国家取得民族独立。封建贵族不能保持民族独立。资产阶级对民族独立漠不关心，只是拿走了工人阶级斗争的成果。资产阶级没有解决这个历史课题，反而成为列宁所说的世界上最大的民族压迫者。从有资本主义制度到今天，乃至以后一个很长历史时期，世界范围贫富分化和对立的日益严重，根源即在于资本主义制度造成的民族压迫。

俄国十月革命，社会主义制度确立，为真正解决民族问题，提供了坚实可靠的保证。尽管一些社会主义国家在处理国内民族关系和对外关系方面曾经存在这样那样的问题，但是特别是第二次世界大战后 100 多个国家独立，帝国主义的世界殖民主义体系土崩瓦解，第三世界或发展中国家作为一支重要的政治力量活跃于国际舞台，这种人类历史的巨大进步，是被压迫民族、被压迫人民斗争的成果，也是社会主义壮大、资本主义衰微的结果。

（十一）帝国主义是全世界人民的共同敌人。被压迫民族、被压迫人民的斗争，是社会主义的最大的天然同盟军。

至少目前我们还没有看到，十月革命以来，在资产阶级思想体系、资本主义政治方案范围内，能够取得彻底的反封建特别是反帝斗争的胜利，能够真正有效和全面地维护民族尊严和独立国家的主权。即使是业已取得政治独立的国家，要最终摆脱对于西方大国的经济政治的不同程度的依赖和文化侵略，显然还需要经过长期的艰苦斗争。

有人或许会问，那么美国呢？我们的回答是：压迫别的民族的民族，本身是不自由的民族。

工人阶级是最彻底的民主派和最彻底的爱国者。社会主义制度是民族独立、国家主权和民主革命成果的最可靠的保证。

（十二）中国是一个有说服力的实例。

中国地主阶级作为完整的阶级，自 1840 年以来一步一步沦为外国侵略者的附属物。农民阶级具有不甘受外国侵略者奴役的传统，但是太平天国和义和团反对外国侵略者的斗争都以悲剧告终。资产阶级领导的辛亥革命，也没有能够阻止中国的半殖民地化过程。无数仁人志士赍志而殁。唯有工人阶级及其先锋队共产党，遵循马克思主义普遍基本原理同中国具体实际相结合的原则，进行以建立社会主义制度为目标的新民主主义革命，首先取得的，正是反帝反封建的胜利。就其反帝反封建的彻底性来说，是任何其他国家难以比拟的。从新民主主义革命到社会主义革命和建设，共产党是中国所有政党中，为民族解放、社会解放、历史进步，付出最大牺牲、作出最大贡献、取得最大成果的唯一政党。共产党的斗争，吸引、动员、团结着全民族中希望祖国独立和强盛的成员。一切爱国者，包括不了解或者一度反对过共产党的人，包括拥护和参加过资产阶级革命的人，当把爱国主义立场坚持下去的时候，都或早或迟地跟共产党并肩前进了，或者成为共产主义者，或者成为党的忠实朋友。对于资产阶级、小资产阶级的政党、派别、组织来说，同共产党合作意味着进步和有所作为，和共产党破裂意味着一事无成甚至倒退。从爱国主义走向共产主义，这是现代中国社会进步的规律性现象。

伟大的马克思列宁主义者毛泽东同志，同时是近代以来中华民族最伟大的民族英雄。毛泽东同志评价鲁迅时说："鲁迅的骨头是最硬的，他没有丝毫的奴颜和媚骨，这是殖民地半殖民地人民最可宝贵的性格。鲁迅是在文化战线上，代表全民族的大多数，向着敌人冲锋陷阵的最正确、最勇敢、最坚决、最忠实、最热忱的空前的民族英

雄。鲁迅的方向，就是中华民族新文化的方向。"① 集中
体现中国共产党人智慧和革命精神的毛泽东同志的方向，
就是中国先进分子从爱国主义到共产主义的方向。毛泽东
同志从来不去按照中国或是外国资产阶级所要求的标准塑
造自己。他永远属于中国各族人民。国内外敌人的半个多
世纪的诅咒和谩骂，坚持资产阶级自由化立场的人的拙劣
的丑化和造谣，都不能丝毫动摇他的历史地位和他在中国
人民中的不朽形象。

　　（十三）可以从反面研究一下这个问题。

　　西方敌对势力对社会主义国家进行和平演变的目的，
社会主义国家内部资产阶级自由化的目的，其实是两个：
一个，颠覆社会主义制度；另一个，毁灭民主革命成果，
埋葬民族独立和国家主权。两个目的，最终是使社会主义
国家演变为西方大国的附庸。

　　东欧剧变中，第二次世界大战以前曾经在那里划分势
力范围、分片进行民族压迫和剥削的欧洲几个资本主义发
达国家，又以原先的领地作为重点，纷纷回来了。尼克松
在 6 月 2 日的文章中说到"改革派"，对戈尔巴乔夫仍不
放心，理由是，"戈尔巴乔夫是共产党组织培养的产物，
是一个爱国的俄罗斯民族主义者"。这里提出了西方规定
的社会主义国家处于执政地位的共产党中所谓"改革派"
的两条基本标准：不仅要背叛共产主义，而且要背叛爱国
主义；不仅要叛党，而且要叛国。他说："如果危机加深

---

① 《毛泽东选集》第 2 卷，人民出版社 1991 年版，第 698 页。

到使他别无选择的程度，他才会接受肢解帝国、摧毁社会主义的改革。"这里提出了社会主义国家进行"改革"的两条基本标准：不仅要摧毁社会主义制度，而且要国家四分五裂、贫弱可欺。布热津斯基6月5日的文章说到"西方对于苏联需要进行四个方面变革而提出的正当的先决条件"，即私有化、民主化、自决、非军事化，专门画龙点睛，说"私有化问题将具有特别重要的意义"，可以说是对尼克松所说的"改革"和"改革派"做进一步的引申了。日本《选择》杂志7月号一篇文章同样地坦率，说"冷酷无情的布什政权"对苏政策的"真正的目的"，就是使苏联完全失去自卫能力，成为"唯美国之命是从的国家"。

我国1989年春夏之交北京政治风波，被其策划者、组织者称为"爱国民主运动"。其中污浊腐败及种种反民主行为已举世皆知。且不说西方资产阶级舆论积之多年的教育和熏陶，西方电台的现场指挥和物质支援，败北后主要人物的纷纷逃往西方、受到豢养，即使最近关于必须制裁中国和使中国各省独立、变为"邦联"的鼓噪，不是也已经说明，这场政治风波，实质上是"卖国独裁运动"吗？他们说，1957年反右派斗争平反了，1959年"反右倾"平反了，"文化大革命"中冤假错案平反了，"六四"也会平反。他们忘记了，中华民族无比珍视民族独立、国家主权，或许对于很多人物和事件都可以提出平反的问题，而卖国贼唯一的归宿，就是历史耻辱柱。不是连专事颠倒黑白、嚣张一时的资产阶级自由化"精英"们，也没有勇气为汪精卫平反吗？①

（十四）不仅为了巩固和发展社会主义制度，而且为了保卫民主革命的成果，为了维护民族独立和国家主权，都必须以经济建设为中心、坚持四项基本原则、坚持改革开放，把反对资产阶级自由化、反对和平演变的斗争，毫不动摇地继续进行下去。

（十五）社会主义制度的出现，使西方垄断资产阶级惊恐和恼恨。14个资本主义国家对新生苏联的武装入侵失败了。法西斯希特勒旋风般的军事行动使资产阶级的欧洲丧胆，法国全境沦陷，然而社会主义苏联成为战胜它的主要力量。美国在全世界进行军事侵略的历史至今仅有两次失败记录，即有中国人支援和参加的朝鲜战争、越南战争。于是和平演变成为主要的一手。这本身就是世界范围资本主义在同社会主义进行斗争中屡战屡败的产物。

（十六）80年代末以来，西方敌对势力实行和平演变在东欧已经得手，在苏联正在得手。但是，在中国遇到强有力的抗击。平息1989年春夏之交政治风波，是社会主义抵制和平演变的具有深远历史意义的胜利，是邓小平同志等老一代无产阶级革命家为社会主义事业和马克思主义的发展建立的卓越功勋。认真研究和从理论上总结这场斗

---

① 周作人的地位被置于鲁迅之上；美国一场"9·11"，就激动到宣布"今夜是美国人"；一些文章乃至以教科书之名出现的著作，专事抹杀中国共产党领导的抗日民族解放战争的历史功绩；更不要说窃密件以换美元、偷国库以奉洋人的勾当了。——事实证明，作者当时对此类人物灭师背祖的彻底性，远远估计不够。他们要走得远得多。尽管在任何民族中这永远是极少数，然而因为这种估计不够，作者仍需进行自我批评。

争和斗争之后我们党稳定局势、继续推动社会主义事业前进所提供的深刻而丰富的历史经验，仍然是一个重大的课题。

20 世纪 90 年代，中国要实现经济社会发展第二步战略目标和挫败和平演变。我们已经有了十年规划和"八五"计划纲要，需要具体化和坚决贯彻落实。必须尖锐地指出反和平演变任务的严重性和紧迫性。西方敌对势力进行和平演变，积几十年之经验，不因首脑人物的更换而有所改变，有完整的理论、系统的计划、专门的机构，有组织、有步骤并且随着条件的变化不断进行调整。我们需要知己知彼，针锋相对，掌握斗争的主动权。

（十七）和平演变和资产阶级自由化思潮，对我国的独立和主权，对我们的建设和改革开放，构成现实的威胁。

从近期外电透露的情况看，西方有关部门频繁召集会议，集中讨论中国问题，其要点是：组织专门班子研究中国自然灾害问题，以促成新的动乱；待苏联演变后，拉苏共同对付中国；加紧做中国留学生的工作；继续在共产党内和知识分子中寻找、培植代理人；利用台湾、香港，利用经济文化交流活动的渠道，进行渗透和所谓"心理战"、"宣传战"、"思想颠覆"。李登辉 7 月 4 日在"行政院"院会讲话称，"使大陆和平演变的潮流是挡不住的，我们应朝此方向努力"。

在这种甜蜜蜜而其实是血淋淋的威胁面前，共产党员是不是应该更清醒一点呢？是不是需要时刻避免重犯

"一手硬、一手软"的错误，"埋头经济工作、忽视思想工作"的错误呢？是不是应该集中精力为社会生产力的提高和经济发展尽心尽力，同时成为反和平演变钢铁长城的一砖一石呢？坦率地说，历史给予我们的时间不多了。

（十八）亟待重温毛泽东同志 1946 年提出、1958 年重新进行过深刻阐述的关于帝国主义和一切反动派都是纸老虎的著名的马克思主义论断。

和平演变不和平。一方面，西方敌对势力是活老虎、铁老虎、真老虎，吃人，成百万成千万地吃人；我们要认真对付，重视它，从这点上建立我们的策略思想和战术思想。另一方面，从本质上看，从长期看，从战略上看，它又是纸老虎、死老虎、豆腐老虎，我们要藐视它，从这点上建立我们的战略思想。

（十九）我们对中国共产党领导的反和平演变斗争的胜利充满信心。

第一，我们党是用马克思列宁主义、毛泽东思想武装起来的，坚持独立自主、自力更生，富有革命创造精神的党；是密切联系群众，为中国各族人民的根本利益不断奋斗并作出最大贡献的党；是坚持真理、修正错误，经得起胜利和挫折、高潮和低潮、顺境和逆境的考验，任何敌人和困难都压不倒、摧不垮的党。邓小平同志等老一代无产阶级革命家仍然健在。江泽民同志为核心的党中央得到全国人民的信赖、爱戴和拥护。我们党正在有条不紊地沉着应付复杂的国际形势，正在卓有成效地领导着国内建设和改革开放事业的顺利发展。战胜和平演变，归根到底要靠社会生产力的大幅度提高。党的以经济建设为中心、坚持四项基本原则、坚持改革开放的基本路线深入人心。在遇到内外干扰的时候，我们党完全有能力排除干扰，长期坚定地坚持党的基本路线，领导人民把经济建设搞上去。

第二，社会主义制度已经扎下深根，我们已经找到建设有中国特色社会主义的道路。经过40多年特别是近10多年来的艰苦奋斗，依靠社会主义制度，我国有了相当雄厚的经济实力和物质基础。

第三，有人会说，党和国家工作中仍然存在不尽如人意的地方，消极腐败现象还未铲除干净。但是，历史总是在某个问题的解决条件业已出现的时候才把这个问题提上日程。重要的不在于对于今天某些落后陈腐事物的从旁评论，而在于意识到自己神圣职责的共产党员和人民群众的共同斗争。

第四，西方敌对势力不是有钱吗？但是它可以收买极个别共产党员，却绝对收买不了伟大的中国共产党；可以收买极个别社会成员，却绝对收买不了伟大的中华民族。

（二十）我们对世界社会主义运动的前途充满信心。

东欧剧变、苏联动荡使世界社会主义运动遭受严重挫折。但是，这种低潮以及社会主义事业在几个国家中的倒退所以是相对的、暂时的，是因为人类在资本主义制度下所无法解决的历史课题照旧无法解决。国际范围的贫富对立、两极分化正在加剧，第三世界和资本主义发达国家的矛盾日益尖锐。资本主义正在全世界制造自己的掘墓人。社会主义制度曾经在它已经被颠覆的国家中所建树的功业，深深留在那里的人民中间。资本主义发达国家之间潜在的矛盾正在表面化并显示出日益尖锐的趋势，这些国家内部的种种社会矛盾也使他们陷入困扰和捉襟见肘。

失去社会主义的东欧共产党人和人民群众没有停止斗争。这里只想举一个小小的而且并非共产党人的例子。东欧最早演变的波兰，曾经参加这种演变的一位华沙大学博士、团结工会积极分子，1990 年写的《波兰社会赞同私有化吗?》一文中，提出一些耐人寻味的看法。他说，波兰现在官方倡导私有化，社会群众害怕私有化，"如果说，经济私有化能使大家得益，那么，这只能是幻想，或者是有意撒谎。"他援引《团结周刊》的话说，市场经济的目的只能是实行资本主义。社会主义创造的大批财富，以低得可笑的价格卖给或者说"送给"、"无偿赠与"了外国人，"当极少数人迅速变得富裕和十分富有、成为百万富翁的同时，绝大多数职工不仅实际收入下降，而且连自己的生存也受到了威胁"，"过去劳动者享受的购买住房、教育、医疗、卫生、休假、儿童夏令营，对一般中等收入的人来说，已是可望而不可即的事"。

布热津斯基有一本书，题为《大失败——二十世纪共产主义的兴亡》。以东欧演变、苏联动荡作为主要依据，美国国务院政策研究室副主任福山，又写了一篇长文，题为《历史的终结》，宣布历史到此终结，顶点即美国模式。

实在应该有一本《大失败——二十世纪资本主义的衰亡》。20 世纪最初的 16 年中，世界上没有社会主义制度。从 1917 年开始，社会主义进入人类历史，资本主义独霸世界的时代结束。到 1949 年中国革命胜利，国际力量对比发生重大变化。同时或者稍后，一批社会主义国家诞生，100 多个国家独立，世界殖民体系一去不复返地瓦解了。今天社会主义的严重曲折，是社会主义在其发展过程中两次高潮之间的暂时现象，是新高潮到来之前的酝酿、准备和更深层的力量积聚。共产党人深深地懂得，资本主义不会经受一次两次打击就彻底溃败，社会主义不会经过一次两次高潮就一路凯旋。历史道路漫长而曲折，但是历史不会终结，历史没有句号。20 世纪，就其基本的历史走向和趋势来说，正是资本主义走向衰亡、社会主义走向胜利的世纪。党的老一辈革命家有一个非常深刻的论断：能够打倒共产党的只有共产党自己。共产党人的坚定、团结和脚踏实地的奋斗，将保证社会主义冲过任何激流险滩，迎来新的高潮。那时再回头看看，这一段挫折，就只是历史运动中微不足道的插曲而已。

辩证法是革命的代数学[*]

列宁高度评价俄国民主主义思想家赫尔岑，说他在
19世纪40年代农奴制的俄国，领会了黑格尔的辩证法，
懂得辩证法是"革命的代数学"，竟能达到自己时代伟大
思想家的水平。

马克思对于黑格尔辩证法的根本改造，唯物辩证法的
创立、传播和应用，开辟了人类认识的新纪元。从那以
后，生活昭示给人们的，一方面是工人运动的发展、社会
主义革命的爆发和社会主义制度的确立，另一方面是资本
主义制度总体上愈益加深的社会危机和资产阶级思想界在
社会历史领域的江河日下。他们除了雕虫小技和若干枝节
的创造，就对于社会历史的总的把握能力来说，没有能够
提供一位在领会辩证法上达到赫尔岑水平的理论家。他们
的全部本领，超不出用花样翻新的词句编造资本主义制度
永世长存的神话，为雇佣劳动辩护。特别是在社会主义运

---

* 本文发表于1990年12月《光明日报》，收入《辩证法是革命的代数学》一书。

动遇到曲折和困难而资本主义制度相对稳定的时期，在制定和实施针对社会主义国家的"和平演变"战略的时期，这种理论上癫狂和贫乏的并发症，比任何时候都更加露骨地表现出对于辩证法的惊人无知。理论思维能力的低下，使他们无可救药地落入到反辩证法的漩涡。反辩证法，这就是他们社会理论、政治哲学和历史观的基础；在这里不仅可以看到认识的深重迷误，尤其可以看到阶级私利的卑劣和政治阴谋的险恶。至于工人运动、社会主义国家和共产党内部的资产阶级自由化思潮，如列宁所说，好像密纳发从丘比特脑袋里钻出来一样，原原本本或者改头换面地从资产阶级的刊物搬到社会主义的刊物，虽然一生下来就非常完备，深深打上反辩证法的烙印，就更加不足为奇了。

　　社会主义的胜利，曾经使资产阶级代言人慌乱到认为谈论历史是一件胆战心惊的事情。杜勒斯面对"共产党的政治和经济攻势"惊呼："这个过程，如果我们不了解它，或者，了解了它而又不采取有效行动来对付的话，就会使自由的范围逐步缩小，一直到被推回到我们的海岸来，而我们，可能还有少数几个剩下来的盟国，将成为只不过是被包围在一片红色海洋中的一个孤岛而已"（1958年2月26日在美国众议院外交委员会的发言）。肯尼迪说："共产党过去是，现在还是比我们自己的力量发展得更快。我所说的共产党力量是指军事力量、经济力量、科学和教育力量以及政治力量"（1960年8月26日在退伍军人大会上的演讲），因此，"时间并不是我们的朋友"

（1961 年国情咨文）。这种末日来临的预感，灭顶之灾的哀叹，几乎成为 20 世纪中叶西方出版物的主调。但是曾几何时，几个社会主义国家中共产党执政地位的丧失，却使他们兴奋得达到热昏的程度。于是谈论历史成为时髦，除了竞相声明社会主义已经失败、共产主义已经被埋葬，又有布热津斯基《大失败》来绘制"后共产主义"世界的梦幻，弗朗西斯·福山用《历史的终结》来宣告西方自由主义的胜利即历史的终结，今天的美国即历史终结的理想样板。短视如此，浅薄如此，以至于人类社会发展中新旧事物交锋的一个回合，历史长河奔腾中的一个弯道，居然引出一大批专事昏话、大话比赛的理论家。这虽然是一件滑稽的事情，却也成为一种测试剂，测出了资产阶级社会理论和历史观的堕落水平和伪科学性质。围绕社会主义和资本主义两种社会制度、两种意识形态的命运，资产阶级的理论家和资产阶级自由化的理论家连篇累牍的高谈阔论，构成这种伪科学近年来在人类认识领域的一座硕大而又浊臭冲天的奥吉亚斯牛圈。

据说 20 世纪是社会主义失败的历史，而到 21 世纪，用布热津斯基的话来说，"共产主义将不可逆转地在历史上衰亡，它的实践与信条将不再与人类的状况有什么关系"，这就是历史的所谓"大趋势"。这些论者竟然有意忘掉一个基本事实：社会主义制度正是在 20 世纪在人类历史上确立下来并且得到了蓬勃发展。它不是个别人意愿的产物，也不是历史的偶然结果，它的根基深植在社会运动的客观规律之中。1917 年是这样一个历史的界碑：此前资本主义统治人类的国际格局一去不复返了，资产阶级称霸地球的野心永远地破灭了。资本主义世界曾经纠集14国武装力量对俄国进行军事干涉，接着又有法西斯希特勒的进攻，有美国出钱出枪支持蒋介石在中国打内战，有美国直接派兵的朝鲜战争和越南战争。大规模军事入侵的屡屡碰壁，导致"和平演变"战略的提出和形成。坦率地说，甚至今天西方敌对势力陶醉其中的"和平演变"战略本身，也从一个方面记录着资本主义的失败。

支持布热津斯基和福山们的一个主要论据，是20世纪六七十年代以来资本主义的相对稳定。这种相对稳定表明，资产阶级利用几千年间私有制度下剥削阶级进行政治、经济、思想统治的丰富经验，利用数百年间先是在同封建制度的斗争中，后来又在镇压工人阶级和人民革命、同社会主义制度和民族解放运动的斗争中自己积累起来的统治经验，仍然能够在资本主义制度的基础上调节某些社会关系、延缓阶级矛盾的激化，使得经济、管理和科学技术取得相当的进步。把资本主义制度一定阶段的相对稳定神化为绝对，"把认识的某一特征、某一方面、某一边片面地、夸大地、过分地发展（膨胀、扩大）为脱离了物质、脱离了自然的、神化了的绝对"，[①] 这可以看作是他们的认识论根据。

狭隘的政治眼光和阶级偏见，使我们的对手看不到或者不愿承认这种稳定的相对性质。这种自我感觉丝毫不表

---

① 列宁：《哲学笔记》，第403页，中共中央党校出版社1990年4月版。

明资本主义制度已经由与生俱来纠缠自己的社会基本矛盾
中得到解脱。恰恰相反，在这种基本矛盾的构架下，如马
克思所说，"每一种事物好象都包含有自己的反面"①。科
学技术进步使财富和失业并肩增长，富裕是贫穷的结果同
时加深着贫穷，甚至科学的纯洁光辉也只能在愚昧无知的
黑暗背景上闪耀。关于地球上100多个资本主义国家中真
正发展、比较富裕的不过十几个，关于发达资本主义国家
对第三世界国家日甚一日的剥削，关于发达资本主义国家
内部贫富两极的分化和种种带有根本性质的社会病症，人
们已经说得很多。这里只想指出，科学技术的发展越来越
不能成为资本主义制度的护法神。科学技术的发展是一回
事，科学技术发展的内在动力和社会后果是另一回事。在
辩证法看来，科学技术是历史的有力杠杆和最高意义上的
革命力量。威廉·李卜克内西在《回忆马克思》中有一
段非常精彩的叙述："马克思嘲笑欧洲得胜的反动势力，
它们幻想革命已被窒息，而没有想到自然科学正在准备一
次新的革命。蒸汽大王在前一世纪中翻转了整个世界；
现在它的统治已到末日；另外一种更大得无比的革命力
量——电力的火花将取而代之。""这件事情的后果是不
可估计的。经济革命之后，一定要跟着政治革命，因为后
者只是前者的表现而已。"就其大略的历史路线来说，蒸
汽机首先在欧洲广泛应用而又首先在欧洲埋葬了封建制
度，电气的普及几乎与社会主义制度的确立同时载入世界

---

① 《马克思恩格斯选集》第2卷，人民出版社1972年版，第78页。

历史。科学技术是生产力，它的进步归根结底推动着旧的生产关系越加迫近地狱之门。继之而来的新的更深刻和更大规模的科技革命将意味着什么，且留给今天忙于自鸣得意的西方大亨及其文武扈从，在惊恐中去品味和思考吧。

世界不是一成不变的事物的集合体，而是过程的集合体。在不同社会形态的更迭中，曾经合理地产生和存在的社会形态变为不合理并为新的社会形态所取代。然而任何陈旧的社会形态，都不会轻易地、心甘情愿地自动让出历史舞台。1640 年英国发生克伦威尔领导的资产阶级革命，20 年之后封建王朝复辟，直到 1688 年，资产阶级政权才在英国巩固下来。1789 年法国爆发资产阶级革命，从这时到 1875 年第三共和国成立，86 年间法国历史中交织着复辟和反复辟的几度流血斗争。直到今天，世界不仅仍然存在封建制度的国家，而且不止一个发达资本主义国家拖着一条封建主义残余的尾巴，至于美国的种族歧视，实质上不过是奴隶制度的痕迹而已。可以顺便指出，在最近发生的某些社会主义国家的蜕变过程中，革命后被剥夺统治地位、流亡国外，成为西方敌对势力"和平演变"别动队的旧皇族、旧王朝代表人物及其子孙们，也纷纷重回故国，举起反共反社会主义的旗帜，组织政党，编印报刊，要求人民赔偿他们几十年来的损失。在他们身旁，还有法西斯势力的死灰复燃。他们都高喊"改革"的口号，但是臀部的纹章却陈旧得令人作呕。

说到资本主义的相对稳定，很容易使人记起若干历史的往事。封建贵族甚至在倾覆之前也有过昙花一现般的相对稳定。比如恩格斯对巴尔扎克称赞备至，说他在《人间喜剧》中用编年史的方式描写 1815—1848 年的法国史，虽然贵族社会 1815 年重整旗鼓，尽力恢复旧日法国生活方式的标准，但是在上升资产阶级的冲击下却必然灭亡。恩格斯写道："多么了不起的勇气！在他的富有诗意的裁判中有多么了不起的革命辩证法！"① 资本为了追逐利润而造就了自己的掘墓人，在加强对殖民地人民统治的同时加强了反抗自己的力量。恰好在 19 世纪末，刚刚巩固下来的资本主义制度，就开始了剧烈的震荡。资产阶级理论说客们天花乱坠和唾液飞溅，工人运动中机会主义派别繁衍和机会主义思潮泛滥，接着爆发第一次世界大战，出现了第一个社会主义国家。第二次世界大战以后又有世界的大片土地升起了社会主义的红旗。

最近，西方理论界中比较尊重事实的人也看出，社会主义制度建立起了强大的经济，大大提高了人民生活水平和实现了比较公平的分配，80 年代以后，"在一些重要的问题上，社会主义和资本主义都受着现实的困扰"，但是"西方人、特别是那些有名望的保守派带着强烈的自以为是的神气只盯着社会主义的转变，以至于他们看不见自己的世界中令人惊异地相似的变化"。作者举例说："美国也显出官僚机构僵化的明显倾向"，"影响力的下降幅度并不比苏联小多少"（约翰·肯尼思·希尔加雷思《过去十年中对意识形态的攻击不仅打击了东方也打击了西

---

① 《马克思恩格斯全集》第 36 卷，人民出版社 1975 年版，第 77 页。

方》，英国《卫报》1989年12月16日）。有的文章详尽开列主要资本主义发达国家经济衰退的数字，然后说，"在华盛顿，似乎很少有人知道美国的这种严重情况，反而有人吹大话说美国现在是世界上唯一的超级大国，美国时代即将到来"，"陈旧的词汇已经废弃，陈旧的思想脱离实际。美国能够扮演阿特拉斯（希腊神话中顶天的巨神）并支撑整个世界——从军事、政治和金钱上——的日子已经结束了"（《未来属于谁?》，美国《华盛顿时报》1990年12月10日）。有的论者从另一角度提出问题，认为"共产主义可能在退却，但是并不一定完结了"，因为"马克思的最令人敬畏和最带根本性的预言——即只有在资本主义进入它的全面垄断、畸形发展和企图征服世界的最后阶段时，真正的社会主义才会出现——显然还没有受到检验"（戴维·塞尔伯恩《共产主义之父马克思还没有死》，英国《星期日泰晤士报》1989年8月20日）。历史的辩证法已经在而且还将更加无情地惩罚那些对它些许藐视的人们。对于今天资本主义的相对稳定来说，实在用得上中国一句老话：百足之虫，死而不僵。

支持布热津斯基和福山们的又一个主要论据，是社会主义事业在长足发展之后遇到的困难和挫折。

如果认为历史的创造和社会的变革只是铺满鲜花大道的漫步，只要高喊"乌拉"就可以击退希特勒，只要高喊"万岁"就能打败蒋介石，只要清谈就可以建起社会主义制度的坚固大厦，那就未免太幼稚了。在迂回曲折和暂时倒退中由低级到高级的发展，正是历史运动辩证法的本来形态。这里不能不经历闻所未闻的艰难险阻、痛苦牺牲和血与火的考验，不能不付出难以置信的努力和几代人舍身忘我的代价。社会主义的敌人沾沾自喜地收集、夸大和捏造并开动一切舆论机器宣传共产党人的错误，以此证明过去的革命纯属无谓之举、社会主义一无是处，俘虏和迷惑缺乏社会常识和政治经验的人们。但是共产党人却偏偏既不回避自己的错误，不回避社会主义这一全新事物的稚嫩，又不会因为自己的错误而畏缩不前，忘记寻找新的道路的庄严责任。工人阶级是最善于向自己的错误学习的阶级。它过去、今天和将来都是用自己伴随错误的革命行动，来争得自由、推动生活前进的。这种历史创造活动中的错误，不仅是孕育真理的温床，而且比之压榨人民的才华、编造伪科学的智能、笑里藏刀的文明、恢复剥削者天堂的谋略，在历史上要千百倍地正确和值得珍贵。这里也用得上中国的一句老话：好事多磨。

　　我们生活在一个不公平的世界里，常常连对等地进行辩论都困难重重。资本主义发达国家皇冠上嵌满非洲黑奴和亚洲劳工的尸骨，华尔街和白宫的楼基下回响着印第安冤魂的哭泣，焚烧圆明园、洗劫北京城的强盗们的后裔，居然高喊"人权"、以世界拯救者的姿态讨论制裁独立自由的人民中国！还有两次世界大战的爆发，至今仍在不发达国家进行的干涉、掠夺和盘剥——资本主义辩护士为什么不说说、至少是偶尔涉及一下自己的"错误"其实是血淋淋的罪恶呢？为什么不把自己的这些罪恶，原原本本地载入教科书，告诉自己的人民、自己的青年呢？

　　问题不在于把若干实例、把一时一事的得失成败从社会运动中孤立出来，站在一旁指指点点，而在于以历史的乐观主义、百折不挠的革命气魄和严格的科学精神，从一次次的曲折和败局中挺起身来，学习和实验，开始新的斗争。在氏族社会产生以来 5 万年的世界历史中，社会主义制度只有 73 年。在原始社会出现以来 4 千年的中国历史中，社会主义制度不到 40 年。这短暂的瞬间，不过是人类社会活动长剧中的一幕。马克思曾经称巴黎公社是"具有世界历史意义的新起点"和"把人类从阶级社会中永远解放出来的伟大的社会革命的曙光"，预言"公社的原则是永存的，是消灭不了的；在工人阶级得到解放以前，这些原则将一再表现出来"。甚至在十月革命以后的苏联，列宁还看到，仅仅因为资产阶级的广泛的国际联系和在国内恢复及再生的土壤，无产阶级"在很长时间内，依然要比资产阶级弱一些"①。在国际范围内尤其如此。重要的是坚冰已经打破，航路已经开通，新制度的航船已经起锚。用辩证法武装起来的工人阶级和共产党人，恰恰不是从静止和僵滞的观点，而是从创造历史、推动历史遵循它固有规律前进的观点来观察事物的。马克思和恩格斯在仿佛最平静的、富有田园风味的或革命处于低潮的沉闷时期，也能觉察到革命将临的气息，教育工人阶级充分意识到自己肩负的使命。特别是在革命事业遭遇重大困难的

---

① 《列宁全集》第 31 卷，人民出版社 1958 年版，第 51 页。

时期，列宁和毛泽东总是重新提出辩证法问题。辩证法，这是引导工人阶级在艰难奋斗中从灰姑娘成长为大力士的智慧明灯。

辩证法教导人们看到今天和明天，看到貌似强大者的虚弱本质，看到新生弱小者的强大生命力。资本主义的相对稳定，是旧制度走向衰亡途程中的相对稳定。社会主义的曲折和困难，却是新制度走向世界历史性胜利途程中的曲折和困难。

这使人记起毛泽东同志1946年提出、1958年进一步阐述，贯穿于他的许多重要著作的一个著名论断：帝国主义和一切反动派都是纸老虎。这个论断对于中国共产党人来说，特别亲切也特别珍贵。我们面对着物质力量、精神影响、社会传统远为强大的资本主义世界，在一个经济、文化长期落后的国家里进行社会主义现代化建设。资本主义发达国家掌握有先进的管理经验和科学技术；在这个意义上，它是真老虎。西方敌对势力经年累月投入巨大的物力人力对社会主义国家进行"和平演变"，制定和实施系统的战略，发动所谓思想战、宣传战、心理战，散布谣言，制造分裂，煽起动乱，培养和扶植其在社会主义国家内部首先是执政的共产党内部的代理人，而且实际上已经取得某些成果，不允许我们稍有懈怠和麻痹；在这个意义上，它也是真老虎。我们必须继续实行对外开放，积极学习、努力掌握世界各国包括西方资本主义发达国家的先进的管理经验和科学技术，同时又必须警惕和挫败西方敌对势力"和平演变"的图谋，维护民族的独立、国家的主权和社会主义的尊严。无论经历怎样的曲折和困难，社会主义中国已经和必定能够继续主要依靠自己人民的力量走向富裕、繁荣和强大，社会主义必将在历史的较量中代替资本主义；在这个意义上，我们的对手是纸老虎。

"时间并不是我们的朋友"，——肯尼迪总算说了一句老实话。列宁谈到 19 世纪末资本主义相对稳定时期工人运动内部的分裂状况时指出：资产阶级利用"自由主义"政策往往能在一定时期达到自己的目的，一部分工人，一部分工人代表，往往被表面上的让步所欺骗。资产阶级策略上的曲折变化，使修正主义在工人运动中间加强起来，往往把工人运动内部的分歧弄成公开的分裂。现在，我们在不同的历史层次上遇到了多少类似的情况。但是结果将会怎样呢？在西方理论界许多人为几个社会主义国家的蜕变兴高采烈的时候，也有人不无疑虑地看出了事情的另一面。他们说，"社会主义的意义被低估了"，"新自由主义"思潮虽然在一些地方获得了"全面的胜利"，却也"潜伏着脆弱性和困难"，因此"东欧的新自由主义迟早也要进行重新研究"（伊藤诚《新自由主义能拯救东欧国家吗?》，日本《经济学人》周刊 1990 年 10 月 9 日）。

我们把唯物辩证法看作革命的代数学、历史的代数学。作为马克思主义世界观的活的灵魂和理论基础，它只能属于工人阶级。来自资产阶级及其夸夸其谈的代言人的恼怒、恐怖和装模作样的视而不见，理所当然又一概无济于事。生活就是这样：谁掌握了辩证法，谁就掌握了认识和改造社会的锐利武器，谁就掌握了历史运动的主动权和社会的未来。面对西方敌对势力和资产阶级自由化蓄意制造的理论混乱，捍卫甚至在某种意义上是拯救辩证法；从当代社会发展包括社会主义的成功和挫折中，从科学技术的巨大成果中，进行新的理论概括和理论创造，推进和丰富辩证法；在人民中宣传和普及辩证法——这就是马克思主义理论工作者的一项紧迫任务。

人 民 领 袖 毛 泽 东[*]

——毛泽东诞辰百年纪念

一

1893 年 12 月 26 日，毛泽东在湖南一个山村的农民家庭出生。这是一个注定要使中国天翻地覆因而享有某种特权的人物。这种特权就是，世界上人口最多国家中最大多数人的最长久而深挚的热爱和敬重。

当我们今天纪念他诞辰 100 周年的时候，他已经离开我们 17 年了。他的声望在他去世的前夕带着某种人为的、病态的宣传达到顶端，尽管这是他本人一再表示反对的。接着来到的，是通过对他晚年错误的批评，使他从云端落到大地，复归为一位平凡的伟人。邓小平同志对他的评价是公正的：他的功劳是第一位的，错误是第二位的；他的

---

* 本文发表于《当代思潮》1993 年第 6 期。

错误是一个伟大革命家的错误，一个伟大马克思主义者的错误；从根本上来说，现在我们还是把毛泽东已经提出、但是没有做的事情做起来，把他反对错了的改正过来，把他没有做好的事情做好。毛泽东思想这个旗帜丢不得，不仅今天，而且今后，我们都要高举毛泽东思想的伟大旗帜。

对他的生平、思想和历史活动的研究，已经遍布世界。甚至他的政敌，也并非都不承认他的非凡的胆略、超人的智慧、坚毅的品格和渊博的学识。但是和对待任何一位同人民一起创造了伟大功业的历史人物一样，在对他的思想由于不理解而进行曲解的同时，我们还看到，愈是临近他的诞辰 100 周年的纪念活动，也愈是出现一种磨灭他的威名、淡化他的影响的企图，出现一种以在他的个人品质、私生活方面制造天方夜谭式的轰动性细枝末节来显示狂躁无能的现象。

贬损毛泽东作为一种政治思潮存在着。这种思潮使某些追求时尚的小知识分子一度以为，能够对他著作中的几个词和短语指手画脚便得到了扬扬自得的资本。生活是严峻的教师。国际风云的变幻和自己的亲身经历，使越来越多的人们知道，或许可以靠小聪明在泰山的边上挖几铲泥土，但是泰山却依旧巍然屹立。

人民有自己的独特的纪念方式。前往韶山、井冈山、延安参观和到天安门瞻仰遗容的人次足可以列出天文数字。刚刚开始思考人生和社会的大学生在他的著作里找到了民族的尊严、向上的力量和纵横挥洒的才气。普通工人收藏有数万枚像章。山村里"愚夫愚妇"深信他的肖像可以带来福祉。汽车司机认为他的照片具有"避邪"的奇效。以至卡拉OK的歌手们，也用一种别样的腔调唱出颂扬他的歌曲。这里没有统一口号划定的规格，没有官方的号令和组织，或许有时会显得不那么郑重和科学。即便偶尔有"哗众取宠"的成分，但是为什么偏偏以此而不以彼哗众取宠，也不能不做社会历史的和心理的解释。无论如何，人民没有忘记这位17年前去世的伟人，而是按照自己的教养和旨趣安排他在自己生活中的位置。这本身已经昭示着，毛泽东的名字，在当代中国社会土壤中，有着怎样广阔坚实的根基。热爱毛泽东，其历史的深层驱动力，不是来自以谀词滥调逐名贪利的个人打算，而是来自历史本身。

二

1840年以来中国人民的全部斗争，都根源于帝国主义与中国人民的矛盾。这种斗争经历着异常复杂曲折的过程，有过种种探索和种种失败，用血和火记载着中国人民的不屈不挠，记载着由自发而自觉、由分散而集中、由局部而整体、由挫折而胜利的可歌可泣的历史。

如果做最粗略的划分，可以看出这种斗争的两种基本潮流。

第一种潮流的最初代表是林则徐、龚自珍、魏源。他们生活在鸦片战争的炮声打破封建制度的表面平静、要求寻找新的出路的时代，而他们自己又不可能脱离封建主义的基地。他们对时政的揭露和抨击固然没有离开维护封建制度的初衷，却因其决绝严厉，因其同抗击外侮的意向相联系，对于形成动摇和瓦解封建制度的认识，显然具有一种启蒙的、导向的作用。他们不同于死守封建古董的顽固派，不同于同外人勾结、出卖民族利益的投降派，也不同于以仆妾狗马姿态小道取容、追求功名利禄的既无操守又无志节的知识分子。他们没有走向人民群众，但是同情人民群众在封建重压下的磨难，赞赏人民群众强烈的反帝精神。他们在外侮的面前保持着民族的尊严，积极介绍和力主实施西方的资本主义式的富国强兵之道。魏源《海国图志》的序文中就说："是书何以作？曰：以夷攻夷而作，为师夷之长技以制夷而作。"梁启超所谓"初读定庵文集，如触电然"，所谓"数新思想之明檗，其因缘故不得不远溯龚魏"，正说出了他们同资产阶级改良派的师承关系。

民族沦亡的情况越来越糟。以赔款论，地方政府和人民直接向侵略者交纳的大量款项无法统计，仅 1842 年、1860 年、1895 年、1901 年四次战争赔款，即达官银 7.1 亿两。当时中国的国库收入不过每年 7000 多万两。1904 年出版的《外交报》上，曾经举出当时中国被列强瓜分的事实：

一、全国税务属于英人。二、东清铁道属于俄人。三、关内外铁道属于英人。四、芦汉铁道属于比人。五、津镇铁道属于英人。六、正太铁道属于俄人。七、津保铁道属于英人。八、山东铁道属于德人。九、粤汉铁道属于英人。十、江宁、上海、杭州间铁道属于英人。十一、江宁、汉口至重庆间铁道将属于英人。十二、云南铁道将属于英人法人。十三、京口及福建铁道将属于美人。十四、满洲之矿属于俄人。十五、河南北境及山西之矿属于英人意人。十六、山东之矿属于德人。十七、浙江之矿属于意人。十八、安徽之矿属于英人日人。十九、四川之矿属于法人。二十、云南之矿属于英人。二十一、福建之矿属于法人。二十二、天主教徒属法人保护。二十三、耶稣教徒属英人美人保护。二十四、佛教徒将属日本保护。二十五、回教徒将属土人保护。二十六、凡商家必用一外人为代表。二十七、凡达官必用一外人为奥援。二十八、各省以赔款之故，自借洋债，各有抵押之件。二十九、各商以银根紧急，借用外国银行之款，亦各有抵押之件。三十、尚有商局铁厂之类，专属于一国名下者。

无论是资产阶级改良派抑或其革命派，都曾是西方资本主义社会政治学说的忠诚的学生，也都对民族沦亡的危机怀有令人尊敬的深沉忧虑。康有为、梁启超一派维新志士，寄希望于一个好皇帝和几个好大臣以实现国家的振兴。同盟会成立以后资产阶级革命派同改良派的论战，焦点主要在于对待封建制度的态度。一个重大的进步，是孙中山在同盟会的纲领中写入了平均地权。孙中山所领导的资产阶级革命派推翻了清朝统治。没有理由认为资产阶级革命派始终对帝国主义毫无警觉。这里要特别说到它的通俗宣传家陈天华。陈天华写于1903年的《警世钟》和《猛回头》，已经直率地指出清廷是"洋人的朝廷"，所奏是"洋人的号令"。但就其实践而言，这个中国土壤中产生的当时最具革命性的资产阶级派别，对帝国主义基本上处于不设防的状态。林则徐尚有虎门一战，他们却幻想帝国主义放弃对于清廷的支持，转而支持革命。不仅孙中山1905年起草的《同盟会革命方略》不可能提出他在晚年由于无产阶级政党帮助而提出的"废除不平等条约"的思想，而是主张"所有中国前此各国缔结之条约，皆继续有效"，"所有外人之既得利益，一体保护"，而且这还成为1911年10月武昌起义后新政权的外交纲领。由对于辛亥革命的幻灭而成为马克思主义者的老一代共产党人吴玉章，在《论辛亥革命》一文中批评辛亥革命放过了一个真正的民族敌人——外国侵略者，又放过了一个内部的大敌人——支持清朝统治的汉族封建势力，应该说是很有见地的。没有看出帝国主义是封建主义的真正后盾，没有由反对清朝统治走向摧毁整个封建制度，造成了资产阶级革命的悲剧。在接下来的南北休战和谈判中，帝国主义很快由中立转而支持袁世凯。1912年1月2日，刚刚成立的南京临时政府即以大总统名义向各国吁告，把清政府同外国签订的屈辱条约即卖身契全部承认下来。但是从帝国主义者那里得到的回报，却是给予袁世凯的一笔一笔贷款，却是日、英兵舰横陈长江，日、俄军队窥伺东北的军事压力，却是 2 月 29 日美国参众两院通过决议庆贺袁世凯就任临时大总统的外交压力。

第二种潮流来自以农民为代表的下层人民群众，主要是太平天国革命和义和团运动。绞杀辛亥革命的元凶是帝国主义。绞杀太平天国和义和团运动的元凶同样是帝国主义。如果说太平天国以反对封建统治为最初的旗帜的话，那么到它的后期，却不得不同帝国主义的武装白刃相见了。义和团本身就是一场反帝运动；作为中华民族革命精神在那一特定历史时期的集中表现，它是辉煌的，作为中国独立的农民斗争在帝国主义存在的新的社会条件下，因为没有使自己走向胜利的思想政治领导而终于失败，作为以反帝为目标的中国独立农民斗争的开始同时也是终结，它是悲壮的。

这两种基本潮流的贡献和弱点，都集中于同帝国主义、封建主义的关系。反帝反封建，成为近代中国由历史本身推到前台的社会主旋律。西方因素的强制加入，使一代一代先进的中国人唤起希望却又相继被扼杀，使中国人民陷入深重的苦难却又积聚着最后一搏的力量。一切都试过了，都失败了。但是中国人民不会永远地失败下去。

历史呼唤着新的转折：新的思想旗帜、社会纲领和政治领导者，新的历史高度上的两种基本潮流的汇合。实现这一点的，是马克思列宁主义武装的中国无产阶级及其先锋队共产党。其最伟大的代表人物正是毛泽东。

毛泽东为代表的中国共产党人，是林则徐、龚自珍、

魏源、康有为、梁启超、孙中山的后继者，也是洪秀全和
太平天国英雄们的后继者。两种基本潮流不是外在的、机
械的相加，不是原样的再现，而是由于马克思列宁主义同
中国具体实际的结合，由于无产阶级及其先锋队共产党的
成熟和壮大，出现了全民族在彻底的不妥协的反帝反封建
斗争和向着社会主义目标前进中的空前大团结。毛泽东思
想是实现中华民族社会和民族解放的旗帜，也是建设富
强、民主、文明的社会主义现代化国家的旗帜。

　　马克思主义产生于西方。列宁主义是马克思主义在俄
国的实现，并且架起了使马克思主义走向东方的桥梁。但
是在一个有着自己悠久历史和文化传统、由封建社会沦为
半殖民地半封建社会、人口众多而又长期落后的东方大国
里，如何实现社会和民族的解放，走向辉煌的未来，几乎
完全是一个新问题。毛泽东同《西行漫记》作者斯诺谈
到自己在五四运动时期的思想状况时涉及的情况，在某些
西方学者笔下被多少曲解了。但是这种曲解本身却仍然透
露出一个事实。这里说的是英国伦敦大学政治系美籍教授
施拉姆的《毛泽东》。他认定毛泽东在参加李大钊领导的
马克思主义研究会的活动中，"曾因将社会主义同形形色
色的中国古代思想流派结合起来而引人注目"。在同书另
一处，他把"中国古代思想流派"改称为"中国过去的
思想"。我们当然不能笼统地赞成这种不进行具体分析的
结论。但是无论如何，在中国早期共产主义知识分子中，
毛泽东已经特别明显地显示出对于中国革命传统和现状的
极度关注了。

毛泽东的伟大历史功绩，是把马克思主义基本原理同中国实际结合起来，总结中国人民长期革命斗争和建设新社会的经验，集中全党智慧，成功地找到了实现中国新民主主义革命和社会主义革命的道路，高瞻远瞩地开始了中国社会主义道路的探索。在这一过程中，毛泽东创造性地解决了两个具有中国特点的又是至关重要的理论问题和实践问题，这就是无产阶级同农民阶级、同资产阶级的关系问题，这就是民族解放同社会主义的关系问题。

三

有一种流布甚广的意见，把毛泽东思想等同于民粹主义或者至少包含若干民粹主义因素。这种意见主要来自一些外国学者。施拉姆在其《毛泽东》一书中把毛泽东称为"农民革命家"，认为毛泽东青年时代发表在《湘江评论》上的《民众的大联合》已经"标志着他在思想上出现了可以称之为'民粹主义'倾向的极其重要的一面"（他在后来的《毛泽东的思想》一书中已经改变这一看法）。另一位美国学者迈斯纳在《毛泽东与马克思主义、乌托邦主义》一书中专辟一章《列宁主义和毛主义：中国马克思列宁主义者的若干民粹主义观点》，来研究"毛主义思想的很多方面与正统俄国民粹主义所认定的那些信仰与矛盾之间引人注目的密切关系"，宣传民粹主义的影响成为"毛主义解释马克思主义的一个不可缺少的组成部分"，甚至得出结论，说"在毛主义对马克思列宁主义的阐述中，大多数有特色的东西实质上可以归结为民粹主义的信仰和冲动"。日本学者新岛淳良在《毛泽东思想的形成与发展》一文中，对于下述现象大惑不解：列宁在知识分子和有教养的工人中发展党员，毛泽东则在"连一个大字也不识的农民和士兵大众"中建立党组织。在一些中国人中，这些见解广为传播，而且有时由于同某种政治上的企图相联系，采取了毫无学术价值的形式，以致发动指责毛泽东有"帝王思想"，是"封建皇帝"、"暴君"一类的粗鄙的人身攻击。按照这种意见，中国共产党领导的革命，当然也就逻辑地被归结为"农民革命"了。

指责毛泽东是民粹主义者、指责毛泽东思想是民粹主义思想的人，并不赞成马克思主义。但是在他们需要一笔抹倒毛泽东和毛泽东思想的时候，又装出仿佛他们在维护马克思主义的样子。在政治斗争和理论斗争中，在政治上别有所图和在理论上摇摆不定的人，经常采用这种手法。比如，他们的一个基本论据，用迈斯纳的话来说，居然是："按照典型的民粹主义方式，毛主义首先关心的是推动现代中国历史的两个社会集团——知识分子和农民的关系，而不是马克思主义在历史上所关注的焦点——无产阶级和资产阶级。"这里又冒出了"凡是派"。一部马克思列宁主义史，一部中国共产党人的发展史，每一页都在驳斥这种从公式出发而对中国实际一无所知的狂言乱语。

这里涉及是坚持马克思主义基本原理同中国实际相结合还是把马克思主义经典作家的某些论断绝对化、是从实际出发还是从概念出发的大问题。拒绝了解中国实际而妄谈毛泽东思想，无异于缘木求鱼。但是我们宁肯转入讨论一个比较具体的问题，即如何看待中国无产阶级。

充分评价和高度肯定中国无产阶级的成长、发展、壮大和历史特点，以无产阶级作为中国革命的领导者，是用马克思主义解决中国问题的一个关键性步骤。这使我们首先想到《毛泽东选集》第一篇《中国社会各阶级的分析》中的论断：他们人数不多，但却是中国新的生产力的代表者，是近代中国最进步的阶级，做了革命的领导力量。他们集中，经济地位低下，特别能战斗。尽管中国无产阶级的资格比资产阶级老些，尽管他们很早已经开始自发地斗争并在五四运动以后走上自觉斗争的舞台，但是这些却都被共产主义知识分子之前的一切先进的中国人排除在视野之外。甚至陈独秀，也认为在 4 亿人口中只占 5% 的 200 万工业无产阶级，只处于"待机"即应该把革命领导权让给资产阶级的时代。经过大半个世纪的奋斗，那些指责毛泽东轻视无产阶级，因此是民粹主义者的西方学者们唠唠叨叨的却是：中国无产阶级"仅与共产主义沾一点边"（迈斯纳），或者干脆"等于乌有"（新岛淳良）！

无产阶级的领导权，首先是对于农民阶级的领导权。中国无产阶级的一个巨大优势，正在于同农民阶级的广泛而深刻的联系。中国革命的根本问题是农民问题。谁能领导广大农民阶级实现自己的利益和在革命中前进，谁就牢牢把握着中国历史进步的主动权。在这里，我们既可以看到义和团运动失败的原因，又可以看到辛亥革命失败的原因，而且可以找到从陈独秀到王明的党内机会主义路线的病根所在。由此才有巩固的工农联盟，才有建立农村根据地、农村包围城市的战略，才有党在不同时期的土地政策。这的确是一个在国际共产主义史甚至在世界史上都辉煌无比的奇迹：一方面是日本学者新岛淳良所说的"连一个大字也不识的农民和士兵大众"，一方面是共产主义理想和科学思想体系，把这看来天悬地隔、有万里之遥的两者联系起来，需要马克思主义的非凡胆略和对中国实际的深刻把握。实现这一点的，正是毛泽东。毛泽东在写于1938年的《论新阶段》中提出："在中国，任何忠实的马克思主义者，他是同时具有现时实际任务与将来远大理想两种责任的。"他在写于1945年的《论联合政府》中又说，共产党员心目中高悬着为现在的新民主主义革命而奋斗和为将来的社会主义和共产主义而奋斗这两个明确的目标。在中国条件下处理无产阶级同农民阶级的关系，可以说是毛泽东坚持和发展马克思主义的一个重大创造。坚定地相信和依靠广大农民群众，同时反对尾巴主义，努力把农民成分的革命者提高到无产阶级的水平，贯穿于毛泽东的全部理论和实践活动。农民阶级由于无产阶级的领导，而在现代中国历史上作出了重大的贡献，显示出从未有过的创造活力。在党的旗帜下，遍布在广大土地上，历来被认为一盘散沙似的不相凝聚的农民阶级，团结成为所向披靡的革命大军。昨天还是"连一个大字也不识"的和怀有小私有者心理的庄稼汉，在革命斗争中锻炼为怀有崇高理想和显示出巨大历史自觉性的无产阶级战士，成长起一大批具有共产主义觉悟的无产阶级革命家和治党、治国、治政、治军、治经、治文的卓越人才，这同样是世界史的一个奇迹。

如果对马克思主义经典作家的论断做咬文嚼字的理解，当然只能不分时间、地点、条件地把资产阶级作为革命对象。毛泽东的高明在于，看出在半殖民地半封建的中国，资产阶级可以区分为买办资产阶级和民族资产阶级：买办资产阶级是革命的敌人，但是即使这个阶级，由于分属于几个帝国主义国家，在一定条件下仍有一部分可能在一定程度上参加当时的反帝国主义统一战线；民族资产阶级不喜欢帝国主义而又易于被其某种临时的贿赂拉过去，同帝国主义、封建主义有矛盾而又没有彻底的反帝反封建的勇气，这种两重性造成的软弱动摇，是半殖民地的政治和经济的主要特点之一。中国革命和中国共产党的发展路线，是在同中国资产阶级的复杂关联中走过来的。这种殖民地半殖民地条件下产生的独有的情形，和资本主义国家的情形有很大差别。正如毛泽东在《〈共产党人〉发刊词》中所说："中国共产党的政治路线的重要一部分，就是同资产阶级联合又同它斗争的政治路线。中国共产党的党的建设的重要一部分，就是在同资产阶级联合又同它斗争的中间发展起来和锻炼出来的。"半殖民地半封建中国资产阶级的特点，无产阶级同它又联合又斗争的一整套策略，是毛泽东的一个卓越发现。这一发现，在长期新民主主义革命中形成的党同民族资产阶级的关系，本身成为一种历史的力量，使党在社会主义时期正确处理这一关系获得一个同样有别于资本主义国家的全新的基础。这就有了建国以后社会主义改造中通过一系列从低级到高级的国家资本主义过渡形式对资本主义工商业实行和平赎买的政策。在这以后，毛泽东又提出，在社会主义社会中，民族资产阶级同无产阶级的矛盾属于人民内部矛盾，他们之间的阶级斗争一般地属于人民内部的阶级斗争，剥削和被剥削这种对抗性矛盾如果处理得当，可以转变成非对抗性矛盾。

四

一些西方研究者把毛泽东为民族独立、国家主权而奋斗的思想和实践，轻俏地讥讽为"民族主义"。坦率地说，没有身受民族压迫的深切体验，没有民族压迫的历史的重负，不可能了解民族压迫的痛苦，不可能唤起为民族独立、国家主权而斗争的社会理想，也不可能懂得，如果一个国家连独立和主权都不能保证，完全说不上任何意义上的发展和前进。身属压迫民族，站在一旁说风凉话，当然要容易得多。但是对于这样的研究来说，即便怀有善意的动机，也很难找到真理。

民族问题是人类进入资本主义时代以后的一个全局性的、基础性的、涉及最大多数人的命运和理想的问题。马克思主义创始人一再指出，单是大工业建立了世界市场这一点，就把全球各国人民彼此紧紧地联系起来，致使每一国家的人民都受着另一国家的事变的影响。资产阶级使乡村从属于城市，也使所谓未开化和半开化的国家从属于所谓文明的国家，使农民的民族从属于资产阶级的民族，使东方从属于西方。如果离开对"农民的民族"的压迫和掠夺，"资产阶级的民族"的所谓文明是完全不可思议的。民族独立和国家主权，不仅对一个国家的内部发展，而且对它同其他国家的平等交往来说，都是决定性的前提和基础。所以，马克思主义创始人在写作《共产党宣言》的时候就一再指出，资产阶级的统治离开民族独立是不行的。在他们谈到波兰问题的时候说，"欧洲各民族的诚恳的国际合作，只有当其中每个民族都在自己内部完全自主的时候才能实现"，民族独立"是实现欧洲各民族和谐的合作所必需的"。他们注意到19世纪初叶波兰克拉科夫起义提供的历史经验，认为"克拉科夫革命把民族问题和民主问题以及被压迫阶级的解放看做一回事，这就给整个欧洲做出了光辉的榜样"。至于说波兰的独立只有年轻的波兰无产阶级才能争得，"不恢复每个民族的独立和统一，那就既不可能有无产阶级的国际合作，也不可能有各民族为达到共同目的而必须实行的和睦的与自觉的合作"，"无产阶级对资产阶级的胜利同时就是一切被压迫民族获得解放的信号"，则已经明确地把被压迫民族民族解放的使命，摆在无产阶级的肩上了。

民族独立、国家主权问题作为一个敏感的政治问题，数百年来一直困扰着人类，无论地主贵族阶级、资产阶级或是农民阶级、无产阶级，都曾自觉或不自觉地卷入这一斗争，只是有各自的立足点、战略目标和具体策略而已。

看一看眼前的地球，从东欧到苏联地区，从非洲到美洲，从中东到巴尔干半岛，没有一处的战火硝烟、政局更迭是同民族利益完全绝缘的。甚至西方发达国家之间，比如美欧、美日之间，欧共体内部，也在为着捍卫本民族资产阶级利益而纷争迭起。国际垄断资产阶级制造了和加深着民族矛盾。他们之间为分赃不均曾经屡起衅端，直到发动人类历史上空前浩劫的两次世界大战。就局部战争而言，今天人们看到的至少大部分烽烟弥漫的战场的背后，总有西方资产阶级政治经济势力的直接或间接地插手。他们在世界范围竭力维系一种马克思所说的"压迫者对付被压迫者的兄弟联盟、剥削者对付被剥削者的兄弟联盟"，"各民族的资产阶级兄弟联盟"。帝国主义是战争的根源。这一正确论断中也包含着，帝国主义是民族战争的根源。被压迫民族的资产阶级中曾经不乏反抗外侮的英雄。但是至今在这方面作出最辉煌成果的，仍然是被压迫民族的无产阶级及其先锋队共产党。由于苏联、中国等社会主义国家的出现，世界民族解放运动呈现出划时代的蓬勃景象。苏联的解体，又成为西方势力和影响在第三世界滋长、广大第三世界国家再度陷入被控制的境地的历史性标志。甚至苏联本土，也变成民族争斗的广阔战场。

历史给予我们的一个重要启示是，无产阶级领导和社会主义方向，是彻底实现民族独立、国家主权的根本保证。生活至今没有给我们提供一个失去社会主义制度而能够继续保持真正的民族独立、国家主权的先例。西方垄断资产阶级耿耿于怀于毁灭社会主义，其深层的目的，不是也不可能是扶植实现民族独立、国家主权的资本主义以增加自己的竞争对手，而是在广度和深度上强化殖民统治。这一事实也从反面告诉人们，在我们这个时代，社会主义不仅是无产阶级解放的旗帜，而首先是民族解放的旗帜。

这就是为什么今天的中国人对于毛泽东仍然怀有深挚的爱戴之情的一个根本原因。

1840 年以来，中华民族为着独立和主权曾经进行过不倦的探索和斗争。以血肉之躯面对西方现代武器但是缺乏科学的思想政治纲领的太平天国和义和团的英雄们，不惜以武力回击外敌入侵但是旨在维护封建主义的林则徐们，学习西方社会政治学说以便建立一个资产阶级的中华民国的孙中山们，一代一代英勇地战斗过，又一代一代英勇地倒下了。继他们之后挺身而起的，是中国共产党人和毛泽东。毛泽东是近代以来中国最伟大的爱国者和民族英雄。

这不仅是因为像毛泽东评价鲁迅时所说的，他本人的骨头是最硬的，没有丝毫的奴颜和媚骨，有着殖民地半殖民地人民最可宝贵的性格，是在反帝反封建的战线上，"代表全民族的大多数，向着敌人冲锋陷阵的最正确、最勇敢、最坚决、最忠实、最热忱的空前的民族英雄"；尤其是因为，他首先是一位坚定的共产主义者。他把民族解放问题和社会主义问题联系起来，把经过民主主义到达社会主义看作马克思主义的天经地义，确定中国革命的上下两篇文章，提出系统的理论和制定一系列正确的路线、方针、政策。

1840 年以来共 153 年。其中只有 1949 年中华人民共和国建国以来的 44 年，中华民族才扬眉吐气，保持着自己的独立和尊严。我们在建设社会主义的途程中有过失误和曲折，但是无论如何，这是在维护国家主权的前提下进行建设、不断前进、取得历史性成就的 44 年。有良心的中国人，尽管未必赞成社会主义和共产主义，但是对于在毛泽东身上集中体现出来的中华民族不屈不挠的崇高精神，都不能不怀着由衷的尊敬。

1992 年 3 月香港出版《毛泽东兵法》。作者刘济昆，曾在 1957 年反右派斗争和"文化大革命"中受到不公正待遇，其后移居香港。作者在关于抗美援朝的部分写道：

> 如此强弱悬殊，毛泽东却以包天之胆，敢与美国开战，实在可歌可泣。比起近年一些在美国佬面前低声下气、点头哈腰者来，毛泽东形象自是十分高大，标准民族精英也！

作者还写道：

> 毛泽东这个人，平生最不怕的就是洋鬼子。反共人士也承认，自从毛泽东席卷神州大陆，坐上民族元首宝座，洋鬼子就奈何不了我们中华民族了。从来没人骂过毛泽东"民族败类"，他是天字第一号"民族胜类"呢！值得今日许多炎黄子孙效法。

《毛泽东兵法》在香港出版后，3 个月印刷三版，除台湾版外，且陆续印刷日文版、英文版、法文版、德文版。1992 年 9 月巴蜀书社出版大陆简体字本。大陆本前刊有谭洛非的序言《万丈长缨缚鲲鹏》，特别引出毛泽东"平生最不怕的就是洋鬼子"这段话，认为"这确实一语道出了当前海内外兴起'毛泽东热'的'玄机'，说出了炎黄子孙们的心里话"。作为中华民族的一员，身居香港而能够有这样的认识，不能不使我们深受感动。

五

无产阶级同农民阶级的关系问题和无产阶级同资产阶级的关系问题，民族解放同社会主义的关系问题，是我们这个时代半殖民地半封建的不幸世界实现民族解放和社会解放的根本问题。解决这两个问题，还不能概括毛泽东思想和毛泽东实践活动的全部，而且应该说，毛泽东对于这两个问题的回答是决定性的，却不是一劳永逸的；即便在这两个问题的范围内，也还一定会随着社会历史条件的变化，出现种种新的、毛泽东未曾遇到的情况。但是毛泽东的回答却是不断地探讨新的真理的路标。发现这两个问题，在新民主主义革命和社会主义革命中解决了这两个问题，为它的进一步解决提供坚实的基础，是毛泽东把马克思主义基本原理同中国实际相结合的重要成果。它使马克思主义在中国这样落后的半殖民地半封建国家的实现，使中国这样国家的民族解放、社会解放的实现和走向富强、民主、文明，有了一条切切实实的、光明灿烂的道路。这是毛泽东对于无产阶级解放事业的贡献，也是他对于被压迫民族解放事业和全人类进步事业的贡献。在这个意义上，毛泽东不仅是中国无产阶级的领袖，而且是全民族的领袖，是真正本来意义上的、具有最广泛而深刻群众基础的人民领袖。

由于毛泽东思想和毛泽东的实践活动，具有悠久历史和深厚根基的中华民族的民族精神，得到一次历史性的升华：从孔夫子到孙中山的中国文化传统，经由群众历史创造活动的检验、丰富和发展，成为广大人民的财富；鸦片战争以来在外侮面前的奴颜婢膝、逆来顺受和无可奈何、悲观绝望，代之以命运和历史主人的姿态、宁折不回的探求和毫不怯懦的战斗。中国人民的精神，从此由被动转入主动。中国人民的斗争，从此由失败转入胜利。

邓小平同志说，"没有毛主席，至少我们中国人民还要在黑暗中摸索更长的时间"，"毛泽东思想不仅过去引导我们取得革命的胜利，现在和将来还应该是中国党和国家的宝贵财富"，"不仅今天，而且今后，我们都要高举毛泽东思想的旗帜"。

人民领袖毛泽东，他的英名永在，他的思想永在，他的事业永在。

历 史 没 有 句 号[*]

  东西南北这几个本来用于表述方位的普通中国字，几乎包含着今天国际关系的全部。东，东方，作为历史的、文化的概念时指亚洲，现实国际关系中又指社会主义国家。西，西方，一般指欧美，又指资本主义发达国家。国际关系中常常用东西方分别表示社会主义国家同资本主义发达国家，用南北方分别表示第三世界国家同资本主义发达国家。北，大体上同于西。南，南方，即第三世界。有关这些问题的研究林林总总。我们主要从第三世界发展的角度提出一些意见。

---

  * 本文为作者所著《历史没有句号——东西南北与第三世界发展理论》绪论，北京师范大学出版社 1997 年出版。

南北关系与第三世界

我们不得不先从或许会令人沉闷的基本概念谈起。

法国马克思主义研究所《思想》杂志出版于 1993 年 7—10 月的第 294—295 期刊登《对"边缘"国家的另一种考察》，指出，"第三世界"一词为法国人口学家阿尔弗雷德·索维首创。索维在 1952 年 8 月 14 日《观察家》周刊发表《三个世界，一个地球》，用第三世界表述被压迫、被剥削的发展中国家，说"这个第三世界被忽略、遭剥削、受蔑视，如同从前的第三等级一样"。自那以后，这个概念在并不完全相同的意义上被使用，并且在历史的发展中有所变化。

一种在西方相当流行的看法认为，西方资本主义发达国家组成第一世界，苏联等社会主义国家组成第二世界，其他则划属第三世界。这种认识在美苏对峙的时代形成，成为两个霸权主义大国把世界广大地区作为争斗分肥筹码的外交政策的一个基本理论依据。第二次世界大战以后，西方出现发展经济学、发展政治学、发展文化学之类并广为传播，成为以第三世界发展问题为研究对象的专门学科。西方发展学的几乎所有代表性著作，研究第三世界的时候，都把社会主义国家排除在外。这很容易使人们想起布热津斯基嘲笑共产党人时发明的一个用语"大简化"。不过率先对另一种"大简化"即西方对第三世界政策中的"大简化"倾向提出批评的，不是共产党人，而是一

位西方发展学学者。瑞典经济学家冈纳·缪尔达尔在他的
几部发展学著作中，都谈到美国对第三世界政策中的
"政治挂帅"，即以他们理解的或"资"或"社"作为唯
一轴心，"不是根据需要，而是根据美国在冷战中的利
益"来确定援助方向、项目和数量，其结果，是到处支
持"经济上、社会上、政治上的反动势力"和"腐朽集
团"。

有趣的是，在苏联解体、美苏对峙结束的时期，这种
认识偏要以一种回光返照式的表演，来宣告自己的终结。
一批在促进东欧演变、苏联解体过程中发挥过特殊作用的
人物，由解散苏共的苏共最后一任总书记戈尔巴乔夫和社
会党国际主席勃兰特等人领衔，合著一本《未来的社会
主义》①。其中收有一篇西班牙作者的《历史的开始》。该
文宣布，认为第三世界的不幸是由于西方发达国家剥削，
这种观点是错误的；共产主义的灭亡不可改变；第三世界
已不复存在，剩下的只是被淘汰出来却还在负隅顽抗、以
免被抛入星球的"垃圾堆"和"人类中派不上用场的残
物"。这就是他的"历史的开始"。西方的说法差不多，
只是言辞不及这些人尖酸刻薄。比如说，随着东欧剧变、
苏联解体，第三世界作为一个政治和经济概念已经消亡，
它与冷战同生，80年代和90年代的某些事件使它成为一
个历史名词②。比如说索性"取消"这个"含糊不清的简

---

① 戈尔巴乔夫、勃兰特等：《未来的社会主义》，中央编译出版社1994年版。
② 《第三世界》，英国《今日马克思主义》，1991年8月号。

明的表达方式"①，"把'第三世界'这个词抛弃掉"②。
1990年7月18日美国《华盛顿邮报》刊出一篇《第三世
界完了》："第三世界这个术语原先反映的是全世界划分
为第一世界、第二世界，其余的全是第三世界。瞧，共产
主义集团的破灭，使得这种地理政治算术已不复存在。"
那位因为撰写《历史的终结》而名噪一时的美国官员福
山，倒还承认有一个第三世界，不过已经判定它"不是
世界历史的组成部分"了。

　　稍后我们将讨论第三世界在世界历史中的地位问题。
但是，"不是世界历史的组成部分"也罢，"垃圾堆"或
者"派不上用场的残物"也罢，已经在驳斥所谓第三世
界不复存在、已经消亡、不过是一个应当废弃不用的
"历史名词"的说法了。美国里奇蒙德大学教授T·卢埃
林1995年出版《依附与发展：第三世界导论》，也来考
证一番"第三世界"一词的来龙去脉，尽管嘲笑"这一
术语的坚强捍卫者"，说'第三世界'是一个"完全令人
不愉快的术语"，倒也承认"它描述的状况，在当今世界
的政治、社会和经济结构中，却的确是根深蒂固的"。至
于种种污辱性的语言，和美苏对峙时期把第三世界当作争
斗分肥筹码的做法，不过反映着霸权家及其应声虫们的粗
野蛮横、缺少教养而已。

　　香港《远东经济评论》1997年4月10日《中美关系

---

① 《你现在怎样计算经济上的"世界"》，美国《华盛顿邮报》，1992年7月12日。
② 《让我们废除第三世界》，美国《新闻周刊》，1992年4月27日。

前景——天空有阴云》引述的美国兰德公司一位国际问
题专家的话说得好："美国正处在非常讲意识形态的心理
状态。"更重要的是政策转换。西方不仅过去，现在尤其
把这些"残物"，或者一个被指为不复存在、已经消亡的
世界，作为自己的实实在在的敌人。这也就是一个冷战结
束了，两个冷战开始了。德国人说得很坦率："东方崩溃
以来，由于我们没有了敌手，不必害怕敌手竞争，所以我
们能够单独作出决定，南方必须走什么样的道路。"① 什
么样的道路呢？无非是北方需要的道路。由此我们看到新
自由主义政策的软软硬硬的强制推行，看到对于南方国家
的"妖魔化"，把南方视为"一切危险的根源"②，指挥占
据绝对优势地位的舆论机器和国际讲坛，着力塑造南方国
家粗暴的、野蛮的和令西方人恐怖的形象。英国作者 M·
津金发表《新殖民主义：今天和明天》③，区别了两种情
况。一种是国际货币基金组织要求发展中国家货币贬值，
世界银行就环境和贫困问题向穷国提出借款条件，北方要
求南方国家进行"自由大选"，由联合国出面干预南方国
家内部民族纷争，关贸总协定要求第三世界对发达国家做
出让步，——他把这叫作"新殖民主义"。另一种是对于
"缺乏有效的政府管理和缺乏先进的技术知识"的国家，

---

①《北方对南方发动的战争开始了吗?》，德国《法兰克福汇报》，1992 年 3 月
19 日。

②《南部贫穷国家就注定没有出路了吗?》，法国《新观察家》周刊，1992 年系
列文章《1992 年的思考》之一。

③ M·津金：《新殖民主义：今天和明天》，英国《国际关系》，1993 年 4 月号。

由于殖民主义毕竟带来了"和平和秩序"，独立以后反而还不如殖民地时期，所以干脆来一个"殖民地化"。1996年英国出版《变革之风》，集中阐述这里提出的殖民地化问题。接着有一篇美国人的书评，主张"重新殖民化"，"使非殖民化过程颠倒过来，恢复古老的帝国价值观，甚至倒退到白人统治的旧制度"①。被召回的亡灵腐臭四溢却又身着新装、粉墨登场。一个冷战的结束和两个冷战的开始，几乎看不出转换和衔接的痕迹，就已经形成西方发达国家"像对待苏联一样"，把导弹和大炮口集中瞄准第三世界的局面②。

　　美国《纽约时报》1997年的一篇文章公布一份研究报告，说按"制裁"的最广泛的意义计算，4年来，美国总统克林顿或美国国会对35个国家实行制裁或通过法律批准实行制裁达60次之多。另一份报告表明，这个数字与二战后40年的制裁总数大致相同，仅1996年就出现了22个新事例③。这个自封"领导"世界的唯一超级大国，不几年间，从炫耀现代化武器的海湾战争，到派兵入境捉拿巴拿马总统，颁布要世界其他国家遵命奉行的法令，到对古巴、海地、索马里、利比亚、波黑、中国、伊朗、缅甸等第三世界国家程度不同地进行军事、政治、经济干预和制裁，着实演练了一番世界唯一"大家长"的全套拳

---

① 《再见吧，莫伊先生》，美国《新闻周刊》，1996年11月11日。
② 《为什么第三世界依然十分重要》，美国《国际安全》，1992—1993年冬季号；《三叉戟导弹潜艇瞄准疯狂的国家集团》，英国《星期日电讯报》，1995年1月4日。
③ 《把美元变成大棒》，美国《纽约时报》，1997年4月20日。

法。

这至少可以说明，第三世界不是与美苏对峙同在，也不会因为苏联的解体而不再存在。

关于三个世界划分，中国共产党人有系统的理论。1974年毛泽东主席会见赞比亚总统卡翁达，提出了这一理论。同年邓小平同志作为我国代表团团长在联合国大会第6届特别会议发表演说，全面阐述了这一理论。1979年，邓小平同志在《坚持四项基本原则》的著名讲话中指出，这一国际战略原则对于团结世界人民反对霸权主义，改变世界政治力量对比，起了不可估量的作用。当时所谓第一世界，指美苏两个妄图称霸世界的超级大国。苏联解体以后，美国成为唯一的超级大国。但是中国共产党关于三个世界划分的理论及其主要观点，包括亚洲、非洲、拉丁美洲发展中国家和其他地区的发展中国家构成第三世界的观点，处于第一世界与第三世界之间的发达国家构成第二世界的观点，第三世界长期遭受殖民主义、帝国主义压迫和剥削的观点，第三世界国家即使取得政治独立，仍然面临肃清殖民主义残余势力、发展民族经济和巩固民族独立历史任务的观点，第三世界是推动世界历史前进的革命动力和反对殖民主义、帝国主义特别是超级大国的主要力量的观点，超级大国就是到处对别国进行侵略、干涉、控制、颠覆和掠夺、谋求世界霸权的帝国主义国家的观点，超级大国是当代最大的国际剥削者和压迫者的观点，帝国主义在第三世界国家之间挑拨分化、破坏团结，以达到继续操纵、控制和掠夺的目的的观点，帝国主义是第三世界国家解放和进步的最大障碍的观点，第三世界国家主要依靠本国人民的力量和智慧、掌握本国经济命脉、发展民族经济的观点，中国属于第三世界的观点，等等，仍然完全正确。邓小平同志根据国际形势变化提出的南北问题是核心问题的观点，一个冷战结束了、另外两个冷战又已经开始的观点，西方国家正在打一次没有硝烟的第三次世界大战的观点，国家的主权和安全要始终放在第一位的观点，霸权主义过去是讲美苏两家，现在西方七国首脑会议也是霸权主义、强权政治的观点，等等，坚持和发展了中国共产党关于三个世界划分的理论，也是完全正确的。

　　人类历史在资本主义时代日益成为"世界历史"，即由于世界市场的开拓，因而使一切国家的生产和消费成为世界性的，世界越来越紧密联系为一个整体。世界同时陷入巨大的分裂。资本主义制度建立在两种分裂的基础上：一种是国内分裂为主要由资产阶级和无产阶级构成的两大阵营，一种是世界分裂为主要由《共产党宣言》所说的，资产阶级的民族或所谓文明的国家和农民的民族或所谓未开化、半开化国家构成的两大阵营。国内和国际两种分裂、两种压迫、两种不平等，成为支撑资本主义大厦，使资本主义制度得以产生、发展的两大支柱。这正像法国一家报纸说的："资本主义制度是只能依靠它所带来的不平等和非公正才能生存下去的。"① 苏联解体以后，全球化

---

① 法国《世界报》，1993 年 3 月 18 日。

的声浪震耳欲聋。但正是这时，人们却同时看到遍布全球的空前广泛和深刻的分裂。到处把美国膜拜为历史的航标和最高的样板。但是美国前总统尼克松 1994 年出版《超越和平》，就惊呼"国内挑战使我们分裂"。克林顿政府第一任劳工部长罗伯特·赖克，也在 1997 年 1 月辞职前承认，1983—1992 年，美国 20％ 最富有者在财富增长总额里占 99％，1980—1995 年，扣除通货膨胀因素，富人收入增长 10.7％，中等收入者下降 3.6％，最低层下降 9.6％。国内分裂而束手无策，却又一门心思要当世界领袖，这本身也是一种精神的分裂。至于世界的分裂，只要想一想没有停止过一天的战争、杀戮、抢劫、盗窃、间谍和颠覆活动，想一想没完没了的请愿、罢工、游行，想一想富人们的一掷千金和穷人们的瘦骨嶙峋，就可以知道一个大概。人们竞相谈论和欢迎全球化。但是即使对于这样一个概念的认识和使用，也深深打着全球分裂的烙印。全球化反映着社会生产力发展的客观要求。问题是，国际垄断资本集团推行的是一种怎样的全球化，第三世界所需要的又是一种怎样的全球化。美国一家报纸描绘得生动形象：这就是麦当劳快餐店在莫斯科和墨西哥城开业，日本汽车奔驰在第三世界，而贫穷国家则情况不妙①。拉美社一篇文章指出全球化与单极化的对立，说美国为首的西方强国努力使世界各国的经济和社会变成只有同一性而抹杀

---

① 《随着日本和欧洲经济增长，世界经济将稳步增长》，美国《基督教科学箴言报》，1996 年 4 月 30 日。

各自特点，结果是促使世界更高程度的财富分配的两极分化，因此，"目前的国际环境是社会不断分崩离析的条件"。①

　　作为一种世界历史现象，第三世界即世界的南方，是人类在资本主义时代分裂为贫富两极中的一极——贫困的、受欺凌和被压迫的一极，在世界总体联系中被资本主义北方剥夺历史主动性，置于受支配的、从属地位的和成为前者发财致富条件的一极。第三世界与资本主义同在，成为它的组成部分、它的前提和结果。在同样的意义上，与其说第三世界是一批国家和地区、一组统计数字，不如说它是一种关系。美国学者斯塔夫里亚诺斯在《全球分裂——第三世界的历史进程》② 中说，这是一种"支配的宗主国中心与依附的外缘地区之间的不平等关系，这些地区在过去是殖民地，今天是新殖民地式的'独立'国"。这也正像英国一家杂志所说的，"第三世界是一种关系，不是一个范畴，是北方的富国与南方的穷国之间的关系，是一个方面的关系，是一种利用关系，是通过帝国主义在其经济、文化和政治上的体现传递的一种关系"，第三世界国家政府的具体形式并不重要，"关键是它必须为帝国利益服务"③。因为主要着眼于全球范围，这里仍

---

①　《世界趋势和南北关系》，拉美社，1997 年 1 月 15 日。

②　斯塔夫里亚诺斯：《全球分裂——第三世界的历史进程》，商务印书馆 1993 年版。

③　西瓦南丹：《帝国主义究竟发生了什么情况》，英国《新政治家》周刊，1991 年 10 月 11 日。

然只是说到不同国家的关系。实际上这种关系同时存在于一些国家内部，即使在全球范围而言也不妨有更宽泛的理解。美国《外交季刊》一篇由两位学者撰写的《不要忽视贫穷的南方》，就谈到两种南北关系。一种是穷国与富国的关系。另一种是由每个国家内富人构成的"全球的北方"与"由住在从纽约贫民窟到里约热内卢棚户区的那些未被列入享受新的全球性生产、消费和借贷机会名单的人组成的'全球的南方'"的关系。①

　　这种通过帝国主义在其经济、文化和政治上的体现传递、确立下来和再生产着的不平等关系，在反殖民主义斗争高潮的时期，很自然地在三个世界的划分中显示出醒目的政治色彩，成为不同国家制定国际战略的一个依据。但是不仅同属一个世界的国家可能采取不同的社会制度，具体地判定某一个国家是属于第一世界还是第二世界或是第三世界会有不同看法，而且实际上在历史发展中也会有所变化。重要的是这里所说的"关系"，这种"关系"，在国际问题研究中，显然具有某种带根本性的方法论的意义。

　　资本主义时代是资本主义生产关系在整个人类占统治地位的时代。在一定范围内，南北关系正是资本主义生产关系的具有全球性质的延伸和扩展。无论是富国与穷国的关系，还是"全球的北方"与"全球的南方"的关系，

---

　　① 罗宾·布罗德、约翰·卡瓦纳：《不要忽视贫穷的南方》，美国《外交季刊》，1995年冬季号。

归根到底都是资本与雇佣劳动的关系；如果从这个角度提出问题，那么，现在的雇佣劳动大军就已经不仅仅是指资本主义发达国家的无产阶级，而是包括着全球的被压迫人民、被压迫民族、被压迫国家了。

南北矛盾是世界矛盾的焦点

　　南北关系是我们时代政治经济关系的核心和世界历史运动的杠杆。资本主义越是发展，资本主义生产关系越是膨胀和扩张，南北关系也越是凝聚着世界历史运动的秘密和成为认识纷繁庞杂、令人眼花缭乱的社会现象的钥匙，第三世界的发展也越是成为整个人类发展和历史进步的决定性前提和基础性环节。

　　今天地球随便哪个角落的社会性事件，能够不直接或是间接地、程度不同地受到南北关系的影响，在完全离开南北关系的情况下说明它的发生、进程和结局呢？亚洲打喷嚏，病菌可能来自华盛顿，但是却未始不会同时伴有拉丁美洲和非洲的感冒。伊拉克的领空有欧美大国设置和监视的"禁飞区"。非洲大片土地上难民涌动，今天换一个总统，明天换一个总理，同西方大国的关系或者说在何种程度上忠诚地维护哪一个大国的利益，和他们的权杖息息相关。中东和阿拉伯战云时落时起，最终取决于哪一个大国控制那里的石油。拉美香蕉收成的丰歉直接影响到美国跨国果品公司的收入，连墨西哥西红柿的产量也会使美国人喜怒无常。市场的波动，股票的升降，民族或宗教的纷

争，政局的迭变，到处被南北关系这双看得见或看不见的
手所染指，到处打着南北关系的烙印。

　　20世纪已经有过两次世界大战。这两次世界大战，
都由帝国主义的不同集团争夺在第三世界的势力范围而发
动。1995年10月，"坚持社会主义方向的俄罗斯学者"
协会莫斯科分会召开"马克思主义的历史命运"圆桌会
议，科索拉波夫院士提出一个或许被认为惊世骇俗的奇谈
怪论，但是也并不会没有人赞同的观点：1989—1991年
华沙条约和苏联的解体具有克劳塞维茨指出的战争的所有
特征，可以看作是希特勒肢解苏联的计划的实现，因此，
第三次世界大战已经发生过了，现在出现的是帝国主义之
间进行第四次世界大战的现实危险。① 经常读到由于美苏
对峙和冷战的终结而欢庆胜利的文字，"如今大家都在同
一个阵营里"生活了，仿佛从此地球成为觥筹交错的大
筵席。但是即使是美苏对峙和冷战，也不是在南北关系之
外的。用西方舆论的话来说，第二世界不复存在，然而苏
联和原先被指为第二世界的地区却在日甚一日地第三世界
化。历史的确出现了英国人和美国人提出的某种"重新
殖民化"的迹象。如果全面实现"恢复古老的帝国价值
观，甚至倒退到白人统治的旧制度"，那又是一番怎样的
景象呢？人们在谈论未来的战争。据说那将不再是铁与血
的战争，而是信息战、网络战。但是为什么而战呢？谁同
谁战呢？这是只要看一看昨天的战争，看一看今天铺天盖

---

① 俄罗斯《对话》杂志，1996年第2期。

地的甜得腻人的宣传无法掩饰的局部战争，再看一看西方跨国公司以雄厚的资金、技术力量加上心计在全世界的凯旋和什么金枪鱼之战、西红柿之战、纺织品之战、扫帚之战，就可以了然于心的。至于信息战、网络战，我们已经从美国的"沙漠行动"和五角大楼经常拿出的军事报告中略知一二。无论采取什么形式，战争归根到底由西方资本主义大国为着争夺他们在第三世界的利益而引发。只有帝国主义集团才有足够的财力物力发动世界规模的战争。只有争夺在第三世界的利益的驱动，才能激励他们进行这样的战争。

如果说人类史和自然史 19 世纪为辩证法的自觉的、科学的理论创造提供了现实的基础和条件的话，那么 20 世纪则无论在科学技术的领域、社会历史的领域还是人类思维的领域，不仅到处以无可争辩的事实证明着唯物辩证法的真理性，而且为辩证法的更大范围的普及和更高层次的理论创造，提供了新的基础和条件。电信和导弹，廉价商品和好莱坞文化，到处打开闭关自守的大门，使一切孤芳自赏变得从未有过的尴尬。边远荒蛮的路边小店可以看到插有星条旗的货架，古老民族文物的赝品装点着欧美富豪的客厅。联系中的对立，对立中的联系，真正成为世界性景观。每一个事物仿佛越加包含着自己的反面。机器人和电脑的普及引起失业。绿色革命和生物工程增加了粮食产量，也增加了饥饿者。世界亿万富翁的数目和贫困人口的数目联袂上升。和现代医学的发展并驾齐驱的，竟然是越来越多的艾滋病患者和营养不良症患者。人类可以漫游月球、探测火星，科学在日新月异中开辟着广阔的未来，同时神灵、占卜术即使在科技界也广为蔓延，西方一些书刊在宣传"科学末日"，美国有40%的科学家信上帝。物质上的超级富有，要么来源于要么导致道德的沦丧。生活本身的辩证运动本来应该成为辩证法理论的新的全面胜利的摇篮。但是特别是在社会历史领域，又特别是在20世纪末叶，我们却在不少地方看到人类辩证法理论思维能力的出乎意料的下降。不过，难道前进中的倒退和在倒退中酝酿、集聚的前进的原动力，本身不也是历史辩证法的一种形式吗？美国获得了它建国以来从未达到的地位，也获得了它建国以来从未确立起来的声望。福山的《历史的终结》，以美国为世界历史的句号。无数不同文字的出版物、不同语言的声音，神化它的政治制度、经济模式和它的文化，垂涎欲滴地艳羡那里富人的豪奢和挥金如土，忘记那里的失业者和无家可归者，忘记第三世界，忘记富人戒指中熔铸的不同肤色劳动者的血汗，忘记华尔街宴席一杯琼浆玉液正是撒哈拉以南某个黑人家庭一年维持生命的口粮！《全球分裂》的作者以第一世界公民的口吻又以令人敬佩的科学良心写道：第一世界依赖第三世界，"那里既是我们产品的销售市场，又是我们的原料来源地。"一位德国人也说了老实话："我们就是从南方的贫穷中得到好处的。""北方只追求自己致富而不愿帮助南方。因为南方的贫穷是其依赖于北方的重要前提，在政治上和经济

上都是如此。"① 从南方的贫穷、落后和从属的、依附的
地位认识北方的富有、先进和历史主导的地位，从北方的
富有、先进和历史主导地位解释南方的贫穷、落后和从属
的、依附的地位，第三世界之作为第三世界的形成和存
在，正是因为第一世界之作为第一世界的形成和存在。反
之也是一样。这是一种分裂中的依赖和依赖中的分裂。双
方在依赖和分裂中组成今天的世界。从南北关系中把握我
们这个时代的过去、现在和未来，历史没有句号，实在并
非多么高深莫测的学问。

　　从原始积累时期、自由资本主义时期到帝国主义时
期，再到今天的国际资本垄断统治，这种秩序为人类提供
的是一个扭曲的世界，一种病态的发展。人类的共同劳动
和智慧，创造了空前的社会生产力和巨大的财富。但是我
们所面临的，却是人类的少数盘剥、役使、宰割人类的多
数，少数人占有和分配财富，多数人分配贫困和成为苦难
与不幸的最大承担者，少数人利用银行、贸易、跨国公司
和现代化武器握有历史主动权，多数人处于依附的被动的
地位。

　　按照斯塔夫里亚诺斯的计算，第一世界同第三世界人
均收入的差距，1500 年为 3：1，1850 年为 5：1，1900
年为 6：1，1960 年为 10：1，1970 年为 14：1。② 按照

---

　　① 《北方对南方发动的战争开始了吗?》，德国《法兰克福汇报》，1992 年 3 月
19 日。

　　② 斯塔夫里亚诺斯：《全球分裂——第三世界的历史进程》，商务印书馆 1993
年版。

联合国 1992 年版人类发展报告提供的数字，1960—1990年，世界总人口中 20% 的最富裕的人的收入同 20% 的最贫困的人的收入的差距，从 30 倍增加到 60 倍，最富的 10亿人同最穷的 10 亿人的收入差距为 150：1；他们各自在世界国民生产总值中所占的比重，前者从 70.2% 增加到82.7%，后者从 2.3% 下降到 1.4%。1992 年联合国所属农业发展基金会还有一个对 114 个第三世界国家的调查，题为《世界农村贫困状况》。作为调查对象的 40 亿人口中，10 亿人生活在贫困线以下，比 20 年前增加 40%。美国一家报纸说，1990—1995 年，北方在南方的直接投资增加两倍，达到 1120 亿美元，原因是利润高：1980 年为12.9%，1990 年为 15.3%，1995 年为 16%。[1] 联合国1996 年版人类发展报告写道，世界总人口中 20% 的最富裕人的收入同最贫穷的 20% 的收入的差距又有发展，达到 61：1，生活在贫困线下的人口已经达到 13 亿，358名亿万富翁的财富超过了占世界人口 45% 的低收入国家年收入的总和。法国一家周刊[2]援引联合国材料分析了总人口为 20 亿的 101 个国家人均收入的情形，干脆说，"经济的发展是一种失败"：所有国家都不高于 1990 年以前；低于 1960 年的 19 个；倒退了 25 年至 30 年的 16 个；倒退了 20 年至 25 年的 35 个；倒退不足 15 年的 31 个。就富者与富者相比，全球 20 家最大跨国公司全部属于西方发

---

[1] 《全球经济增长达到一个可能持久的新的较高水平》，美国《华尔街日报》，1997 年 3 月 25 日。

[2] 《没有前途的经济增长》，法国《青年非洲》，1996 年 7 月 9 日。

达国家，其总资产已经达到 16200 亿美元，第三世界国家
20 家最大跨国公司总资产也不过它的 1/8。① 就世界一些
主要地区来看，联合国关于 1997 年世界社会情况的报告
承认，非洲、拉丁美洲和亚洲西部地区国家，人均收入水
平低于 80 年代。非洲人均负债 460 美元，外债总额占国
民生产总值80%；在目前人均收入倒退20年以上的71个
国家中，非洲占 33 个。联合国开发计划署 1996 年 7 月间
公布的发展年度报告披露，18 个拉丁美洲国家 1996 年生
活水平低于 10 年以前，其中委内瑞拉、尼加拉瓜、海地
低于 1960 年以前，玻利维亚、秘鲁达到 60 年代水平，阿
根廷、萨尔瓦多、危地马拉、洪都拉斯、墨西哥达到 70
年代水平，巴西、厄瓜多尔、巴拿马、巴拉圭、多米尼加
达到 80 年代水平。美国一家报纸谈到拉美，说"1996
年，人民的生活总的来说比 1980 年更糟"，私有化使那些
与显要人物有关系的人财源滚滚，却使大批人失业并使农
业经济遭到破坏，"大多数地方富人变得更富，穷人为了
活命而艰苦奋斗。群众对十几年来新自由派实行的经济改
革造成的显而易见的不平等现象感到不满。"② 在我们援
引的这些关于第三世界的材料中，特别是来自西方和联合
国的材料，几乎毫无例外地把苏联和东欧地区排除在外，
倒是墨西哥的一家报纸独具慧眼，看出那里 1990—1993
年的人均收入甚至不到过去的 1/5。③

---

① 联合国 1995 年投资报告。
② 《起来开展武装斗争》，美国《新闻周刊》，1996 年 9 月 16 日。
③ 《世界贫富悬殊愈演愈烈》，墨西哥《消息报》，1996 年 10 月 15 日。

　　这就是我们这个世界，这就是我们这个世界的发展。这真是妙不可言。按照这种所谓国际惯例和国际轨道的自然运行，21世纪和未来理所当然地只能仅仅属于"全球的北方"。现实如此，趋势如此，还要怎么样呢？1991年美国向伊拉克发起进攻前，布什的一段话可以看作是美国在未来世界立足的纲领："在世界各民族中，只有美国既有道德水准又有手段维护世界和平。我们是这个星球上能够团结和平力量的唯一民族。"在这个意义上，对于第三世界来说，美国世界大亨的21世纪发展宣言，也该算是一种历史的教科书了。据说，世界将要统一，不包括"垃圾堆"和"残物"的人类将更加富裕，有更多发财致富的新机会，将活到二百岁，并且向太空移民，"按今天的美元价格计算，富豪、百万富翁、亿万富翁的数量将多得惊人。各种奢侈品都将十分畅销，紧俏商品的价格会因非同反响的价值而高到不可思议的程度。"总之：

　　这是一个新的黄金时代。

　　美国跨国公司处于这一全球化进程的最前列，也是这一进程的最大受益者。

　　世界银行首席经济学家、曾任克林顿政府首席经济学家的约瑟夫·施莱格利兹说，新的经济增长"会为工业化国家开辟新的领域"。①

　　这种国际垄断资本统治秩序下越来越剧烈地扩大国际

────────

　　①　《未来三十年》，美国《未来学家》，1997年第3—4期；《全球经济增长达到一个可能持久的新的较高的水平》，美国《华尔街日报》，1997年3月25日。

国内两种不平等的发展，这种造就辉煌也造就罪恶、造就前进也造就倒退的发展，这种以反发展为前提同时包含和再生产着反发展的发展，已经在整个进步人类中引起严重的关注。必须把发展问题提到全人类历史进步的高度。作为整体的世界的发展，只能是世界的整体的发展，只能是占世界总人口70%的第三世界不仅不再是被排除在世界历史进程之外的"垃圾堆"和"残物"，而且从世界历史进程的客体变为主体的发展。第三世界的无论是绝对还是相对的停滞、倒退和反发展，都不仅是第三世界而且是整个人类的悲剧和耻辱。

在这个意义上，南北关系是世界矛盾的焦点，发展成为人类面临的最重要的挑战，世界发展的成败取决于第三世界的发展。连西方发展学的一些有见地的学者，在研究第三世界农业问题和农村问题的时候，也看出发展中农业和工业、农村和城市的畸形对立，认为只靠一味剥夺农业以发展工业、一味剥夺农村以发展城市，不是一种可取的道路。即使不从政治制度和意识形态的角度，而仅仅从社会生产力的角度观察问题，也不难理解，就一国来说，农业和农村不是工业和城市的附属品，而是发展的基础和起点，就全球来说，作为世界的农村，作为"农民的民族"，第三世界之作为西方发达国家的附属品，尤其只能带来灾难性的后果。第三世界的发展是衡量世界发展的尺度，是世界发展的基础和起点。人类越来越喜欢谈论全球性问题。但是难道有任何一个全球性问题能够离开第三世界发展问题吗？有任何一个全球性问题能够不最终归结为第三世界发展问题吗？第三世界发展的实践和理论，已经被世界历史运动本身，推到了它的舞台的最前沿。

第三世界发展的历史道路

正如从资本主义制度的产生和确立，南北关系就成为世界的基本矛盾之一一样，第三世界的发展及其作为世界历史进程一个重要组成部分的地位，和第三世界的历史同样久远。

资本主义的历史已经告诉我们，在任何一个国家，资本主义的统治和发展离开民族独立都是不行的。第三世界发展的第一位的和贯穿始终的任务，是从资本主义压迫下取得民族独立和国家主权[①]。

迄今为止，第三世界的发展，已经展现出两种不同的历史道路。

第一种是资本主义秩序内的发展，以美国为代表。18世纪末叶针对英国殖民统治的北美独立战争的胜利，作为第三世界发展的最初光彩篇章载入史册。但是这块殖民地作为第三世界的历史的终结，同时标志着它所代表的第三世界发展历史道路的终结。美国从此以后的发展，已经不再属于第三世界的发展。这个美洲的第一个资产阶级独立共和国，首先成为美洲、以后又成为世界的最大的民族压

---

① 独立和主权这样的概念也会引起歧义。我们只在下述意义上使用这两个概念：对于多民族的统一国家和单民族的国家来说，民族的独立和主权、国家的独立和主权，含义是一致的。

迫者。曾经属于第三世界，在资本主义制度范围内摆脱第三世界的地位，可能建树的一切、可能达到的发展水平，都已经由美国在其特定历史条件下昭示给世界了。它所提供的道路曾经为许多第三世界国家所羡慕和仿效，多少有点类似和作为例外的是日本。19 世纪后半期，欧美资本主义强国把日本变为殖民地的威胁和明治维新几乎同时发生。它利用周边国家的贫弱，首先向朝鲜进行殖民扩张。中日战争后，日本侵占中国台湾和澎湖列岛，勒索 3.65 亿日元赔款，朝鲜沦为日本的殖民地。战争加速了日本从资本主义向帝国主义的转变进程。然而从此以后没有出现第二个美国，也没有出现第二个日本。构成今天西方七国集团的各主要资本主义国家，随着世界殖民地被瓜分完毕，第一次世界大战前夕已经陆续确立起在全球的地位。剩下的事情只是第三世界利益在他们之间的分配和再分配。他们的世界霸权俱乐部，不会允许别的国家挤进去，沿着他们的道路，任何别的国家也不再会获得挤进去的资格。

在这条道路上，我们还看到所谓拉美模式和东亚模式。

拉美的成就属于拉美人民。但是几代人为着独立和主权英勇奋斗的果实，却由于前门驱狼、后门进虎而落入他人之手，使这片美丽富饶的土地在美国的格外垂顾下沦为它的后院。被作为一种发展模式推荐给第三世界的拉美模式，是西方政策的产物，由西方设计和塑造。如果说资产阶级按照自己的面貌或者说按照自己需要的面貌创造世界，那么拉丁美洲就是这样的范本。最近，美国前美洲事务副国务卿安东尼·莫特利特，还以一种颇为微妙的心态，引用了一句包含许多不足为外人道的深文大意的话：

中国是个噩梦；在俄罗斯企业家正在遭杀害；而拉美国家是按照西方规划繁荣起来的。[①]

在第三世界各国中，拉美各国宣告独立的时间最长。从1803年海地独立到1830年委内瑞拉独立，拉美主要国家的独立已经有170年左右的历史。这170年，使它在经济上至少在第三世界范围达到了三个"世界之最"：人均国民生产总值1995年3000多美元；贫困人口在20世纪后期一直保持在大约一半的水平，根据世界银行1996年7月发表的报告，占人口10%的富人的收入是占人口10%的穷人的收入的84倍[②]；上一个10年被称为"负债的80年代"，外债达到4000亿美元以上，开始以"纯资源转让"的方式支付债务。[③]据美洲开发银行1997年3月间在其年会公布的数字，1996年外债达到6036.93亿美元。由此我们看到两种资本主义：发达资本主义和依附性资本主义。关于依附性资本主义，邓小平同志表述为"西方附庸化的资产阶级共和国"。在这块明显地具有依

---

① 《为什么巴西使美国感到不安》，巴西《这就是》周刊，1997年2月12日。

② 《中美洲的共同之点是贫困》，拉美社，1995年12月21日年终专稿，说《中美洲是世界上最贫困的地区之一》；《在经济增长方面取得成就的国家并没有减少贫困现象》，委内瑞拉《宇宙报》，1995年12月31日，说"分配悬殊仍为90年代大多数拉美国家发展的一个特点"。

③ H·桑格迈斯特：《拉丁美洲的经济改革》，德国《议会周刊副刊》，1993年第12期。

附性的地方，产生了依附论。依附论的一位杰出代表、巴西著名学者特奥托尼奥·多斯桑托斯在《帝国主义与依附》中写道，拉美的工业化，不过是外国资本对大工业的控制越来越紧，"随着工业部门的集中化和垄断化的加强而产生的这种控制，逐渐破坏了国家独立发展的可能性，将社会、舆论、经济和国家一步步置于外国资本的控制之下。"[1] 进入 90 年代，这种情况在深化中变本加厉。巴西《圣保罗州报》举例说，巴西生产灶具的 2001 家大陆公司转归德国博世—西门子公司，美国惠尔普尔公司成为巴西发动机公司的主要股东，美国国民饼干公司正在悄悄收购巴西民族资本小企业，瑞士雀巢公司花 3000 万美元广告费打入巴西市场，两家美国公司、一家德国公司和一家意大利公司已经控制巴西汽车市场 10 多年，新近又有法国和日本公司宣布投资，巴西人"在汽车生产部门很久以来建立一家民族企业的梦想已经破灭"。[2] 埃菲社一篇报道特别谈到阿根廷，说电信公司、航空公司、铁路公司或者以原值 1/3 的低价拍卖、或者干脆"赠送"给了西方国家，"在某种程度上，所有拉美国家的政府都是傀儡政府"。[3]

　　继美国、日本之后，第三世界在资本主义范围内的发

---

① 特奥托尼奥·多斯桑托斯：《帝国主义与依附》，社会科学文献出版社 1992 年版。

② 《多国公司使巴西民族工业受到损害》，巴西《圣保罗州报》，1996 年 4 月 1 日。

③ 《私有化使千百万劳动者流落街头》，埃菲社，1991 年 10 月 24 日。

展，"按照西方规划"而且特别受到美国关照的发展，至多也不过拉美这个样子。经济增长的数字既没有提高一个民族在国际社会中的地位，也没有改善居民大多数的生活水平，反而在增长对西方大国的依附性的同时增长贫困。这里不来分析选择另外一条历史道路的古巴，只想举出美洲开发银行1997年3月16日公布的一个年度报告。报告援引了一家名为"拉美晴雨表"的机构在拉美广大范围进行民意测验的结果：75%的拉美人认为90年代该地区贫困化有所加剧，65%的拉美人认为收入分配不公，61%的拉美人认为他们的国家没有进步，45%的拉美人认为他们的国家形势更糟了。难怪智利作家阿·多尔夫曼在剧本《死神与少女》中，用女主人公的口这样描述由西方大国及其代理人控制的"民主的"拉美国家："他们给我们民主，但是操纵经济和军方。委员会可以调查罪行，但没有人会受到惩罚。你有自由畅所欲言，条件是你不想畅所欲言。"难怪多斯桑托斯在《帝国主义与依附》中做出了这样的结论："拉美深刻的危机不可能在资本主义制度中找到出路。"

　　东亚模式形成于美苏对峙和冷战时期。恰恰是一批西方发展学学者最先注意到，被称为成功地采用这一模式的国家和地区，一方面地处社会主义苏联和中国的东南近邻，正好构成一个扇形包围圈；一方面同西方特别是同美国有着特殊的关系，多数在国家关系中不同程度上具有或者曾经具有美国的军事特区、政治特区、经济特区的性质。香港到1997年7月才结束英国殖民统治的历史，是一块靠中国大陆提供基本生活资料、在国际经济活动中发挥金融中心、贸易中心作用的狭小地方。它的富足主要的不是来自自己的生产。台湾被美国的前国务卿杜勒斯命名为美国的"不沉的航空母舰"。韩国和泰国的经济增长，同美国的侵朝战争、侵越战争休戚相关，至今仍有美国军事设施。

在拉美模式、东亚模式研究中可以经常看到两个方法论错误。第一，只引述一个时期某些方面经济增长的百分数，就把它们作为通体光明的发展模式推荐给第三世界，竭力回避这些地区相当一些国家全面实现独立、主权和社会平等所面临的严峻任务，掩饰西方大国在这里控制经济、干预政局、军警出入和推销自己文化天天制造的尴尬事端。第二，除了上层人物的登台和穿梭，几近完全抹杀人民的历史要求和历史活动。拉美是拉美人民的拉美。东亚是东亚人民的东亚。何况今天的拉美和东亚也已经不同于一百年前和几十年前。因此，这些地区的现实和历史走向也好，所谓模式也好，不是凝固不变的，在其中发挥作用的社会力量也不是单一的。一方面是西方旨在使拉美仅仅成为自己发财致富的条件，使东亚模式成为拉美模式的东亚版。另一方面，这些地区最广大的人民，包括所有有志于捍卫民族尊严的爱国力量，也在使国家的发展摆脱西方划定的轨道。在拉美，夺地农民和罢工工人发出了自己的声音，一些国家在努力维护经济主权、加强彼此之间经济合作，以削弱西方大国控制。关于东亚的情况，不妨注意《日本经济新闻》1996年6月17日刊登的东京工业大学教授渡边利夫的《开始自立发展的东亚》。该文说，东亚过去的生产主体是日美跨国企业，因受日美左右而素质脆弱，"从这一意义上说，'从属的发展'是该地区的特征"，但是90年代以后正在发生戏剧性变化，"如今在谈论东亚时，少不了要用'东亚坚韧性'这一说法，而不能再用'对外从属'一词"。不过该文所论戏剧性变化的依据，主要引自中国；这已经不再属于原本所谓"东亚模式"的范围了。就拉美模式和东亚模式而言，我们看到，历史并没有提供哪怕一个由依附性资本主义或者"附庸化的资产阶级共和国"发展到发达资本主义的先例。

第三世界发展的第二种历史道路，从一开始就反映着对于资本主义秩序的绝望和否定这一秩序、到这一秩序之外去寻找摆脱国际国内两种不平等的新的社会出路的顽强意向。这里不包括向前资本主义的倒退；这种倒退总是作为向往中世纪田园诗般静穆和停滞的一种幻想曲，在社会的实际运动中归于失败。我们所说的第二种历史道路源于两股潮流。一股是底层人民的斗争；参与这一斗争的，既有16世纪初德国宗教改革时期闵采尔领导的农民战争，17世纪中叶英国温斯坦莱领导的掘地派运动，18世纪末法国巴贝夫领导的平等派运动，也有亚洲、非洲、拉丁美洲各国赓续不断的针对西方侵略者的群众反抗活动。另一股的最初代表，是一批主张空想社会主义的资产阶级思想家。从1516年发表《乌托邦》的托马斯·莫尔到后来的圣西门、傅立叶、欧文，空想社会主义者对于资本原始积累时期社会剧烈分化状况的描绘，仿佛是今天许多第三世界国家现实的真实再现，他们批判资本主义私有制的彻底精神和充分论证，甚至使这一制度的当代辩护士至今半是恼恨、半是惊惧。这两股潮流，在社会化大生产发展的基础上，随着现代无产阶级之登上政治舞台，汇合为科学社会主义和在它指导下的社会主义实践。

第三世界发展中的社会主义实践

科学社会主义理论由马克思、恩格斯所创立，又在历史运动中植根并不断丰富和发展。一个基本的事实是，人类历史上确立社会主义制度的国家，几乎无一例外，都不是马克思、恩格斯当时作为主要依据的欧美工业化国家，而是属于第三世界的国家。斯塔夫里亚诺斯《全球分裂》一书不仅指出第三世界发端于东欧，而且详尽分析了革命前俄国沦为第三世界国家的过程。这个基本事实在社会主义乘胜前进的时候没有引起更多注意，但是特别是近几年，一些人因此宣布马克思主义过时或是根本否定其真理性，一些人因此认为这些国家确立起来的不是社会主义制度。没有什么比用概念裁剪历史和迷醉于发泄狭隘的政治情绪，离开真理更远了。1917 年十月革命开辟的道路，苏联走过的道路，在这以后中国和各社会主义国家走过的道路，正是社会主义道路。这就是亿万人实践创造的活生生的历史。

科学研究不是把概念和概念比较对照，也不是把事实和概念比较对照，而是把一种事实和另一种事实比较对照。应该中止靠贴标签代替科学研究的幼稚行动。重要的是面对 1919 年以来 80 年社会主义实践的客观进程，这个进程并不像西方和追随西方的宣传家们一再鼓噪的，仿佛已经由于苏联解体而告终结。这个进程在继续。社会主义事业是使人类摆脱奴隶地位的事业，是自从人类进入奴隶社会以来就存在的正义事业在现代条件下的继承和发展。无论采取何种形式，正义的事业势必会经历艰难和失败，但是它在我们这个世界是不会终结的。英国一家报纸还有点历史眼光："共产主义在退却，但是并不一定完结了"，"马克思的最令人惊异和最带根本性的预言——即只有在资本主义进入它的全面垄断、畸形发展和企图征服世界的最后阶段时，真正的社会主义才会出现——显然还没有受到检验。"① 这里不来讨论资本主义是否已经进入它的"最后阶段"。但是资本主义的"全面垄断、畸形发展和企图征服世界"，难道是遥远的未来吗？国际垄断资本统治正采取种种办法，以便把世界纳入服从自己发财致富条件的秩序。在这样的时候，却大费气力地宣传社会主义终结，其无知和以廉价逢迎领赏的演出，也足可以令世界吃惊了。研究人类历史创造因社会主义实践而增加的新内容或者说它为人类历史作出的新贡献，至少包括两个相互联系的方面。

一个是实现国内平等方面。英国学者保罗·哈里森在

---

① 《共产主义之父马克思没有死》，英国《星期日泰晤士报》，1989 年 8 月 20 日。

《第三世界——苦难、曲折、希望》① 中分析了 50 年代到 70 年代初的资料。他采用两种计算办法。一种是收入程度最低的 40% 人口在总收入中所占的份额：社会主义国家为 25% 左右，其他第三世界国家为 12%，西方发达国家为 16%，"社会主义国家虽然仍旧存在着不平等，但已经达到的平等程度却最高"。另一种是对比人口中收入最高的 20% 的平均收入和收入最低的 40% 的平均收入，看前者比后者高多少：捷克斯洛伐克 2.25 倍，匈牙利 2.79 倍，日本 3.86 倍，美国 3.96 倍，英国 4.14 倍，德国 6.86 倍，法国 11.3 倍，典型的第三世界国家 9 倍，创造"经济奇迹"的巴西 12.3 倍，"用这种办法衡量，社会主义国家仍然是最平等的"。荷兰经济学家简·丁伯根的《生产、收入与福利》② 列出一个图表，比较 70 年代瑞典、加拿大、美国、西德、英国 5 个西方国家和匈牙利、波兰、捷克斯洛伐克、苏联 4 个社会主义国家占人口 10% 的最高收入者与占人口 10% 的最低收入者的差别，认为美国比西欧国家更不平等，西方国家中瑞典最平等，"但与东欧国家相比又略逊一筹"。

另一个是实现国际平等方面。所有社会主义国家都是在冲破帝国主义侵略和武装干涉的过程中确立起来的。列宁把十月革命前夕的俄国称为帝国主义世界统治的薄弱环节。社会主义在苏联，——这就是从第一次帝国主义世界

---

① 保罗·哈里森：《第三世界——苦难、曲折、希望》，新华出版社 1984 年版。
② 简·丁伯根：《生产、收入与福利》，北京经济学院出版社 1991 年版。

大战中的奋然崛起，这就是成功地抵御 14 个帝国主义国家的武装干涉，这就是战胜法西斯德国的大规模入侵，这就是同美国为首的西方阵营的长期对峙。社会主义在其他方面的功过姑且不论，但是它在争取和巩固民族独立、国家主权方面的成就，却至今为进步人类所认可。

东西矛盾，从东来说，首先和始终为之奋斗的，是通过进行经济建设、加强和改善政治制度、发展文化事业，维护民族独立和国家主权。没有社会主义，就没有独立和主权。从西来说，无论采取政治施压、经济封锁、文化渗透的方式，无论采取战争的或是和平的方式，也是首先要搞掉这些国家的独立和主权。这里有两个有所区别又统一在一起的目标。对这个问题做出权威阐释的人物之一是尼克松。他在 1991 年夏季这一被他称为"苏联正在迅速地接近真相大白的时刻"提出：

> 美国的关键战略利益不在于从经济上挽救莫斯科，而是要摧毁苏联的共产主义制度。
>
> 戈尔巴乔夫是共产党组织培养的产物，是一个爱国的俄罗斯民族主义者。……只有面对着势不可挡的压力，他才能转向。如果危机加深到使他别无选择的程度，他才会接受肢解帝国、摧毁社会主义的改革。①

---

① 尼克松：《戈尔巴乔夫的危机与美国的机会》，美国《华盛顿邮报》，1991 年 6 月 2 日。

　　总之，做共产党人是不能允许的，做爱国者也是不能允许的。所谓"转向"，就是规定转到背弃共产党也背弃国家，既要摧毁社会主义也要剥夺民族独立和国家主权。苏联解体 5 年多以后，俄罗斯人终于明白一个道理：尽管他们不过是"顺从地在美国航道上随行"，尽管"莫斯科放弃共产主义的和'世界革命'的理论"，然而"美国从地缘政治的角度仍然认为民主的俄罗斯是自己的潜在对手，并在其军事理论中确立了这一点"，对于俄罗斯来说，教训是"今后起码要维护自主的路线"①。一家美国报纸则向它的政府提出一项政策建议：苏联过去是让美国惧之如梦魇的国家，现在俄罗斯人充满怨愤，"把他们生活中出现的混乱同美国的一项旨在摧毁苏联、把俄国变成西方的廉价原料来源的计划联系起来"，因此需要"让叶利钦说服俄国人相信他们仍然是重要的"，"但不要过于重要"②。

　　另一个实例是古巴。近年来从西方到东方，在围剿社会主义的声浪中，常常有嘲弄古巴片面发展蔗糖业，因此农业和整个经济发生困难的议论。但是造成这种片面发展的不是社会主义。从 19 世纪起，美国就已经把古巴强制地变为自己的糖料基地了。社会主义尚未造就一个经济全面发展的古巴，却使这个小国就教育、医疗、人民健康水

---

① 《俄罗斯在外交方面已达成一致——莫斯科不能接受美国庇护下的单极世界》，俄国《独立报》，1997 年 3 月 14 日。

② 《让俄国人感到自己是重要的（但不要过于重要）》，美国《纽约时报》，1997 年 3 月 16 日。

平普遍提高而言位列拉美之首。苏联解体以后，美国加紧制裁和封锁。1996 年 10 月，美国《对比》月刊发表一篇《美古争端：不宽容来自北方》。文章说："从 19 世纪初到 1959 年 1 月古巴起义胜利，美国与古巴关系的特点之一，是美国极力想控制古巴或者将其变成新殖民地。自从 37 年前古巴走上独立道路以来，华盛顿便开始为达到目的不停地攻击古巴并关闭了所有通向双方谈判的大门。""古巴革命之后的九届美国政府都以不同的借口企图使其消失，使这一小邻国回到过去的新殖民地状态，颠覆这一来自于它一直称其为后院的地区的危险的先例。"古巴人民一再重申，捍卫社会主义就是捍卫民族独立、国家主权，——应该说，这是第三世界人民从 20 世纪实践中获得的一个新的、具有重大历史意义的认识。

社会主义实践，最有力地打击着国际垄断资本统治秩序。第三世界发展，以确立社会主义制度而进入一个新的阶段。这些国家至少因其实现两个平等方面的成就有别于其他第三世界国家，但是又同广大第三世界国家一起受到国际垄断资本统治秩序的威胁，有着共同的根本利益。社会主义不是第三世界之外更不是第三世界之上的另一个世界。无论作为第三世界国家到资本主义秩序之外寻找历史方向的努力的结果，无论作为不是通过剥削其他民族，而是主要依靠自己人民发展的新的社会形态，无论作为反对霸权主义、强权政治的重大力量，社会主义国家仍然属于第三世界，应该也只能永远站在第三世界一边。东西关系即社会主义与西方发达资本主义的关系，属于南北关系的一种特殊形式。在这个意义上，社会主义实践是第三世界发展的取得最大成就的历史创造。这种创造，归功于科学社会主义理论和现代无产阶级，归功于整个进步人类特别是第三世界人民。

这里有一个理论问题，即在南北关系中认识东西关系，在第三世界同第一世界的关系中认识社会主义同资本主义的关系，会不会混淆社会主义同民主主义的界限，会不会降低社会主义。问题在于，既然资本主义关系已经形成，现代无产阶级已经成长和成熟起来，社会主义就已经获得历史的依据。问题又在于，在垄断资本统治的国际秩序下，既然社会主义不是在充分发展的资本主义国家而是在属于第三世界的国家提上日程，那里的社会主义实践，就不能不首先肩负起争取和维护民族独立、国家主权的任务，就不能不把实现这一任务坚持到底，就不能不以此作为自己的最低纲领而逐步走向实现共产主义社会制度的最高纲领。不仅仅以无产阶级的名义，而且以全民族和一切被压迫人民的名义，作为彻底的民主派和爱国者的最高代表，正是这些国家无产阶级的天职和不容推卸的责任。

苏联主流舆论在很长时间里把自己摆在第三世界之外甚至第三世界之上，把自己社会主义的胜利只看作"西方无产阶级"的胜利，而不同时看作第三世界的胜利，不能不说是一个重大的误解。至于像赫鲁晓夫集团那样，把争取民族解放的任务和社会主义的任务断然分割①，则已经直接成为后来苏联发生灾难性变故的一个远因了。面对强大的国际垄断资本统治秩序，或者只局限于社会主义同资本主义、无产阶级同资产阶级的矛盾而无视南北矛盾以至把南北关系看作东西关系的附属物，或者企图在放弃社会主义的情况下保有独立和主权，都已经导致历史的悲剧性后果。总结世界社会主义运动 80 年实践的经验和教训，这个问题显然具有根本的意义。

第三世界发展权

把南北关系看作东西关系的附属物，在一个不算短的时期简直成为无论东方还是西方都有不少人染上的时代病。多少有点像一家墨西哥报纸说的，它仿佛发挥了"掩饰着真实历史的那种意识形态面具"的作用②。曾经属于第三世界的国家，有的在确立社会主义制度之后自外于第三世界，在失去社会主义制度之后再度滑向第三世界，这个冷酷的事实如同一种清醒剂。也像那家墨西哥报纸所说的：它光天化日一般暴露了"自其产生以来就为资本主义提供大量廉价劳动力和原料这样两种基本生产要

---

① 《苏联共产党第二十二次代表大会重要文件》，人民出版社 1961 年版。一个发言认为，"第三世界人民参加民族解放斗争，是在社会主义的口号下反对殖民主义剥削和经济剥削、反对种族压迫和社会压迫的。这个社会主义不过是他们主观想象出来的争取美好未来的思想，即小资产阶级幻想的一种变形。"

② 《萨莫拉：全球化将对穷国产生较大影响》，墨西哥《至上报》，1992 年 1 月 15—16 日。

素"的第三世界，原来是"资本主义扩张的亲生子"，我们所处的其实是一个"世界实际上为1/5的人所有，而4/5的人处于贫困和落后中"的"赤裸裸的两极化为特点的时代"。

资本主义和第三世界都是已经延续数百年的世界历史现象。第三世界发展经历无数曲折，进行反复探索，遭到一次一次的失败，也取得自己的成功和经验，终于在近几年直接提出了"第三世界发展权"这样的历史性命题。

1992年2月，在日内瓦召开的联合国人权委员会第48届会议上，曾经就第三世界发展问题展开热烈讨论。许多第三世界国家代表和一些非政府组织代表强调实现第三世界发展权的重要性，纷纷谴责富国和穷国之间的不平等的经济关系。突尼斯外长指出，"目前的国际经济秩序给第三世界带来了消极影响，阻碍了社会的全面发展和进步。"哥伦比亚代表指出，"发展权不是单独的，没有经济、社会和文化权利，公民的政治权利毫无意义。"中国的代表指出，生存权和发展权是最基本的人权，对广大发展中国家尤其如此，"发展权不仅仅是经济目标，因为发展权虽然包含经济方面，但其内涵要比经济目标丰富和充实得多。"

这次会议仿佛开了一个头。此后的几乎所有的国际会议，都越来越尖锐地涉及第三世界发展问题。且不说世界发展首脑会议，1992年6月在里约热内卢召开的联合国环境与发展大会，已经由环境危机指出西方发展模式的枯竭①，强调第三世界发展必须进行创新。1996 年 11 月在罗马召开的世界粮食首脑会议，尤其传来第三世界对西方发展模式的抗议，被称为"一场不平等的反饥饿斗争"②。第三世界发展权问题的提出和它成为国际论坛的重大议题，深刻反映着我们时代历史进步的客观要求。

第三世界的发展是全面的、综合的发展。

首先接触这个问题并作出最初贡献的，是西方发展学的一批学者。这些学者以理论形态一再向世界揭示出，不少第三世界国家在宣告政治独立以后，有一个时期就经济增长速度来说相当可观，但是对于西方大国的依附地位一仍其旧，政治腐败、文化落后、社会动荡，经济本身也出现诸多问题，等等，存在一种有增长无发展的情形。在区别增长和发展之后，一些学者从不同方面谈到发展的全面性问题，并且列出包括教育、文化、道德、政治自由、经济增长以至环境状况等用于判断发展程度的综合性指标体系。列入其中的每一项一旦具体化，都会仁者见仁、智者见智。但是增长不等于发展，发展不等于经济增长率，不能归结为几组简单的百分数，已经是共同的结论。然而很不幸，他们在这里停下了脚步。

接着不能不提出的问题是，既然第三世界发展是全面的、综合的，那么发展的起点即是第三世界的起点，没有

① 《中美洲环境恶化，发展的另一个侧面》，危地马拉《中美洲新闻》，1993 年 7 月 15 日。
② 《一场不平等的反饥饿斗争》，拉美社，1996 年 11 月 2 日。

理由在第三世界发展中把独立和主权问题、把第三世界人民为此而进行的英勇斗争一笔勾销、排除在外。西方发展学认为，第二次世界大战以后大批第三世界国家政治独立，而后才提出发展问题。他们从一开始就弄错了时间表。从另一方面说，独立本身也是全面的、综合的，而且绝非一次完成和一劳永逸。邓小平同志说："连中国这样一个发展中的大国，都还有维护主权、独立和领土完整的任务，可见第三世界发展中国家维护独立、主权的任务还面临着严峻的任务。"宣告独立，有自己的政府和驻外使节，但是内外政策受制于西方大国，甚至后者可以按照自己的利益用政治压力、经济封锁、军事干预和入侵以及策划颠覆一类手段改变政府的结构，这种独立就是不可靠的。已经确立起来的统一的完整的国家遭受肢解，已经在享有主权的阳光下生活却又落入附庸地位，这种情况，难道没有过或是只有个别的实例，以后也不会再发生吗？

　　这里还要特别强调经济主权和在这种主权下的经济发展。曾任联合国副秘书长、非洲经济委员会执行秘书的阿德巴约·阿德德吉有过一篇《2000 年非洲的发展和经济增长：计划和政策的抉择》①，这样总结非洲的发展教训：

　　　　大部分非洲国家获得政治独立的 20 年来，曾经预想的那种伴随政治独立而取得的经济解放，以及通过这个大陆的经济改造而使广大人民群众的生活水准

---

① 蒂莫西·M·肖主编：《非洲对未来的抉择》，1982 年。

得到显著提高和不断发展，至今仍然是一个希望而已。尽管过去20年间非洲经济发生了某些结构性变化，但是实际今天非洲的经济发展水平从根本上讲仍是不发达的：人均收入低，农业人口的比重很大，生产水平低，工业基础薄弱而不成体系，严重依赖于脆弱的初级出口产品，传统部门与现代部门之间的差距极大，文盲比重很高，银行、金融、财政、工业和管理方面的外资商业企业占据统治地位。

伴随政治独立而确立经济主权，以经济主权作为全部主权的基石，这对于所有第三世界国家来说，都具有根本的意义。

第三世界的发展，是从民族压迫、社会压迫下求得解放的发展，是从落后的生产力和生产关系、从自己的愚昧和不文明中求得解放的发展，是从依附获得自主的发展。这当然要归结到人的发展。这就不能不涉及发展的广义的文化含量问题了。当民族文化受到冷落和排挤，空中和地下，街道和商店，舞台和屏幕，衣食住行和装饰品，到处充斥着西方文化印记的时候，独立和主权也已经处于被不声不响地消解的过程。智利作家阿·多尔夫曼1973年出版《怎么看唐老鸭》，认为看似无益无害的迪斯尼动画片，实际上赋予唐老鸭资产阶级世界观以影响大众。1983年，他又出版《皇帝的旧衣》，指出现代西方社会各种形式的通俗文学，都在向民众灌输对资本主义的信任和逆来顺受①。拉美一位学者痛切地写道，"我们受到外国同行的束缚，为他们的思想所支配。……我们不能指责外国人只按他们的利益行事，因为，如果我们迷惑于他们的公式、数字和金钱，那就是我们自己的错误了。"他把这叫作"学术上的殖民主义。"② 第三世界之所以为第三世界，正在于它没有取得或是没有巩固地保有和全面实现民族独立和国家主权。争取、巩固独立和主权，是第三世界发展的前提、基础性内容和衡量它的成功程度的决定性标尺，并且贯穿于政治、经济、思想文化的各个方面，存在于第三世界发展的全部过程。

对于第三世界来说，发展是多数人参与的、谋取多数人利益的事业；从一国来说是这样，从国际范围来说也是这样。由于自然、经济、文化和民族历史的诸多方面的原因，各国和一国内部发展的不平衡在所难免。但是这种不平衡，既不应该成为确立少数人对多数人进行掠夺、压迫和剥削的秩序的理由，也不应该成为为这种秩序的不合理性辩解的理由。法国《青年非洲》谈到第三世界发展中广为流行的两个神话：第一个神话认为，在西方发达国家推动下，借助市场全球化带来的机会，大部分发展中国家将会获得成功，穷国也会越来越接近富国；第二个神话认为，一个国家的经济振兴不可避免地要通过加剧不平等才能实现。该刊明确指出，第三世界应该结束这两个"危

---

① 《世界文学》，1996 年第 2 期。

② C·F·博尔达：《今日拉丁美洲社会科学展望》，美国《拉丁美洲研究评论》，1980 年第 1 期。

险的神话"。① 前文已经涉及市场全球化问题。关于这里的第二个神话，倒不妨听听保罗·哈里森在许多第三世界进行过实地考察之后做出的回答：认为两极分化是经济成长过程中必然阶段的理论，在道义上和客观实际中都是站不住脚的，"说不平等和随之发生的不公正对于经济成长是必要的，等于说道德的堕落是实现物质财富成倍增长这一目的的正当手段。这就把人类的价值标准颠倒了。"②只有劳动和享受自己劳动的成果，才能杜绝社会腐败的罪恶之门。如果认为必须维持和加剧少数人对多数人的奴役才是效率的唯一保证，那就无异于宣布强盗和窃贼是人类的上帝。如果强盗和窃贼向人类允诺只有被抢和被窃才是走上富裕的捷径，那就是只有三岁孩子和白痴才会相信的、十足的欺骗。无论就世界范围不同民族的关系还是就一国范围不同社会群体的关系来说，都是如此。

西方发达国家提供的以国内不平等和国际不平等为支柱实现发展的老路，在第三世界走不通。第三世界的发展，既不可能进行国际剥削，靠掠夺殖民地半殖民地养肥自己，又不可能靠在国内扩大两极分化、贫富悬殊，而得到自己人民的支持。西方发展学的致命弊病，正在于它只在国际垄断资本统治秩序的范围内考虑问题，只把西方发达国家的结论和经验作为绝对化的发展准则。第三世界不是发达资本主义的某一个阶段，仿佛只要刻板地踩着英国

---

① 《缺乏的环节》，法国《青年非洲》，1996年9月17日。
② 《共产主义之父马克思没有死》，英国《星期日泰晤士报》，1989年8月20日。

或是美国的脚印走下去，每个第三世界国家早早晚晚都会保证变成今天的然后变成明天的一模一样的英国或美国。人类可以"克隆"出一只羊，但是没有也不可能"克隆"出一个民族、一个国家。历史不是陈旧脚印的复印机，而是各民族人民在自己的具体条件下发挥无限创造力的生动过程。在这个意义上，西方发展学作为西方研究第三世界发展问题的学说，已经被历史抛在后面了。

　　人类在资本主义时代有过自己的"欧洲中心"。如果要讨论 20 世纪的特点，那就应该承认，"欧洲中心"没有了，即使在只剩下美国一个超级大国而美国又天天说几遍自己领导世界的大话的今天，也没有出现"美国世纪"，以后更不可能出现这样的世纪。20 世纪之不同于此前各个世纪，其最深层的动力不在北方而在南方，不在于纽约股市的膨胀和五角大楼研制的某种新式武器，而在于出现了社会主义国家和 100 多个宣告独立的第三世界国家。作为人类绝大多数的第三世界人民，已经不再容忍殖民统治的任何形式继续存在下去了。这种民族意识、自主意识的觉醒，这种几十亿人要求摆脱压迫和剥削而又决不愿通过压迫和剥削别人来发展自己的共同意向，才真正成为推动世纪大舟的最强有力的历史之风。只有第三世界的发展真正成为第三世界人民自己的事业，只有第三世界各民族不是被今天的强者纳入什么轨道和体系，而是以独立的、享有充分主权的、平等一员的资格加入国际社会，才能实现世界各民族的和睦共处、团结合作。这一人类共同进步的曙光，正由于第三世界人民的奋斗冉冉升起。

马克思研究我们今天称之为第三世界的广大地区的发展问题，也有两个伟大发现。第一，这是资本主义生产的同时代现象，因此可以不通过资本主义制度的卡夫丁峡谷，不通过资本主义生产的一切可怕的波折而吸收它的一切肯定的成就。第二，这种发展不仅仅决定于生产力的发展，而且还决定于生产力是否归人民所有。我们欣慰地看到，这两个伟大发现已经不再只作为科学的预言，而是深深熔铸于我们时代亿万人民的实践了。第三世界长期被迫以自己的不发展、反发展支撑西方资本主义发达国家的发展，它的发展却必然地包含着双重内容：同第一世界的民族压迫坚定不移地进行斗争，同时开放大度地吸取其在社会生产力和科学技术、文化和经营管理方面的有益经验、避免它为取得这些成果和为人类进步付出的痛苦代价。根本的问题恰恰在于，第三世界的发展，不能不面对国际垄断资本统治秩序而又必须努力打破这种统治秩序、摆脱对于西方发达国家的依附，不能不面对西方发达国家的存在而又必须保持自己的民族尊严，在自己的大地上植根，使自己从对方发展的客体转化为自己发展的主体。这是新的历史创造的过程。

如果有人认为，第三世界发展的真理在西方大亨的钱袋里、在诺贝尔奖金的证书和西方大学的课堂上，可以以救世主的姿态预先规定一种单线运行的图式，那是注定要出丑的。第三世界人民历史创造的实践高于一切。无论成功或失败，无论自觉或不自觉，第三世界人民都在以自己的实践同马克思对话，都在执行他的遗嘱和努力实现他提出的历史任务。只要是第三世界人民自己的奋斗、探索和努力，即便是失败的记录，较之坐享外面的、"上面的"恩赐，都要珍贵得无可比拟。这就叫"别人嚼过的馍不甜"。人类的历史创造，本来就不是满地鲜花、酒香四溢的宴席和呢喃着爱的呓语的轻歌曼舞。无论经历怎样的牺牲和失败，无论在闪耀过一个时期的辉煌之后又怎样再度坠入黑暗、仿佛前功尽弃、还需要从当初起步的地方重新开头，无论有些事情事后看来怎样地幼稚可笑，无论还有多少茫然无知的领域和面临怎样的困境、多大的艰难，第三世界的发展都将不可逆转。

关于发展理论研究的方法论问题[*]

　　我的《历史没有句号——东西南北与第三世界发展理论》（北京师范大学出版社 1997 年 12 月出版，以下简称《句号》）不会成为畅销书；作者原本就没有这样的企望。当然，不仅受人尊敬的学者中，而且关心第三世界即人类大多数现状和命运的普通读者中，都会有人翻一翻此书。这对作者来说，实在是至高无上的奖赏和安慰了。一个伟大民族的理论兴趣和理论创造力有时如林木葱茏，有时又枝叶凋零，但是完全湮没于鼠目寸光的物质功利主义和低水平重复套话空话而荡然无存，那就简直可悲和不可思议了。似乎不必相信历史会提供这样的先例。该书绪论提前发表。发表之前，曾经分送北京十几位教授请教。从那时到正式出版，通过多种渠道得到对于它的意见。我曾在力所能及的范围内一一表示感谢并坦率说出我的看法。

＊　本文发表于《哲学研究》1998 年第 6 期。

这里没有私利的顾忌和一钱不值的客套，没有广告式的装腔作势和追求一时轰动的商业性炒作，有的只是对于一部已经交付社会的学术著作的真诚而严峻的评判和有关理论问题的善意商榷。除了某些具体的意见，几乎所有的肯定和批评，都直接或间接地提出社会历史领域研究工作的方法论问题。对于这样的问题，即席的谈话、三五次通信，充其量只能浮光掠影地交换一些零星的看法。但愿这篇短文至少能够触及它的若干根本的方面。《句号》一书的价值微不足道；如果能够在方法论的讨论方面多少有所前进，那才是值得庆贺的事情。

我们仍然从希望读者能够感兴趣的发展理论问题谈起。历史上常常在不同范围和不同程度上发生伟大的先驱和渺小的后裔，或者重复出现播下龙种而生出跳蚤这类现象。《句号》多次提到1986年牛津出版社的《发展经济学的先驱》。我们对那些毕竟包含着科学成分的理论的创造者们的尊敬，不亚于他们的本民族同胞和西方发展学的后人。该书两主编之一、导言作者杰拉尔德·M·迈耶真是快人快语：西方发展学是在第二次大战以后，西方当局为着避免第三世界广大地区"陷入共产主义"，从而失去投资机会、失去市场与原料来源地的国际政治背景下产生和兴旺起来的，因此，发展经济学的家谱，读起来就是"出自政治权术的殖民经济学"。在该书认可的十位先驱中，艾伯特·O·赫希曼自称"反抗权威的叛逆"和"持不同政见者"，劳尔·普雷维什说他的研究工作的历史就是"离经叛道的历史"，冈纳·缪尔达尔把他晚年的一部文集定名为《反潮流：经济学批判论文集》。他们占去了1/3。其他先驱也间或有类似表述。他们所以获得巨大的荣誉和广泛的尊敬，在于拒绝规避和掩饰西方帝国主义压迫、剥削第三世界的事实，在于对第三世界人民悲苦命运的诚挚同情和帮助第三世界人民走上发展道路的良善意愿，在于由此取得的学术成就。缪尔达尔的研究工作，几乎是在一种因生为发达国家公民而深感愧疚的道德自责中，在一种他所说的"对良心上日益加剧的痛苦加以清算"的过程中进行的。他看出，西方发展学的绝大部分研究工作在发达国家展开，由其政府、基金会、大学和行业提供资金，实在没有道理不指望研究和开发工作将对他们自己有利。大部头著作列满密密麻麻的统计数字和根据这些数字编造的种种计量模型、计算公式。心中有数原本是件好事。但是这是一些怎样的数字呢？在第三世界特别是几个亚洲国家的实地考察，使缪尔达尔对这些数字更为生疑："许多数字一钱不值"，原来统计资料是一个"政治至上的领域"！下面这段话出自他1957年出版的《穷国与富国》，由迈耶在《发展经济学的先驱》一书导言中特别地引出，尤需反复品味：

　　　　在这伟大的觉醒时代，如果不发达的国家的年轻经济学家陷入发达国家经济思想的困境而不能自拔，那将是可悲的。发达国家经济思想妨碍那些国家的学者去努力符合理性，而对不发达国家学者们的学术创见更充耳不闻。

　　我但愿他们有勇气抛弃那些无意义的、不中肯的
而且有时显然不适当的教条和理论思路,从研究他们
自己的需要和问题中刷新思路。

　　在这里,(1)"伟大的觉醒时代",对于第三世界来
说,所谓觉醒当然包括为着国家主权、民族独立进行的如
火如荼的斗争和打破世界殖民体系的具有世界历史意义的
胜利。(2)这种斗争的胜利直接把发展问题提到第三世
界国家社会生活的前沿,正是这样的时刻,使警惕第三世
界经济学家"陷入发达国家经济思想的困境而不能自拔"
的可悲景况,具有了现实的意义。(3)发达国家的经济思
想,对于第三世界的健康发展来说,在一定程度上只是一
些"无意义的、不中肯的而且有时显然不适当的教条和理
论思路"。(4)第三世界学者要有勇气抛弃这些教条和理
论思路,而根据"自己的需要和问题"进行理论的创造。

　　重读这段精彩论述,作为第三世界学者,目前没有必
要在主要之点上再做更多的补充了。如果粗略地举出此后
40 年间的尽人皆知却又不能带给进步人类欣慰的事实,
那就看一看拉丁美洲的"失落的十年"和目前经济与贫
富分化联袂增长的情形吧;那就看一看被称为"苦难漫
无尽头的大陆"、"世界的孤儿",在大国争夺中混乱、动
荡、贫病交加的非洲吧;那就看一看从一度辉煌中跌落下
来、陷入金融和经济危机的亚洲吧;那就看一看强大的社
会主义苏联怎样从内部肢解得七零八落,俄罗斯仅仅从
1990 年到 1993 年人均寿命就下降 5 岁的改革业绩吧;那

就看一看西方发达国家和第三世界的经济差距怎样越拉越大，富国、富人肥胖过度而穷国、穷人却枯瘦如柴的国际秩序吧。——无论如何，历史将记着不幸而言中的缪尔达尔！

缪尔达尔所谈论的恰恰是方法论问题。在西方发展学框架内能够做到的，他大体上都做到了。摆脱这一框架的桎梏，进行新的理论创造，取决于方法论的革新；他也已经在这种革新方面做出了某些带有根本意义的提示，一如在参天茂密、暗无天日的原始森林中，标出了一条"胡志明小道"。然而缪尔达尔称之为"陷入发达国家经济思想的困境而不能自拔"的景况，却在一次又一次重演。这有点像杜牧《阿房宫赋》所写的，"后人哀之而不鉴之，亦使后人而复哀后人也"。美国《拉丁美洲研究评论》1980年第1期刊出拉美学者C·F·博尔达的文章《今日拉丁美洲社会科学展望》，承认"我们受到外国同行的束缚，为他们的思想所支配。……我们不能指责外国人只按他们的利益行事，因为，如果我们迷惑于他们的公式、数字和金钱，那就是我们自己的错误了"。他把这种情况叫作"学术上的殖民主义"。巴西《圣保罗州报》1997年3月8日报道，拉美和欧洲一些国家的知识分子在荷兰聚会，发表宣言，指出新自由主义的泛滥正在造成全世界的空前的社会和生态危机，特别是造成第三世界的更加痛苦的后果。当缪尔达尔这样一些西方发展学的先驱们以郑重的科学精神进行探索的时候，怎么能够乐于看到一些第三世界国家迷惑于西方的公式、数字和金钱，导致如此黯淡无光的后果呢?

　　看来，无论对马克思主义理论、对苏联和中国过去的经验，还是对西方发展学理论、对西方发达国家的经验，都不能采取缪尔达尔已经指出的教条式的态度。

　　发展学研究对象是第三世界发展问题。第三世界，是近代以来世界历史中的第三世界，是同西方发达国家特别是第一世界的对立和联系中的第三世界。无论是研究第三世界的发展或者不发展、反发展，都不能离开这样一种总体的把握。当然没有理由剥夺西方学者研究这个问题的权利；相反，西方学者在自己实践基础上所获得的研究这个问题的某种独特视角，倒是非西方学者无法代替的。问题在于，从西方的立场出发，由西方当局或企业及其他部门提供资助，采用西方的观点和资料，——即便不考虑"利益"，这样一种研究成果，在第三世界发展实践面前终归难免文不对题和苍白无力。第三世界的发展首先是第三世界人民的事业，是第三世界人民从民族压迫、社会压迫和落后、愚昧、贫穷下解放的事业，是第三世界人民参与并维护第三世界人民利益的事业。那么很明显，西方发展学不具有这样的品格，不能实现这样的历史任务，而且没有理由向它提出这样的要求。

　　历史呼吁一种新的发展学，我们姑且称之为第三世界发展学。这是立足于第三世界的实践，概括第三世界人民历史创造活动的丰富经验，以推动第三世界发展来推动整个人类进步的发展学。在这里，西方发展学不是处于教师爷的地位而是处于参照系的地位。第三世界不同肤色的人们在世界人口中占 3/4。第三世界的发展，如果从第三世界出现算起；如果承认第三世界人民争取民族主权、国家独立的斗争不仅是发展的决定性前提和基础，而且也属于发展并贯穿发展的整个过程及诸多方面，那么应该说，这种作为第三世界发展学产生、形成和完善的沃土的发展，已经至少有 500 年的历史了。这里有着理论创造的异常广阔的天地和前景。第三世界学者的理论活动，理应自觉地成为第三世界人民历史创造活动的一部分。离开这种人类最伟大、最深刻的历史进程，甚至羞于承认自己属于第三世界，而宁愿用重复和照抄西方发展学来替代和自我取消创造的能力，坦率地说，尽管可以踩着可口可乐和好莱坞文化的脚印亦步亦趋，表演别人的旋律，却不会为人类文明提供任何打上自己民族烙印的贡献，实在没有出息，也不会有什么出路。和第三世界人民共同着欢乐和悲苦，以自己的理论活动融入第三世界的发展，反映和促进这种发展，尤其是第三世界学者的天职和神圣义务。

　　这里也涉及社会主义和第三世界的关系。俄国的十月革命和中国的 1949 年革命，这两场革命的胜利首先是反对帝国主义的胜利。革命以后的社会主义革命和社会主义建设，一方面在国内伴随着同资产阶级的斗争，一方面又面临着国际资产阶级的包围甚至封锁、禁运和战争威胁；这种国际斗争兼有阶级斗争和民族斗争的性质。谢天谢地，在随着东欧演变、苏联肢解出现的对社会主义的国际性围剿中，积古往今来最刻毒、最强烈的语言，人们写了很多，说了很多，只是连社会主义的最不含糊的敌人，也还至今没有把列宁、斯大林、毛泽东判为汪精卫式的民族叛徒。这些共产主义者同时具备着民族英雄的品格。如果不是把概念而是把历史实践作为研究的出发点，那就没有理由否认，社会主义实践的最伟大的成果之一，正在于它是20世纪进步人类争取和维护民族解放、国家主权的旗帜。抹去这个成果，它在其他方面为人类进步增添的新内容将无从谈起。这也如邓小平同志所说的，"如果我们不坚持社会主义，最终发展起来也不过成为一个附庸国，而且就连想要发展起来也不容易"。他揭示了一个20世纪的时代秘密。因此，既不应该把我们世界的诸多社会矛盾简单化地归结为只是无产阶级和资产阶级、社会主义和资本主义的矛盾，更没有理由在同南北关系的分离中研究社会主义问题。相反，社会主义实践本身倒是第三世界发展的一条业已取得重大成就的道路。东西和南北，南北关系具有更根本性的地位。不应该在南北关系之外，而应该在南北关系之内研究东西关系和社会主义问题。

这里就提出了社会主义中国和邓小平同志的贡献问题。在毛泽东同志提出三个世界划分的理论之后，邓小平同志不仅充分肯定和继续坚持和发展这一理论，而且特别是针对20世纪80年代以来的国际局势强调地指出：世界上的国家富的愈富、穷的愈穷，解决这个问题是国际舞台上的一个重要课题，改变国际经济秩序，首先是解决南北关系问题；东西南北四个字，南北问题是核心问题；南北问题就是发展问题，国际社会虽然提出要解决南北问题，但讲了多年了，南北之间的差距不是在缩小，而是在扩

大，并且越来越大；应当把发展问题提到全人类的高度来
认识，要从这个高度去观察问题和解决问题；归根到底，
我们要靠自己来摆脱贫困，靠自己发展起来，主要靠自
己，同时不要闭关自守；中国这样一个发展中的大国，都
还有维护主权、独立和领土完整的任务，可见第三世界发
展中国家维护独立、主权的任务还面临着严峻的局面；第
三世界的发展中国家，没有民族自尊心，不珍惜自己民族
的独立，国家是立不起来的，国家的主权和安全要始终放
在第一位；一个冷战结束了，另外两个冷战又已经开始
了，一个是针对整个南方、第三世界的，另一个是针对社
会主义的，西方国家正在打一场没有硝烟的第三次世界大
战；等等。贯穿这些极富时代感的精辟论断的科学的方法
论的启示，已经愈益显示出一种紧迫的性质，需要在我们
的研究和宣传工作中占有它本应占有的地位。

　　我要重复地说，《句号》是微不足道的。一如该书作
者后记中所写，积了一点材料，但愿能略略减轻同行们的
翻检之劳。书已出版，任何人都有权利对它评头论足。没
有批评就没有比较、鉴别，就没有前进。作者诚恳地期望
着批评的意见。在作者和读者之间，在同样有治学兴趣的
人们之间，应该鼓励和提供一种以事实为依据和把人民利
益摆在第一位的平等交换意见的气氛。在这里，仅仅摆弄
政治标签无助于求得真理，需要的倒是学者的雅量和谦和
的气度。当然，这又牵涉到科学研究的方法论问题了。

斗争只是延期而已[*]

　　能够参加这样的会深感荣幸。这不仅是因为当面听到在学术界享有盛誉的各位教授对当代世界若干重大问题的有丰富材料和独到见解的发言，也是因为会议进行中不断出现一个词。这个词如果作为官样文章是没有意义的，但是在本来意义使用它，现在又很少了。在中国，这个词古已有之。正是由于 1917 年的十月革命，它传遍了全世界和被赋予一种从未有过的意义，标志着为工人阶级和全人类解放的崇高事业而献身和团结起来的一种崭新关系的出现。这个词就是"同志"。在一片带有外交色彩、商业色彩、尊卑等级色彩的"小姐"、"先生"的喧闹中，这个词更加使人感到亲切，感到正义和纯洁。

　　资本主义制度是人类历史发展的一个巨大进步。关于资本主义的进步作用，甚至美国学者熊彼特也说，正是马

---

　　* 这是作者 1997 年 10 月 31 日在中国人民大学东欧中亚研究所和国家教委《高校理论战线》编辑部联合召开的纪念十月革命胜利 80 周年理论研讨会上的发言稿。曾作为附录收入《全球化与共产党》。原题为《一个发言》。

克思做出了最高的同时也是最深刻的评价，无论就其高度或是就其深刻性来说，迄今为止，没有任何资本主义的辩护士和资产阶级思想家达到他的水平，更不要说超过他。

但是资本主义是历史的，其进步性历史地形成和发展，也历史地减弱、消失和在越来越大的程度上转化为腐朽性、反动性。这一点由资本主义的本质所决定。

资本主义制度的大厦建立在两个支柱上：一个是在国内压迫、剥削工人阶级和广大人民群众，一个是在国外压迫、剥削广大第三世界。资本主义自其产生就是国际性的，就在走向全球化。国内的和国际的，阶级的和民族的，两种压迫和剥削，两种不平等和两种不公正，相互延伸，相互转化，相互纠缠，相互渗透。这种状况伴随着它的全部历史，使其发展也使其衰败，使其生也使其死。这真是成也萧何败也萧何。

资本主义的反动性，自其产生之日就存在。工人阶级和进步人类，在资本主义的早期即它还勃发着旺盛的生命力的时候，就已经开始揭露它的压迫和剥削，反对它所带来的不平等和不公正。这种斗争包括工人阶级和底层人民群众的实际斗争，也包括进步思想界的斗争。斗争起初在资本主义制度的范围之内进行。但是人们越来越认识到，资本主义的弊端不可能在它的范围之内、在保留这种社会制度的前提下得到根本解决。经过一代又一代人前赴后继的失败和反复，斗争逐步走向否定资本主义制度，在资本主义制度范围之外探寻和创造——或者说发现——一种实现人类平等和公正的新的制度。最初从理论上比较完整地提出社会主义问题的，是资产阶级中的进步思想家，即空想社会主义者。这就是说，正是人类社会发展规律本身，逐步把社会主义取代资本主义这种世界性的社会制度转换问题，提上了历史运动的日程。

马克思主义的产生和工人阶级作为自觉的阶级登上政治舞台，是工人阶级和底层人民群众实际斗争同进步思想界斗争汇合的标志，又是社会主义从空想到科学的标志。

从这时开始，工人阶级和整个进步人类，对国际资本主义体系已经有过两次具有世界历史意义的冲击。第一次是 1871 年的巴黎公社。第二次是 1917 年的十月革命。

巴黎公社只存在了 72 天。马克思评价巴黎公社说："公社的真正秘密就在于：它实质上是工人阶级的政府，是生产者阶级同占有者阶级斗争的结果，是终于实现的、可以使劳动在经济上获得解放的政治形式。"

十月革命是巴黎公社斗争的直接后果，是公社原则的实现和继续。

十月革命锻造了社会主义苏联和世界范围的社会主义胜利，使苏联和东欧横跨欧亚两大洲的广大地区从第三世界进入第一世界和第二世界，使中国等一系列国家摆脱殖民地、半殖民地走上社会主义道路，推动第三世界 100 多个国家取得独立和主权，导致帝国主义世界殖民体系的瓦解。苏联击败了法西斯德国的武装侵略，以巨大的民族牺牲拯救了苏联，同时为拯救全人类建立了第一位功勋。苏联和其他社会主义国家在实现世界各国、各民族及国内各民族平等方面，在维护世界和平方面，在国家经济建设方面，在实现最广大人民群众的社会管理权利方面，在保证最广大人民群众平等地享有基本生活条件和享有劳动权、医疗权、受教育权等方面，以及其他一些方面所取得的成就，是20世纪人类进步的基本组成部分。在这些成就被西方新自由主义的旋风扫荡殆尽的情况下，它却在人民的心里更深地扎下根来。

从十月革命开始确立的社会主义制度，是人类历史进程对资本主义制度的否定，是一种新的社会制度。一个重大的课题至今尚未引起足够的注意。这就是：社会主义制度解决了哪些人类在资本主义制度范围之内没有解决也不可能解决的社会性问题，为历史作出了哪些新的贡献。

东欧剧变、苏联解体以后，出现了对社会主义和马克思主义的世界性围剿。但是资本主义带给人类的灾难，是不是从此消失了呢？答案是不言自明的。人类历史无论经过怎样的曲折，终归要前进。一个正直的、有良心的、对人民负责的知识分子，只有从历史取得教训、和人民一道推动社会前进的义务。如果背对未来，只在那些奋力开辟历史道路而陷入错误和挫折的人们面前指手画脚、唾沫飞溅，以此显示自己的才华，甚至视贿赂为进退、依赏罚定取舍，屈从于同人民解放事业背道而驰的政治偏见，实在说不上是知识分子的光荣。

社会主义苏联的存在不是72天，不是72个月，而是超过了 72 年。十月革命开辟的道路，至今还在中国和其他社会主义国家继续着。

马克思对巴黎公社的评价，完全适用于十月革命。

巴黎公社失败后，公社诗人奥里维埃·苏埃特尔写过一首著名的《复活的巴黎公社》。这首诗的结尾是：

> 去吧，无耻的享乐者，
> 虽然你们满身脓包还在行走，
> 虽然你们的横暴不公
> 还在太阳之下压住我们的穷困，
> 你们是将死的人了！
> 当你们在花前酒后夸耀战功的时候，
> 我已听见，在你们身后
> 掘墓人的脚步声！

1991 年十月革命 74 周年，莫斯科两万人自发地举行了纪念活动。红场遍地苏联国旗、列宁和斯大林的画像，出现有这样的横幅和标语："列宁的名字和事业永存"、"把十月革命的叛徒们钉到历史的耻辱柱上"。

在迎接十月革命 80 周年的日子里，俄罗斯《对话》杂志发表《共产党人能够提出什么样的社会发展模式》，重温列宁所说的，"在一个经济遭到破坏的国家里，第一个任务就是拯救劳动者"。

我想引用马克思的遗训，作为这个发言的结束：

即使公社被搞垮了，斗争也只是延期而已。公社的原则是永存的，是消灭不了的；在工人阶级得到解放以前，这些原则将一再表现出来。①

---

① 《马克思恩格斯全集》，中文第 1 版，第 17 卷，人民出版社 1963 年版，第 677页。

忧郁的俄罗斯在反思 [*]

十多年来，埋头书斋，出国的历史仅限于越南。

善意的朋友们一再说，研究国际问题，研究现代资本主义，务必首先到美国，然后是西欧几个国家和日本，至少是新加坡、泰国、马来西亚或是香港、澳门。我感谢这善意，只是舍不得时间。

这些年以各种理由前往美国、西方和日本的中国人，仿佛 1 天超过 20 年，恐怕是有史以来最多的了。这已经大开了中国人的眼界。然而，亚洲的金融危机，南斯拉夫的科索沃，美国电影大片的风靡于世，可口可乐和麦当劳的所向无敌，摸不着抓不住的互联网，哪里没有现代资本主义。中国的电视、广播、报纸、满街书摊，哪一天没有美国的消息。世界不是已经连成一气，都在去融合和接轨

---

* 本文为作者所著《忧郁的俄罗斯在反思》引言，生活·读书·新知三联书店 2000 年出版。

么？比如研究一座塔，可以到塔顶，但又何妨到塔底呢？

1990 年 10 月 7 日到 28 日，我和几位做学问的朋友到俄罗斯。总题目可以叫作俄罗斯的过去、现在、未来。过去，主要是指苏联解体，包括解体以后的俄罗斯和今天俄罗斯人对苏联解体的看法。现在，好像集中于如何评价叶利钦 9 年的改革。未来，即国家下一步应该走和将走一种什么样的道路。题目范围之大、涉及内容之广，有点摸不着边际。要对这样的题目做出回答，即使是轮廓式的、粗线条的，即使原本是颇有修养的俄罗斯问题专家，20 天也太短了。

但是似乎历史使我们多少成为幸运儿。

按照俄罗斯宪法的规定和叶利钦的健康状况，他不能再连任第三届总统。连是否能够把这个总统当得满届到 2000 年夏天，也有不同的看法。于是 1999 年 12 月 19 日举行的国家杜马选举，特别是 2000 年的总统选举，就不再是程序性地换届，而是多少成为是继续叶利钦道路还是改变叶利钦道路——至于在何种程度上和以何种方式改变这条道路，则属于另一个问题——的历史十字路口的标记了。

我们在那里的 20 天，是大选前夕各种政治势力纷纷登台、紧张较量、重新分化组合的 20 天。无论对于叶利钦、对于各个政党、对于各种社会力量和对于普通百姓来说，这个历史的十字路口，都同自己社会地位的升降、利益的得失休戚相关。

有人说叶利钦要权不要命，说他固执而善变。朝令夕改、让人摸不着头脑和难于预测的事例，可以举出很多。他的功过是非、他的总统生涯和他的政治路线的命运，归根到底只能由俄罗斯人民评判和裁断。

据说叶利钦曾向俄罗斯上院主席斯特罗耶夫提出：你们打算把我怎么样？俄罗斯有一个政治笑话：赫鲁晓夫许诺1980年每个苏联人都能天天吃肉，戈尔巴乔夫许诺2000年每个苏联人有一套住房，叶利钦许诺每个俄罗斯人都当一回总理。又有一个说法：政府比天气变化更快。叶利钦几个月换一个总理。两个月前抬出的是曾经在克格勃工作、原来名不见经传的普京。杜马选举日近，又操纵下台总理基里延科、现任紧急状态和消除自然灾害后果部部长绍伊古各自组建一个党。

所有这些，都是为他身后事所做的预备，都显示着他的不愿下台又不得不下台，即使心有余而力不足，也有一种下台以后继续做点什么的勃勃雄心。

俄罗斯人看得很清楚，这位疾病缠身、任期届满、骂声遍于国中的总统，早已经顾不得朝野之间的说三道四，顾不得大报小报的指桑骂槐，顾不得街头巷尾的讽刺挖苦，甚至顾不得身家性命，跃跃然提前参加竞选了。

在莫斯科和外地，都有人用一句话概括苏联时代和叶利钦时代的最大区别：那时没有穷人，现在是10%的富人和90%的穷人。

那么，9年来泉水一般涌入个人腰包和汇入外国银行的财富是扩大还是丧失？9年来任人宰割、被抢劫得家徒四壁的遭遇是否能够多少得到一点改变或是画一个句号？

富人和穷人们，得到利益的人们和失去利益的人们，号称或实际上成为他们代言人的不同政党和政治派别，都各怀着自己的志向，各打着自己的算盘，紧张地注视着社会进程中的一起一伏，准备着决定前途的一跳和一搏。街头行人的多数，用肃穆的神情、沉重的步履，在忧郁中反思。富人们好像更着急，已经按捺不住，纷纷登台演出和摩拳擦掌了。

可以预言，即将到来的杜马选举和2000年的总统选举，以及为此进行的准备活动，会相当地紧张而激烈，也许还带着你死我活的性质。有人说，这回的政治活动，会比以往的政治活动更加热闹也更加肮脏。

俄罗斯那些同各种腐败有牵连的寡头们和官员们，无论牵连深浅，都不会不想到，他们面临的，说不定是冻结账户、没收财产以致刑事调查、法律惩处。他们当然不会放弃为维护既得利益拼死一战，采取的手段也将花样翻新，无所不用其极。俄罗斯共产党一位领导干部说：侦察机关、特种部队正在动员一切力量，企图摧毁俄共、阻止爱国力量通过人民的选举执政。卢基扬诺夫讲了一件他亲身经历的事。一个"新俄罗斯人"在私有化中用7亿美元买了价值20亿美元的钻石厂，打上门来，指着他的鼻子破口大骂：如果你们要剥夺我的私有财产，我就叫人打死你们，就像打死疯狗一样！

好几位深切地关心自己祖国命运的俄方人士说：你们这次到来，正遇上俄罗斯最不平静的时期。如果未来的两个月里我们不做工作，国家形势就将很难扭转了。一位地方领导人干脆把这次的选举比喻为"第二次斯大林格勒保卫战"。这个比喻的深层含义似乎在于：这次的选举对俄罗斯社会发展具有某种转折的意义。

总之，这是俄罗斯历史进程中的一个特殊时期。苏联时代特别是其后期的社会矛盾，没有伴随苏联解体得到解决，而是更加深化和复杂化了。9年改革的理论和实践积聚起来的社会矛盾，越来越走向激化。俄罗斯历史运动就在这样一个特殊时期凝结起来，凝结着它的悲苦和探求，凝结着它的来龙去脉和下一步走向。后人视今，犹今人视昔。今天的过去和过去的过去，孕育着的是未来。

有机物的任何一个细胞，都以自己的特殊方式包含着物体的全部。从一片番茄叶可以培育出完整的番茄。从一头羊或牛的细胞可以克隆出一头羊或一头牛。社会多少也是这样。何况这是一个怎样的俄罗斯，一个怎样的20天！

俄罗斯有五大古都。俄罗斯朋友苦笑着说，基辅属于乌克兰，"现在是外国了"。五大古都，我们到了莫斯科、列宁格勒、弗拉基米尔、苏兹达里。两个最大城市，集中反映俄罗斯的政治、经济、文化状况，在国际上也颇为知名。还到了托尔斯泰的故乡图拉。弗拉基米尔和图拉两个州距莫斯科各200公里左右，属于俄罗斯中部，既有现代化大工业，也是重要的农业地区，又可以看作是俄罗斯民族的发祥地。我们在那里参观了工厂和农村。从接触的地方来说，缺点是没有到边远地区特别是边疆的民族共和国。关于民族问题，国家杜马民族事务委员会主席弗拉基米尔·尤里耶维奇·佐林和"民主信息"基金会成员、民族问题专家里姆斯基作了比较系统的介绍。好在正值车臣问题引起社会各方面的密切关注，随处可以听到有关的情况和评论。

在莫斯科会见了各主要政党和几个影响较大的基金会的领导人。这些基金会主要是一种研究、咨询性质的组织，领导人大致分两类，一类曾经在苏联时代或叶利钦门下先后担任过领导职务，相当一些是部长或副部长，一类是积极参与现实政治活动的院士或教授。这也算俄罗斯现代政治的一个特点：昨天的部长、副部长，下台进入基金会或是当教授，过一段时间又可能上去。在地方会见了州、区、工厂和集体农庄领导人，可惜没有来得及访问工人农民的家庭。比较起来，这样一个活动范围，还算有一定的代表性。

本书还附有若干照片。一幅自卢基扬诺夫赠书中翻印。他说，这幅照片中有一个秘密。1985 年，他和叶利钦还有另外两位同志到湖边钓鱼。叶利钦身穿一件新运动服，对他说：刚买了一件阿迪达斯运动衣，但是我不喜欢那上面的资本主义，要裁缝全部拆掉，换上共产主义。——照片显示，叶利钦的所谓"共产主义"，就是两侧裤缝的一排镰刀锤子图案。此外则为我和同行的同志们所拍，而此前在国内以我的孤陋寡闻未曾见过的。比如赫鲁晓夫墓碑半黑半白的头像、卓娅墓的雕塑、克里姆林宫墙外的思想家碑，等等。几个傻瓜照相机，几个傻瓜照相家，拍照技术几近于零，然而对于有兴趣的读者，或者不失独特的文献价值。

　　20 天里浮现出来的俄罗斯的社会矛盾，我们充其量不过捕捉住一鳞半爪。作家要想象，理论家要评头论足，我想记述的，只是事实，亲见亲闻，唯求真切而已。作者弄笔多年，对自己想象力的判断，从来不敢给一个及格的分数。因此，这在任何意义上都不是一种创作。我何尝敢有影响和说服读者的雄心，偶尔议论和发点感慨，亦属斯情斯景所致，读者自然未必以为正确，也大可不必以为正确。我几十年来所做的，大体可以说是一种资料员、记录员性质的工作。这虽然不足为训，却也自有乐趣。

　　俄罗斯人士的比较系统的意见，一概说明姓名、时间、地点。他们对于俄罗斯事态的看法，同样属于俄罗斯历史进程的一部分。我想，略去寒暄客套的部分，如实地记下他们的看法，负责地介绍给中国读者，为研究俄罗斯问题提供一个方面的依据，正是他们的心愿。从我来说，这是一种对俄方友人的尊重，也是一种责任。个人角度不同、接触面不同，提供的数据和看法不一，亦属正常。有些意见是我完全不能恭维的，然而也照实记下。其间的是非和正误，还是应该听由读者去比较，自己得出结论。为了读者方便，有时也顺便介绍一点有根有据的别样的意见和可以说属于注释性质的补充材料。好在历史是不可更改的。

　　因为历史的和现实的原因，中国同俄罗斯有一种割不断的关系，中国人民对俄罗斯人民有一种特殊的感情。近几年来中国学者有关俄罗斯问题的论著不时问世，其间颇多真知灼见。有一段时间，轮番出现些照抄西方人腔调、不留余地歌颂叶利钦改革的文字，虽然有一种屎里觅道的坚韧和执著，其实倒让人看出只是早先已经看得太多的为政治口号服务的旧戏的新版，即使花了很大力气，也极难找到可信的系统的事实和对这事实的可信的分析。什么时候中国号称学者者能够一改这种只会低水平重复图解政治概念的故伎，能够注重事实，能够注重从事实中做出也许还需要继续完善却终归属于自己的判断，文字也写得普通百姓能够看得明白，就真是民族的大幸了。因为不像对欧美国家和日本那样，几乎每天都组织规模和级别不等的参观团、培训团、考察团、游览团之类，而是多限于学者的个人交流，有真知灼见的著作，相对来说又主要限于介绍部分俄罗斯知识分子的意见和情绪，所以就难免缺少宏观的把握和历史感。

　　我只对自己的所见所闻负责。有看错的地方，有听错的时候，有写错的句子，但一向并不编造。记述的错误，议论的偏差，如果能够得到读者的纠正，则幸甚。

全球化中的科技和教育 *

世界的英语还是"英语的世界"

在美国阿拉斯加州一个地方居住的老人马莉·史密斯·琼斯，自 1993 年她的姐姐去世以后，成为以埃雅克语为母语的最后一个人。她的生活内容之一，就是经常自己念叨祖先的语言。这位老人将不久于人世。埃雅克，这个 3000 年前从当时最大的印第安部族分离出来，曾经在阿拉斯加海湾建立起具有数百万人口，拥有自己的独特制度、自己的神话传说、自己的诗歌的民族的历史和文化，将随着这位老人的去世，成为一个新的人类之谜。

当着一种语言渐次归于消亡的时候，人们会为它独特地反映的历史和文化的中断而悲哀。目前世界大约有 5000 种到 6000 种语言，但是正在以每年 25 种的速度消

＊ 本文为作者所著《科技属于人民》第六章，中国人民大学出版社 2001 年出版。

亡。据说仅剩一人作为母语使用的语言还有 52 种，超过 100 万人共同使用的语言还有 200 种到 250 种，只有极少高龄者使用的语言还有 426 种。

语言是一种社会现象。作为一定民族历史和文化的载体，某种语言的产生、留存、传播、丰富和消亡，多种语言的交融取舍、起落兴衰，都同民族的历史命运及其社会生活状况，有着内在的联系。

人类历史上曾经有许多语言产生又消亡。但是从来没有出现今天这样的消亡速度。有一种估计，在 21 世纪，现有的语言将会有一半消亡。尽管共同的语言有助于知识、科技、信息在更大范围的广泛交流，但是多种语言的消亡却也成为人类的巨大的不幸。有相当一些神话传说、历史资料、自然和社会的知识甚至是动植物及其特殊的用途，是只由某种特定语言表达的。文明的大量成果将从此丧失。而且土著民族、少数民族、弱势民族语言的消亡，总是伴随着整个民族的悲剧和毁灭性灾难，有时甚至伴随着大量人口的流血和死亡。这同时就是压迫民族、就是今天国际垄断资产阶级屠杀、抢劫、征讨世界绝大多数人民的不光彩的过程。

西方全球化伴随着英语全球化。应该承认就语言学本身而言的英语的价值。用它写就的大量科学著作、文学著作和宗教作品丰富着人类文明的宝库。人们永远不会忘记，这是乔叟和莎士比亚使用并使它大放光芒的语言。它的比较容易地为其他语言所吸收和它善于吸收其他语言并不断衍生出不同方言的特点，也赋予它一种生存和发展的力量。

可以举出"克里奥尔语"的例子。在 16 世纪到 18 世纪进行殖民扩张来到美洲的葡萄牙、西班牙、法国人的后代，被称为克里奥尔人。它后来又被赋予与这种历史现象有关的一些别的含义，比如本地化的欧洲语言。于是出现英语克里奥尔语、法语克里奥尔语之类。其母语为欧洲国家语言，同时吸收了当地语言的营养。

还可以举出"洋泾浜"的例子。18 世纪上半叶以来，葡萄牙商人在澳门等地与中国商人进行贸易，逐渐形成由葡语和汉语组合而成的商业用语。这就是最早的"洋泾浜"。鸦片战争以后，我国沿海通商口岸新出现的单词，多半来自英语而采用汉语语法的"洋泾浜"。它后来又混杂融会印度语、马来语和其他亚洲国家的语言，在中国的一些通商口岸和南亚的一些国家，在超出商业范围的更大的领域流行开来。19 世纪一个叫亨特的美国商人写过一本《广州番鬼录》，挖苦这种"洋泾浜"为"一种失去了句法，没有词语逻辑，成分极为简单的语言"。从语言学的角度来看，这种挖苦并非言过其实。

类似现象也发生在世界各地。中国是一个多民族的国家，不仅有境内多数人使用的汉语，各少数民族还有自己的语言；汉语又有各地的方言，以至于一个县、一个县里的不同的乡镇，也有自己的方言。北京人听广东话，西北人听闽南腔，简直不知所云。英语在全球流布，但是谁也不能保证讲英语的人彼此之间能够听得懂。如果英语克里奥尔语和"洋泾浜"可以算做英语方言的话，英语到底有多少方言，就恐怕是一个天文数字了。

语言的交流和影响是相互的。世界的成千上百种语言受到英语的影响。英语本身也在广泛吸收这些语言的成就的过程中得到丰富，增加着自己的表现力。

但是语言现象是一种社会历史现象。

英语霸权地位是殖民主义的孪生兄弟。英语在15世纪的英国被标准化。其走向世界的趋势，起始于资本主义制度在英国的确立。英帝国主义的全球扩张，使它的资本奴役制度、炮火和商品到达的地方，也成为英语传播的地方。殖民奴役和英语霸主地位同在。在北美洲、大洋洲，印第安人、毛利人的土著语言不复存在。在拉丁美洲和非洲，只是由于殖民统治需要利用本地宗教，某些土著语言得以勉强保留。中国人口多、历史长、地域大，然而比如东北地区，在被日本侵略者占领的8年里，也有着强制性地消灭汉语、推行日语教育的历史。

特别是自第二次世界大战以后，英帝国主义的这份遗产为美国所全盘接受，正在形成人类历史上从未有过的美国英语的语言霸权。根据美联社的报道，全球75个国家已经把英语列为官方语言，世界总人口的1/4即15亿人使用英语，10亿人正在学习英语。这个比例还在持续上升。

英语的语言霸权直接导致新闻霸权，导致单向的新闻信息传播。一个值得注意的现象是，在西方发达国家内部，报纸并不很多地采用他们通讯社的新闻稿。因为这些报纸大量反映本国情况，而西方通讯社的主要任务却在于控制国外特别是第三世界的舆论。一位一度在欧洲工作的中国作者，进行了 3 个月的比较和调查：英国《泰晤士报》只采用了 6 条路透社的新闻稿；在巴黎出版的《国际先驱论坛报》采用了 19 条新闻稿，其中美联社 16 条，路透社 3 条；德意志通讯社的用户也主要在海外：中东、非洲 700 个，拉美和加勒比地区 400 个。

这位作者在英国对来自 12 个非洲国家的 26 位新闻专业博士、硕士研究生进行调查，有 3 个发现：（1）他们国家报纸的国际新闻 90% 以上靠路透社、美联社、法新社提供；（2）在这 12 个国家中，主要报纸用英语或法语出版的 11 个，唯一的例外，是一家使用阿拉伯语的埃及报纸；（3）这 12 个国家主要报纸、通讯社、电视台、广播电台的领导人，几乎都在英国、美国或法国接受过正规的或者短期的培训。

语言霸权从一个角度再一次证明，西方控制和不断地瓜分着第三世界的新闻市场。这位作者写道："同语言霸权一样，新闻霸权的本质是在广大第三世界树立发达国家的文化霸权，其中主要的是英语文化霸权，使发展中国家永远处于二流地位。"这里还只是说到通讯社，"如果把报纸、杂志、电视、广播等考虑在内，那么可以说，以美国为首的西方世界正在对第三世界实行'全天候'地毯式的新闻信息轰炸"①。

问题不在于是否应该学习英语，而在于由此出现的语

---

① 黎信：《信息霸权与文化帝国主义》，载《文讯》，2000 年第 11 期。

言霸权和以这种霸权语言作为载体的霸权主义。当前世界每年出版翻译著作大约24000种。其中第三世界国家作者使用本民族文字写作而被翻译为英语或法语的不足5%，60%是从英语翻译为其他文字。在这个60%中，美国英语占80%以上。第三世界国家的作者只有用英语（次之，也需要用法语或者德语）写作，或者把自己的作品翻译为英语在西方出版，才可能得到所谓"国际社会"的承认。

　　和语言霸权主义必然地联系在一起的，还有价值观的霸权主义。数百年来，在西方相当一些人的眼里，非洲人是"类人猿"，印度是一个小国，中国人就是不分男女的长辫子和小脚的女人，或者往酒里撒尿和灰头土脸。第三世界的作者，不论在多么卓越不凡的思想艺术成就，不论在自己的祖国有多么广大的读者和崇高的威望，不论在人类历史发展和文明进步中作出多么巨大的和任何人不能替代的独特贡献，都难免被西方知识界以自封的"国际社会"之名弃置不问，遭到冷落甚至攻击和侮辱。相反，倒是专一展览第三世界人民落后、愚昧、肮脏和卑躬屈膝的作品，倒是专一遵循西方教导破坏自己祖国的统一、分裂自己民族的团结的头面人物，还可能混一个所谓"国际社会"的荣誉和得一个什么西方的奖赏。

　　这使我们想到联合国教科文组织专家约塞夫·波特的分析：让一种语言占据主导地位，那就意味着我们关于世界的思考以及我们的世界观统统遭到限制。英语国家的人们自幼就融会贯通最核心部分的语法结构；而一个非英语国家的人，无论英语讲得多么完善，都不可想象能够如英语国家的人那样讲起英语来无懈可击。于是，同英语国家知识分子相比，非英语国家知识分子永远处于二流地位。

对于那些没有在自己的人民中扎下深根，没有在同自己人民的深刻联系中建立起对祖国文化的理解和对祖国的真挚的爱的知识分子来说，在今天这种国际秩序中，产生民族虚无主义和崇洋事大的心态，几乎是无法避免的。

英语属于世界而世界不属于英语。作为西方全球化的手段和"帝国主义意识形态"，英语的历史不光彩，英语的世界语言霸主地位终究会被人类历史进程所改变。作为知识、科技、信息的载体和广泛交流的工具，英语的历史得到人们的承认，英语还将有着更加美好的未来。

今天的英语，一方面在传播科技知识、信息方面发挥着越来越大的作用，一方面越来越成为以美国为首的西方推行霸权主义的工具。科技霸权以教育霸权为基础。这里无论在哪一个领域，英语都扮演着一种得力工具的角色。

第三世界"走向贫困的通行证"

1990 年，联合国教科文组织、开发计划署、妇女儿童基金会、世界银行等几家国际机构在泰国举行第一次世界教育论坛会议。那次会议以承诺 2000 年之前"普及教育"、"根除文盲"而载入史册，给世界人民一种鼓舞和希望。

但是按照 10 年前的约定，2000 年 4 月在塞内加尔的达喀尔再次举行世界教育论坛会议的时候，当时那种乐观的调子却笼罩着浓重的阴云，10 年前的承诺没有兑现。我们这个世界 1980 年 15 岁以上的文盲为 8.77 亿人，1995 年增加到 8.84 亿人。到塞内加尔会议召开时，关于成年文盲人数有两个说法，一个说法为 8.8 亿，另一个说法为 10 亿。总之，文盲人数没有减少，还在继续增加。

当西方领导人高唱援助第三世界国家发展教育、具体提出让他们的每所学校都能够上网的时候，第三世界国家却有 1.25 亿适龄儿童丧失就学机会。大量学生因为贫困而交不起学费。许多第三世界国家缺少起码的教育设施。比如一般认为 40 个学生拥有一个教室是高效学习的最高要求，但是坦桑尼亚平均 75 个学生有一个教室，而且缺乏课桌、座椅、黑板、教科书、练习本、铅笔，更不要说即便简陋的厕所和可以饮用的水了。

按照联合国开发计划署《1998 年人类发展报告》提供的材料，世界教育两极分化的状况达到令人吃惊的程度。1995 年的成人识字率和初等、中等及高等教育入学率，世界平均为 77.6% 和 62%，西方工业国为 98.6% 和 83%，所有发展中国家为 70% 和 57%，欠发达国家只有 49.2% 和 36%。还可以依据性别来划分：关于成人识字率，男性平均 83.7%、女性 71.4%，西方工业国家男性 98.8%、女性 98.5%，所有发展中国家男性 78%、女性 61.7%，欠发达国家男性 59.2%、女性 39.3%；初等、中等及高等教育入学率，男性平均 62.5%、女性 58%，西方工业国家男性 81.6%、女性 84%，所有发展中国家男性 58.9%、女性 53%，欠发达国家男性 40.3%、女性 30%。

任何一个国家的教育，都可能一个时期快一点、一个时期慢一点，这似乎不值得大惊小怪。问题的严重性在于，从这些使人眼花缭乱的百分比中一眼就可以看出，西方发达国家和第三世界的教育差距在扩大，男性和女性的受教育机会和教育程度在扩大（只有初等、中等及高等教育入学率一栏中西方工业国的女性比例略高于男性），而且几乎不同类型的所有国家中，初等、中等及高等教育入学率的比例都低于成人识字率的比例。这是两组不同范围的统计数字，然而它们的比较使人知道，就发展趋势而言，识字的人不是越来越多而是越来越少。这种趋势不能不成为人类进步的重大忧虑。

在西方发达国家和第三世界国家的教育差距方面，还应该指出教育公共支出即学前教育、初等和中等教育支出中的分化情况。1992 年，这项支出最高的 5 个国家为卢森堡（15514 美元）、芬兰（11720 美元）、美国（11329 美元）、奥地利（9065 美元）、比利时（8143 美元），支出最低的 5 个国家为斯里兰卡（38 美元）、尼泊尔（44 美元）、莫桑比克（46 美元）、中国（57 美元）、马达加斯加（60 美元）。这里的最高和最低差距为 400 倍以上。

反差最大的是苏联东欧原社会主义国家。原先在那里全民教育的普及和在此基础上科学技术的突飞猛进，从落后而一跃居于全球领先地位，曾经成为人类 20 世纪文明进步的一道灿烂辉煌的风景线。在苏联解体之后若干年，当其经济衰退和人民生活水平下降大约 50% 的时候，作为社会主义制度的遗产，成年人的教育程度，仍然是一种民族的骄傲。但是社会主义制度垮台，教育的总体水平也从顶峰跌到谷底，又可以被看作 20 世纪末人类文明倒退的风景线。联合国教科文组织《1998 年人类发展报告》说，"东欧和独联体国家一直为其较高的教育水平而自豪，但近来它们不那么理直气壮了。在过去的 5 年里，俄罗斯的中小学入学率下降了 4%，保加利亚下降了 6%"。

1999 年 10 月笔者考察俄罗斯，亲见亲闻，和教育有关的三件事情印象极深。

一件是 10 月 17 日在弗拉基米尔州被称为水晶城的古斯赫鲁斯塔里街头，遇到四个衣衫褴褛、灰头土脸、向我们乞讨的男孩子。他们正该是戴着红领巾上学或到少年宫的年龄。当地陪同我们的奥丽娅女士说："我在水晶城生活几十年，我自己就是戴着红领巾长大的。苏联时代从来没有脏孩子。"另一位俄罗斯友人说："这就是叶利钦时代！"

也是在弗拉基米尔，因为参观俄罗斯古都苏兹达里，有一位因为和陪同我们的俄罗斯友人相识顺便搭车的人，自称历史学者、莫斯科大学副教授，年纪当在 40 岁以上。他在餐桌上傲气十足地向我们公布了他的研究心得：他最近研究中国 1937 年到 1945 年的历史，发现汪精卫是中国共产党 9 个创始人之一，汪精卫的南京政府很大地推动了这个时期中国历史的进步。他说，不仅他本人，而且他的老师、一位更著名的学者，也持这样的看法。然后就轻蔑地要在座的中国人试一试举出三部中国历史上最著名的文学作品。——他关于中国抗日战争、中国文学、中国共产党的历史常识，比不上一个中国小学三年级学生！他的无知和狂妄一并使在座的中国人为之惊愕，俄罗斯朋友为之耻辱。然而我们却由此领教了享有世界声誉的莫斯科大学今天的副教授的教养和本领。

第三件是在列夫·托尔斯泰的故乡图拉州。主人安排我们参观谢金诺区的普利什涅集体农庄。当局提倡和强制性地推行私有化，要求解散集体农庄。这一方针遇到抵制，相当一些地方的集体农庄拒绝解散。谢金诺区一位负责人向我说，这个集体农庄是该区最好的；所谓最好，就是能够保持大约 10 年前即 1990 年的水平。主人们向中国朋友展示了他们 1990 年的水平：文化宫是孩子们的乐园，有声乐室、舞蹈室、绘画室，培养出许多优秀的小演员；旁边是漂亮的体育馆，游泳池、健身房、桑拿浴是农庄庄员和孩子们共同活动的地方；还有一座同样漂亮的幼儿园。但是国力衰微、经济倒退、社会混乱，一个区 1998 年死亡 140 多人，却只生了 5 名婴儿。

俄罗斯是一个重视教育的国家。然而它的教育的辉煌属于过去即苏联时期而不属于现在。好在它的人民中一切为了孩子的深厚传统仍然在发挥作用。教师继续受到社会的尊敬。历史动荡缝隙中留存下来的集体农庄，有着良好的教育设施。地铁、公共汽车和街头公园，还可以看到手不释卷的年轻人。参观列宁故居、克里姆林宫、第二次世界大战胜利博物馆的孩子们的专注的眼神里，还流溢着对祖国历史起落的疑惑。这就是俄罗斯的希望。[①]

　　20世纪50年代和60年代的非洲，反对殖民主义斗争的胜利，国家的独立，民族创造力的觉醒，曾经推动各项事业的蓬勃发展，教育取得全面成就。小学入学率从1960年的36%上升到1980年的78%。但是80年代以来入学率开始下降，1990年只有68%。按照1997年11月非统组织总部发布的数字，非洲文盲高达56%。[②]

　　亚洲教育以南亚状况最堪忧虑。加拿大一家报纸曾载文指出，南亚学校教育系统陷入非常严重的危机，长此以往，这个世界上人口最稠密的地区将带着比世界其他地区都多的辍学生、文盲和失业毕业生进入21世纪，面临社会和经济的灾难。文章援引一份报告说："在崇尚教育的亚洲文化氛围中，南亚成为一个反教育的社会。"一半的成年人，其中包括2/3的妇女，不会读书写字。5000万适龄儿童不能上学。每年还有6000万儿童辍学。这里女孩子上学的机会比世界其他任何地方都要少；即便上学，在学校的时间也只是男孩子的1/3。一些大城市和少数地区的扫盲率据说几乎达到100%，但是印度南方、孟加拉、尼泊尔的文盲，却占到了全球文盲的一半。[③]

　　注重科技研究和有着大量能够吃苦耐劳的人力储备，

　　① 参见文甘君：《忧郁的俄罗斯在反思》，生活·读书·新知三联书店2000年版。

　　② 参见《1998年非洲经济和社会状况报告》，由1998年在亚的斯亚贝巴召开的环境与自然资源研讨会公布，见1997年11月26日《工人日报》。

　　③ 参见《南亚受到教育危机的威胁》，载加拿大1998年4月26日《环球邮报》。

成为印度的一个优秀传统。我们为印度信息产业的发展感到高兴。同时也看到，严重的贫富两极分化正在极大地损害着教育事业的健康发展。印度有世界第二大教育系统，在它的73万所小学中读书的孩子达到1.48亿。然而有机会接着升入中学的孩子，却只有15%。没有人会认为，这种状况能够保证国家未来的全面发展和光明前景。

拉美教育中，唯独古巴受到世界各种具有不同政治倾向舆论的程度不同却又几乎是异口同声的赞扬。即使从带有病态政治偏见、决绝地否定古巴革命和古巴社会主义制度的舆论那里，我们至今也还没有看到抹杀古巴教育成就的言论。

古巴领导人卡斯特罗提供的不是空论而是事实：

革命前古巴700万人中，30%不识字，50%没有读到五年级。革命之后两年即1961年，在青年学生的支援下，有100万人脱盲。这些学生后来当了老师，奔赴农村、山区和偏远地区，在那里教人民甚至80岁的老人识字。后来开办了进一步的学习班，迈出了必要的步伐，进行了不懈的努力，获得了我们今天的成果。今天，古巴有大学毕业生60万人，教授和教师30万人。①

---

① ［古巴］菲德尔·卡斯特罗：《全球化与现代资本主义》，社会科学文献出版社2000年版。

只要看一看其他报刊的评论，就可以知道卡斯特罗所说不谬、绝无夸张。

古巴的教育投资，在国内生产总值中所占比例已经超过联合国教科文组织建议的水平，文盲率只有3%，在拉美地区是最低的。①

联合国教科文组织拉美和加勒比地区办公室把教育质量分为三等，研究结果证明只有古巴属于第一等。1998年年底，联合国教科文组织在智利的圣地亚哥公布了研究成果。但是证明古巴教育质量实际情况的报告却遇到了同过去一样的厄运：白宫和世界银行无视报告，美国社会各界也不承认这个报告。

正如智利媒体的一篇文章所说："无视或撤销有关拉美教育质量的科学报告是出于两个原因：（1）当证明古巴的教育质量大大超过拉美其他国家的公共和私立教育质量时，就打破了只有私立教育才是最有效的新自由主义神话；（2）消除古巴的蛊惑性宣传，认为这种宣传是企图掩盖拉美教育计划的先进性。"文章公布了1997年对拉美国家三年级和四年级小学生进行测试的分数，认为古巴甚至在1989年到1993年的危机时期，社会制度是稳固的，教育质量也处于优势地位。"古巴是拉美地区唯一拥有生物科学技术的国家这一事实，永远是教育质量高的象征。联合国教科文组织有关教育质量参数的研究报告，显然向

---

① 第七次拉丁美洲和加勒比教育部长会议《金斯敦声明》，埃菲社金斯敦1996年5月17日电；联合国教科文组织关于拉美问题的年度报告，埃菲社圣地亚哥1996年5月2日电。

其他国家提供了直接的经验。通过这一点就可以说明，北方的大国为什么不能战胜（古巴的）这场革命。"①

联合国教科文组织2000年的一份报告，分析了拉美13个国家的学习效率，"一个最明显的发现，是古巴学生得分最高"。语言掌握方面的理想水平是90%，古巴达到99%。②

一家英国报纸的文章说，尽管美国中央情报局宣传机器不断将卡斯特罗描绘为折磨人的残暴妖魔，数以万计的旅游者还是自由地在古巴各地旅行，与古巴公民交往，看到的事实与弗吉尼亚州兰利地下室里捏造的故事大为不同。古巴对于第三世界国家的人民来说仍然是希望的灯塔，卡斯特罗仍然是世界舞台上引人注目的人物。"卡斯特罗最关心的事情是教育、教育和教育。卡斯特罗对教育的关心达到非常高的程度，因而古巴识字者的人数早就超过美国。所有这些成就，都是在古巴遭受和平时期任何别的国家从未遭受过的最严重和最持久的封锁的情况下取得的。"③

但是拉美其他国家的教育状况，相比之下就要逊色多了。

可以说得稍微长远一点。拉美1970年到1980年基础

---

① 《拉丁美洲的教育质量》，载智利《世纪》周刊，2000年8月16日。
② 参见《教科文组织强调古巴教育取得的成果》，载古巴2000年5月9日《格拉玛报》。
③ 《向社会主义的最后一个和最出色的独裁者致敬》，载英国2000年8月4日《独立报》。

教育增长率为3.4%，1980年到1985年为1.7%，已经呈现下降趋势。文盲1960年3750万，1982年4400万，90年代初4500万。1998年3月31日，在智利公布了由国际教育公平和经济竞争委员会专家们撰写的研究报告《未来的竞争》，集中介绍了90年代中期除古巴以外的拉美各国教育的情况。报告认为，在优质教育对经济发展、社会公正和民主的影响日趋重要的时代，拉美却在滞后。拉美和加勒比地区的教育正面临危机。尽管30年来登记注册的学生人数快速增长，但是教育质量也在以同样的速度下降，其中语文、数学和理科的教学最为欠缺。

报告说，拉美小学中将近一半的学生需要复读一年级，1/3的学生需要重修选学的课程，只有10%的学生未经留级完成六年级的课程。在洪都拉斯、危地马拉、萨尔瓦多和尼加拉瓜，一名学生平均要用10年的时间才能完成小学六年级的课程。在留级学生身上花费的教育开支为33亿美元，相当于该地区在初等教育方面投入的国民开支的1/3。投资不足、教育质量低劣、教师工资低、缺乏或根本未经专业培训，成为教育水平低的因素。报告特别指出，拉美和加勒比地区公立学校和私立学校发展不平衡，存在巨大差距，使教育非但没有能够减少反而加剧了社会不平等。

第三世界国家普通教育的危机和困难，不能不在高等教育上反映出来。1995年在高等学校就读学生的平均数，全世界为每10万人中1434人，西方发达国家4110人，欠发达国家824人，最不发达国家只有296人。同龄青年

（指年龄在高中毕业后 5 年内的青年）进入高等学校的总入学率全世界平均为 16.2%，西方发达国家 59.6%，欠发达国家 8.8%，最不发达国家只有 3.2%。

非洲高等学校的学生在增加，但是教育经费不足、优秀教师流失，许多大学自成立以来教学设施几乎没有任何更新和改善，甚至连上课的桌椅都远远不够，宿舍拥挤不堪。贝宁唯一的一所大学贝宁国立大学按照规模可以接受 2000 名学生，现在注册的学生为 13000 多人，只有 1000 个座位的教室里挤着 8000 名学生。这家大学的 655 名教师中只有 300 多名专职教师。摩洛哥的几所大学的学生已经是原计划的 4 倍到 5 倍。

从 1990 年到 2000 年的 10 年，恰恰只能作为教育差距空前扩大的 10 年载入史册。塞内加尔会议被不礼貌地称为"文过饰非"的会议。这次会议仍然不乏改天换地的、却又是曾经听到过多次的豪言壮语。它签署了一个行动计划，缩小 10 年前的目标，应允 2015 年将现有文盲减少一半。但是计划归计划，其实谈不上什么行动，更多的倒是在为一种源于西方教育全球化的惰性寻找仿佛具有说服力的理由。

我们已经领略过，西方怎样通过科技霸权主义实现自己那种全球化。现在我们看到，在西方全球化中，西方教育全球化构成了科技全球化的基础。西方教育全球化，同时是西方教育霸权主义的实现。它不能不导致两极分化，又不能不以两极分化为前提。

这里还只是讲到文盲率、各级学校的入学率、教育投入和教育设施之类的问题。就教育两极分化而言，这大体上属于硬件。特别值得严重关注的是，西方在经济的、政治的、文化的乃至军事的强势地位的背景下，通过教育全球化的途径，把自己的或者说自己需要的思想、价值观、世界观、经济及政治制度强加给第三世界国家。

这里首先有一种广告效应。西方特别是美国利用强大的科技和信息力量，把他们自己封为世界终极的和最高的样板，把西方化、美国化等同于现代化，等同于自由、民主、富裕和一切经过他们改造的美好的概念。其他国家特别是第三世界国家，已经完全不需要自己的思考、探索和创造，历史任务只剩下当一个乖孩子和照搬照抄。这就为西方教育全球化确定了方向、提供了舞台、打开了通道。

这就形成一种心理的、政治的、社会的态势和习惯势力：只有那些心安理得地给西方当乖孩子和照搬照抄的，或者由叛逆而忏悔并皈依回来的思想、党派、组织、机构、人物，才配得上"改革派"、"民主派"一类桂冠，才有资格被认为是现代的、前进的、合乎历史潮流的。这种态势和习惯势力本身有着渗透到社会各个方面的、无形的或有形的力量。它的积累、延续和再生产，在达到一定程度和条件成熟的时候，就合乎逻辑地成为法律、法规和"国家意志"，日益严重地消解一个民族千百年形成的文化传统，使它忘记自己存在的价值而真诚地成为西方"发财致富的条件"，窒息民族的自我意识以及独立地思考、探索和创造的精神。

对于任何民族来说，这种导致自己沦为强权者的万劫不复的奴才的怪圈，都是应该时刻警觉和一旦出现就尽力摆脱的悲剧。但是不能不说，最近 10 多年来，由于西方教育全球化在西方全球化的整体过程中扮演了特殊的角色，我们所担忧的那种态势和习惯势力尽管遇到来自第三世界的反对和阻力，却正在形成，正在继续推进。

　　许多第三世界国家竭力照搬西方的教育体制和教育思想，大学不加分析地采用西方教科书，西方主流学者被认为是无可怀疑的权威，他们的著作畅行无阻和被规定为必读参考书。学术水平、教授和高级研究人员的资格评定，取决于对西方著作、西方思想的熟悉和掌握程度。第三世界国家的青年以及其他人，把能够到西方国家的大学、研究所学习和进修作为最高理想和升官发财的最佳敲门砖。西方国家也纷纷到第三世界国家招生和办各类学校，培养他们需要的人和赚取这些国家的可怜的教育费用。

　　于是仿佛只有在西方特别是美国接受教育并且忠诚地执行西方意图和比如国际货币基金组织、世界银行旨意的党派和个人，才有资本得到西方签发的第三世界国家领导地位的合格证书，才有资本得到所谓"国际社会"的承认。从自己人民的生产实践和反对殖民主义斗争实践中成长起来，勇于捍卫民族尊严和国家独立的人们，遭到妖魔化，一批一批地被作为保守、倒退的力量压制下去。另一方面，第三世界在自然科学和技术领域的优秀人才，又越来越多地被抢夺和诱骗到西方或者在自己国家里为西方服务。曾经是世界的资源和劳动力养肥了西方资本，现在还要加上世界的智慧装满着西方大亨的钱袋。

人才争夺和反向的技术转让

20 世纪 90 年代末以来，有关全球化问题的一个重要议论焦点，是人才争夺。西方主流媒体每天宣传，称西方国家是多么的缺少人才。这是一种舆论，一种为西方从第三世界进行人才掠夺和人才剥削的合理性精心制造出来的舆论。

问题的提法首先应该是，西方国家的财富、发达和今天领先的科学水平，不是仅仅在西方国家领土疆界之内创造的，不是仅仅由西方本国人自己单独创造的，不是仅仅在资本主义制度形成以后的将近 400 年的历史中创造的，而是集中、融会数千年来世界人民的共同劳动、共同智慧和使用全球资源的产物。古代希腊、罗马的文明，尼罗河文明，印度文明，底格里斯河与幼发拉底河文明，中国文明，直到玛雅的天文和建筑成就，都留存下来和影响着世界，更不消说纽约银行大楼的地基怎样由非洲黑奴的尸骨血肉铸就了。我们完全尊重西方国家人民的付出。但是，如果只把视线局限于摆脱大英帝国殖民地命运取得独立以后的美国边界，就无法解释它今天的一切。

美国是一个由移民作出重大贡献和以扩张为特点的国家。特别是 20 世纪 50 年代以来，美国多次修改移民法，越来越少考虑国籍、资历、年龄，越来越注重在一定专业领域的技术成就和水平。它曾一度吸收包括物理学家爱因斯坦、航天工业专家冯·卡门、核物理学家费米在内的

2000 多名享有世界声誉的著名学者。美国的阿波罗登月计划，很大程度上就是依靠流入美国的外国科学家和工程技术专家实现的。美国大名鼎鼎的硅谷 20 万工程技术人员中，6 万名来自中国；硅谷 2000 家高科技产业中，40% 的企业是印度人领导的。美国微软公司 2 万名职工，印度人占 1/10。关于在微软工作的中国技术人员的情况，干脆听听 1997 年到中国访问的这家公司总经理比尔·盖茨在清华大学怎么说："我们很幸运地在贵校聘请到了很多人才。的确，我想说，我们这个集体的核心力量多毕业于贵校。"

英国伦敦机械工程协会 20 世纪 80 年代对美国 300 家企业进行调查，外籍科技人员占 7% 到 13%；在美国的外籍科技人员中，获得科学技术博士的占 35%；美国电子业聘用外籍科技人员占企业全部科技人员的 16%。

美国科学技术基金会 1985 年调查，美国 50% 以上高技术部门的公司大量聘用外籍科技人员，外籍科学家和工程师占这些公司科技人员总数的 70%；在美国著名的加利福尼亚州硅谷工作的高级工程师和科技人员中，33% 是外国人；从事高级科研工作的工程学博士后中，66% 是外国人；计算机领域 50% 以上的博士是外国人。

古巴报纸载文写道：

根据联合国的数字，1960 年到 1987 年共有 82.5 万专业人员移居北美洲，其中绝大多数是第三世界的科学家和工程师。美国国家科学基金会的数字显示，

1995 年该国科学和工程项目的工作人员达 1200 万，其中 72% 的人员出生在发展中国家，水平越高，这个比例越大；……法国报界指出，全世界"科技移民"总数的 40%，被吸引到美国。很显然，科技创新能力高居世界第一的美国，在很大程度上取决于发展中国家的人才，当然也取决于欧洲盟国的人才。

　　欧洲的一份报告指出，在美国完成硕士学业的欧洲人中，有 50% 在美国居住很长时间，很多人留在那里。这份报告还提到美国吸引最杰出的人才——明星科学家。报告说，很多欧洲人从第二次世界大战后就为美国赢得诺贝尔奖。①

　　应该说，在西方国家之间，人才流动也是不平衡的，主要是从其他西方国家流入美国。澳大利亚研究生协会统计，该国研究生外流人数正以每年 10% 的速度增长。加拿大也面临类似问题。欧共体一个专家小组指出，1991 年由欧共体成员国流向美国的科技人员为 1488 人，1992 年为 1720 人。其中英国人才流失最严重，80 年代以来每年流失高级人才超过 1000 人，90% 到美国。英国皇家学会中的英籍会员，1/4 左右在国外工作。牛津大学一位教授说："我们每个领域都失去了 4 名到 5 名最杰出的科学家。我们正在失去指挥者。"

　　古巴报纸引述的，是来自联合国和欧美国家的材料。

---

　　① 《人才市场：外流还是抢夺？》，载古巴 2000 年 11 月 28 日《格拉玛报》。

这足以使自己怀有偏见的读者无须担心古巴报纸怀有偏见。美国康乃尔大学化学教授罗阿得罗·霍夫曼的说法，应该是更加没有偏见的：

> 我们必须限制技术人才移民到美国，以便让尽可能多的国家有更好的发展科技的机会。美国正从发展中国家的技术人才外流中获得不正当利益。应该制止这种现象发生。流入美国的人才主要来自中国、印度和俄罗斯。由于许多国家常常为学生在国内和美国所受的大部分教育提供资助，这种损失就更为沉重。①

有一种计算，从 1949 年到 1969 年，美国从第三世界国家挖走的高级技术人才在 20 年里至少为美国创造财富 1000 亿美元。1969 年到 1979 年，美国接受的 50 万名专门人才中，来自第三世界国家的为 37.5 万。1987 年，美国各大学的外国留学生达到 30 万人，60% 攻读理工科，其中 25% 在取得工程师以上职位以后定居下来。1999 年美国大学的外国留学生 49.1 万，为美国国际教育协会 1949 年以来进行调查的最高数字。其中来自中国大陆的 51001 人、日本 46406 人、印度 37482 人、中国台湾 31043 人。美国有关方面人士说，这些人中的相当部分将会留居美国。

在谈到美国近年来经济何以持续增长的时候，美国和

---

① 路透社华盛顿 1998 年 4 月 15 日电。

其他西方舆论一味孤立地强调科技的作用。但是法国一家
报纸却公正地补充了另外两个因素："一个因素是合法移
民得到了充分发展，它为工业部门和服务业提供了大量廉
价劳动力。一个因素是来自俄罗斯、中国、印度等国甚至
法国的各种人才在美国的生物技术或信息部门工作。"①
人口不到世界 1/22 的美国，已经占有世界 1/3 的大学生、
1/2 以上的研究生和近 1/4 的科学技术人员。但是得了便
宜又卖乖，西方主流舆论还要一方面多少扮出一副莫名其
妙的委屈相，一方面热火朝天地起劲鼓噪，好像他们比第
三世界国家更缺人才！

　　美国全国科学基金会说，1996 年美国缺 45000 名受
过科技训练的学生，2000 年，化学、生物、物理等学科
的科学家和工程师缺 45 万人，而到 2006 年，这个数字将
达到 67 万。另外，美国每年将缺少 9600 名具有博士水平
的科学家。根据美国劳工部 2000 年的说法，美国将有
100 多万个新岗位需要技术软件，在今后 5 年中每年需要
的接近 10 万名电脑专家中，它自己的大学生只能满足 1/3
左右。

　　其他西方国家也在造这种舆论。

　　据说欧洲 2000 年缺少信息技术人员 123 万，这个数
字到 2001 年和 2002 年将增加到 156 万和 174 万。英国到
20 世纪末就缺少高科技人才 30%，15% 需要从国外引进。
德国信息与通讯产业协会估计，德国计算机和电信部门目

---

① 《美国经济出现奇迹的奥秘何在》，载法国 1999 年 2 月 5 日《费加罗报》。

前共有 7.5 万个岗位空缺。法国服务产业权威机构说，它在信息产业方面每年需要 2 万名工程师，当前就缺少 1 万名；因为法国的学校每年只能提供 7000 名，这种短缺将持续下去。法国高等学府全国委员会认为，法国所需工程师一级人才，在未来的 20 年里将从目前的 16 万增加到 40 万。

日本提出："智力资源是综合国力的关键，优秀科技人才将左右日本新技术立国的命运。"——当然，作为日本新技术立国的"智力资源"也好，"优秀科技人才"也好，也不会限于日本自己的国籍和疆域。日本科技厅的一份报告就说，如果日本国民生产总值每年增长 3% 到 4%，那么到 2005 年，将缺少研究开发人员 36 万到 51 万。材料、信息电子、生命科学、地球科学研究开发领域的人才尤其短缺，21 世纪的需求量将是目前的 2 倍到 3 倍。

西方国家之间、西方国内不同企业之间，也在互相拆台和挖墙脚，闹得不可开交。据说华尔街各大银行都闹人才荒。原因之一，是美国西海岸的硅谷使出浑身解数，以大量股票期权作为诱惑，吸引网络人才，导致一些华尔街金融人士摇身一变成为硅谷公司的首席财务官或者财务总监。华尔街银行有一种保守传统，即要求它的雇员衣装规整地上班。现在"小鬼造反"，只得改变这种传统，宽容地允许身着便装了。一向被认为最保守的摩根银行 2000 年 3 月率先宣布，除了会见客户，所有职员都可以着休闲服上班。美林、摩根－斯坦利和李曼公司随后即纷纷效尤。

在人才问题上，西方尤其懂得从最薄弱环节下手，主要目标集中到第三世界。看他们的过去，就知道他们的未来。事情早已经是如此，以后还将继续和变本加厉。新世纪带给第三世界的第一份礼物，就是从西方发达国家奔腾汹涌而来的抢劫科技人才的严重挑战。

西方和第三世界之间教育、科技方面的巨大差距，由于第三世界国家连续出现的人才流失而更为加剧，也更加显示出这个世界的不公正和不合理。没有人怀疑，要靠发展教育才能发展经济和社会各项事业。但是同科技方面的情况一样，这里存在两个重大问题。

其一，第三世界国家要勒紧裤带办教育，为实现初级的、中级的和相当部分高级的教育，其付出的代价对于西方国家来说简直匪夷所思。教师短缺，校园破败，教室雨漏风吹，几十名学生使用一台显微镜，大部分孩子从小不知道巧克力和奶油蛋糕的味道，更不消说豪华的飞机和游艇了。1949 年到 1969 年，美国从第三世界国家挖走人才14.3 万。仅仅这一笔，第三世界损失教育经费达 50 亿美元以上。欧美国家每年用于化妆的支出为 80 亿美元，这个 50 亿不过如九牛一毛。但是对于第三世界国家来说，这却是巨大的费用。

其二，这里再度发生了是照搬西方教育模式、发展适合西方需要的教育，还是依据自己情况、发展适合自己需要的教育，换句话说，为西方还是为自己国家培养人才的问题。

第三世界国家学生的智慧不亚于西方国家学生，刻苦精神往往在后者之上。但是等到人才接近形成或者已经形成，或者已经取得相当成果的时候，他们中的一大部分人却不再为自己的祖国服务而是为西方服务了。第三世界国家最好的大学、最好的研究机构，越来越成为西方大学和研究机构的预备班。"托福"考试越来越成为西方横扫第三世界的"人才收割机"。第三世界国家最好的人才，往往通过各种渠道、以各种形式为西方所吸收。人才争夺正在演变为看不见硝烟的世纪之战。在这场战争中，第三世界越来越沦为绝对的弱者。

一个公开的秘密是，柏林墙倒塌以后，从第三世界国家，特别是从苏联、东欧社会主义国家，流往西方首先是美国的人才大量增加，流失智力的层次大为提高，这是西方掠夺第三世界人才的一个从未有过的高潮。目前仍处于这一高潮中。

1991 年 10 月 1 日，美国政府正式实行 1990 年移民法，又称新移民法。这个移民法强调"人才优先"的移民原则，在"职业移民"栏里把人才的两个类别增加到三个类别，囊括了具有特殊优秀才能的人、杰出的研究人员、教授、跨国公司经理与主管、拥有硕士或硕士以上学位以上的专业人才及技术性工作人员等，限额也由原来每年 5.4 万人增加到 14 万人。美国有一种 H1－B 签证，适应于具有学士学位或更高学位在美短期从事"专门性质工作"的人。所谓短期，规定限于 6 年，实际上打开了移民美国的新通道。新移民法对 H1－B 的限额为每年 6.5 万人。1996 年以前，H1－B 名额每年都没有用完。1997

年的名额却在财政年度前一个月就用完。1998 年的名额，上半年就用完，于是各大公司联合游说国会，要求把名额增加到 11 万。1999 年增加到 11.5 万，其中印度人占46%，中国大陆占 10%。2000 年 2 月，美国国会 20 多名参议员联名提出一项提案，要求在今后 3 年内把这个数字增加到 19.5 万。5 月 11 日又有白宫官员宣布，政府将建议在 2001 年到 2002 年间把这个数字提高到 20 万。美国众议院移民小组委员会通过法案，在 2001 年至 2003 年财政年度的 3 年中，撤销有关外国技术人员在美国工作所必需的签证上的限制。

美国的专一网罗人才的猎头公司，已经纷纷在香港开设办事处，他们在亚洲的主要对象是印度和中国。除了亚洲以外，美国还把目光转向苏联和东欧各国，转向墨西哥、巴西和阿根廷。美国公司正直接从墨西哥的高等学校招聘人到美国工作。

还有美国和其他国家的跨国公司在中国的所谓"借脑"运动。截至 2000 年的资料，已经有 15 家以上的跨国公司在北京设立研究与开发机构。这些机构密集地排列在清华大学和北京大学周围，网罗中国一批最优秀的科技人才为西方公司服务。微软中国研究院拥有 60 多名研究人员，全部具有硕士和博士学位。其中包括 1984 年为邓小平演示计算机动画、邓小平说"计算机要从娃娃抓起"的那个"娃娃"。贝尔实验室在北京和上海共有 500 多名研究人员，具有博士和硕士学位的占 96%。中国一家报纸发出了这样的感慨：中国的科技竞争力下降了，洋公司里的中国研究员多了。①

　　法国人口及移民局 1998 年 7 月 16 日曾就满足信息业投资不断增长问题向各省发函，要各省核实企业招聘的外国工程师是否拥有与法国人同等学历的文凭，招聘程序是否合乎规范，年毛工资起码不低于 18 万法郎。招聘范围相当广泛，除信息产业外，其他科学学科的外国大学生也可接受。同年 12 月 8 日，又发函要求简化批准程序，说电脑业外国人才可以携家带口到法国工作。

　　2000 年 3 月 13 日，德国总理施罗德说，将出台一系列有关从国外招聘信息技术人才的新政策。4 月，他在内阁会议宣布，他打算采取措施，以免从"非欧盟国家"吸收 2 万名信息技术专家到德国工作的计划因批准程序太复杂而遭失败。5 月 31 日，内阁专门通过了向从非欧盟国家引进的信息技术人才发放绿卡的规定。

　　英国在 2000 年预算中提出，放宽向以信息技术为主的各国人才发放劳动许可证的限制。将把向信息技术人才发放劳动许可证的时间，从一个月缩短到一个星期，并正在研究实施类似德国那样的特殊政策。

　　日本首相森喜朗 2000 年 8 月访问印度，首先来到的不是首都新德里，而是南部著名硅谷城市班加罗尔。他丝毫不掩饰招募信息工程技术人员的企图。当地一位企业家说，这种做法，就像一个人被邀请去吃饭，饭后则试图把做饭的厨师雇走。

------

　　①　参见《跨国公司中国借脑》，载 2000 年 8 月 21 日《北京青年报》。

　　根据联合国开发计划署的统计，目前第三世界国家在国外工作的人才为 50 万，并且以每年 10% 的速度增长。这里所讲为"工作"和"人才"，如果加上留学，则绝不止此数；仅中国一国在美国的留学生，就在 40 万人以上。

　　在西方全球化中西方的资本扩张，伴随着政治制度、经济制度和思想文化的扩张。西方全球化是一个在全球范围的资源、市场、劳动力的掠夺过程。这一过程中世界科技人才向西方国家的大流动，不是不同国家之间人才的正常的、平衡的或者说互通有无、取长补短的流动，而是西方对第三世界的空前的智力掠夺。科学技术在社会发展和财富创造中的作用越大，这种科技人才的掠夺就越是成为国际垄断资本进行世界统治和取得超额利润，从而巩固全球雇佣劳动关系、使资本主义制度永世长存的一个基本手段，就越是成为阻碍第三世界进步和发展、破坏第三世界从国际资本压迫下和从贫困下获得解放的伟大事业的关键性因素。

　　印度理工学院据说与美国麻省理工学院齐名，每年的毕业生中有 80% 到海外求职。在香港出版的《亚洲华尔街日报》载文，引述印度信息技术部长普拉莫德·马哈詹的话说，印度各个技术院校和工程学院每年培养出 10 万名工程师，有 6 万名左右流失到美国，国内所剩无几。他为此深感痛惜。痛惜还不过是一种感情，即便是高尚的感情。问题的严重性在于，这样一来，连印度的数一数二的技术公司，也人手紧缺、捉襟见肘。例如从事软件服务的 NIIT 公司，就不得不把某些工作转包给上海的工程师。一度风平浪静的印度其他主要经济部门如制药和金融，也开始感受到人才外流带来的连锁反应。甚至美国大通银行驻孟买的业务负责人也说："对印度前途威胁最大的是人才继续外流。"[①]

阿拉伯国家因人才外流造成的损失达 1300 亿美元。

联合国非洲事务委员会 2000 年 3 月公布的一份调查报告说，自 1985 年以来，非洲专业技术人员外流现象日益严重，已经有 60 万人移居欧美国家，并且以每年 2 万名的速度增加。

1999 年 10 月开普敦的《贸易与工业箴言报》发表文章透露，受过高等教育的南非人已经有 1/5 到 1/8 移居海外。从 1989 年到 1997 年，有 233609 名南非人移民美国、英国、加拿大、澳大利亚和新西兰。南非内政部的一份报告认为，国家为培养这些专业人士付出了昂贵的费用，他们的流失给国家造成了难以估量的损失。

在肯尼亚，急于移居国外的大部分是 30 岁到 40 岁的年轻专业人员。根据 1999 年的零星统计，有 2210 人持学生签证出国，9000 人到美国大使馆领取表格，860 人获准到加拿大和澳大利亚。更多的人移居无须申请签证的其他非洲国家，比如津巴布韦、博茨瓦纳、纳米比亚；暂时到这些国家，其实不过是转道移民西方的跳板。大量人才的流失是国家经济及社会政治状况的反映。大笔教育投资算

[①] 《印度以高薪和其他待遇与人才外流作斗争》，载香港 2000 年 8 月 20 日《亚洲华尔街日报》。

是扔到阴沟里去了，同时又使重建国家经济的希望变得遥遥无期。正是在谈到人才外流的时候，美联社用挖苦的口吻说："经济甚至已经不景气到了政府替有工作能力的肯尼亚人到其他有就业机会的国家登求职广告的地步。"①

联合国教科文组织《1996年世界科学报告》的拉丁美洲部分，根据一系列数字的分析揭示出这样一种趋势：由于同主要西方工业化国家的联系和合作，导致人才外流。

哥伦比亚国家计划委员会2000年8月有一个统计：每年由于人才外流造成的损失将近219万美元，这个数字相当于国家每年教育经费的一半。这一统计的根据是，一个接受过15年教育的哥伦比亚人的教育成本为1.8万美元，接受21年教育则达到2.6万美元。②

长期的经济封锁也在加剧古巴的人才外流。古巴政府的一份报告说，从1962年到1997年，古巴因知识分子外流损失20亿美元。1999年古巴培养的200名博士中，竟然有107名流失。导致这种情况发生的一个重要原因，是美国在阐明其1998年到1999年的"合法移民"政策时，采取一种有选择的签证办法，即特别强调为古巴受过高等教育以上的毕业生提供签证。古巴医疗卫生事业和医学教

① 美联社肯尼亚内罗毕2000年6月5日电。

② 埃菲社圣菲波哥大2000年8月18日电。但是人才流失造成国家损失的数字统计，可以有不同的角度和口径。《中国改革报》2000年9月13日刊有吴爽的《跨国公司争夺智力资本市场》一文，说哥伦比亚1999年受过三年以上高等教育人才的外流，使其损失达20亿美元。这个数字远高于我们所引埃菲社2000年8月18日的报道。

育的成就举世公认。由于数千名这方面专业人员的"合法移民",古巴一年损失3亿美元。①

西方在人才掠夺和通过人才掠夺破坏别国经济及社会进步方面的创纪录的、历史性的成果,发生在被肢解的苏联和东欧社会主义国家。

在当时的社会主义各国中,阿尔巴尼亚是一个经济和科技水平都名次靠后的小国家。就是这样一个国家,人才居然也成为西方热脸相迎、竭力收罗的对象。大约10年中,有41%的各大学和科研机构的专家移居国外。地拉那大学在20世纪90年代初有1056名教师,到2000年只剩下661名。在很大程度上,整个国家的科学研究和大学教育,已经近于瓦解。

乌克兰在苏联时期集中着全国大约35%到40%的软件程序编制人员。截至1999年,每年有2700名到5000名计算机高手和信息工程师出走。1999年,1万名乌克兰电脑专家"应邀"前往德国工作,造成该国独立后最大一批人才外流。乌克兰1997年至1999年3年中每年只招收1000名计算机专业学生,其中每年提出申请出走的都在500名以上。2000年,德国宣布急需引进2万名电脑专家,向乌克兰人才打开了更大的门户。

最悲惨的是俄罗斯。联合国估计,人才流失使俄罗斯每年损失600亿—700亿美元。俄罗斯一家周报说,苏联

----

① 参见《由于美国从38年前对古巴实行经济封锁,导致古巴知识分子不断外流》,载墨西哥2000年9月13日《至上报》。

时代，世界每 4 名科学家中就有 1 名苏联人，最近 10 年中，俄罗斯科学家人数从 340 万减少到 130 万，考虑到新增部分，科学界至少流失 250 万人。其中 9/10 在国内改行，转到经营、金融、经济领域，或是干装修、摆货摊、开出租车，1/10 到国外。周报文章说，出国的科学家大部分是精力充沛的和有才华的年轻人。1991—1992 年出国的科学家中，博士占 60%。出国的科学家中，大部分人从事比其专业水平低的工作，如副博士当技术员，医生当化验员。但是最可怕的还不是科学家外流使俄罗斯每年损失几百亿美元，这还不到科学领域不出成果造成损失的 1/10。10 年中，科技成果减少了 9/10。① 国家被折磨到这个程度，如果不是一天比一天更快地坏下去，那反而不可思议了。

---

① 参见《大批科学家在为其他国家卖命》，载俄罗斯《论据与事实》周报，1997 年第 50 期。关于俄罗斯科学技术状况，还可参见（因特网）国际劳工组织经济学家斯蒂芬·申费尔德的《俄罗斯的灾难来临》："苏联时期遗留下来的另一项宝贵资产，是一支受过高等教育的工作队伍，包括许多科学家和工程师。""经济改革不仅没有释放出这部分潜能，反倒是造成大规模的破坏。研究与开发经费减少到原来的大约 1/15，科研经费则减少到 1/50，占 GDP 的比例不足 0.5%，仅相当于不发达国家的一般水平。数以千计的科学家流失到国外，或者进入不能运用自身知识却机会更多的领域（如商业机构）谋生。年轻一代教育标准迅速下降，被征入伍的新兵中，只有 30% 的人精通初等数学。在苏联时代，这一比例高达 90%。"又见法国《欧洲时报》1998 年 12 月 10 日弗·德霍夫的《漫步在列宁的故乡》。文中写道，列宁的故乡乌里扬诺夫斯克在苏联时代有一个科学院、三所大学和重要的国防企业。现在这里偶尔发工资。46 岁的符拉基米洛维奇说："我们不是在生活而是在得过且过"，"大家被迫节约一切。人们什么也没法买，不买任何衣服，必须缩减饮食开支，也不可能在套房里进行任何修理工程。"一名教师为要求支付拖欠工资而绝食。他的去世引起震动。在医院里，同样没有领到工资的医生和护士已经精疲力竭。他们在《辛比尔斯克信函报》登了一封信，宣称不久将举行罢工。

其实，在西方社会中，科技专家、工程师一类人物尽管一段时间因为以自己的智力劳动为老板们创造了更高的利润可能收入比较高，但是他们的这种高收入是没有保证的和不稳定的，更不意味着他们的社会地位会同收入比翼齐飞、坚如磐石。来自第三世界的技术专家，尤其只是卖苦力的角色，而且已经有不止一个西方国家作出明确规定：这种引进的技术专家不得参政。他们所面临的失业危险，绝不比在自己的祖国小。2000 年 2 月 12 日和 14 日法国《费加罗报》报道，法国获得博士头衔者中的 20% 即 2000 名博士找不到工作或者被迫改行，10 万大学生生活在贫困线以下。——有什么根据相信西方广告和那些抹着蜜糖的招聘启事，他们会心眼儿好到厚此而薄彼，让自己的人才喝西北风或者朝不保夕，而要特别优惠来自第三世界的技术专家呢？

我们不得不回过头来讨论前面已经提出的问题：如果还有一点公正心和道德感，那么到底是西方大国还是第三世界国家更需要科技人才。已经占有着世界绝大多数科技人才特别是杰出人才的西方大国，一方面存在大量失业，特别是 1999 年年底以来互联网企业纷纷倒闭、在这些企业供职的本国科技人员闹得饭碗不保，为什么还要大吵大叫人才紧缺，偏偏无所不用其极，要挖走比西方国家百倍地需要科技力量的第三世界国家的人才呢？

加利福尼亚大学一位教授的《戳穿软件劳动者不足的神话》，多少回答了这个问题。他说，美国利用 H1 - B 招聘外国人，需要具备三个条件：掌握最新的软件技术，年轻，工资低。不仅如此，"在求职者中招聘的人数仅为2%，而且35岁以上者将受到限制。外国人年平均工资为5万美元，要比美国人低20%"，企业能否赚钱，最终要看企业能够确保多少低工资的劳动者。因此，这位教授认为，在这个意义上，"信息技术也与一百年前的缝纫工厂一样了"①。

美国的近邻墨西哥，是一个美国掠夺人才最方便的国家。虽然墨西哥大量需要信息技术人才建设自己的祖国，它的越来越多的大学生还是被美国公司直接招聘到美国去。许诺给他们的工资高于他们的国内同胞，然而比他们的美国同行低得多。何况他们实际上是以在国内享有的政治权利和人格尊严作为抵押，去换得高于国内的工资收入。这种日子并不舒服，久而久之，总会帮助人们认识点什么。难怪甚至在美国的高级商业学院获得管理硕士学位的墨西哥软件企业家，许多人拒绝接受美国信息产业公司的聘用，而愿意回去报效祖国。最近几年，巴西也在发生这样的情况。②

灾难有时候不能仅仅用金钱计算。对于第三世界来说，最大的灾难和悲剧在于，恰恰在自己最需要科技人才的时候，自己的物和人、自己的汗水和灵感、自己的智慧和天才、自己发展甚至生存的最关键力量，却一并成为西方集中掠夺的对象。结果是两个方面：一方面，自己在最

---

① 见《支撑美国信息技术革命的是外国人》，载日本2000年6月6日《经济学人》周报。

② 参见《为争夺人才而战》，载英国2000年8月13日《金融时报》。

应该加强的时候遭到削弱；另一方面，作为自己社会发展和进步的要素的最有才华的儿女大批大批地被压迫和剥削自己的力量所驱遣，并且大大强化着这种压迫和剥削自己的国际秩序。这种两头吃亏的双重的灾难，对于第三世界国家来说，具有致命的破坏性。这是以葬送自己现在的途径葬送自己的未来。

没有各国、各民族、各地区的广泛的人才交流，就没有今天世界发展的成就。问题是这种人才交流应该是双向的、平衡的、互利的。目前这种一方支出、另一方收获的好像有所分工的所谓人才交流，只是荒唐的国际秩序的一个环节，完全说不上历史的合理性。

任何国家的发展都需要吸取别的国家的先进经验。到别的国家去学习、研究、工作，是其中一种有效的方式。但是学习、研究、工作的成果用到哪里去呢？——即便不是全部，至少也应该是部分地用于自己的祖国。在别的国家当然也可以为祖国服务。不过还举不出一个国家，是主要依靠在国外的本国人才，发展、强盛起来的。在这样的问题上，偷换概念、胡搅蛮缠和强词夺理，掩饰着的往往是见不得人的东西。

1949 年中华人民共和国刚刚成立的时候，国家面临封锁，经济破败凋敝，在长期战争的废墟上百废待兴，但是伟大人民的团结、朝气、所向披靡，却使世界为之震惊。钱学森、李四光等一大批在西方国家学习和取得突出成果的科学家毅然告别优裕的生活条件、研究条件回国，参与培养一代强大的科技队伍，成为共和国科技、教育和经济发展的主力军。他们和人民大众一道书写的，不仅是共和国经济发展的辉煌，而且是共和国科技和教育发展的辉煌。

在科技对于社会发展和进步日益发挥着更大作用的20世纪90年代，人们在第三世界国家看到的，却是一家法国报纸以平实的口吻描述的阴沉灰暗的景况：

> 工程师、医生、电脑专家、教师、经济学家来自非洲、南美和亚洲，这些人一拿到大学毕业证书，就忙着到工业国家去找工作。这种现象并非今日始。而发展中国家人才外流的情况现在可是前所未有的。世界经济发生的巨变只会使这种情况加剧。和穷国的政治一样，这种情况令许多专家感到担心，他们认为，现在该是向人们发出警报并结束这种"人才掠夺"的时候了……

> 哈比卜·温在联合国合作与发展会议上说："人才外流是一种反向的技术转让。最不发达国家失掉的是一种宝贵的发展要素。这是强国进行的一种不公平竞争。它对穷国是有损害的。人才的外流使这些穷国在培养人才方面的投入得不到回报，而工业国却可以不用花钱就得到了这些熟练人才。"①

新加坡总理吴作栋2000年5月在香港的一次演讲中

---

① 《第三世界对其毕业生外流感到不安》，载法国2000年6月9日《解放报》。

谈道："中国最聪明的毕业生中有 3/4 去了美国。但数字只是这个问题的一方面。当西方网络公司向亚洲市场发起进攻时，猜猜谁会为它们设计在文化和语言方面都定位准确的网页内容和电子商务。这些设计者可能操着浓重的加利福尼亚口音，但他们的上海、新加坡或汉城心，使他们能够了解亚洲人的想法为美国人赚钱。"这位新加坡总理干脆就把第三世界国家人才外流到西方，叫作"把强大的武器送给了敌人"①。

现在的问题是第三世界国家怎样留住自己培养的人才，怎样吸引已经外流的人才回来。也是在这次香港的演讲中，吴作栋提出三项策略：建立一个地区人才大市场，在有线和无线联网上投资，公平竞争。巴西和印度也已经采取诸如提供良好创业条件和高收入等办法，吸引住一些科技人才，但是收到的效果微不足道，人才外流的趋势远远没有得到遏制。

"宁愿让南方继续贫穷"

一个在科技和教育方面长期落后、找不到发展的健康道路的国家，是注定无法前进的。

就第三世界国家内部来说，如果不能实现和可靠地保证人民的权利包括受教育权，如果剥夺人民的权利包括受

---

① 《吸引人才回来——吸引和留住亚洲人才为新经济服务的三策略》，载香港2000 年 5 月 5 日《亚洲新闻》周刊。

教育权，而实行一种纵容两极分化不断扩大的政策，那么，关于科技、经济和社会发展的所有许诺和宣传终究不过是空话。

20世纪50年代初期，苏联帮助中国完成过156个基础工业的大项目。中国人民是公正的，即使在中苏两国、两党交恶的日子里，也绝不否认这些项目对自己成为强大国家和以后进一步发展所具有的基础性作用。今天中国人到非洲，"毛泽东"、"周恩来"成为无须翻译的共同语言。在这种真诚信赖的背后，是中国在发展经济和医疗卫生事业方面对非洲国家的真诚帮助。

最近20多年来，美国和其他西方国家以各种形式参与第三世界经济，其深度和广度都是空前的。然而在第三世界各大洲，没有听说即使一个属于第三世界国家自己的、可以和当年中国那种156项相比肩的项目。进入2001年，倒是有一个使人振奋的消息了：在医疗卫生事业方面取得举世公认成就的古巴，向非洲和拉丁美洲18个国家的农村派遣医生，在自己的医学院里培训来自全拉美和尼日利亚、几内亚比绍、赤道几内亚及佛得角群岛的年轻人。下一步还准备招收500名美国学生。① 当然，美国不做这种事。做这种事的古巴远远不及美国那样富有，也绝非发达国家，倒是一个自己还处于强大美国制裁封锁中的第三世界国家。

---

① 参见《古巴现在输出医务专门知识，而不是宣传》，德新社2001年1月3日电。

恰恰在对于第三世界发展具有重要意义的科技、教育和人才问题上，美国只做负数的事。它不是帮助第三世界国家发展适合本国情况和推动其进步的教育事业，而是教导第三世界国家培养越来越多的为西方服务或者说为国际垄断资本攫取更多利润服务的人才。为此，它或者自己动手培养第三世界国家领导人以代表他们的利益，或者把自己的教育思想、教育体制、世界观、价值观强加给第三世界国家。它不是帮助第三世界国家发展适合本国情况和推动其进步的科技事业，而是一方面使第三世界最杰出的科技人才沦为自己的廉价劳动力，一方面控制最先进的科技成果和借助科技输出赚取超额利润、利用科技操纵甚至任意欺凌第三世界国家。关于在伊拉克和南斯拉夫的电脑系统中暗做手脚，关于贫铀弹，关于侵略朝鲜战争期间的细菌战和侵略越南战争期间的生物战，关于基因研究中的"人种炸弹"和基因武器，关于在同第三世界国家技术交往中用废铜烂铁代替高科技产品和收取高额费用，关于不公正的知识产权制度，诸如此类，已经作为资本主义制度下科技史上的耻辱大白于世界。

目前有一种正在成为新的产业热点的"智能存储"技术。全球存储行业领头羊 EMC 公司副总裁兼首席技术官詹姆斯说，大量信息扑面而来，存储已经不再是简单的"硬盘读写"的概念，可管理、易检测、低成本的"智能存储"成为未来10年内 IT 界的发展重点，全球80%以上的信息都将改良存储方式。但是第一，这里仍然有软件技术的"后门"问题。新存储技术有别于原有技术的"智能化"关键，就是在原有基础上引入了网络和软件。软件为搭建"后门"提供了土壤。网络为窃取者提供了远程攻击的途径。由于存储设备的操作对象直接针对数据本身，"后门"攻击者可以用最小代价获取信息，也较常规更加隐蔽。第二，目前存储产品中都有"监测"功能，其手段与窃取并无本质区别。换句话说，如果厂商居心叵测地进行信息监测，在技术上基本不存在障碍。

中国成为这项新技术的一个大市场。新技术不能不使人想起老纠葛。最近的事情，是1999年秋天发生的微软公司"视窗98"密钥事件。密钥名字叫作"NSA"，正是"美国国家安全局"的缩写。当时微软公司有一种解释，说这是巧合。

其实早在20世纪80年代，美国政府制定的所谓安全措施，就要求出口IT产品加装密钥芯片，在芯片上留下入口供政府随时启动。1989年，美国国家安全局立项开发一种加密和解密工具，大小如指甲盖，可以植入电话和计算机，用于窃听和反窃听。在技术输出的同时或者以技术输出之名，输出"特洛伊木马"，正是美国情报机构的传统伎俩。这就是说，凡是从美国进口的计算机、交换机、路由器，均有被美国政府控制的可能。存储设备的升级，恰恰为美国在硬件和底层软件中设置"后门"、轻易绕过任何"防火墙"进入别国数据库提供了更多机会。

如果脱离社会关系来研究问题，那么按照科学技术的本性来说，今天科学技术达到的成就，今天科学技术成果跨越国家、地区的边界，跨越不同阶级、阶层的界限进行传播的能力，已经在事实上提供了人类历史上缩小贫富差距的最大的可能性。但是事情刚好相反，科技越发展，贫富差距越大，科技成就不是成为缩小差距的动力，反倒成为扩大差距的原因。问题的症结，就在于全球化中西方的主导地位，就在于全球霸主美国的"领导地位"。

国际垄断资本和它的新自由主义，一直在对第三世界国家进行一种误导：把社会的进步仅仅归结为经济增长；把外资进入和外资的数量作为衡量经济增长的主要的甚或唯一的尺度。按照这样一种误导，教育和科技要么受到冷落和排斥，要么被西方所控制，要么成为一种以利润为最高目标的商业性产业。结果是教育和科技的主权被侵蚀，表面看来或许花花哨哨，既没有扎实的基础，也很难得到足以推动本民族进步的成果，第三世界仍然只配做西方商品的倾销市场。

英国一家报纸的分析，有着一种罕见的坦诚：

> 现在，在大多数情况下，北方不再为自己的财富感到愧疚，或者是急切地想看到南方的状况改善。它们宁愿让南方继续贫穷。①

"宁愿让南方继续贫穷"——这就是认识使人常常陷入扑朔迷离的科技和教育问题，以及认识西方全球化中的几乎所有问题的一个门径。

---

① 《经济增长之谜》，英国 1996 年 5 月 25 日《经济学家》周刊。

　　这个门径还可以帮助我们揭开另一个谜：西方主导舆论不断地教导世界，无论在全球还是在一国内部，贫富差距都是些随便什么原因，但绝不要归结为不公正的也就是存在阶级压迫和民族压迫的社会秩序。

　　是因为知识和技能吗？——那为什么到美国工作的第三世界国家的最优秀的科技专家的收入，比不上同等水平的美国科技专家的收入，甚至比不上知识和技能低于他们的美国人的收入呢？

　　是因为勤奋与否吗？越是付出最多汗水的劳动者，越是被贫富两极分化的浪潮抛到最低层。倒是在胜者全胜、绝对大鱼吃小鱼的赌场里玩股票的大亨们日进斗金。世界贸易大幅度增长，生产者却衣食不保；根据美国、拉美和非洲最近若干年来公布的数字，生活水平有的还在1973年以下。国际劳工组织发表过一份《农村穷人中的穷人：农业工人》，说国际农产品市场的70%到90%掌握在4个跨国公司手中，世界农产品贸易增长，但是从事农业生产的人口中的一半即11亿农业工人的实际收入，却下降30%，许多人的工资处在农村贫困人口的最低档次上。尽管农业劳动中工伤事故包括致命事故的发生率远远超过其他行业，然而获得赔偿的可能性很小，有社会福利保障的农业工人的比例不足20%。某些国家农业工伤事故中的死亡人数是其他行业的两倍。

　　是因为自然资源多寡不同吗？现在人均高收入的西方国家，既有资源丰富的美国，也有资源匮乏的日本。俄罗斯自然资源在全球堪称首位，1917年以前是一个第三世界国家，20 世纪中期成为超级大国，90 年代以后的不几年间，重新回到了第三世界。

是因为国别不同吗？同样是美国人，一个穷人在快餐店吃一顿饭花 4.95 美元，一个富人在某个豪华的休闲胜地度过一个周末花掉 700 美元，在其各自收入中所占的比例一样大。5 年前，设在纽约的拉塞尔·塞奇基金会的迈克尔·霍特就看出："美国财富的分配情况比过去 75 年中的任何时候都更加不均等。"收入差距最明显地表现在，非洲裔美国人和美国白人积攒的财富差别很大。白人的纯资产即为应付紧急情况而预先留出来的那笔钱平均为 7000 美元左右，非洲裔美国人则为零。白人的财富一直得到政府政策的资助。一项重要的政策就是对白人家庭的财产实行减免赋税制，也就是允许白人积攒巨额资产净额，而黑人则由于种族歧视被拒之于住房市场之外。看来，这里的贫富差距，在很大程度上倒是因为皮肤的颜色了。现在的情况，比之 5 年前还要更加糟糕。

是因为贫困吗？西班牙《国家报》偏偏列举中低收入国家如古巴、牙买加、斯里兰卡、佛得角和中国，说这些国家适龄儿童的入学成果要大大好于其他收入极高的国家，包括卡塔尔、科威特、沙特阿拉伯等在内的阿拉伯国家和阿根廷、哥伦比亚等拉美国家。[①] 世界军费已经达到每年 8000 亿美元。拿出其中不到 1/130，即 60 亿美元，

---

① 参见《全民教育：21 世纪面临的挑战》，载西班牙 2000 年 4 月 24 日《国家报》。

正好是世界所有孩子正常上学的费用。英国《金融时报》
2000 年 12 月 27 日发表过一篇《内战是如何困扰穷国
的》，极言无休止的内战为穷国带来的种种麻烦。但是偏
偏不说，发生在穷国的内战，或者有西方殖民者留下的矛
盾作为隐患，或者有西方的直接间接的介入，或者干脆就
是西方代理人之间的战争。美国侵略和长期封锁伊拉克，
使伊拉克的学校化为废墟，孩子们不要说上学读书，甚至
连续 10 年陷入饥饿和疾病而困苦无告。

    在一个西方天天叫喊全球化、天天盘剥第三世界的时
代，把西方同穷国之穷、同穷国孩子不能正常地接受教育
说得毫无关系，实在也太轻松了吧！

    1996 年英国报纸一篇文章谈到教育问题，认为教育
状况不是取决于贫富，"而是取决于政治上的成败"①。上
引西班牙报纸的文章也说，"从本质上说，这是一个政治
意愿问题"。

    可惜，这种见解在西方舆论中简直太少了。

---

    ① 《国家的贫穷》，载英国 1996 年 8 月 20 日《金融时报》。

科 技 属 于 人 民

西方主流舆论把现代科技宣传得比人更带根本性、更重要、更伟大，这是它们的主旋律。但是任何科学技术的发展和它的最新成就，都来自劳动，在劳动中出现、改进、完善和发挥作用，没有也不可能脱离劳动或凌驾于劳动之上。任何先进的科技成就，包括今天的信息技术，都围绕支撑社会存在和发展的生活资料、生产资料的生产而起作用。电子计算机可以用于农业，然而它无论多么了不起，屏幕上也不会长出面包来。

人类的智慧和创造力无穷无尽。信息技术作为科学技术发展的新成就，作为生产产品劳动时间节约的新尺度，已经在实践中得到检验和认可。在这个意义上，当然可以把它作为一种时代的标志。但是任何机器、发明和技术的作用范围都是相对的、有限的，最伟大的工具也仍然是工具，它可以减轻人类的劳动强度，却永远不能完全代替和

＊ 本文为作者所著《科技属于人民》第七章。

取消劳动。即使是最精密的机器，从狭义的交流来说，都不可能穷尽人类思想感情微观世界的全部，都不能完全代替人类的思考和交流。它过去和现在没有、将来也不会左右人类的未来。从根本上说，是人掌握技术而不是技术掌握人，是技术从属于人而不是人从属于技术。

比尔·盖茨声称，人的智力并不是独一无二的，有朝一日机器也会复制出这种智能。但是仅就纯粹的神经化学而言，我们现在知道人脑有 1000 亿个神经元，每个神经元又分别有 1000 个到 10000 个神经键。每个神经键都是一个信息加工系统。这是几百万年进化的结果。没有根据可以想象，机器能够达到这样的水平。主要的问题还不在于计算能力，人脑具有认识、鉴别、分析、判断、联想、综合和创造的能力。人的意识依凭一定的生理条件，在一定的社会关系和社会环境中形成、发展、变化，这尤其是不可模仿、不可重复的。截至 2001 年 2 月基因研究的最新成果表明，地球上的每个人与所有其他人拥有 99.99% 的相同基因密码，来自不同人种的人比来自同一人种的人在基因上更为相似，在整个基因组系列中，不同人之间的变异仅为万分之一。这不仅宣告了西方自以为种族高贵的理论的荒谬绝伦，也证明人的性格、品质、才能甚至健康状况，主要不是取决于先天的基因而是取决于后天的环境和锻炼。

人类通过一定的社会关系实现对自然的关系，因此不存在被抽象化的、离开人同人的关系的、单纯的人同自然的关系；人同自然的关系也是社会的。正如一位德国学者所说："科学活动不是自动运作或自行其是。社会是一切科学的策源地和归宿：种种问题唯有在社会进程中才得以提出，交给科学分析，而且只有在社会中才能找到问题的答案，加以肯定或否定，并且将各种解决方案付诸实施。科学本身就是一个社会进程，这里有分工，有等级制度，有正统和异端，有权利分配，有老板和伙计，有宗派组织，有各种要求和关系网。所以，我们没有理由认为'科学'这一社会组织同其他社会组织不是一回事。这里的一些基本问题应该是：科学对于一定社会的素质有什么贡献？作为一个社会系统，科学是如何运作的？它为社会带来什么后果？科学的思想是如何产生的？此后对社会有什么影响？"①

因此，重要的问题不仅在于某种科学技术的先进性，尤其在于谁占有、掌握和为着什么目的使用这些科学技术。正如爱因斯坦所说：科学是一种强有力的工具，怎样用它，究竟给人类带来幸福还是带来灾难，完全取决于人类自己。最重要的是人而不是任何机器。

我们看到，仅仅信息技术的发展，就已经达到过去完全不能想象的程度：坐在纽约证券交易所的皮椅里轻轻敲击几下键盘，远隔重洋的亚洲一些国家和地区的财富，就可以尽入自己的钱囊；另一方面，因特网上的信息传递，又可以呼唤来自全球各地的不同肤色的人们，转瞬之间聚

---

① ［德］贝恩特·哈姆：《欧洲问题：对社会科学的挑战》，载《国际社会科学》（中文版），1992 年第 10 期。

集到西雅图、悉尼、达沃斯、布拉格或是尼斯，排着整齐的队列，高举红旗和马克思、列宁、毛泽东、卡斯特罗的画像，用不同的语言喊出抗议和阻止西方全球化的口号。

我们有幸生活在这样一个时代——这是科技发展取得从未有过的辉煌和炫耀着巨大力量的时代，这又是人类显得如此微不足道、被自己的制造物所左右和在一系列重要领域中被新的工具驱逐与取代的时代；这是物质财富泉水一般涌流出来的时代，这又是全球性贫富两极分化无论就其广度和深度都达到空前水平的时代；这是人类向宇宙飞翔、探求太空奥秘和人类自身奥秘的时代，这又是人类尊严受到挑战和道德受到亵渎的时代。

2001年年初，美国有线新闻电视公司要裁减400人。从纽约到洛杉矶，公司人事部把一些雇员招来，通知他们下午离开。这是第一批被裁减者。留下来的同事们看着这些不幸的人们眼泪汪汪地走出人事部，担心下一个将会轮到自己。一份备忘录说得温情脉脉，"将尽可能最大限度地减少这一过程中的直接和间接痛苦"，还许诺被解雇者可以继续进入他们在公司的电子邮箱。但是当他们回到自己的办公桌边时，却发现已经无法进入自己的计算机。有的电话被切断。穿制服的保安人员站在一边监视，然后像押送监狱犯人一样把他们送出公司门口。[1]

美国《未来学家》认为，充斥因特网的虚假骗人信

---

[1] 参见《CNN像对待罪犯那样对待解雇的人》，载美国2001年1月14日《纽约时报》。

息和判断性思维能力的不断下降，使人类面临巨大的灾难：索取的信息越来越多，提供的信息越来越少；坏信息日益增多；信息数量增加，信息质量一天不如一天；人际障碍增加；谦恭有礼的社会风气明显减少；谎言增多；能力丧失，"一些学校 30 年来从阅读方法、数学等基础课程方面开展的试验表明，学生在这些方面的能力被削弱了，而自高自大等虚假能力则增强了"①。"电脑越先进，人脑越退化"，仿佛成为弥漫西方社会的咒语。日本北海道大学医学院曾经对 150 名经常使用电脑、年龄在 20 岁到 35 岁之间的青年进行智力测试，发现超过 10% 的人记忆力严重衰退。该大学神经生物学教授泽口俊行不禁感慨系之，承认现代青年"变得越来越弱智了"②。

人制造工具，目的是使用工具为自己服务。技术是伟大的，但是技术成就在今天美国的社会环境中，却日益地夺去人们的灵魂。美国一家报纸说，电子计算机控制生产、运输和销售系统，大大加剧着劳动的单调乏味性，以无限重复简单的动作削弱创造性潜能、主动精神和独立判断力，对神经和思维系统的压抑远甚于体力劳动。该报援引加利福尼亚州帕洛阿尔托的心理学家和公司顾问弗朗辛·托德的话说："技术本身是解放我们、使我们生活得更轻松的工具。然而现在它却起到了相反的作用。它给我们的生活带来了灾难。每个人都被它征服了，不堪重

---

① 《花衣魔笛手进入电子领域》，载美国《未来学家》，1999 年第 2 期。
② 《电脑越先进，人脑越退化》，载 2001 年 2 月 6 日《中国青年报》。

负。幸运的是，人们最终觉醒了，他们正在高喊'停止吧，我们受够了！'"一位硅谷的年轻经理说，"技术只是用来创造东西的工具。我们用它来创造有持久价值的东西，而不是用它来控制我们的生活。我不会让自己成为技术的奴隶"。正是在硅谷，在拥有 5000 名成员而绝大多数从事高科技工作的最大的宗教团体长老会中，反对技术的运动赢得越来越多的支持者。①

那个写过《大失败——20 世纪共产主义的兴亡》的布热津斯基，是一个对社会主义、共产主义怀着刻骨仇恨和超越常识的偏见的人物，又是一个对美国资本主义制度怀着极度的狂热和虔诚信仰的人物。但是他忧心忡忡地看到了，技术先进的美国正在成为道德沦丧的美国。

在《大失控与大混乱》② 一书中布热津斯基写道：历史的危险性在于，在共产主义遇到挫折之后，西方在追求富饶中的纵欲无度时，精神空虚可能随之而来。他说，所谓"富饶中的纵欲无度"，是指今天西方道德水平日益下降，追求物欲自我满足之风益加炽烈。一个以自我满足为行事准则的社会，是一个不再有任何道德判断标准的社会。布热津斯基特别讲到西方大众传媒所传播的价值观念，认为这种传媒及其宣扬的价值观念，"完全有理由可以称之为道德败坏和文化堕落"。电视成为感官的、性的和轰动性的，一味颂扬自我满足，视强暴和野蛮行为为正

---

① 参见《技术专制激起人们的反抗》，载美国 2000 年 8 月 21 日《今日美国报》。
② ［美］布热津斯基：《大失控与大混乱》，中国社会科学出版社 1995 年版。

常，迎合最低级的本能，尤其是罪魁祸首。好莱坞影片和电视制作厂家已经成为"文化颠覆者"。"贪婪就是好——80年代后期美国雅皮士的口号——对于富饶中的纵欲无度来说，是恰如其分的座右铭。"

问题显然不限于道德领域，而是要广泛和深刻得多。布热津斯基开列了他认为美国现在面临的"十分严重的20个难题"：（1）债台高筑；（2）贸易赤字；（3）低储蓄和投资；（4）缺乏工业竞争力；（5）生产率增长速度低；（6）不合格的医疗保健制度；（7）低质量的中等教育；（8）日益恶化的基础设施和城市衰败现象；（9）贪婪的富有阶级；（10）爱打官司走火入魔；（11）日益加深的种族和贫困问题；（12）广泛的犯罪和暴力行为；（13）大规模吸毒现象的蔓延；（14）社会上绝望情绪在内部滋生；（15）过度的性自由；（16）视觉媒体大规模传播道德败坏之世风；（17）公民意识下降；（18）制造分裂的多元文化抬头；（19）政治制度出现上下脱节现象；（20）日益弥漫的精神空虚感。

布热津斯基挽救不了资本主义、霸权主义的美国。这使我们想起《红楼梦》中描写没落封建贵族家庭荣国府和宁国府的一句话："如今外面的架子虽未甚倒，内囊却也尽上来了。"

布热津斯基的这篇老实话足以使世界知道，美国科技的先进同布热津斯基一样不能挽救美国。问题仍然不能不归结于，科技这种工具掌握在谁的手里和被用来做什么。

对于科技发展的恐惧症，也在成为美国的一种社会病症。曾任信息技术问题总统顾问委员会两主席之一的太阳微电子公司首席科学家比尔·乔伊认为，不断加速的技术变革，可能在两代人的时间内带来"某种类似人类灭绝"的后果。他说，21 世纪的三项新技术——遗传工程、纳米技术和机器人，总起来说叫作 GNR 技术。这些新技术可能给人类造成比大规模毁灭性武器更大的危险。比如遗传工程技术就可以提供一种能力，即使用软件制造传染性极强的和致命的"由设计师专门设计出来的病原体"。他说，当危险真正来到的时候，可以估计的灭亡的风险，在30%到50%之间。他说："如今，随着威力巨大的、普遍可以得到的信息技术同这些新的、自我复制的 GNR 技术的结合，我们正在走向一场更进一步的、更大的潜在大灾难，正在让我们大家的命运落入确定无疑地存在于世界上的极端的个人之手。"①

这位作者担心技术落入他所谓"怀有恶意"的、"极端的个人之手"。但是今天的最先进技术，到底在谁的手里，到底为世界包括美国最广大人民做了多少好事呢？

甚至一些技术尚在试验阶段，就已经伴随着对于人性的戕害和对于人道的践踏，就已经在制造它之被"怀有恶意"的人或者"极端的个人之手"操纵时才能产生的罪恶了。

1932 年到 1972 年，美国公众服务部门为了研究梅毒

① ［美］比尔·乔伊：《21 世纪的技术将造成新的惊人的危险》，载美国 2000 年7 月 24 日《洛杉矶时报》。

的历史，曾经对 412 名黑人梅毒病人进行人体试验而不给予任何治疗。这件事情被揭露以后，在当时闹得沸沸扬扬，成为美国侵犯人权、实行种族歧视的经典之作。

从 20 世纪 50 年代起，美国政府不顾道德和自己法律的规定，未经死者家属同意，在全球秘密收集人体组织，用以测试核试验释放出的放射性坠尘对人体的影响。

1982 年美国出版作者为哈里斯、帕克斯曼的《更高形式的屠杀》，说美国中央情报局和军方曾斥资 1000 万美元从事"非人道医学研究"。书中讲到，1977 年 8 月，中央情报局至少开展了 149 项试验，包括不同药物对人的行为的影响、测谎试验、催眠术试验、电击试验等，并擅自动用各种医疗器械。参加试验的有 44 所大学、15 个研究基金组织、12 家医院和诊所、3 所服刑机构。

1996 年 4 月，尼日利亚南部城镇卡诺的十几名儿童染上脑膜炎。不久，来了一些外国医生，开办了两家医院。其中一家是"医生无国界"组织办的，除了治病别无其他目的。另一家是美国一个著名制药公司办的，除了对一种据说尚未得到美国政府批准的新型抗生素特罗凡进行人体试验，也别无其他目的。根据肯尼亚《民族报》的报道，200 名尼日利亚儿童被骗参加这项试验。美国研究人员给孩子们定期服用特罗凡，然后从他们体内提取脊髓液进行分析，导致 11 名儿童死亡，其余出现耳聋、瘸腿、失明等脑膜炎症状。

最近英国《卫报》载文，说到美国记者帕特里克·泰尔尼 2000 年出版的一本著作《艾尔·多拉多黑幕》。

这部著作揭露的，是一个以科学之名杀害印第安人的真实事件。20 世纪 60 年代中期，受命于美国原子能研究委员会，得到这个委员会的支持和资助，基因遗传学家詹姆斯－尼尔率领的科学小组，在巴西和委内瑞拉的印第安人居住地进行研究工作。他们以活人作为检验所谓"原始社会自然选择"的试验对象，给在那里生活的印第安人注射麻疹病毒，有意地不向患者提供任何药品和其他治疗，导致数千人死亡。据说这个草菅人命的尼尔，面对他制造出来的患者，还发表了一番高见，说自己的角色是科学家而不是医生。事情真相败露以后，美国原子能研究委员会的回答颇为超脱："严重关注"。倒是康乃尔大学一位教授的评价，还算有科学良心：这是"一个真正的、反映人类黑暗内心世界的噩梦般的故事"①。

1997 年美国报纸透露，在美国，对每名妇女进行防止艾滋病病毒传给母体内婴儿的试验，所需费用为 1000 美元左右，为了既便宜又得到同等效果，美国政府官员转而向第三世界国家妇女打主意。美国国家卫生学院和疾病控制及预防中心，用来自非洲、泰国和多米尼加共和国的孕妇做试验。结果是超过 1000 名婴儿感染了研究人员声称不会感染的艾滋病病毒。②

英国《新英格兰医学杂志》公布的资料表明，美国

---

① 《美科学家曾以活体做试验，致千人死亡》，载 2000 年 9 月 30 日《深圳商报》。

② 参见《逾千婴儿染艾滋，美以第三世界孕妇作试验》，载美国 1997 年 9 月 18 日《纽约时报》。

科学家在美国卫生机构的资助下，曾经先后在坦桑尼亚、乌干达、泰国等第三世界国家进行 16 项艾滋病药物的"非人道人体试验研究"。其中 9 个项目由美国疾病控制预防中心和美国国家卫生研究所资助，临床试验对象包括 1.22 万名亚洲、非洲、拉丁美洲国家的孕妇。乌干达《箴言报》说，从 1997 年开始，美国研究人员在乌干达至少 10 个村庄进行长达两年半的人体试验，而只为其中 5 个村庄提供药物。

2000 年年底，又传来美国在东欧失去社会主义政权的国家试用禁药的新闻。一些本地医生为了得到几个赏钱，不惜出卖良心、为虎作伥，贡献自己同胞的身体作为试验品。许多记者的跟踪报道表明，最近 10 年来，美国的一些大型医药公司，先后在第三世界国家和东欧国家的病人身上，瞒着病人进行各种可能造成致命后果的药品试验。其中包括许多在美国禁止使用的药品。①

英国从 1945 年开始用人体进行神经毒气的试验。英国《卫报》说，40 年来，有 3100 人被当作"白老鼠"接触过毒性很大的神经毒气。试验机构设在一个叫作波顿当的地方。在这里被用做人体试验品的人数，是美国对人体进行试验的人数的三倍。基地官员承认，最后一次用人体进行试验的时间是 1989 年。但是 1996 年，英国还投资 250 万英镑，在这里新建一个可以使用 20 年的毒气室。

---

① 参见《美国医药公司用保加利亚人试验新药》，载保加利亚 2000 年 12 月 21 日《言论报》。

那个毒气室当然不会是用来养郁金香的。

这笔账属于英国军方。军方之外，2001 年 1 月，英国又爆出医学界瞒过死者家属擅自摘取死者器官的丑闻。最有名的儿童心脏病专科医院布里斯托尔皇家医院，未经家属同意擅自摘除死者心脏和其他器官一事终于大白于天下，使卫生大臣被迫下令对全国医院和其他医疗机构进行调查。一个名叫维尔森的医生，仅在 1988 年到 1995 年期间，就非法摘除、储存了 850 个死亡病人的器官。许多医疗专家估计，非法切除储存的死者器官，当不下万计。

美国一家杂志曾经载文论述科技和犯罪的关系问题。文章说："现在不乏先进的科学技术，这些科学技术在 21 世纪将协助警察制止吸毒、犯罪和暴力。事实上，信息技术、医学、新材料和许多领域中的突破，对于防止犯罪和罪犯的审判都有重要的意义。"①

然而在世界上犯罪最严重的国家又恰恰是美国。2001 年 2 月 18 日美联社发自华盛顿的一则报道说：在克林顿政府执政期间，美国被投入监狱的人数比以前任何一届政府执政时期都多。

即便不需要借助怎样出色的想象力，也还可以提出有关美国犯罪现象的更多问题：

为什么这个从未受到任何别国轰炸和入侵的国家，要利用自己以先进科技装备起来的武器，在全世界攻城略地、杀人放火？

———————————

① 《21 世纪的毒品和犯罪》，载美国《未来学家》，1992 年（5—6 期）。

为什么这里统治当局及其舆论天天谈论和平，而世界各种战争中的军火，却有一半是它所出售的？

为什么世界制造的毒品被这个国家吸食掉一半？

为什么这里关押吸毒者的监狱人满为患，而关押靠毒品致富的银行家的监狱却空空如也？

为什么这个制造世界最大恐怖主义的国家，要热心到别处去反对恐怖主义？

为什么这里的统治当局一直谈论世界的未来，自己却在最大量地制造葬送世界未来的污染？

为什么在美国和其他西方国家，打着科学的招牌兜售不科学的商品以至于进行欺骗，利用网络贩卖儿童，接受烟草商行贿的科学家写文章论证烟草并非不利于人体健康，甚至一半或一半以上的科学家相信上帝和占卜术，成为司空见惯的事情？

为什么举世公认的科学巨匠爱因斯坦，在美国被监视20余年？

为什么美国总统克林顿拒绝向因为在国际禁止地雷运动方面作出贡献荣获1997年诺贝尔奖的美国科学家乔迪·威廉斯表示祝贺？

如此等等。

也许更加意味深长的是，美国科学技术最发达，偏偏邪教也最发达。

在法国出版的《欧洲时报》披露，加利福尼亚大学伯克利分校心理学教授玛格丽特·辛格在写给白宫的一份报告中估计，美国的邪教组织多达2000个至5000个，超过 2000 万人不同程度地卷入邪教活动。一个"洛杉矶基督教会"，即达 10 万之众。美国有个千禧年观察研究院，它的主任泰德·丹尼斯的数据库里保存的，就有 1200 个邪教组织的档案。邪教成员中，大量是事业有成的电脑专家、音乐家、艺术家、公司经理、电视工作者和具有大学以上学历的人。美国邪教教主每年敛财的数字高达 10 亿美元。

就其残忍、欺骗和戕害人性而言，美国邪教绝不比其他国家的任何邪教逊色。当然邪教并非美国专利。但是世界几个大邪教，或者起源于美国，或者在这里设置总部。起源他国的邪教，在本国闹得臭名昭著、难以存身的时候，总是在美国受到保护，构筑起大本营。视他国痈疽为宝贝，原因之一，按照法国的一份公报的说法，是把邪教作为不可缺少的政治资金来源。这使美国获得"邪教王国"、"邪教头目乐土"的称号。①

美国各种邪教的一个共同点，首先是都招摇着科学的遮羞布。

"天堂之门"的成员，都是各专业领域的高知识层次的人才，包括不少电脑程序设计者。他们利用电脑和互联网宣传自己的教义并相互联系，因有号称"天堂之门"的互联网网站而得名。其成员自我阉割，拒绝今天丑陋的现实世界，相信死后灵魂可以乘飞碟离开地球。1997 年 3

① 参见《美国为什么总成为邪教头目的乐土》，载 2001 年 2 月 8 日《欧洲时报》。

月 26 日，其 39 名教徒在圣地亚哥以北的一处地方集体自杀。

一个疯狂诈骗钱财的邪教，取了一个牛头不对马嘴的名称："科学教"。

"统一教"（全称为"世界基督教统一神灵协会"）由韩国人文鲜明创办，但是已经成为美国社会的一部分。该教曾号召它的美国信徒支持里根出任总统。它还在美国建立神学院，高薪聘请哥伦比亚大学、杜克大学、圣若望大学、哈佛大学和英国牛津大学、法国索邦大学的著名学者任教。1986 年 11 月，这个神学院由纽约州当局取得正式颁发神学硕士学位证书的资格，更加得到官方的正式认可了。

伟大而神圣的科学技术，如果不是同先进的社会制度相结合，如果不是掌握在人民的手里，而是成为阶级的、民族的压迫和剥削工具，就总是被用来制造罪恶、丑陋和反科学。在美国，意识形态日复一日地在惊心动魄、色情乱伦、荒诞不经中制造醉生梦死、神经衰弱和呕吐、隔膜、仇恨。技术的胜利和道德的败坏，物质的富裕和精神的匮乏，互为因果，恶性循环。人与人不是成为平等的朋友而是成为虎视眈眈的敌人，人们之间建立着一种物质的、僵死的、机械的和"乌眼鸡"似的关系。物质力量比如计算机在获得精神的生命，非人的动物比如猫狗一类宠物在获得人的地位，然而最大多数人却日渐被贬低到愚钝的物质力量和不能望富人宠物项背的地位。

于是，在财富的一派高涨中出现衰颓和倒退，在科技打开通向辽阔宇宙无边疆域的同时，迷信和邪恶的乌云也越聚越浓。少数人花天酒地、为所欲为，但是众多的人都在一种异化的烟雾中迷惑不解，不知所措，无法左右自己的命运，即使饱暖无虞也照旧不得安宁。犯罪、吸毒、酗酒疯狂和恶作剧的增长，成为人的通风口、人的个人价值实现的替身。从肉欲展览到抽象艺术的闪耀着广告色彩的各种古怪离奇想象，从穷极无聊的时髦到人生如梦的宣泄，都围绕着一个主题：现实生活中的绝望和无路可走。福山先生的得意洋洋的"历史的终点"，原来不过是货真价实的"历史的末日"。

　　邪教的"世界末日"的教义和全部荒诞残忍，都是当代美国和西方资本主义现实的合乎逻辑的产物，都在化作泡影的期待中，表现为以一种病态回答另一种病态、以一种畸形回答另一种畸形。

　　不自觉地为未来新社会奠定物质基础，这就是资产阶级的历史使命和它的生存的意义。但是资产阶级始终把自己的私欲和利润最大化摆在第一位，一刻也不会正视一下人民的利益、人民的愿望、人民的力量，它的统治也就注定只能处于恒久的动荡之中。它在为自己打造一个以沙滩为基础的雕金镂玉的座椅，这个座椅越是雕金镂玉，它的基础也就越是临近土崩瓦解和彻底坍塌。

　　文艺复兴时期那些不受资产阶级的局限的思想和科学巨人，已经不得不用阴郁的眼光看着他们的渺小后裔，忧虑以他们的名字开始的伟大传统中断了。今天坐在华尔街证券交易所金字塔顶端的大亨们，的确正在藐视伏尔泰和达尔文。一家法国报纸就写道，达尔文的理论越来越多地遭到人们的咒骂，"如果说在法国，对达尔文主义以及他的进化论的排斥还不很厉害的话，那么在美国，可就不同了"。这在一些欧洲哲学家和生物学家那里引起很大的不安。他们担心自己的国家会像美国那样，成为反达尔文主义的下一个目标，为此甚至组织了颇具战斗性的"捍卫达尔文主义国际讨论会"①。

科学沦为依附钱袋的婢女，科学在特定的反科学的社会条件下的发展，终究导致自己走向反科学。在这里，"顶点"也实在只是"终点"。

1996 年美国出版约翰·霍根的《科学的终结》。这本书引起想要更多地在财政预算中分一杯羹的商人们的惊恐、慌乱、愤怒，在科技界也引起强烈的反应。作者提出，人类对真理的追求已经到达终点，科学的鼎盛时期已经过去，剩下的只是拾遗补缺，只有一些细枝末节可以发现了。1997 年 5 月 1 日，美国《洛杉矶时报》发表《科学还至关重要吗?》一文介绍美国就所谓"科学末日"问题进行的讨论。一种意见认为，揭示宇宙奥秘的黄金时代已经步入黄昏，唉声叹气地为科学技术的前景唱起了安魂曲。作为对《科学的终结》的回答，1998 年英国还出版了一本《还能发现什么》。

在这场讨论中最有权威性也最郑重的看法，也许是联合国教科文组织的《1998 年世界科学报告》。报告说，尽

---

① 《达尔文主义的命运》，载 1997 年 9 月 2 日法国《解放报》。

管人类在 20 世纪取得巨大的科技成就，但是还有很多的未知领域。大脑的功能、生命的起源、宇宙的起源这些重大问题，将是今后几十年甚至几个世纪需要解决的主要问题。技术人员的短缺、贫穷问题和诸如气候变暖、传染病等全球性问题，也亟待重视和解决。此外，也还存在第三世界国家科学体系需要调整，以迎接正在来临的全球化挑战的问题。

在我们看来，问题的症结不在于开列多少科学研究和技术发明的新课题——老实说，这是永远也开列不完的——而在于了解，为什么美国主流舆论一方面把他们所谓"共产主义失败"之后确立的美国社会制度及其霸权主义的世界统治说成是"历史的终点"，有意离开社会关系片面渲染科技的力量，直到把科技神秘化，另一方面又冒出这类"科学的终结"的理论。

就科技本身而言，在一个科技发展带来人民苦难的社会里，在一个虽然还有一定的生命力实质上却已经没有多少前途的社会里，由于寻找不到人民的历史创造力量而悲叹"科学的终结"，形成一种既有自己社会基础又明显地简单化、极端化的看法，以致无视人类的无穷无尽的认识能力和创造能力，这有什么奇怪呢？

《科学的终结》的内容远远超出技术科学的领域，包括着比如"进步的终结"、"哲学的终结"、"社会科学的终结"等广泛的主题。约翰·霍根是把他所生活在其中的那个社会，作为一个整体摆在受审席上的。在这种情况下把一切都归结为"终结"，反映出的只是找寻不到社会出路的悲哀。这位颇有才华的作者，其认识能力只能局限于充分发展的资产阶级社会所划定的范围，只能被纠缠于进步的倒退、智慧的痛苦、富裕的贫困、发展的破坏、文明的野蛮这种阴森的陷阱而无力自拔。

应该说，我们面临的不是什么"科学的终结"，而是科学大发展在资本主义秩序下的终结。如果说约翰·霍根不是自觉地，至少可以说，他是朦胧地感觉到了这一点。他的这本著作的跋，就题为"未尽的终结"。有趣的是，其中还谈到但丁。但丁不仅是伟大的诗人，而且是欧洲封建中世纪终结和资本主义新纪元开端的标志。霍根也许不能在这样的历史高度上认识但丁。但是他在"逃避终极的无聊"这一点上，却找到了自己和但丁的相通之处。这是意味深长的。

实在找不出别的语言，比马克思的话，更有助于我们清晰地理解这个问题了：

在我们这个时代，每一种事物好像都包含有自己的反面。我们看到，机器具有减少人类劳动和使劳动更有成效的神奇力量，然而却引起了饥饿和过度的疲劳。财富的新源泉，由于某种奇怪的、不可思议的魔力而变成贫困的源泉。技术的胜利，似乎是以道德的败坏为代价换来的。随着人类愈益控制自然，个人却似乎愈益成为别人的奴隶或自身的卑劣行为的奴隶。甚至科学的纯洁光辉仿佛也只能在愚昧无知的黑暗背景上闪耀。我们的一切发现和进步，似乎结果是使物质力量成为有智慧的生命，而人的生命则化为愚钝的物质力量。现代工业和科学为一方与现代贫困和衰退为另一方的这种对抗，我们时代的生产力与社会关系之间的这种对抗，是显而易见的、不可避免的和无庸争辩的事实。①

在西方加紧推行自己的全球化，同时拼命地神化科学技术的时候，不妨提到一家西班牙报纸的判断：

当前的全球化首先是市场的全球化，是以资本自由为目的的全球化。无论在哪里、何时、为什么、如何、为谁、与谁投资，其目的都是获得最大的利润。因此，今天的全球化，是在一种自由的、缺乏规则、私有化和竞争的环境中发展的。

……

被合法化了的世界技术社会"种族隔离"，已经不是一种风险，而是目前体制的一种现实了。从理论上讲，各种信息和通信新技术可以成为民主化以及发展个人创造力和文化多样性的一种强大而有效的工具。但实际上，我们看到了世界范围的技术"种族隔离"，即善于和有条件获得新知识经济的人与不善于和没有条件的人之间的隔离。这种"种族隔离"是各种社会鸿沟越来越深的结果：受过教育的人与文

---

① 《马克思恩格斯选集》，第1卷，人民出版社1995年版，第775页。

盲、男人与女人、富人与穷人、老板与工人、年轻人
与老年人、白人与有色人种、城里人与乡下人等等。
因特网首先是为受过教育的人、白人、头头、讲英语
的人、年轻人和城里人建立的。新"种族隔离"的
合法化，就是建立在教育和知识不平等的基础之上
的。

　　因此，你千万别是文盲、妇女、穷人、有色人
种、工人、老人、农民或不会讲英语的人。

　　谁说社会阶级已经不存在了？①

　　然而现代科学技术的纯洁光辉一方面只能在愚昧无知
的黑暗背景上闪耀，只能制造世界的技术"种族隔离"，
一方面也在按照自己的逻辑，创造消灭这种黑暗背景和
"种族隔离"的条件。西方利用现代科技加紧推行全球化
的过程，既是国际垄断资本在全球进行剥削和掠夺的过程
与再生产其社会制度、社会关系的过程，也是人民日益掌
握现代科技、集聚最终改变不合理社会制度和社会关系的
力量的过程。

　　不管基于怎样的考虑，西方一些人物也不同程度地看
到，因特网是通向浩如烟海的知识和信息的海洋的入口，
给西方资本主义带来了巨大的收益，也带来了深层次的麻
烦。日本学者指出，因特网导致西方社会中间阶层的消失

---

①　《全球化与技术》，载西班牙2000年8月30日《国家报》。

和两极分化，使资本主义更加不稳定。① 法国学者的提法尤其具有尖锐的性质：“微电子革命意味着雇佣劳动社会的寿终正寝。”②

西方学者看到，信息技术要求冲破今天的种种社会藩篱，在人与人之间建立平等的联系。信息技术的传播正在削弱今天所谓“精英分子”对信息的控制而导致实现政治的民主化。因特网把世界联系在一起，网上已经出现难以计数的政治论坛。这就显示着一种新式的、直接表达民主的做法。新的政治手段应运而生，民间团体的势力日渐壮大。在西方全球化中受到损害的人们不会善罢甘休，可能发动暴动和革命。而全球化和信息技术给这些人们提供了一种新式的武器。③

科学技术越是发展，就越是反转过来危害垄断资本、变为一种异己力量。尽管这在今天还只是一种迹象，但是仅仅由此引起的难堪、惶恐和绝望，就已经使他们有时要用一种不祥的阴郁腔调谈起历史了：“不懂得历史的分析家们大声疾呼地问，我们现在是处于自从上一个 1000 年以来的世界最伟大变革的动荡时期呢，还是处在这场变革前的一个时期？要想让他们表明，现代信息处理革命比蒸

---

① 参见《资本主义大调整的浪潮》，载日本 1999 年 11 月 8 日《日本经济新闻》。

② 《雇佣劳动社会无可救药——法国学者安德烈·戈尔兹访谈录》，载德国《新社会与法兰克福杂志》，1994 年第 7 期。

③ 参见《民主政治重新成为直接行动》，载 1999 年 8 月 30 日美国《商业周刊》；《网络时代的政治在发生变化》，载德国 2000 年 5 月 4 日《经济周刊》；《IT 革命是政治的新武器》，载日本 2000 年 7 月 9 日《读卖新闻》；［美］比尔·盖茨：《塑造因特网时代》，美国因特网政策研究所网站，2001。

汽机、铁路和电报革命，几乎同时开始的电力、汽车、飞机、无线电和电影革命，以及第二次世界大战后的农业、卫生和电视革命更为革命，将是很困难的。那些革命浪潮中的每一股都高涨到了最高峰，然后落在了经济崩溃中。因此，需要当心的是，这场信息革命也将会这样。"①

　　大亨们忐忑不安了。美国花旗银行前董事长沃尔特·里斯顿就非常担心，"第三次技术革命使统治者监视老百姓转变为老百姓能监视统治者"②。

　　但是事情似乎还不止于形成了老百姓监视统治者的物质条件。不是在某一个社会主义国家，也不是在某一个曾经建立过社会主义制度、人民接受过社会主义教育的国家，而是在美国的旁边和它历来严密控制的"后院"拉丁美洲，团结各国左翼力量的圣保罗论坛，1997年在其第七次年会的声明中，就提出人民取得政权的可能性问题。关于科技，该声明写道："科学和技术是人类取得的成就，不能成为增加社会贫困的借口。我们的斗争旨在避免大资本利用它们作为加强统治、使人屈服、不公正、不平等和排斥的工具。我们的目标是使之为持续、平衡的发展服务，为深化和扩展政治、经济和社会民主服务，为有利于人民利益、密切人类联系和团结得到加强服务。"

　　美国一位著名网络社会学家在其新著《神圣的愚人：对网络时代先锋的批判》中的提法，就简直会使大亨及

---

　　①　《问题和答案》，载美国《国际先驱论坛报》，1999年3月17日。

　　②　[美]沃尔特·里斯顿：《位、字节与外交》，载美国《外交》，1997年（9—10期）。

其忠诚的随从们心惊肉跳了。他居然说"一个幽灵，一个共产主义的幽灵，在网络中游荡"，"网络潜在的生产力只能通过采用最先进的生产关系来实现。这种生产关系就是：网络共产主义"，"美国人正在取消资本主义，正在成功地建构一个乌托邦的未来：数字共产主义"①。

科学技术按照自己固有的发展规律本能地趋向民主、趋向人民。"科学技术是一种革命的力量"，这已经成为妇孺皆知的名言。但是这只是说，科学技术只有在真正成为人民的力量的时候，才能够称得上是革命的力量。

科学技术是一种革命的力量，这不是一个抽象的、孤立的命题。这至少可以从两个方面作出解释。一方面，现代科学技术包括信息技术的成就，已经为人类社会的巨大进步——促进经济的普遍发展与人类的共同富裕，和保证人类绝大多数的民主权利、保证他们以平等的关系自觉地参与历史创造并在这种进程中实现自己的利益——提供了从未有过的现实条件。另一方面，科学技术只有在为人民所掌握并被用于实现人民的利益时，才真正获得革命的力量这样一种品质。在这两个方面的意义上，科学技术是一种革命的力量，而且对于这种革命力量的评价和肯定，无论高到怎样的程度都不会过分。

马克思、恩格斯终生极大地关注着科学技术的发展，对它在任何领域的成就，不管是否已经实际地得到应用，

---

① 参见《数字共产主义：美国人正在电脑空间里取代资本主义》，载《国外理论动态》，2001年第2期。

都感到由衷的喜悦。他们把科学技术看成历史的有力的杠杆，认为它具有一种其他任何力量都不具有的推动历史进步和为人类造福的积极作用。但是他们又总是同时指出科学技术和社会生产力的进步和由此发生的社会关系的变化的内在的、必然的联系。他们为研究科学技术问题提供了唯一正确的、完整的、科学的方法论原则。

根据马克思的意见，恩格斯曾经专门研究当时法国物理学家德普勒在远距离输电方面的成果，并在1883年写下这样的评价："德普勒的最新发现，在于能够把高压电流在能量损失较小的情况下通过普通电线输送到迄今连想也不敢想的远距离，并在那一端加以利用——这件事还只是处于萌芽状态——，这一发现使工业几乎彻底摆脱地方条件所规定的一切界限，并且使极遥远的水力的利用成为可能，如果在最初它只是对城市有利，那么到最后它终将成为消除城乡对立的最强有力的杠杆。但是非常明显的是，生产力将因此得到极大的发展，以至于资产阶级对生产力的管理愈来愈不能胜任。"①

人类为科学技术的巨大进步倍加兴奋和受到鼓舞。然而这种进步之成为全人类的共同财富，既不是极少数人的大富大贵和为所欲为所能够解释，也不是脱离社会关系的空洞许诺和激情满怀的预测所能够实现的。如果说100多年以前科学技术的进步已经使"资产阶级对生产力的管理愈来愈不能胜任"还带有科学预见的性质，那么今天，

---

① 《马克思恩格斯全集》，第三十五卷，第446页，人民出版社1971年版。

它就是人类天天遇到的现实了。

　　一位美国学者的严谨的分析，涉及世界历史深刻转变的内在趋势。他说，随着一些社会主义国家转向资本主义和资本再一次在广度和深度上扩大其统治范围，正当一些社会主义国家急于倒退回资本主义时，"因特网在网络规模及应用范围上的爆炸性发展以及广义上的信息技术，不仅为一个实行自我管理的经济形式奠定了技术基础，也部分地为这种经济形式奠定了组织基础。试想，遍布全球的成千上万个社会运动基层组织，如果像商业界、政府部门以及研究机构那样，通过因特网来相互联络，分享它们的庞大数据库和经济模型工具，那么倘若世界上哪个国家明天发生了革命，这个国家就可以立即通过因特网向民主的、高效的计划经济过渡。这种可能性可以使那些声称搞社会主义经济不具备可行性的人偃旗息鼓"。

　　他写道："在一个实现了自我管理的社会里，这种信息技术可以被用来让广大群众不断地参与国家的甚至国际的计划工作。制定计划的过程可以通过网络电视向社会实况转播，让个人和委员会都能适时地参加决策过程。广播方面的创新有可能使当今社会出现电子民主化。在迥然不同的社会所有制关系下，信息技术可以在社会不同层次的决策人中间建立起一种真正的、由结构保证的纽带关系，从而保证社会主义的民主。我们可以运用信息技术使下层单位不再仅仅是上层决策机构的被动的数据制造者。""如果人民中间的民主势力要想获得胜利，就更需要发动一场对技术进步进行监督的战役。这涉及对超出通讯方式的各种关系的社会监督。"①

在科学技术问题上，不仅应该承认第三世界今天的落后，分析导致这种落后的历史的和现实的原因，而且应该看到我们时代第三世界曾经进行过的和今天正在进行的努力和奋斗。正是第三世界而不是任何西方国家，在人类历史上第一次开始自觉地、有效地探索科学技术和人民相结合的道路，推进科学技术实现从神学和宗教桎梏下的解放以后，走到从资本和金钱的桎梏下的解放，真正成为实现多数人利益的工具。

美国人莱·卡·图罗，被认为是"目前美国最著名的世界经济和全球问题专家"。在回答"第二次世界大战以后，西方社会哪十年发生的社会变化最为重要"这个问题的时候，他曾得意地说："90年代发生的变化最为彻底，共产主义的失败以及使经济体系全球化成为可能的新技术的出现成为引发这些变化的主要动力。本10年是从社会主义制度衰落和苏联解体开始的。此前被卷入闭塞的共产主义经济的近20亿人（占世界人口1/3）与资本主义世界复归一体。今天他们正在改变（在不远的将来还将进一步改变）保留下来的秩序。目前西方石油公司围绕里海石油争得不可开交。乌克兰及其邻国很快就会成为最大的谷物生产国。民主德国被联邦德国吞并，而中欧的前共产党国家已成为欧盟国家廉价的装配车间。大众汽车

① 《信息技术与社会主义的自我管理》，载美国《每月评论》，1997年第4期。

公司买下了斯科达汽车公司。现在一切都在变。"①

　　但是不妨顺手举一点材料提醒读者，不要像这位著名专家一样忘记原本可以不必忘记的历史。

　　按照联合国教科文组织的《统计年鉴》，苏联1970年科学家、工程师、技术人员为150万，1977年为250万（同期美国分别为27万和35万）。在所谓苏联"闭塞的共产主义经济"时期里，70年代说不上最兴盛，也说不上最糟糕。从苏联解体即"与资本主义制度复归一体"，那些原来的社会主义国家，向市场经济进军已经折腾10年。根据世界银行的调查，中东欧所有改革国家的国内生产总值从那以来平均下降1/4，苏联后续国家（独联体国家）的国内生产总值下降45%。② 其他来源的数据，比这里举出的还要暗淡得多。凡此种种，加上诸如由里海提供石油、由乌克兰及其邻国提供谷物、一个一个原社会主义国家成为西方"廉价的装配车间"，加上苏联科学家、工程师、技术人员至少流失250万，就是这个著名专家所说的"变化最为彻底"。

　　原本属于第三世界的苏联、东欧的广大地区，由于实现社会主义而进入第一世界和第二世界，苏联尤其成为科学技术大国。实行背离社会主义原则的霸权主义政策，导致了苏联经济社会的停滞和倒退。颠覆和失去社会主义，则使这里一无例外地不是简单地"复归"资本主义而是

---

　　① 参见《重新认识未来》，载俄罗斯《世界经济和国际关系》，1998年第11期。
　　② 参见《早已在艰难地向市场经济进军——中东欧十年改革，独联体国家的国内生产总值下降45%》，载1999年7月8日德国《法兰克福汇报》。

简单地"复归"第三世界。在这种"复归"中，和科学技术一落千丈同时出现的，是这些地方此前闻所未闻的贫富两极分化的加剧。

柏林墙的倒塌可以被不同的人们作为不同的标志。但是由此走到否认和抹杀苏联时代的科学技术成就，走到否认和抹杀人类探寻新的科学技术和社会发展道路的努力，那就偏见之深，莫此为甚了。何况社会主义中国的科学技术成就，还有目前经济存在不同程度困难的其他社会主义国家的科学技术以及全民教育、医疗卫生等方面的成就，仍然得到世界人民的承认。

直到今天，还经常看到国外不少研究当代中国的著作，对中国 20 世纪 60 年代和 70 年代通过赤脚医生、合作医疗制度解决数亿农村居民健康问题的经验，给予极高的评价。笔者 1999 年访问俄罗斯，接触上层人士和普通工人、农民、知识分子，发现无论在 1917 年以来历史和目前国家道路问题上存在怎样严重的分歧，但是谈及苏联科学技术、文化教育和医疗卫生领域，却异口同声地或者给予充分肯定，或者流露出骄傲和怀念，或者为目前的凋敝衰败深感痛心疾首。

英国一家报纸最近专门介绍了古巴的生物技术，说古巴先进的生物技术研究在人类医学领域取得了最大的进步，对古巴人民的健康和国家的经济产生了重大的影响。文章说，这个岛国尽管经受了多年的经济隔绝和相对贫困，却建立了世界上最先进的然而最不为人所知的生物技术业，"不仅为它的 1100 万人口提供疫苗、医疗器械和抵抗心力衰竭、血栓、癌症与传染病的国产药品，而且在一些生物学领域已经当之无愧地位于世界前沿，其技术水平在任何地方都会引起羡慕，甚至令人难以置信"①。

偏见和愚昧同样是人类的悲剧。一切历史创造活动中的积极成果，都将在历史运动中沉淀下来，都将在新的社会条件下重新勃发出不可遏制的生命力。

科学技术作为一种革命的力量，作为社会发展的有力杠杆，其积极作用的发挥，总是同最广大人民群众掌握它的程度、同运用它实现最广大人民群众利益的程度呈正比例。在一个经济遭到破坏的国家里，第一个任务是拯救劳动者。在一个亟待发展的世界上，第一个任务仍然是发展劳动者。他们永远是历史的创造者和社会进步的基础。这正如列宁所说，全人类的首要生产力就是工人，就是劳动者。

在社会主义高歌猛进的时候，人们会经常地记起马克思的一个著名判断。这个判断就是："只有工人阶级……把科学从阶级统治的工具变为人民的力量，把科学家本人从阶级偏见的兜售者、追逐名利的国家寄生虫、资本的同盟者，变成自由的思想者！只有在劳动共和国里面，科学才能起它的真正的作用。"② 当这种新制度在同国际资本的较量中遭受严重挫败，在有人庆幸、有人落荒、有人转向、有人哀叹的时候，这个判断也许被遗忘得差不多了。

---

① 《古巴的医学革命》，载英国 2001 年 1 月 14 日《金融时报》。
② 《马克思恩格斯全集》第 17 卷，人民出版社 1963 年版，第 600 页。

但是伟大的、真正称得上"万岁"的人民，却在更加深沉地思考中比较社会运动的潮起潮落，坚韧不拔地寻找新的历史创造的起点和支点。在这样的时候，马克思的这个判断，就以更加深厚的理论和现实内涵，被推到生活舞台的前沿了。

历 史 是 谁 的 朋 友[*]

动手写这本书的时间是 2001 年 5 月。因为要研究的问题是全球化，首先就不免瞥一眼这个热闹非凡的全球。

中国和美国就两国军用飞机在中国南海相撞一事进行的外交交涉尚未结束。

中国国家主席江泽民在香港举行的"2001 年《财富》全球论坛"向 700 名企业家、投资者和 IT 经理（德国《世界报》网络版 5 月 9 日的报道称他们为"美国顶级经理和媒体大亨"）发表讲话，"号召他们利用中国市场巨大的经济前景和发展机遇"，得到世界多家报纸的高度评价。

南斯拉夫联盟那位总统米洛舍维奇，居然胆敢捍卫民族独立、国家主权，居然胆敢坚守"欧洲最后一个共产主义堡垒"，居然胆敢抗击因为对上述种种不高兴而前来

---

* 本文为作者所著《历史是谁的朋友——全球化：定义、方法论和走向》题记，中央民族大学出版社 2003 年出版。

侵略、劳师远征的美国和北约军队，终于被西方当权集团
策划的"民主"闹得不再总统而且投入监牢，正在准备
加一个"战争罪犯"的帽子弄到海牙国际法庭去审判。
他的同胞们中间有人继续支持他，也有人首先是因为西方
人明明暗暗地扶植而上台取得国家权力的人，当然可能把
他卖到海牙换几个美元。在这个努力营造美国即唯一真理
的世界上，他曾经被认为是一个敢于和自己的人民一道捍
卫祖国和民族尊严的英雄，却又是一个由于相信美国牌
"民主"、自己掉进陷阱而很难自拔的样板。在民族英雄
和美国民主陷阱之间摇摆而有今天，使他和他的命运，以
一种特殊的含义给历史提供着教益。

　　也是这些日子，俄罗斯总统普京访问伊朗，一些媒体
透露，他表示欢迎利比亚领导人卡扎菲访问俄罗斯；在这
以前，伊拉克一位主要领导人访问过俄罗斯，普京也已经
出访过同样被美国指为"无赖"之类的朝鲜和古巴。执
政一年，对他的业绩进行全面评价为时尚远，但是有一点
似乎全球各方面的看法颇为一致，即面目还不大清楚，却
又明显地不同于前任叶利钦。美国当局不允许俄罗斯姓
"社"，已经为此很费了不少力气；现在看来，不姓"社"
而姓"资"，想有一点自己的主张，以便使国家强大起
来，也很难获得批准。为着集中力量对付共产党领导的、
建设有中国特色社会主义的中国，不排除美国什么时候向
俄罗斯摇一摇橄榄枝，也不排除俄罗斯的什么势力会有某
种回应。但是不管俄罗斯当局以后向哪个方向发展，至少
今天，仍然看不出美国当局有多么喜欢普京。总还没有给

他一个戈尔巴乔夫和叶利钦先后获得、那么多人梦寐以求的封号："自己人"。俄罗斯这个国家，总是发生一些对世界历史运动产生某种重要影响的事情。20 世纪以来，列宁、斯大林如此，戈尔巴乔夫、叶利钦也如此。普京如何，且让世人拭目以待。总之，俄罗斯现象，也应该成为全球化研究中一个有价值的课题。

美国新总统布什上台以来，颇有几件教训中国人的事情。一方张牙舞爪、一方韬光养晦已非一日，教训也就罢了。但是这一回却仿佛非同寻常。

米洛舍维奇这个眼中钉一旦拔除，新任国防部长立即出面宣布，美国的战略重点要从欧洲转移到亚洲特别是东亚。问题不是由外交而是由军事切入。关岛新设了瞄准中国大陆的导弹。向台湾售出数十年来最多也最先进的武器。还要做后台，支持国内动荡不定的菲律宾忙里偷闲，在中国东南沿海今天袭击几艘船、明天占几个小岛。美国不辞劳苦，在距离本土万里之外的亚洲连续进行军事演习。新近是在泰国境内的"金色眼镜蛇"演习，参加者有美国和泰国、新加坡和日本。国防部长过不几天就要去访问韩国；那里正在准备举行美国和韩国的联合军事演习。前任总统克林顿下台前夕，急急忙忙跑了一趟越南。现在又忙于把日本和印度更紧地拉在自己一边。

就军事包围圈而言，中国西边还有缺口。但是可以料定，美国不会丝毫放松对中东的控制，大约还会加强对中亚的控制。那一大片地方，正是世界最大的石油基地和连接欧洲、亚洲、非洲的中介地带。一旦控制在手，就易于使需要石油供应的欧洲、日本就范，而且向北堵住了俄罗斯南下的路线，向东截断了中国的"丝绸之路"。

美国当局在叫板了。按照国防部报告《2025 年的亚洲》的提法，无论中国按照自己的道路走下去，还是成为美国处方上的"民主社会"或"成功地"转型为市场经济，美国都应该视中国为未来的敌人，都要根据这种认定来制定战略策略。报告说，中国的崛起，将成为美国在亚太地区的最大威胁。美国如果要在亚太地区扮演主要角色，就必须在南亚和东南亚建立前沿作战基地，同时必须不惜一切代价防止中国和印度结盟，并采取更积极的外交和军事努力，增强与韩国、澳大利亚、泰国、菲律宾和日本的联盟关系。反正中国怎么都不是："一个安定而强大的中国将会不断威胁亚洲的现状。一个不稳而相当微弱的中国也可能是危险的。"

总之，对于社会主义中国的不仅是经济的、政治的、文化的而且是军事的包围圈，正在形成，可以说再一次展示出了美国当权集团描绘的新世纪的陈旧的设计图。唯其陈旧，是因为这不过是美国重操故伎，不过是当年对付苏联①的老手段的新版本。克林顿时代，虽然也不时夹枪带

---

① 我国报刊和出版物在苏联解体以后相当广泛地使用一个词"前苏联"。例如：1917 年列宁领导俄国无产阶级推翻沙皇，1922 年建立了前苏联；前苏联共产党；前苏联总统戈尔巴乔夫；前苏联时期的经济体制等。《中国新闻出版报》2001 年 6 月 11 日发表文有仁的文章，指出这里的"前"语义含混不清，容易产生歧义。文章回忆，中华人民共和国建国初期，针对一些报刊书籍使用"前清"，曾有领导人指出不妥，正如明朝、元朝不称"前明"、"前元"。文有仁文章建议，以后不要再用含义不清的"前苏联"而径直用"苏联"的称呼。

棒地敲打中国，似乎总还可以暂时容忍有中国特色的社会主义。小布什的要价显然提高了。在这一任美国大老爷的设计图上，中国搞社会主义不行、搞资本主义也不行，"中国特色"不行、不"中国特色"也不行，搞计划经济不行、搞市场经济也不行，专制不行、民主也不行，挺身自卫不行、缩着脖子也不行，强大了不行、弱小了也不行，稳定不行、乱了也不行，做自己的主人不行、做美国的奴隶也不行，简直是唯有彻底化掉了事。

多家外电报道，印度正在明显地向美国靠近。英国《情报文摘》2001 年 5 月 4 日载文，说美国和印度虽然在一些全球性问题上存在分歧，"但它们在亚洲的利益正逐步趋同"，"建立战略伙伴关系的主要诱因就是中国"。

在日本，"改革派"新首相小泉纯一郎上台之前声明，他是要以首相身份参拜供着东条英机等战犯的靖国神社的，还准备修改和平宪法，把日本自卫队提升为武装部队。顺便说说，在根据西方政治词典的惯例，"改革派"等于"右派"等于"保守派"，比如撒切尔夫人堪称世界改革的旗手而她的那个党就叫保守党。日本和美国，都对台湾前"总统"、"台独"势力的真正精神领袖和政治领袖李登辉的访问，表示了首肯。小泉还说，日本历史教科书关于掩盖侵略罪行的修改，虽然有中国、韩国和其他亚洲国家的强烈不满，但是"不能重新进行修改"。日本也已经决定，和美国共同推进战区导弹防御体系（TMD）研究。5 月 22 日，日本时事社播发防卫厅拟定的《2001年版防卫白皮书（概要）草案》。据说草案还要经过它们那个执政党的批准然后再由内阁决定为正式的文本。但是草案里已经分明强调着"中国威胁"。他们防卫厅的干部已经预告:白皮书将"详尽地描述"中国局势,并且写入美国布什政府"新国防战略的方向"。

进入新世纪以来,美国在背后策动的一步大棋,如一家叫做《中国之春》而在美国出版、由美国的什么方面资助、由几个反对共产党执政的中国人经办的杂志透露的,是把法轮功、1989年北京政治风波跑出去的人、闹台湾独立的人、闹西藏独立的人、闹新疆独立的人,还有现在在大陆而主张共产党要么放弃社会主义、共产主义要么下台的人,都搜罗在一起,放下分歧,先颠覆社会主义政权。凑巧得很,达赖和陈水扁都在中国和平解放西藏的纪念日来到美国。截止到5月22日的消息,国务卿鲍威尔已经见过达赖,布什封他为"重要的精神和宗教领袖",也是要安排一见的。台湾中央社称,陈水扁是作为"中华民国元首"第一次过境纽约。难怪有红地毯的迎接,有24名议员的赴宴,有纽约市长朱利亚尼的拜会。这种高规格的接待使陈水扁得意扬扬,已经宣布了"希望过境纽约模式能继续下去"。

共产党执政的社会主义中国,处于1949年以来一个极为特殊的时期。新中国成立初期,美国封锁,但是与苏联修好。60年代以后中苏两党发生分歧,公开论战,以致影响到国家关系。但是随后毛泽东同志等老一代领导人洞观世界格局,运用政治智慧,就逐步打开了同日本、美国的关系,恢复了在联合国的合法地位。当时特别是在广大第三世界国家中，以维护国家主权、民族独立，同时在国际事务中坚持和平共处五项原则和主持公道、获得崇高威望的中国，朋友遍天下。今天的情况是：北边，美国企图拉住俄罗斯，在蒙古诱以经济和军事援助；东边和南边，利用日本、韩国、菲律宾以及中国的台湾等地布兵排阵，离间中国和东盟，阻止中国与印度发展友好关系；西边，除了控制中东、中亚，还想染指巴基斯坦和阿富汗。总之是几乎要置中国于四面楚歌的凶险境地。

看样子，这位小布什至少有一个短期目标。他的父亲在总统任期内颠覆了苏联共产党的执政地位、解体了苏联国家，他总要不改为父之道，子承父业，在任期内对今天最大的社会主义国家中国大大地来一番动手动脚，以此连任总统，以此载入史册，以此名垂千古。

对美国来说稍微有点难堪的是，这几天，主要由于第三世界国家的团结一致，美国失去了在联合国人权委员会和联合国国际麻醉品管制局的席位。以"人权卫士"自命，有一套"人权高于主权"的歪理邪说，天天在"人权"旗帜下干涉别国内政的美国，现在被痛痛快快地逐出联合国人权委员会，而且由得票数代替美国进入人权委员会的，竟是那个被美国称为"无赖国家"、还曾经以"人权"之名射过导弹的苏丹。在最近 10 多年美国的一路凯歌中，这实在可以称得上划时代的颜面扫地。美国全球化，怎么化出了这样的一幕好戏呢？这不是三言两语能够说得明白的。不过美国《纽约时报》2001 年 5 月 7 日刊出文章进行评论，题目本身就是一个判断：《奴隶们的胜利》。

从 2000 年年底起，美国经济是不是会衰退，是短暂放缓还是至少要衰退一些年，引起世界的广泛关注，被各家各派从各个方面指指点点。仇恨者欲其死。钟爱者欲其生。我们倒是读到不少关于美国经济如何强大和基础雄厚，以及还会继续强大和雄厚，即便出点问题也已经复苏和一定会复苏的文章。进入新的一年，文章还在说着强大、雄厚、复苏之类，那也是振振有词的。然而照旧不时传来道－琼斯和纳斯达克股市下挫的消息。2001 年 5 月 8 日美联社报道，美国劳工部宣布，美国的劳动生产率，在 2001 年第一季度出现 6 年来首次下降。事情有点扫兴：至少这半年里或者一个季度里，应该说并没有继续强大和雄厚。美联储主席格林斯潘过几天玩一次降息的魔术，目的是把钱从居民感觉相对稳定可靠的银行赶到股市去。其他一些国家也在效仿这一手。但是收效却说不上理想。美国股市仍然没有上去。好在美国解决经济困难还有一个绝招，就是靠五角大楼、中央情报局使出看家本领，到什么地方去制造紧张局势然后找个理由挑起战争。那倒可能在一段日子里管点用。我们不妨也继续看下去。

世界在关注和议论，是因为美国经济和世界几乎所有地方的经济这样那样的藕断丝连或者干脆就是唇齿相依。1997 年，亚洲如同瘟疫扫荡一样闹了一场金融危机。危机起于泰国，风暴所及，亚洲除中国、朝鲜、印度外无一幸免。然后波及俄罗斯、东欧、拉丁美洲、中东、北非几个国家和南非。西方主流舆论开导世界，危机原因是亚洲国家的"裙带资本主义"和腐败。但是相当一些非主流舆论却认为，美国和西方其他发达国家的裙带和腐败，实在不比亚洲国家逊色，除了亚洲国家自己的问题，应该说是美国和美国主导的国际货币基金组织、世界银行，制造和加剧了这场危机。一个没有人能够忘记的事实是，危机的最初几个月里，美国就从亚洲席卷而去7000亿美元。

那场危机爆发的第一年里，西方忙于指责亚洲国家的裙带资本主义和腐败，第二年就改换调门，预言亚洲危机国家和地区的经济复苏和再度繁荣了。国际货币基金组织总裁康德苏1998年9月23日在巴黎接受法国欧洲一号电台记者采访，称"遭受金融危机打击的亚洲经济将在2000年开始复苏，出现健康、持续的增长"。这年10月17日出版的英国《经济学家》又发表《黎明之前最黑暗的时刻已经到来》。文章的主题做在这是"黎明前的黑暗"。所以黑暗的原因倒是说得清楚的："舍弃一流政策，取二流政策，由三流官员实施，为四流政客服务。"几年过去了，我们目睹了和还在目睹这些地方政策、官员、政客的起落无定和颠三倒四，不过还在继续寻找"黎明"，也还隐约感到了在背后指指画画的西方势力的看不大清楚却又的确存在的手。印度尼西亚总统瓦希德一上台，就提出重建雅加达——北京——新德里轴心，居然还斗胆主张共产党合法化；这可就种下了祸根。他得罪了谁，谁在背后折腾他，把个印度尼西亚闹得越发政局糜烂、国家混乱，其实路人皆知。

那场危机带给亚洲国家的损害尚未结束，现在是美国自己"贵体欠安"了。这一次的话题不再是席卷而去、掖好行囊之后，指责亚洲"裙带资本主义"，而是在考虑问题的另外一个方面了：美国《洛杉矶时报》2000年12月5日发表《美国经济发展势头变冷给亚洲带来麻烦》，日本《中央公论》2001年3月号发表《亚洲应提早警惕数字危机》。岂但亚洲，美国一个喷嚏，非洲、拉丁美洲和几乎所有的第三世界国家，都在心惊肉跳地准备感冒发烧。至少最近10多年的几次金融危机证明，尽管被说成是因为第三世界的"裙带资本主义"或者其他什么主义，尽管受美国经济衰退的拖累，倒霉的照旧是第三世界国家。

几年以前，我曾经在宁夏农村调查。村里有一台不知何方亲友运进的录像机。从天色发暗到后半夜，一个略显空旷的场院里，一直在反复放一部时而肥臀丰乳、时而打打杀杀的英语录像片。叽里咕噜，不知所云，但是几乎全村青年都集中在那里，有的吵吵嚷嚷，有的窃窃私语，有的酣然入睡，有的一觉睡醒，重新去领教片子里的色情和暴力。和几个孩子谈天，他们不知道比如秦皇汉武、屈原曹雪芹甚至西夏，对曹操诸葛亮、武松李逵也不甚了然，更不消说雷锋焦裕禄，但是能够用宁夏腔说出一串美国影星、球星、歌星的名字。拂晓时分下了几滴雨。第二天清晨，见一位少女赶牛走出低矮的土屋，长发披肩，超短裙、高跟鞋，正在无路的荒坡，晃着树枝一步一陷地向远处走去。

我们在这里寻找着全球化的足印。

全球的人们都在思考全球化。华尔街金融大亨在自己不断膨胀的钱袋里看到全球化。纽约地铁一角用废纸袋御寒的流浪者，不难轻易地找到自己饥肠辘辘和全球化之间的联系。在拉美农民眼里，失去家乡热带雨林和肥美土地就是全球化。亚洲的普通民众，会把全球化归结为股票一夜变为废纸的金融危机或者至今还在弥漫的失业浪潮。非洲人会告诉你，像乱糟糟挤火车似的多党制，经年累月的战争、动荡、灾荒、离乡背井的逃亡，贫民窟包围着的、不比西方逊色的城市和时隐时现的麦当劳标志，这就是全球化。

同一个历史过程，在不同人们的眼里，形象截然相反。西方垄断资本集团视为摆满鲜花美酒的宴席者，西方国家被压迫人民和第三世界人民，却视为地狱和自己任人宰皮割肉吸血的屠宰场。

德国一家跨国公司总裁于尔根·E·施伦普，在一个名为"21 世纪的资本主义"的国际论坛会上，从 10 个方面宣讲了全球化的好处：

（1）"资本主义已经具有道德的质量"，它防止出现经济和政治集权，保障着机会均等、能力公正和社会安全，为广大的阶层创造富裕。

（2）全球化不是在制造新的冲突，"而是实现和平的一把钥匙"。在那些过去没有自由的地方，经济的发展正在加速政治上的转变。"保障世界的安全和稳定不再只靠军事手段，安全和稳定在越来越大的程度上取决于世界经济的增长。"

（3）"全球化带来的不是降低社会福利，而是创造全球富裕。"

（4）世界资本市场"是透明度、企业效率和民主监督的催化剂"。

（5）全球化不是靠有限的原材料储备，而是使"无限的知识储备"成为全球市场竞争的决定性资源。

（6）"全球化不会树起人际的藩篱，相反，交流的国际化将生成新的人际联系。""万维网的通信量每100天翻一番。如今，衡量国际竞争的重要尺度已不再是吨，而是千比特。"

（7）企业家的全球行为不会削弱国家的责任，它将使企业家更加积极地植根于所在的地区。

（8）"全球化不是在减少个人自由，而是为个人行为提供了新的空间。"只效忠一个雇主的做法已经变得不可思议。人们不仅会从一个公司转到另一个公司，而且还可独立开业。

（9）"全球化不会剥夺民族国家的权利，而是将使经济和政治结成新的伙伴关系。"

（10）"要赢得未来富裕不能靠守摊子，而要靠开放市场。"

对于比如一个美国的失业工人或者一个非洲农民来说，眼巴巴地看着妻小啼饥号寒、生活水平下降以至于流离失所、亡命异乡，眼巴巴地看着国家解体、民族沦亡，衣食尚且不保，哪里还有心思追寻和想象什么知识储备、万维网和独立开业。这一切简直莫名其妙。但是站在山顶、居高临下地扔石头，把世界看作自己发财致富的条件，看作自己巧取豪夺的领地、为所欲为的场所，从这样一种西方垄断资本的立场来说，这里的 10 条和渗透其中的傲视天下、扬扬自得，倒是合乎实际的。

从第三世界人民和西方国家人民的立场看来，事情完全两样。一位中国学者的文章谈到西方全球化给第三世界和西方国家人民带来的灾难，所列恰好也是 10 条：

（1）第三世界国际地位明显下降。

（2）第三世界地域扩大和人口增加。世界第一大国社会主义苏联的被肢解和从第一世界落入第三世界，以及东欧原社会主义国家从第二世界落入第三世界，使原先第三世界人口增加 4 亿。这大体上相当于非洲而略多于拉丁美洲的人口。

（3）第三世界防卫能力削弱。西方推行自己全球化的过程，同时是剥夺第三世界根据自己情况选择自己发展道路的权利，强制地、绝无自由地照搬新自由主义改革的过程。

（4）自然生态的破坏给第三世界带来巨大灾难。

（5）制造和加剧第三世界的金融危机。

（6）导致西方和第三世界教育、知识、科技差距扩大。

（7）导致全球范围劳动力贬值，第三世界受害尤深。

（8）使西方国家和第三世界国家之间，使世界的不同地区，使西方国家内部，不同的第三世界国家之间，第三世界国家内部不同地区、部门、阶级、阶层之间，经济差距越拉越大，富的越富，穷的越穷。越是全球化，经济差距和贫富两极分化也越是普遍化和深刻化。

（9）第三世界国家的依附性，通过所谓产权改革，发展到资源、市场、劳动力和经济成果贱价拍卖给西方。这种拍卖，无论就规模之大和价格之廉来说都是空前的。

（10）美国文化大举占领第三世界国家。[①]

2001年，我们又看到一个称为"声援亚非拉各国人民组织"在西班牙科斯拉达召开的"全球化挑战"国际研讨会发表的声明，就叫作《科斯拉达声明》。其中所列西方全球化的后果，又是10条，和上述中国学者的10条小有重叠却仍具独立意义：

（1）穷国与富国之间的差距以及各国内部的贫富差距正在可耻地扩大。

（2）数十亿人口生活在饥荒、文盲、医疗和住房不足的状况下。

（3）国家对外国的依赖性更大。

（4）人们赢得的社会成果被夺走或者处于危险的境地。

（5）对最大利润的追逐严重地破坏了我们的环境。

（6）一种单一的思想试图占据统治地位，试图消除文化的多样性，消除使人类各人群借以相互区分的重要思想。

（7）私有化风行各大陆和岛屿。

---

① 傅佑：《全球化对第三世界的消极影响》，《国外理论动态》1999年第6期。

（8）国际权利被破坏，而且根本不受惩罚。

（9）联合国正在失去其领导地位。

（10）某些行为破坏联合国决议而不受惩罚，不管这些决议是否有价值。

无论是赞美和向往还是批判和控诉，无论是进行理论的阐述还是进行形象的描绘、比喻和有着丰富感情色彩的说明，每个人都会对全球化作出自己的解释。没有一家报纸、刊物、电视、广播、出版社、因特网网站，不曾发表有关全球化问题的消息和言论。即便是普通人，也是有多少人就会有多少对于全球化的感受和理解，有多少人就会有多少全球化的定义。全球化进程如何、功过如何姑且不论，但是有一点可以说确凿无疑："全球化"这个词，本身已经全球化了。

在人类历史上，还从来没有哪一个话题，如同"全球化"在今天这样，引起世界各洲、各国、各民族、各阶级、各阶层、各群体人们如此密切的关注。尤其有趣的是，同西方发达国家和第三世界国家之间富的愈富、穷的愈穷因而差距愈拉愈大的经济现实恰好相反，就关注全球化问题的密切程度而言各方倒几乎相去无几，但是见解又空前地纷繁歧异。它已经成为目前政界、学术界、社会舆论、大学讲坛甚至街头巷尾以不同语言使用频率最高又分歧最大的一个概念。

一无遗漏地收集全球化的定义，不仅是一个永远完不成的课题，而且注定费力不讨好。我们将在后面列出 90 年代以来的百家定义。凡事总要有个范围，所谓百家，也不过大略言之，指其多且纷繁而已。我们只是希望通过一种帮助读者广泛浏览的方式，知道世界各国、各阶级、各阶层的人们都在讲全球化，都有自己的说法。但愿这里所列百家，能够基本上包括目前世界在全球化问题争论中多少具有代表性的意见。

在领教一大篇密密麻麻的定义之前，我们首先要预告一种庆幸，即我们所列的那些定义还不至于把读者拖入到一种使人找不到理性的起码的能见度，只是在乌黑和迷乱中叹息，除了昏昏欲睡之外再也没有走下去的愿望的境地。

在据说也属于对全球化进行学术研究的领域，实际上有大量不知所云的定义。一位美国学者在研究全球化的时候，特别引述了他的一位同胞的、把他也弄得如堕五里云雾中的定义：

　　（全球化是）在它的部分之间加剧二元关系的一个不具有整体性化的整体。它的部分——主要是民族国家、但也包括地区和社群，仍然继续通过"民主国家实体"这一模式来表达它们自己。……尽管这些二元关系、或者说点与点对应关系已经不同于复杂整体中的地域之间或部分之间的关系，但我们仍需为这些二元关系们加上一些含蓄的界定：它们最首要的是紧张与对抗，但不是完全排斥；每一元都是借助二元中的另一元来按自己的意志而努力表达自己。①

　　这段精妙绝伦的文字的作者，已经在自己制造的"二元关系"中，借助不知存在于何处的另一元，按自己的意志把自己表达为外星人。他的关于"全球化"的天书式的定义，不过说明他自己被全球化到了地球人类之外。正常人很难在这里找到理解的支点。这种折磨别人同时折磨自己的不可理喻的荒唐动机，这种对人类文明的亵渎，也该算是西方全球化在人类认识及学风和文字领域的一种怪胎式的杰作。

　　在一个谎言比真实、荒谬比真理更能卖个好价钱和赢得知名度的时代，产生和流行这类纯属垃圾的劳什子，完全不足为奇。

　　有人会提出，百家中相当一些知名度不够或完全名不见经传。在我们看来，一时的知名度和真理，和终究被历史承认的价值与地位，常常不仅不能画等号，而且难免南辕北辙。马克思《资本论》出版之初，遭到资产阶级知识界的存心冷落，但是至今整个世界却还在同它对话；历史没有越出它所揭示的社会规律，赞成者固然在这里找到认识现实的锁钥，反驳者却也不得不第一万次地再来费心反驳。曾出任美国国务院政策计划委员会主席、总统国家安全事务特别助理的罗斯托，要劳神写一本书反驳马克

---

　　①　彼得·考克莱尼斯：《农业的全球化：大米贸易的警示》，《史学理论研究》，2001 年第 1 期。

思，书名叫作《经济增长的阶段：非共产党宣言》。最近看到报道，说西方出版了一些比如《帝国》一类的畅销书，书评家也比喻为新时代的《共产党宣言》。反正还是绕不开马克思。这似乎可以叫作"跳不出如来佛的手掌心"。曹雪芹在自己的时代家道中落，一部《红楼梦》问世，传抄于街衢坊间，作者却没有一束鲜花、一文稿费，穷到"举家食粥酒常赊"。至于今天第三世界国家的青少年对自己民族的英雄和文化巨人茫然无知而唯独对什么球星、歌星、模特儿的身高、皮肤、衣着、化妆品了然于心，则不过是一种民族的悲剧。

恰恰在号称全球化浩浩荡荡、势不可挡、不可逆转的时候，围绕对于全球化问题的理解和宣传，不同人群的利益以及由此产生的观念，却表现出从未有过的纷繁歧异和尖锐对立。没有理由排除其中政客和缺乏学术道德的学者、新闻家的存心欺骗、巧舌如簧、有意地混淆视听。没有理由排除相当一些靠贩卖空话欺世盗名的毫无价值的文字游戏。但是诚实的劳动在继续创造财富，正直的学者在不倦地进行着思考和探索。从已经发表的文字中判断学术价值，不是一件很容易的事情。全球化这个概念有时候限于细枝末节，有时候又漫无边际，不过在西方主流舆论占据意识形态统治地位的情况下，已经被弄得非常的时髦又非常的混乱和捉摸不透了。

我们所列各家，主要属于 20 世纪 90 年代以来。在严格的意义上，有些未必是定义，甚至作者自己既不是在下定义，也不一定承认所言所写就是定义。有些是介绍几种不同的理解，或许略加综合，一条并非一家。有些在相互反驳或是相互补充。有些则你说你的、我说我的。这并不妨碍我们的读者从定义的角度去理解和受到启发。广告家有"排名不分先后"的招数。我们至多只是大体考虑到堪称一家之言。其间是非真伪，尽由读者见仁见智。然而在观察历史运动的基础上对众多定义的比较，终归会有助于读者把握全球化的主要方面。

虽然科学的定义能够提供一种入门的路径，然而任何定义都源于实践和服从于实践。在这个意义上，定义是灰色的，实践之树常青。至于使定义从属于私利和偏见，至于玩弄语义学的、翻译学的把戏，至于把人们的注意力吸引到咬文嚼字式的训诂和考证，就更加离开科学的轨道了。

要给出一种为全球普遍认可的何为全球化的界定，甚至很长一个历史时期都将是难以想象的。全球化本身也有其复杂性。它是一种状态，又是一种过程；是一种社会生产力发展的特征，又是一种生产关系的范畴；是一个经济学、经济实践领域的问题，又显然渗透和弥漫于政治的、文化的领域；是一个自然科学、社会科学的诸多学科都会涉及，横跨广阔的领域的问题，又是任何一个学科及多种学科交会点的研究越是深入才越是能够把握它的若干基本方面的问题；可以从随便哪个专业入手研究全球化，但是这种研究从一开始就必定是全球的，而不会限制于这个专业的狭窄范围；它是一个地域的概念，又是一个打破地域的概念；它客观地存在和发展，有着不依人们意志而转移的规律，又总是带有一定国家、民族、地域、阶级及研究者个人的主观性；如此等等。

手边有一本四位英国作者的《全球大变革——全球化时代的政治、经济与文化》，中文译本由社会科学文献出版社 2001 年 4 月出版。我们将在后边涉及这本书的某些看法和资料。但是仅仅它的目录，就给我们开列出了这么多的"全球化"：

政治全球化

军事全球化

战争体系的全球化

贸易全球化

金融全球化

当代金融全球化

比较金融全球化

迁移全球化

文化全球化

前现代和现代的文化全球化

当代文化全球化

环境全球化

前现代全球化

现代早期全球化

现代全球化

当代全球化

在同样的或许略微低些的层次上，还可以随手列出比如英语全球化、教育全球化、跨国公司全球化、贫困全球化、失业全球化、北约全球化、难民全球化、好莱坞全球化、腐败全球化、污染全球化、毒品全球化、走私全球化、艾滋病全球化、同性恋全球化，等等。

人们从不同角度提出问题和进行分析，除了由于自信而断然给出一种定义之外，多数情况下只是提供一种描述或是一种比喻，有的在说已经怎样，有的又在说应该怎样和将要怎样，有的还把全球化的特征、后果、表现等同于定义、作为定义的组成部分或是用来解释定义，以至关于定义本身，仿佛也需要定义了。应该说，只要采取尊重事实的客观态度，从它的任何一个细节、任何一个侧面、任何一个片段，都可以多少揭示它这样那样、或多或少地凝结着的某些基本品质。因此，无论从哪一个方面入手，总可以讲出点什么。

大体上说，全球化作为理论研究的热门话题，在20世纪80年代后期显示出一种特别的蓬蓬勃勃而又高度统一于西方主流舆论的势头。那几乎可以说贯穿着颠覆苏联、东欧社会主义政权的最后过程，既是这一过程的舆论准备，又发展为胜利之后近乎癫狂的凯旋颂歌。

但是1997年开始的亚洲金融危机，使它虽然还在蓬勃却劲头减弱而且日益地"舆论不一"了。甚至西方主流舆论也不再是一个调门唱颂歌，而有了有保留的、反思的、分析的、批评的声音。另一方面，在西方国家和第三世界国家，既出现对于当前全球化进程的激烈批判和愤怒控诉，也连续发生从1999年西雅图会议开始而越来越普遍、越来越激烈的群众性的抗议活动。

有人嘲笑说，穷人的哭诉没有建设性：你们说这个不好、那个不好，却又没有拿出治理世界的更好的系统方案。生活就是这样：穷人的哭诉并不总具有建设性，忘记和无视穷人的哭诉，却注定是一种历史的错误和终究会受到历史的惩罚。生活就是这样：一名普通的工匠或者农夫或许是愚昧的，但是成千上万的人民大众明黑白、辨是非，他们的创造性劳动洗涤着污浊、累积着文明，锻造着人类的未来。

在西方主流的电视、广播、报刊和出版物中，人民的愤怒和斗争自然只是"偶然"提到，自然会尽量地淡化或者干脆只字不提。然而它出现了、存在着、发展着，有着不可遏制的生命力，在全球化进程中占有自己的无法抹去的位置。

研究全球化，只是在西方主流舆论划定的圈子里嘟嘟囔囔、卖弄小聪明和低水平重复，不敢越雷池一步却还要口口声声地自称改革和创新，已经成为这个对于人类进步和社会发展具有重大意义的课题的最大阻力。坦率地说，和西方主流舆论每天劳神制造的、弥漫全球的空话、假话、废话、套话相反，全球化的最深层的、最强有力的、最终决定历史方向的动力，不在克林顿、布什或者格林斯潘的讲坛上，不在纽约证券交易所特级大亨的钱袋里，不在电视明星的装腔作势和新闻家的指尖舌间，而在占全球人口绝大多数的、不同肤色的人民大众历史创造的实践中。只有人民是"万岁"的，除此之外都不过是过眼烟云。一味地眼睛向上，有时候真可以得到几个赏钱或者什么知名度，但是绝对得不到真理。

　　我们至少有义务首先做一件基础性的工作，就是在定义的部分，尽可能完全地、客观地向读者介绍有关全球化问题的各种见解。如果连这一点都做不到，那就实在说不上起码的科学良心和郑重的科学态度了。

21 世纪人民解放的旗帜 *

——纪念毛泽东诞辰 110 周年

人民不是在政治喧嚣、广告和化妆品的五颜六色里，而是在自己的心底，记着这个平凡的名字：毛泽东。

毛泽东从农家的墙上、工人家庭照片的镜框、司机方向盘的旁边、知识分子的书桌，看着自己的党和国家，看着世界历史的起伏波澜，看着人民的苦难和欢乐、奋争和探索。

1893—2003 年，是中国从半殖民地半封建社会走向社会主义现代化强国的 110 年，是人类战胜两次帝国主义世界大战，又再度陷入帝国主义世界统治的藩篱、面临新的恐怖战争威胁的 110 年。

毛泽东和他的战友们，在反对帝国主义和封建主义压迫、缔造共产党、人民军队和人民共和国的进程中，经历过血与火的战争、国内斗争和国际斗争、你死我活的厮杀

＊ 本文为作者所著《全球化与共产党》附录，中国人民大学出版社 2005 年出版。

和战争废墟上的建设，经历过失败、胜利、再失败、再胜利的民族解放和社会革命性改造的锤炼。

毛泽东接手的，是一个四分五裂、人心离散、牛拉木犁的中国。当他撒手人寰的时候，中国的原子弹、氢弹凛然守护着国门，中国的卫星在太空傲视着地球，中华民族以从未有过的尊严和凝聚力站立在世界舞台。

毛泽东的智慧和丰功伟业，升华着 5000 年以来中华民族文明的精粹，浸透着 1840 年以来中国各族人民反抗帝国主义和封建主义压迫的英雄主义，集中着 1921 年以来中国共产党人全部奋斗的历史经验。

毛泽东是中国人民最忠诚的儿子。他是中国工人阶级及其先锋队中国共产党的骄傲，是中华民族的骄傲，是马克思列宁主义的骄傲，是世界被压迫人民、被压迫民族的骄傲。

在中国人民为争得民族解放和阶级解放而进行斗争的时代，他在著名的《论联合政府》中提出："人民，只有人民，才是创造世界历史的动力。"[①]

在中国已经成为一个强大的社会主义国家、人民团结奋发地投入祖国建设的时代，他再次重申和强调："我把唯物史观的精髓概括成一句话。叫作'人民，只有人民才是创造历史的动力。'过去打仗，靠的是人民；现在建设，靠的还是人民。一切成就都来自人民自己的努力。"[②]

[①] 《毛泽东选集》第 3 卷，人民出版社 1995 年版，第 1031 页。

[②] 转引自熊向晖：《历史的注脚——回忆毛泽东、周恩来及四老帅》，第 18 页。

古往今来，人们呼喊着皇帝万岁、国王万岁、总统万岁。掀翻这种历史的旧案，毛泽东呼喊着"人民万岁"。

从《共产党宣言》提出"无产阶级的运动是绝大多数人的、为绝大多数人谋利益的独立的运动"，到"人民，只有人民才是创造世界历史的动力"，毛泽东把自己对世界历史规律的伟大发现，融入马克思主义的进程中。

人民是创造世界历史的动力。这是毛泽东发展和丰富马克思列宁主义的基点，是毛泽东思想的精髓。

关于人民是创造世界历史的动力的理论，像主轴一样贯穿于毛泽东的一生，成为他全部社会活动、全部著作的灵魂。

在国际共产主义运动中，毛泽东最坚决地反对党内和政府中存在的阿谀奉承作风，第一次领导了科学地清算个人崇拜现象的严肃斗争。他主张实践论、反对天才论的观点，认为权威在群众实践中自然形成的观点，是他关于人民是创造世界历史动力理论的一部分。

在帝国主义使中华民族面临亡国灭种威胁的时候，在阶级压迫、社会压迫使绝大多数人陷入灾难的时候，他是最伟大的民族英雄和最伟大的无产阶级革命家。在共产党成为执政党而党内出现危害人民利益的官僚主义、腐败现象的时候，他是这种现象的最无情的铲除者。他把生命之根深扎在人民中间，从人民中汲取力量，和人民一道、领导人民为实现人民的解放而斗争。

他缔造了一个以全心全意为人民服务为最高宗旨的党、一支由这个党领导的人民军队、一个由这个党领导的国家机构、一种历史上从未有过的把人民利益置于最高地位的革命精神和廉洁传统。他所提出的"从群众中来、到群众中去"的群众路线，至今还是决定共产党人成败、判断共产党的真伪的根本工作路线。

他说，劳动者管理国家、管理军队、管理企业、管理文化教育的权利，是社会主义制度下劳动者最大的权利、最根本的权利。如果没有这种权利，劳动者的工作权、休息权、受教育权等权利，就没有保证。

他又说，社会主义民主的问题，首先就是劳动者有没有权利克服各种敌对势力和它们的影响的问题。像报纸刊物、广播、电影这类东西，掌握在谁的手里，由谁来发议论，都是属于权利的问题。

他对于国家事务的领导，在于从经济、政治、思想文化的所有方面，努力建立一种旨在实现和巩固人民权利的社会机制。他经手建立的制度也许并不完善，然而那却是一种在人类史上具有开拓意义的伟大创新。

凡与人民为敌者必与毛泽东为敌。凡惧怕人民者必惧怕毛泽东。他们在他的英名上倾倒垃圾、涂抹污水。那是大海波涛中蛆虫的呻吟，入云巨峰下枯草的悲鸣，活脱脱演出着自己的卑劣和渺小。毛泽东，就是那个使侵略者望风披靡，使压迫者弃械逃窜，使盗窃国库者胆战心惊，使一切人民的敌人寝食不安、闻之丧胆，而使人民得到鼓舞和希望的名字。他的铭刻在中华民族灵魂深处的伟大名字，不因历史的变迁而剥蚀，不因宵小的嘤嘤嗡嗡而变色。什么样的垃圾和污水，能够损害他的一毫一发呢？

　　毛泽东属于 20 世纪。他同样属于 21 世纪。

　　我们时代的基本矛盾，是帝国主义和被压迫民族、被压迫人民的矛盾。和 20 世纪不同，今天的帝国主义以美国为首的国际垄断资产阶级为主要存在形式，今天的被压迫民族、被压迫人民也已经不是一国、数国而是遍于世界各国、各民族。资本作为一种统治力量在"全球化"，受到这种资本压迫和反抗这种压迫的力量也在"全球化"。

　　毛泽东关于人民是创造世界历史的动力的理论，从来没有像今天这样获得世界历史的意义。

　　世界的发展不平衡。毛泽东的巨幅画像，同马克思、列宁、格瓦拉的画像一道，高举在呼喊着反对西方全球化口号的队伍的前列。出没于拉美丛林、亚洲山地的游击战士，仍然以《论持久战》作为自己的教科书。他们没有在对"武装夺取政权"理论的一片嘲笑中放下武器，继续经由艰难的奋斗积累着自己的胜利。

　　毛泽东关于三个世界的划分，关于美帝国主义是全世界人民的共同敌人，关于结成广泛的统一战线战胜帝国主义和一切反动派，关于国际主义与爱国主义相结合，关于各国各民族一律平等以及各国人民相互支持，关于自力更生、相信和依靠自己的人民、建立自己独立的民族经济、科技体系、教育体系，关于帝国主义是纸老虎，关于在战略上藐视敌人、在战术上重视敌人的理论和策略，已经深入 21 世纪的历史进程，特别是吸引着被迫陷入经济依附地位的第三世界国家。

　　毛泽东论鲁迅，说鲁迅的骨头是最硬的，没有丝毫的奴颜和媚骨，这是殖民地半殖民地人民最可宝贵的性格。

这同样是毛泽东本人的性格，是中国共产党人的性格，是一切为挣脱国际垄断资本枷锁而奋争的人民所敬重、所向往的性格。

一位香港研究者在斥责民族败类的同时，称毛泽东为"民族胜类"。只有毛泽东这样具有现代工人阶级的彻底革命精神的人物，才能够成为"民族胜类"。只有捍卫本国、本民族最大多数人的利益、实现自己的独立和主权，才能够促进世界各国、各民族人民的平等相处和真诚合作。

历史正在最终消灭资本主义异化的过程中，成为马克思所说的"世界历史"。人民从世界历史的客体转变为世界历史的主体，从被压迫者转变为生活的主人，是埋葬横行肆虐的新自由主义、新保守主义，从根本上扭转全球化方向，建立人民自己的国家和公正合理的世界新秩序的决定性环节。

谁期盼出现毛泽东，谁就是某种意义上的毛泽东。谁和人民在一起，谁就配称毛泽东的学生。人民需要毛泽东，已经和正在创造着成千上万个毛泽东。

"把穷人的蛋糕切给富人"*

富饶的土地和有教养的人民

10月28日，由伊瓜苏乘飞机到阿根廷首都布宜诺斯艾利斯。稍事停留，改乘汽车到罗萨里奥市。下午会见该市代市长和秘书长，晚宴，住该市。29日到圣菲省阿姆斯特隆市参观。当晚与激进党该省负责人会谈。30日返布宜诺斯艾利斯，在该市参观和拜望一些朋友，当晚欣赏被认为是正宗探戈的阿根廷探戈舞。

阿根廷，在西班牙语中意同拉普拉塔，所说为"白银"。西班牙人1527年来到这里，从一个宽阔的河口溯流而上，深入内地，看到本地印第安人多佩戴银制饰物，以为盛产白银，就把这条河称为拉普拉塔河，把这个地区也

---

* 本文为作者所著《西方全球化中的拉丁美洲——一个调查报告》第五章，红旗出版社2004年出版。

称为拉普拉塔，后来又改称拉普拉塔省。1916 年 7 月 9 日，拉普拉塔省独立，国名定为阿根廷。阿根廷一词源于拉丁文，可以指白银，也包括更宽泛的"货币"、"财富"的意思。总之是富有。难怪直到第一次世界大战，欧洲人仍然把这里视为发财致富的象征和乐园。

从布宜诺斯艾利斯向北，到罗萨里奥、圣菲，然后再回到布宜诺斯艾利斯，虽然只是地图上的短短距离，但是乘汽车却要跑六七个小时。这样的旅行，倒让我知道了什么是阿根廷。平坦笔直的高速公路，没有几辆车，可以放马由缰地奔驰。一路跑下去，竟然几个小时几乎看不到一座村庄、一个人。相隔很远，可以看到一处加油站或者院落；加油站有彩色的招牌，院落边几株树木，宽阔而寂静，很少有主人的身影。公路两边是一望无际的浓绿，一色高可没脚的青草。青草中时而有悠闲的牛群漫步或是半卧半躺。这里所谓群，最多也不会超过十头八头。

后来曾经有机会问一位阿根廷的农场主，经营多少土地。回答是 2000 公顷。这真使中国人惊叹。在我的家乡，旧中国的大地主，也不过 200 亩地，土改时人均 4 亩多一点，现在则只有不到 1 亩了。在墨西哥问一位农场主，经营 150 公顷，而这里居然是 2000 公顷！而且一马平川，肥沃湿润，怎么能不成为世界的粮仓肉库呢？想起了阿根廷人骄傲地说过的一句话："我们的平原从大西洋起，一犁头耕到安第斯山麓，都不会碰到一块石头。"

阿根廷地处热带和亚热带，国土中耕地占 10.7%，牧场占 49.1%，森林占 22.7%。适宜的雨量，纵横的河流，像明镜一样缀在大地上的湖泊，都成为发展农牧业的得天独厚的条件。曾经听巴西里约热内卢人自夸，说上帝的籍贯在里约。如果有一位"农牧业上帝"的话，阿根廷人也实在有资本自夸：这位上帝的籍贯在阿根廷。

阿根廷的美丽、富饶、辽阔，还不仅表现在农牧业。丰富的水力提供着发电的资源。沿海盛产鳕鱼、金枪鱼和鲨鱼。茂密的森林使它成为世界最重要的林产品供应国之一。石油、天然气、煤、铁和稀有金属，样样都有。

从 19 世纪末起，在欧洲眼里，阿根廷意味着财富。那是淘金者的理想国。意大利、西班牙和其他西欧国家的移民大量涌入阿根廷。所余土著甚少，集中居住在国家北部和南部的贫瘠山区，越来越被社会政治生活边缘化。尽管许多人保留着某些欧洲人的生活习俗，尽管一些建筑表现出西班牙或者法国的风格，尽管大亨们总是把子弟送到巴黎或者罗马去深造，大量的欧洲移民和他们的一代一代后裔，仍然没有能够在这里再造一个欧洲。印第安人和黑人，在这块他们为之流汗流血的大地的每一块泥土，在每一片草叶上和每一滴露水中，都深深地植下自己的基因。这里是劳动、抗争、交融中形成的新的民族文化和传统。阿根廷就是阿根廷，它属于拉丁美洲而绝不属于欧洲。

在布宜诺斯艾利斯出生、一度举家移居日内瓦的阿根廷诗人豪尔赫·路易斯·博尔赫斯，异域漂泊多年以后重新回到祖国，回到童年的宅院，目睹陌生又熟悉的树木、月亮、飞鸟，在《归来》中写下这样深情的诗句：

> 这片天空多美啊
>
> 它围拢在庭院的四壁！
>
> 多少英勇的史诗
>
> 发生在小巷的深处！
>
> 多少脆弱的新月
>
> 给花园送来温馨！
>
> 在我辨认出屋宇之前
>
> 将获得又一次新生！

　　阿根廷人民有自己的光荣历史。1810 年 5 月 25 日爆发的推翻西班牙殖民统治的"五月革命"，民族英雄圣马丁，在今天拉美和全世界获得越来越多尊敬的格瓦拉，成为阿根廷人民民族精神的象征。这是一个爱好和平、懂得自重而又尊重别人的民族，同时是一个不甘于受人欺凌的民族。我注意到，"激进"似乎已经成为阿根廷政治中一个受到欢迎的概念。难怪 1916 年上台执政的党叫作激进党，1958 年大选有不妥协激进公民联盟领袖弗朗迪西当选总统，1963 年有人民激进公民联盟领导人阿图罗·伊利亚当选总统，1983 年 12 月当选的总统阿方辛也是激进党人。激进公民联盟即激进党，现有党员接近 300 万，已经 5 次执政。我一时分不清楚在"激进"名义下的党派的沿革与关系，手边没有资料来评价那些党派的纲领和政策，也不能简单地用今天中国人对"激进"这一概念的认识简单地类比阿根廷的政治现实。但是看来阿根廷人民对"激进"这个概念并不反感甚至可以说有程度不同的好感。否则，政治家们就不会愿意把自己的组织称为"激进"，倒是要避之唯恐不远以至于要"告别激进"了。

阿根廷也出现过一些主张全盘美国化的人物。且不说眼前的新自由主义，19 世纪 60 年代到 70 年代的一位总统多明戈·福斯托·萨米恩托，就曾经提出口号：把阿根廷变成"南美的美国"。后来的一些实证主义学者，也认为拉美人种构成一无是处。19 世纪的一批实证主义思想家，热心宣传欧洲自然科学的成就，却不提倡创造阿根廷本国的思想。但是他们的思想正因为不愿意或者无法在阿根廷大地和阿根廷人民的心中扎根，所以总是屡屡飘然而来又飘然而去。

罗萨里奥是切·格瓦拉的故乡。代市长说，20 世纪 70 年代他曾经有机会访问中国，远远地看到过毛泽东主席。80 年代陪当时的总统到中国，最使他激动难忘的，是在天安门广场见到几百人甚至几千人排队走进毛泽东纪念堂，那说明着人民对自己领袖的深情。因为我们来访的时候恰逢毛泽东主席诞辰 110 周年，我就和他谈起中华民族的这位巨人，说毛泽东同志是伟大的革命家、思想家、理论家、人民军队战无不胜的统帅和诗人。他顿然兴奋，忘却我们见面之初那种外交场合的拘谨，起身和我热烈拥抱，还要补充：伟大的写字家，伟大的游泳家！一个在寒风凛冽中敢于到大江大河中乘风破浪的人，什么困难不能战胜呢？

他从毛泽东主席谈到鲁迅，一再表示敬重中华民族的伟人。我也谈起格瓦拉，说中国很多青年人知道格瓦拉的事迹，北京还演出过诗剧《格瓦拉》，引起轰动。我们都认为，任何一个民族，都要珍惜自己在民族解放斗争中形成的优秀传统，都要永远尊敬自己为民族解放事业作出贡献的先辈，对于第三世界国家来说，这一点特别重要。他说：一只燕子带不来春天，希望中国能够支持第三世界。在随后的晚宴上，我们举杯的祝酒词就是：为第三世界干杯。第二天清晨，他特意派人送来有他签字的一幅格瓦拉的照片。回到北京，我请人把这幅照片转送诗剧《格瓦拉》的作者。我想，他会高兴的。

在阿姆斯特隆市参观的时候，一位陪同的农机工人主动向我们说起格瓦拉：右翼军人独裁政府统治时期，佩戴格瓦拉像章的人会"失踪"，现在可以公开谈论格瓦拉了。我们阿姆斯特隆的年轻人喜欢格瓦拉，格瓦拉是我们的骄傲。我们将在下周举行一个纪念活动，开会、讲话、唱歌和跳舞。格瓦拉属于我们。

我们都属于第三世界。我们都在为着本民族人民的解放和发展而奋斗。不论走到哪里，不论语言、肤色、历史传统、文化教养和面临的任务有多么大的区别，总是可以很快找到共同语言。我们的心是相通的。

布宜诺斯艾利斯被称为"南美的巴黎"。无论在拉美或是在第三世界的其他国家，一处稍微好些的地方，就荣耀似的给你加上一顶什么地方的巴黎、瑞士、威尼斯、曼哈顿之类的桂冠，好像欧美之外，再也不配也没有必要有新的创造。什么时候，人类才能从这种殖民主义的偏见中解放出来呢？

这里几乎看不到有印第安文化特色的建筑。但是欧洲风格建筑群的地基，却流淌着印第安人的血。巴黎有自己的历史。但是巴黎没有圣马丁广场；耸立在那里的圣马丁塑像，向人们诉说着阿根廷人民的苦难、斗争和胜利。巴黎也没有五月广场的母亲们——她们扎着白色头巾，隔三差五地在广场集会和游行，寻找她们被军政府屠夫们杀害的儿子、丈夫或者孙子，对物欲横流的时代提出抗议。

有机会在一个华贵的剧场，一边吃烤牛排，一边欣赏探戈。欧洲人欣赏歌舞，是要衣冠楚楚、正襟危坐的，不会有阿根廷大酒大肉的气概。舞台上很少智利和巴西歌舞中那种印第安人与黑人艺术的风情，但是可以依稀想象出的，是大海的遥远、草原的辽阔、火一般激情燃烧的爱和苦苦的思念与期待。

阿根廷是探戈舞的故乡。探戈舞起源于阿根廷的贫民窟：漂洋而来、要靠双手混一口饭吃的欧洲水手，非洲黑奴的后代，除了卖身别无谋生手段的混血的本地女子，会聚在杂乱的船帆、空旷的码头和四面透风的破旧房屋间，在这里寻找自己的爱情和理想。它首先在工人居住区风靡起来。当它传入欧洲的时候，得到的回答是拒绝和禁止。至于后来为欧洲上流社会所接受的探戈，是已经进行过某些改造了。1917年，一位"布宜诺斯艾利斯阿巴斯托地区的孩子"的《我悲伤的夜晚》，使他成为第一位探戈明星，也使探戈名闻全球。这就是本来意义上的探戈：不是上流社会的发泄和消遣，而是劳动者和贫苦者的忧伤与悲叹。

阿根廷人民是有教养的人民。2001 年 12 月爆发经济危机的初期，曾有报道说发生抢劫商店、超市的事件。从那时开始的经济危机至今没有过去，但是我们遇到的阿根廷人，却无论身着价格昂贵西装或是普通的工作服，一个个都文质彬彬。除非极度的贫困和愤怒，说这里发生抢劫，简直不可思议。阿根廷人民的骄傲，首先不是表现在欧洲风格的建筑，也不是表现在布宜诺斯艾利斯繁华的街区和探戈舞，而是表现在这个民族重视教育的传统。

阿根廷是拉美最早实行扫盲计划的国家。文盲率持续下降，人民文化水平不断提高，使它成为拉美文盲率最低的国家。阿根廷也是拉美最早实行义务初等教育的国家之一。1970 年以后实行 7 年义务教育，把儿童入学年龄提早到 5 岁，同时把 3—4 岁的学前教育列为前义务教育，把中等教育列为后义务教育。这就扩大了正规教育的覆盖面。截至 1990 年，阿根廷 24 岁以上人口平均接受教育的年限为 8.7 年。

加强基础教育是阿根廷教育的一个优势。学前教育的特点，是根据幼儿发育的规律组织各类半游戏性质的活动，开设西班牙语、算术、手工、音乐、图画、舞蹈、诗歌、故事、韵律练习、体育、清洁卫生等课程，培养和发挥孩子的智力、天赋、爱好、特长。5 岁到 12 岁的初等教育，由全国教育委员会统一编写教材，目的是使孩子们掌握自然科学和社会科学的基础知识。中等教育分为普通中学和中等专业教育两种，前者主要为高等学校直接输送学生，与大学教育衔接紧密，后者毕业生可以直接进入工作岗位，也可以升入大学相应的科系。中等教育一般 6 年。一个第三世界国家，能够保证自己的孩子们从 3 岁到 18 岁接受义务教育，应该说是了不起的成就。新自由主义在拉美危害甚烈，直接导致阿根廷的全局性的危机，使阿根廷人民已经连续两年在危机中挣扎。罗萨里奥市代市长说，新自由主义对本民族文化传统的破坏相当严重，电视、媒体、艺术和文化都被西方全球化了，都受到美国消费文化的渗透。请教几位熟悉情况的朋友，所幸这个学前的、初等的和中等的义务教育的体制，至少在理论上和政策上尚未遭到根本的、完全的毁灭，总还算有个基础。

我想，这将成为阿根廷走出危机和探索新的发展道路的一个重要基石。

"僵死的人亲吻刽子手的手"

阿根廷激进党和中国有着传统友好关系。我和我的同事们来到罗萨里奥，这个党的地方负责人不仅亲自到宾馆迎接，而且提出由他们支出费用。我们婉言谢绝，但是不能不为他们的盛情所感动。

激进党和正义党，是目前阿根廷两个最大的党。

20 世纪 30 年代，阿根廷被几个寡头控制。1943 年，一队年轻军官发动政变并取得成功。新政府的著名人物之一，是直到今天还受到社会关注、在很大程度上影响着阿根廷现实政局的胡安·多明戈·庇隆。他向手无寸铁的工人呼吁，曾经担任工党总书记并参与组织工会。1946年到1955年出任总统，提出政治主权、经济独立、社会正义三大主义，主张改善劳工福利、实行国有化和工业化的五年计划和妇女获得选举权。他1945年组建正义党（又名庇隆正义党、庇隆主义运动），现有党员400万人。

10月29日会见激进党圣菲省的几位领导人，听取他们对阿根廷局势和有关国际问题的见解。他们对阿根廷实行新自由主义政策的最令人难忘的评价，就是一句话："僵死的人亲吻刽子手的手。"

阿根廷目前有两个最大的党，正义党和激进党。很长一个时期，都是这两个党轮流执政。一般认为，激进党代表中产阶级，也就是"白领"、社会管理者，而正义党代表下层、社会建设者，在第二次世界大战期间建立，受到那次大战的影响。激进党成立于十九世纪末期，当时正值欧洲发生工业革命、到处进行技术扩张，我们党的历史受到这种形势的影响。

我们与目前的中国共产党关系很好。我们两国的发展都会遇到问题。有些是各自的国内问题，有些是共同的国际问题。因此加强经常性的交流，对彼此都有益。

阿根廷在梅内姆担任总统的时期推行新自由主义。

由于上个世纪八十年代军政府时期货币频繁浮

动，完全听任市场，造成通货膨胀、货币贬值，梅内姆上台以后执行固定汇率，在最初一段时间里对稳定经济、增加外资有帮助，并且带来九十年代初阿根廷经济的一个时期的增长。仿佛梅内姆的新自由主义把国家搞得看来很繁荣。但那是泡沫式的。

在经济上，货币带有根本的意义。把比索和美元固定在一起，阿根廷成为新自由主义的最好的学生。这种固定汇率既不反映市场，也不反映生产，而是靠法律来维护的。它在阿根廷存在一年还可以，但是竟然执行了十二年！

新自由主义把阿根廷、也把整个拉美，纳入美国资本主义发展道路。新自由主义，主要是经济上的，同时也包括政治的、文化的方面。

梅内姆和美国之间有一种很不负责任的关系。

在政治上，他是追随美国的。

在经济上，他把属于我们的东西都卖给美国和欧洲国家了。

苏联解体以后，美国通过收买政治家控制阿根廷。需要强调地说：不是收买党而是收买党的领袖，不是收买民族而是收买政治家。应该说，它可以收买个别政治家，但是不会也不可能收买整个党、整个民族。

美国有几个大的基金会，无论是民主党的还是共和党的，任务都包括用金钱、媒体收买其他国家，也收买阿根廷的政治家。他们培训人才、支持竞选等，都是在收买。这种办法比军事手段要便宜，只有在使用这种办法不能奏效的时候，才使用军事手段。

在阿根廷军队中，包括海军、空军、航天人员中，都有人被美国收买。有些我们国家的安全人员，其实在为美国服务。我们的媒体、记者、"思想制造者"，也有一些人被美国收买。按照他们的要求宣传美国，宣传对美国有利的思想，他们自己或者会指使一批人，出来大吹大擂，又抬又捧，请去讲学，提供资助，帮助在著名报刊发表文章、出版精美的书，得到很高的报酬。如果和美国不一致，如果揭露美国的罪恶，它就会公开或者在背后策动进行打击，使你的声音很难发出去，甚至使你的安全和生活都受到威胁。

在阿根廷培训和收买哪些人？这不需要经过阿根廷议会，也不需要经过阿根廷政府，而是由美国自己选择和决定。他们派出的人中间，有一些就担负着这种物色选择对象的使命。收买军队，它搞一个"军事合作项目"，就大摇大摆地进来了。

对于美国通过培训、资助等手段收买为它服务的第三世界国家人员的行为，很多第三世界国家到现在还没有认识到，更不要说提高警惕和进行有效防范了。

梅内姆执政时期，在进口大于出口的情况下还大量借债，国家债台高筑，闹得不可收拾，就把国有企业私有化、外国化。进口太多，出口出不去，使阿根廷民族工业丧失了所有的竞争力和生存空间。民族工业基本上消亡了。无论纺织、汽车、自行车，都是如此。连打火机都要进口。

新自由主义在阿根廷制造的危机，是全面的危机。不仅经济衰退，而且教育、医疗都在倒退，失业率大为上升，人民生活发生很大困难。

梅内姆的新自由主义改革，是反民族的改革。

新自由主义是一股潮流，在这种潮流涌来的时候，很多人不清楚是怎么一回事。1986 年，我们曾经提出要抵制新自由主义。但是很多人不理解，认为这是一种新东西，发达国家的主流媒体都在说，这是新东西。西方操纵着媒体，第三世界国家的主流媒体也在很大程度上被西方特别是美国所收买，当然都这么说。若干年过去了，这个所谓新东西到底是个什么东西，很多人看清楚了，而且他们自己的利益也受到了损害。所以我们说，第三世界接受新自由主义，是"僵死的人亲吻刽子手的手"。

阿根廷陷入空前危机和失控的局面。经济被美国控制，已经达到很难改变的程度。美国和欧洲国家的方针，是放任不管。恰恰在这个时候，国际货币基金组织公布阿根廷全部外债的数目，制造信心危机。然后是政府冻结私人账户。

经济泡沫破裂以后，危机一个接一个到来，使梅内姆 1999 年下台。激进党和国家团结阵线合作竞选总统，推出德拉鲁阿。他的任期到 2003 年 12 月，但是他不能改变梅内姆的经济模式，也被赶下台了。由此引发激进党内部的问题。

这两年来，阿根廷连续五任总统，这个上来，那个下去，结果是社会动荡、经济衰退。现任总统基什内尔原来是一个小省的省长，5月间上台。这段时间，社会还算相对平稳。

激进党处于修复危机带来的负面影响的阶段，仍然是国家的第二大党。现在，我们在全国23个省的7个省执政。还有两个省，有执政的希望。

我们经常思考和讨论的题目，是激进党失去全国执政地位的教训。这对我们以后的工作意义很大。可以概括性地向中国朋友介绍一下。

大体上无非两点。第一，没有能够果断地纠正梅内姆的新自由主义政策；第二，没有能够解决国家紧迫的社会问题。

德拉鲁阿的政策瞻前顾后、摇摇摆摆。不是说我们党内没有不同意见，也不是说我们党内没有人提出正确的看法，但是他没有吸收党内不同意见。他的政策，表现出他的个人主义色彩。在他执政时期，比索大幅度贬值，人民收入缩减1/3。于是经济危机导致政治危机，也造成政权的更迭。

德拉鲁阿上台以后，激进党内有人主张继续执行梅内姆的新自由主义政策，有人主张调整这种政策。德拉鲁阿延续梅内姆的汇率政策，是他的个人错误。

德拉鲁阿下台，人民已经不再相信激进党了。但

是人民不是反对激进党，而是反对德拉鲁阿个人。我
们党内有危机，正义党内同样发生危机。

我们主张阿根廷密切和其他拉美国家的关系，加
强原有的经济合作，加强南方共同市场的合作。这不
仅是经济上的，而且有政治意义。

第三世界国家应该互相学习、互相支持、联合起
来，积极发展民族工业，这样才能抵制新自由主义和
美国的全球扩张。中国在世界上占有重要地位，中国
在经济上取得的伟大成就为第三世界各国所共同瞩
目。中国应该发出自己反对新自由主义的声音。

会见结束，我们照例赠送一点小礼品。所谓小礼品，
就是一种装潢精美的小镜子。镜子背面有常见的时髦女郎
的彩色照片。商家的这个推销小把戏，为我们的这次会见
增加了一段佳话。阿根廷习俗，要把客人所赠礼品当场打
开示众。解掉花花绿绿的包装，小镜子形状、规格一样，
唯有美女照片不同。他们于是开始玩笑：某喜欢瘦，某喜
欢胖，某照片与谁的夫人相似，某虽离开家而今晚不致寂
寞云云。一阵哄笑散去。次日一早，他们到宾馆为我们送
行。彼此相见，他们的第一句话便是：感谢中国朋友，使
我们有一个愉快的夜晚。临到出门，还在询问：中国朋友
还没有告诉我美女的电话。

但是这次会见使我想到的，是一个有点残酷却又无法
回避的问题。

20 世纪 80 年代初期，中国思想界曾经有一场关于社

会主义与异化问题的争论。首先是什么叫作异化，彼此的论述都多少带有学究气，无非旁征博引，打一通语录仗。然后进入实质性争论，即社会主义异化问题：社会主义有没有异化现象；"异化"的概念应该用于社会主义制度还是用于社会主义社会；在运用于这两种情况的时候有什么相同和不同；最后，如果承认社会主义有异化现象，那么这种现象是必然的、普遍的，还是偶然的、零星的。我当时热心此道，也曾经热心发表文章参加讨论。自那以后的历史实践，已经提供了太多的事实，把深化乃至重新认识这个问题提上日程了。

苏联共产党失去执政地位和苏联国家解体，就是共产党异化为非共产党、社会主义异化为非社会主义的过程。在墨西哥，对外的民族主义和对内的民众主义，使革命制度党执政71年之久。一旦不仅在口头上尤其在实际上放弃这些为实践证明正确的、得到国内大多数人拥护的原则，转而奉行从美国进口的新自由主义，就或早或迟丢掉执政地位，变为在野党。阿根廷正义党一向被认为奉行庇隆主义，代表下层劳动者利益，虽然上层人物各种各样，但是党纲党章里还有许多好话。在实践中一落入新自由主义巢穴，投靠美国，在国内加强对普通民众的剥削、大幅度削减人民享受的社会福利，同样导致国家破败、自己下台。

看来，一个国家无论实行社会主义制度还是非社会主义制度、无论执政党是共产党还是非共产党，都在一定条件下向自己的对立面变化。这里的条件，有主观条件，有客观条件。所谓主观条件，就是自己背弃人民、背弃正确的原则，又没有或者无力进行纠正，使自己回到正确方面来。所谓客观条件，在今天，主要是以美国利益为核心的西方全球化。向自己的对立面转化，代表人民利益变为剥夺人民利益而只代表少数人的利益，维护国家独立和主权变为出卖国家独立和主权，执政党变为在野党，在条件已经成熟的时候，就具备了必然性。这样的道理，古今中外，概莫能外。中国历代封建王朝，其兴也浡焉，其败也忽焉，始终没有跳出这个历史周期律。

当然，在另外的条件成熟的时候，历史还将在新的阶段上继续发生转化。这种转化可能在不知不觉、点点滴滴之间演进着，而这种演进往往成为未来的质的变化的某种铺垫、积累和准备。但是它存在着，这个事实就够了。

长期执政、因为奉行新自由主义下台已经三年的墨西哥革命制度党，还处于总结经验教训的过程中，然而已经向社会传出明确批评新自由主义的声音。仅仅这一条，就使它在 2003 年举行的、它下台以后的首次中期选举中，以 34.4% 的选票雄踞第一位。主要是因为这一条，使目前执政的国家行动党居于第二位，力量明显下降。

巴西新总统卢拉和他所在的劳工党，以反对接受国际货币基金组织的经济调整条件、扩大社会保障开支，得到国内大多数的拥护上台。这使美国当权集团紧张了些日子，担心他会在拉美高举起公开清算新自由主义的大旗。另一方面，巴西面临的经济困难和金融危机也给新政府造成诸多不稳定因素。但是卢拉的第一年过得还算得上平稳。巴西的一项民意调查显示，卢拉的支持率达到43%，63%的民众对政府予以肯定。

在阿根廷，新总统基什内尔不仅在口头上批评新自由主义，而且力主社会正义、社会公正，已经实施若干不同于新自由主义的具体措施以扩大就业、克服贫困化、提高人民生活水平。他公开批评美国干涉阿根廷对古巴的政策。他在国内反对腐败的引人注目的行动，是就前总统梅内姆隐瞒在瑞士的秘密巨额存款一事对他提出起诉，调查与总统座机"探戈一号"有关的腐败案件。

基什内尔的一项赢得国内多数人支持的政策是在医疗卫生领域。特别是危机发生以后，对于人民大众来说，最沉重的压力来自两个方面：一是吃饭，一是医疗。阿根廷已经有对贫困家庭进行经济补助的计划以缓和吃饭问题。阿根廷有一种"商业性医疗保障体系"，占全国医院总数的55%，拥有全国病床的总数的43%，覆盖人口占全国总人口的11%。国家要求其服务内容及标准接受政府指导。覆盖面大的是公共医疗体系，即公费医疗。危机爆发以后，阿根廷生活在贫困线以下的人口达到50%，其中的84%要靠公费医疗。基什内尔政府正在实行一项为穷人免费提供初级医疗服务的紧急医疗计划，以便把全国穷人全部纳入公共医疗体系，由国家完全保障其医疗和健康。为此已经在平抑药品价格方面采取坚决措施。按照阿根廷卫生部的统计，截至2003年年底，到市场买药的人从占总人口的56%上升到80%，能够买得起药品的人增加了。

这些举措不合乎新自由主义的规矩，但是却受到阿根廷人民的欢迎。在 2003 年 11 月间的民意测验中，基什内尔的支持率达到 77.9%。

无论如何，一切都在运动和变化，任何事物都不可能永远地停滞于一种黑暗或是停滞于一种光明。在自然界和人类社会，否认变化的观点、停滞凝固的观点，总是在事实面前漏洞百出，一次一次败下阵来。失败来临的时候总是痛苦的。但是可怕之处不在失败，而在陶醉于事实上的胜利甚或只是自己在幻想中制造的胜利，糜烂之局正在形成或者已经成为现实却不自知。像苏联共产党，一个伟大的党闹得内外人心离散，推出几个钻进来、拉出去的异己分子、变质分子当领袖，忠诚者或者落荒下野，或者怨气冲天、念几段列宁语录而再无作为，结局就可想而知了。

只有变化和运动是永恒的，只有人民是永恒的。谁在历史运动中和人民站在一起，历史就是谁的朋友。承认变化，是承认客观规律，是获得历史主动性和生命力的必然要求。

此次出访，亲见亲闻墨西哥革命制度党、智利和巴西的朋友、阿根廷激进党正在新自由主义问题上深切总结历史教训，恰正显示出历史的进步。

但是我们既然来到阿根廷，就不能不努力了解那场震惊全球、至今还在困扰着这个美丽国家的经济危机的尽可能详细的情况。

"把穷人的蛋糕切给富人"

一位长期以来熟悉拉美情况、特别是对于阿根廷最近几年的危机问题有深刻理解的新闻工作者，在阿根廷危机的爆发和发展期间，始终在阿根廷，亲临其境，随时跟踪，颇多系统而独到的看法。在国内报刊发表的关于阿根廷危机问题的文章中，他的文章材料丰富翔实，分析透辟，但凡遇到，我是必定要拜读的。他关于新自由主义的令人难忘的总体判断，就是"把穷人的蛋糕切给富人"。

有幸在阿根廷直接听取他的见解，是一个难得的机会。也使我感觉有义务把这些来自第一线生动现实的见解，介绍给更多的读者。他仍然在国外工作，无法把记录稿送去订正以便用他的名义发表。如果记录有误，自然由我负责。然而因此也就不得不割爱他的尊姓大名了。

美国上个世纪90年代发展同拉美国家关系的前提，是要求拉美国家实行新自由主义，在政治上强调所谓民主化，同时搞经济新自由主义。这就是说，拉美国家的新自由主义，是在美国的压力下实施起来的。压力那么大，顶不住，不想搞也得搞。

经过一场危机，阿根廷认识到什么程度？可以说，除了梅内姆那几个人，90%以上的人都认为，必须抛弃新自由主义。学者们反对新自由主义的声音很强烈。今年总统竞选，梅内姆自己也在改口，不敢说继续坚持新自由主义了。现任总统想走一条新的道路。

阿根廷、巴西、墨西哥、智利和多数拉美国家，现在的领导人都有一个共识，就是改变新自由主义。智利总统拉戈斯搞新自由主义起家，但是现在反对新自由主义的态度很明确。

墨西哥1994年的危机，是当前全球化的第一场危机。接着有亚洲金融危机，俄罗斯金融危机、经济危机、社会危机，目前阿根廷的危机，应该是第四场或者第五场危机了。这都是世界性危机，都是新自由主义全球化导致的结果。

从理论和政策上说，新自由主义由英国的撒切尔夫人开始，已经搞了30年。在拉美，大规模实行新自由主义的历史，有十多年了。

凯恩斯主义有一套完整的规范和战略。新自由主义有没有一种模式？我看有模式的一面，但是说不上有完整的模式。或者说，如果使用"模式"这样的概念，那也是不完整的模式。而且很难说它的模式是统一的。在国际上，有人认为新自由主义功不可没。很有影响的经济学家斯蒂格利茨，经常有文章批评新自由主义，但是他反对的是新自由主义的政策，而不是从"模式"的角度提出问题的。

新自由主义的政策，就是把穷人的蛋糕切给富人。

新自由主义的基本特征，可以表述为私有化、贸易自由化。简单说，就是要你"减少"：减少政府开支，减少福利，减少补贴。减少以后干什么？还所欠西方的债务。这种减少，是为了西方的利益而不是本国人民的利益。这就是人民不能够赞同的了。它要求全部开放。在大海里，要大船小船一起走，小船就会翻掉。

欧洲国家第二次世界大战以后为了缓和国内阶级矛盾，实行社会福利。社会福利遇到困难了，就搞新自由主义。本来是为了解决经济困难，但是后来搞成政治标签，谁不搞新自由主义，就说你是共产党。拉美也是这样，本来是用来解决经济问题的具体政策，搞到政治上去，问题就大了。

结果怎么样呢？

由于实行新自由主义，拉美许多国家银行被外资控制。外资银行进入其他第三世界国家，它自己并不拿出多少钱投资，主要还是用你的银行的钱。它名气大，很多人迷信，可以大量吸引存款。但是很多人不知道，到第三世界国家的这些银行的支行、分行，或者和你的银行合资办储蓄所，就都归它了，虽然挂着外资银行的招牌吸引存款，到一定时候，债务转股份，你如果不同意，它来个宣布破产，10亿美元可就只剩5亿了。出现这种情况，它的总行并不负责，并不为此承担风险。你去找它在母国的总行，那是不会认账的。

引进外资，有利于经济发展。但是一定要有个限度，否则，经济命脉落入外国手里，麻烦一个接着一个，就难以自拔了。

90 年代，针对大量外资进入拉美的情况，总部设在智利的拉美经济委员会曾经预测，十年以后，拉美将会有大量资本流出，过多的外资流入还将造成过多的生产流出。实际上，1994 年爆发墨西哥金融危机，这种后果就已经看得很清楚。

总之，一个大量出卖自己的企业和资源，一个外资大量进入，一个金融被外资控制，这就必然导致拉美国家再次殖民化。

墨西哥开放了，银行 80% 被西方国家控制，用的人全是美国博士，所谓"海归派"。美国花旗银行进来，只投入 1.5 亿美元，但是控制了墨西哥银行的 40 亿美元。墨西哥忽视社会发展和社会问题的解决，内需启动不了，造成大量失业和贫困化。过去墨西哥教育搞得很好，为许多国家所羡慕。现在没钱，失学率很高，产生了大批文盲。

阿根廷被新自由主义掏干了、耗光了。

在阿根廷，什么都卖给外国公司了，叫做外国化、外国公司化。连历来发展最好、在国民经济中占基础地位的农业也卖了。企业卖了——国有企业卖了，私有企业也卖了；银行卖了，银行的 64% 被外资控制；加工、出口被外资控制了，总还有土地吧，但是土地也卖掉很多，农业出口的 90% 落在外资手里。名目叫做"重组"，靠这一套吸引外资，结果剩下了资本的净流出，经济上90%归外资。做什么都要经过外国。你的政府想自主、想独裁吗？美国、欧洲不让。结果是政府无所作为，什么事也干不了。梅内姆最突出的地方，就是没有找到自己的发展道路。国家开放资本、开放市场，放弃自己的发展，把自己的制造业包括航天业都搞垮，什么都靠进口。

西班牙的银行来到阿根廷，和你"重组"一番，拿到美国去上市，大笔大笔地赚钱。一见形势不妙，就卖了股份出逃。在阿根廷最早抽逃资金的，就是西班牙。拉美经济委员会曾经希望阿根廷不要卖掉石油公司。如果接受这个建议，还不至于有后来的金融危机，至少不会严重到那样的程度。但是阿根廷的石油公司被西班牙控制了。西班牙强制要求阿根廷提高国内市场石油价格。它出口石油，阿根廷政府要收税，那它就不出口，把资本转移到玻利维亚开采石油。阿根廷的水、电、煤气、交通，基本上也由西班牙控制，通过涨价谋取高额利润。阿根廷方面如果不同意涨价，它就干脆以停水、停电、停煤气、停交通相要挟，闹你一个全国瘫痪，你有什么办法？

阿根廷的危机是债务危机。

一个国家把什么都卖光了，还不是再次殖民化？

巴西比较注意保护自己的工业，即便是落后的工业。比如纺织工业，外资就进不来。在金融系统，银行国有占主导，还把一些外资银行挤走了。智利皮诺切特时期和美国的关系是好的，但是不管美国怎样施加压力，它把相当一部分铜矿交给军队负责，反正不卖、不许私有化。

阿根廷还说不上有解决危机的新的计划。前些年被搁置的老机器又开始生产了，工人们又回来了。但是很难维持下去。出口占国民生产总值的9%，形不成外向型经济，主要靠内需。中产阶级穷了，内需发展不起来。因为已经吃过亏，现在就要求外资银行在自己门口贴上告示：它的总行是否为它承担风险。政府仍然面临债务危机、银行危机，正在与私有化企业就价格问题、工资问题进行谈判。银行体系尚未正常运行，有储蓄而无贷款，处于半瘫痪局面。昨天，阿根廷的新闻部长还说，阿根廷的危机状态要维持到2005年。

有些人坐而论道、夸夸其谈，宣称有这个模式、那个模式。其实要在实践中真正拿出一种像样的模式，是很难的。

20世纪40年代、50年代，庇隆主义影响很大。这在阿根廷形成一种群众斗争的传统。它的非政府组织至今仍然非常活跃。

一个"五月广场母亲"，一个"五月广场奶奶"，都是妇女组织。她们的口号，是寻找军政府时期"失踪"的儿女和孙子，是和军政府算老账的。军政府时期到底"失踪"多少人？政府方面说4000人，另外的说法为2万人。这两个组织经常联合行动，几乎天天游行。官方把它列为人权组织。

失业者的组织叫"拦路者运动"。它有自己的全国代表大会和地方组织。一些左派组织，比如共产党，加入进去了。托派也加入进去了。他们的要求，是就业、吃饭、发钱。其中有些人很激进。他们有自己的社区食堂。凡是参加游行的，就发钱、管饭。如果不起来闹，结果是饿死。他们一旦起来，一个主要的行动就是拦路、阻断交通，烧轮胎，可以同时切断150条公路。运输工人一罢工，只好全国放假。警察给他们站岗。还没有哪一届政府敢于对他们进行镇压。政府的办法是发钱，"不能镇压，只能发钱"。但是最近听说，政府也有一些人，想起诉"拦路者运动"的领导人。

阿根廷有一种"社区人民代表大会"，纯粹的群众自发、自主组织，宗旨是维护本社区群众利益。它是经过正式登记的合法组织，但是不受政府控制。其领导人为工会成员，因为这些人有组织能力。有人把它称为"阿根廷第三组织中心"。阿根廷人不满意的时候会到街上去敲锅敲碗。这就是它组织的。随手拿个东西，什么都可以敲，锅碗之外，也敲钥匙链，敲银行的铁门。它有自己的网络，公布敲起来的时间。用叮叮当当的声音进行抗议，形成一道奇特的景观。这个组织有时候也参加全国性活动，比如推翻德拉鲁阿总统的活动。

但是最近一个时期，公开的群众斗争似乎不是太激烈，游行、罢工都不如前一个时期多。原因之一也

许是，新总统刚上台，先不要大闹，让他干一段看看
再说。

　　有两个情况，对于认识阿根廷群众斗争这种现象
是有用的。一个情况是，特别是危机爆发以后，失业
率大幅度上升。按照阿根廷的福利政策，夫妇双方失
业，每个月只可以领取150比索，生活会极为困难。
另一个情况是，群众斗争的背后，可能有某种政治势
力插手。有消息透露，说推翻德拉鲁阿的大规模游
行，就有正义党介入其中，而且还给游行的人发钱。
几任总统下台，都程度不同地有这种情况。有人把这
称为"政治抢劫"。

　　刚好收集到两份《号角报》。这家报纸在阿根廷发行
量很大。一份是10月28日，另一份是10月31日。两份
报纸，都提供了一些群众斗争的有关情况，而且讲的是一
件事情。

　　10月28日报纸的报道说，拦路者运动主要受阿根廷
共产党的影响。受共产党影响较大的，还有两家工会组
织：补会保障与救济工会组织，总工会。拦路者运动工会
组织这几天在高速公路设置路障，阻断交通，给政府施加
压力，抗议政府方面对工会组织进行分化瓦解的措施。起
因是劳工部长27日强行解除该部的一位任职者，这位任
职者恰好同时是拦路者工会的负责人之一。拦路者运动的
成员为此在五月广场聚会，表示对政府"镇压行为"的
强烈不满。集会人群中有女性，也有蒙面者。内阁首席部

长说，准备调集警察阻止群众，但不会开枪。

在这之前，也曾经多次发生这类由于工会负责人受政府制裁而掀起群众性风波的事情。

报道说，拦路者运动的主要成员是来自生产领域，如冷饮、肉类加工企业、牛奶厂的工人。他们要维护自己的利益。他们有代表参加政府有关部门的工作。政府解除他们的代表的任职，他们就认为是镇压。而且这种解除职务，总是事先没有任何通知，突然下一道指令。这是他们不能容忍的。

10月27日下午，拦路者运动工会举行了记者招待会。他们说，如果政府不能对这次行为作出他们满意的解释，他们将围攻政府及其部委的办公大楼。他们还将在12月20日举行更大规模的游行。

在五月广场参加集会的群众，受到警察的驱赶。内阁首席部长说，这是"帮助拦路者运动以便使其行为规范化而不是镇压，控制工会是为了不让它走上歧途，是为了让他们用合理的手段维护自己的利益"。

10月31日的报纸继续报道这件事。

引起群众不满的还有一个消息：劳工部长的部下放风说，政府方面已经有一个计划，准备建立一支专门对付拦路者运动的军队，一个旅的建制。这就使拦路者运动和政府的关系达到最紧张的程度。拦路者运动同时提出一件旧案：2002年6月26日，拦路者运动中的一个组织，叫作"失业劳动者运动"，负责人被暗杀了。这个组织要求进行全面调查并严惩凶手。愤怒的拦路者运动成员首先封锁了劳工部长的出行路线。部长大为光火，为此向司法部提出控告。

但是最新消息报道，总统基什内尔两次会见了拦路者运动组织和失业劳动者运动组织的立场强硬的负责人。参加会见的人包括一位被暗杀者的父亲。总统已经同意建立一个调查上述暗杀事件的专门委员会，并且在警察局建立档案。他还承诺，给拦路者生产、生活、住宅建设提供补贴，保证不把参加示威游行的人作为罪犯。那位劳工部长表示，他"从来没有说过要建立一个旅来对付拦路者运动"。总统希望平静地解决纠纷，也要求劳工部长不要把事情闹到法庭上去，只要发表一个书面声明就可以了。

10月31日的报纸还为此发表一篇评论。评论认为，政府方面和拦路者运动之间的协议难以维持。政府在改变过去的评价，趋向温和，基什内尔总统给予拦路者运动以"政治承认"，视同自己的同盟者。这将有利于社会稳定。但是并没有解决拦路者运动以及和他们同类人们的贫困问题、受社会歧视问题。政府方面仍然存在态度强硬的人，试图孤立拦路者运动中的一部分人，也不排除在一定程度上诉诸法律。这其实是一种"危险的游戏"。拦路者运动组织虽然愿意同政府对话，却没有承诺同政府完全合作。何况拦路者运动本身包括许多组织，有一些组织并不放弃通过暴力途径实现自己的利益。

两个月以后还接触到另外的情况，不仅是普通工人和劳动者，而且银行职员也在参加针对新自由主义的斗争。12月，布宜诺斯艾利斯发生数家外国银行被砸事件。数百名银行职员举行示威，愤怒指责一些外国银行利用阿根廷经济危机"抢劫了这个国家"，而且没有能够依照有关规定为他们发放"体面的工资"。部分示威者捣毁几家银行的门窗和内部存档。事件殃及一些西班牙、美国、意大利银行，美国花旗银行还遭到烟幕弹的袭击。

有半天时间，安排我们在布宜诺斯艾利斯的街上看看。琳琅满目的商店，熙熙攘攘的人流，衣着时尚的男女，穿梭行驶的汽车，加上树木、花草、绿地，完全看不出这里有什么危机，甚至看不出这里还会存在贫困和苦难。但是街道两边的墙上，到处是长短不一的字句。在他们的圣母广场，圣母像的底座和四边围栏，也写满长短不一的字句。请教一下，得到的回答只是：涂鸦文化，拉美各国都如此。

我只好拉下老脸，拖住一位懂西班牙文的青年，强制性地要他一条一条地给我翻译出来。结果是再一次大开眼界。那大部分其实是一些表述政治情绪的标语：

　　政治家在作秀
　　自由不是作秀
　　为了自由而战一定胜利
　　联邦警察，国家的耻辱
　　人民会审判他们
　　惩罚饕餮之徒
　　我们不能忍耐
　　赶紧滚蛋

　　所有的都滚蛋吧

　　向委内瑞拉第五共和国运动学习

　　法制流产了

　　他们犯了大屠杀罪行

　　人民不要私有化

　　不要老板

　　女权万岁

　　一个国家、民族的过去、现在和未来，不在王公贵族、官员要人的嘴上，不在电视、广播里和报纸杂志上，不在歌舞升平的官家舞台上，而在最大多数人那里。在当权者控制的文告和媒体上，人民是沉默者。然而这沉默者的声音——尽管它或者是哭泣和呼号，或者只能存在于友朋的低语、家人的餐桌、墙壁的一角——才往往是历史运动的真正的声音。

　　写在布宜诺斯艾利斯街道和广场的那些字句，引导着人们去认识新自由主义阴云下拉丁美洲历史运动的最深的底蕴。那不是一个什么指挥中心发出的统一指令，却浓缩着人民摆脱新自由主义、创造自己未来的共同意愿。那不是乏味空洞、欺骗之外百无一用的政治口号，而是显示出了人民的今天被压抑、总有一天会火山般爆发，一旦爆发就将改变整个世界的力量。让脑满肠肥、自以为是的精英，去嘲笑那些标语的东倒西歪、不合语法、用词不当吧，让他们在自己制作的堆满套话废话、表面光滑的骗子文字中陶醉吧，历史不是他们的朋友。

国内有关拉美群众斗争情况的报道很少很少。即使求助于因特网，也仿佛大海捞针，零零碎碎，不甚了然。但是他们的活动也属于历史，对于研究理论问题和战略问题的人、对于想要全面认识我们这个时代世界历史运动的客观进程的人来说，尤其不可或缺。这次在阿根廷，有一个口头介绍，有两份报纸材料，加上在街头亲见的所谓"涂鸦文化"，对我来说，简直大喜过望了。

危机袭向"世界肉库粮仓"

19 世纪末期到 20 世纪初，阿根廷充分发挥比较优势，利用自己人民的辛勤劳动和得天独厚的自然资源，大量出口农牧业产品、进口工业制成品，人均国内生产总值达到 4000 美元（按照 1990 年美元币值计算），曾经是世界十大富国之一。其人均收入高于同期的法国和德国。直到 1950 年，还领先于日本和意大利，和德国、澳大利亚排在同列。其后主要由于初级产品的出口受到发达国家贸易壁垒的制约而越来越无利可图，经济渐次下降。从 20 世纪 30 年代到 70 年代中期，它采取进口替代工业化模式，着手建立自己的制造业。这一时期，阿根廷民族工业得到很大发展，获得自己制造喷气飞机和建造核电站的能力，社会福利和医疗保障也进入拉美国家前列。这使它的经济再次快速增长，而且形成了相当完备的工业体系，人均国民生产总值达到 8000 美元（按照 1990 年美元币值计算）。70 年代的阿根廷，大体接近西班牙的发展水平。

在西方全球化的急剧推行过程中，阿根廷 1976 年军政府通过政变上台，开始引进新自由主义改革。表面繁荣掩盖着的是民族工业萎缩，国内生产能力削弱，在 1995 年墨西哥金融危机和 1997 年亚洲金融危机的冲击中踉踉跄跄，国内危机连续不断。但是它总还算有比较丰厚的家底，仍然是世界第二牛肉出口国和五大粮食出口国之一，仍然有资格被称为世界肉库粮仓，属于拉丁美洲最富庶的国家。首都布宜诺斯艾利斯被称为"共和国花园"。居住在这里的人们，80% 在统计数字里被列入中产阶级，衣食无忧，令人羡慕。

1989 年出任总统的梅内姆，在采用新自由主义政策方面远比军政府更为全面和彻底。他削减开支，开放市场，私有化，1991 年开始实行比索盯住美元的固定汇率制。外资大量进入，本币升值，股市和金融市场热热闹闹，产生了一轮消费繁荣。金碧辉煌的大型购物中心建起来了，摆满闪闪发亮、价格昂贵的外国货。从 1991 年到 1999 年，经济总量增长 60%，进出口总额占国民生产总值的 58%，汽车生产从 7 万辆增加到 40 万辆。连续几年出现 8% 的经济增长率。尽管新自由主义下的国民生产总值的增长并没有带给阿根廷人民实实在在的利益，然而所有这一切，都使世界面对着阿根廷看来真算了不起的经济奇迹瞠目结舌。

2001 年 12 月阿根廷的金融危机，终于发展为全面的经济危机、社会危机、政治危机。从危机的孕育、形成到爆发，为着谁来承担责任，为着谁得到权柄和利益，不同政党的政治家们、同一个政党内部的政治家们吵得天昏地暗。但是历来没有发言权或者说了也白说的人民，这个沉默的大多数，却挺身站到了第一线。大规模的集会、罢工和游行，以敲击锅碗瓢盆为特征的群众性示威，显示出创造历史的底层的、最深厚的力量。它掀翻了不止一位总统。在总危机发生最初的半个月里，阿根廷不得不五易总统，经济体系和政府都处于崩溃的边缘。但是一切灾难，都集中地倾泼到老百姓的头上。

首都布宜诺斯艾利斯这个美丽的城市，一夜之间成为阿根廷国家灾难的象征。政府冻结居民的银行存款，引发大规模骚乱，还不断出现纵火和抢劫商店。过去在城市安详地飞来飞去觅食的鸽子，也已经不知道飞到哪里去了。往日最繁华的佛罗里达街，寸土寸金的店铺门窗紧闭，挂着"出租"、"出售"、"停业"之类的牌子。外汇兑换所门前排起长队。人们呼喊着"换钱"、"换钱"。由于失业人口急剧增加，有30%以上的家庭要靠妇女养活。在这个城市的马坦萨平民区，汽车撞死一匹马，饥饿的居民居然一拥而上，就地分尸，临到警察赶来，连一根骨头也没有剩下。

夜幕降临。昏暗的街灯下，排开成片的小贩，出售一些乱七八糟的小东西。已经有人感慨："小贩们占领了佛罗里达街。"夜深的时候，又会有来自四面八方的拾荒者和流浪者，争抢着打开附近住户的垃圾袋，收集能够多多少少卖钱的报纸、纸板、瓶子、罐子，慌慌张张地把它们塞进尼龙袋里，偶尔还要吃掉拣来的饭盒里的剩余物。这成为失业者们的新的"就业门路"。这条大街连接着五月广场和圣马丁广场。街道边上、广场的座椅和塑像下面，蜷缩着一些蓬头垢面、衣衫褴褛、饥肠辘辘，盖着几张报纸或者废旧塑料袋的露宿者。一些广场、公园、大街的纪念物品甚至教堂的神像不翼而飞，因为有人试图靠出卖那上面的金属涂料混几天日子。在如此黑暗而艰难的岁月，顾不得体面，也顾不得上帝了。

地处布宜诺斯艾利斯北边的胡宁市，连警察局，也穷得要向市民借汽车、借汽油外出执行公务了。

没有储蓄，没有工作，没有希望。收捡垃圾的拾荒者一个月可以换回大约300比索。毫无收入的人只能依靠政府发放的每月150比索生活。整个国家瘟疫一般蔓延贫困、疾病、饥饿和死亡。恰恰在昔日有"世界肉库粮仓"美称的首都，出现了饿死儿童的悲惨事件。纺织、建筑行业的企业大量倒闭，工人们几乎要靠猫肉、鼠肉、青蛙或蛤蟆肉充饥。布宜诺斯艾利斯郊外基尔梅斯一所学校的校长说：我们这里已经没有猫了。有人把马杀死喂养孩子，而马正是他们最宝贵的财富。现在是孩子们在拉车。

阿根廷危机的最直接的表现和结果，是国家主权的削弱，经济的全面崩溃，以及实际工资下降，失业率上升，贫困化扩大，国内工商业大批亏损、破产、倒闭，激烈发生和不断加剧的两极分化。

新自由主义不是要求自由、培育自由、创造自由，而是要求、培育、创造着资本的独裁和劳动者的顺从。阿根廷开始大幅度减少劳工权利。同时，越是具有活力和产生利润的部门，也越是资本密集，越是被外资控制。工人的劳动强度和劳动生产率提高了，但是工作岗位却更加不稳定，收入要么被冻结、要么更加减少。经济的迅速增长，完全不意味着会创造出新的工作岗位。阿根廷历史上是一个劳动力短缺、低失业的国家。1991年以来，失业率高于12%，到危机爆发前夕增加到18%。2002年5月，失业率达到创纪录的25%。仅仅在工商业发达、占国民经济总量2/3以上的布宜诺斯艾利斯、科尔多瓦和罗萨里奥三大城市及其周围地区，一年间新增加的失业人口就有120万，布宜诺斯艾利斯的失业率已经达到30%以上。所谓就业，只是集中于非正规的经济领域。阿根廷大约900万劳动力中，400万人在这个领域。他们的权利几乎被完全剥夺，为了一口饭被迫接受低工资、长工时的肮脏劳累的工作。其中相当一些人。还属于昨天的所谓中产阶级。

阿根廷国家统计局2002年6月公布一份报告。按照这个报告确定的标准，一个普通家庭（一对夫妇和两个孩子）的月收入低于626比索（179美元）为贫困，低于266比索（76美元）为严重贫困。当时阿根廷平均工资450比索（129美元），已经在贫困线以下，比满足国家规定的家庭基本需要的支出，还要低25%[1]。

整个20世纪90年代的10年，是阿根廷贫困化加速发展、绝对贫困人口和相对贫困人口都大量增加的10年。大约3000万人从原来所谓中产阶级的队伍中跌落下来。

---

① 埃菲社布宜诺斯艾利斯2002年6月9日电。

全国实际平均工资 1998 年比 1990 年下降 20 个百分点。1994 年以来贫困人口逐年增加。1999 年生活在贫困线下的人口比例，较 10 年前增加一倍以上。贫困对 18 岁以下的青少年影响很大。大约数百名儿童被饿死，官方统计的儿童贫困率为 67%，青少年中贫困者的总人数在 800 万以上。

　　贫困人口在总人口中所占的比重，1998 年 10 月为 32%，2001 年 10 月到 2002 年 6 月新增加上百万人，为 42.6%，2002 年 10 月为 57%，2003 年 1 月达到 60%。严重贫困人口增加得还要快些，其在贫困人口中所占的比重，从 1998 年的 28.9%，猛烈攀升到 2002 年的 42.6%。

　　自阿根廷国家统计局从 20 世纪 70 年代开始对社会贫富差距进行调查并且定期公布统计结果以来，阿根廷最富与最穷的两端的差距，呈现出不断扩大的趋势。70 年代前期差距为 6 倍，80 年代为 20 倍，90 年代初略有缩小，1993 年起又明显扩大，2001 年为 34 倍，2002 年将近 47 倍。

　　阿根廷危机直接导致几家邻居如巴西、乌拉圭、巴拉圭和智利等南美国家出口贸易锐减，旅游业低迷，国家风险指数增加。反映最敏锐的是股市的普遍暴跌。到 2002 年 6 月，阿根廷股市主要股指梅尔瓦指数下跌 2.39%；拉美最大的股市巴西圣保罗的主要股指博维斯帕指数下跌 4.68%，为 2001 年 10 月 9 日以来的最低点；墨西哥股市主要股指下跌 3.23%；委内瑞拉股市主要股指下跌 3.66%；智利圣地亚哥商业交易所的股票综合指数下降

1.28%。任何一处股指的上下波动都是经常的。但是像这次阿根廷及周边国家股指在一定时间里普遍下降，不能不说出于同样的原因。

智利算是受到阿根廷危机影响比较小的国家。即便如此，智利向自己仅次于美国的第二大贸易伙伴阿根廷的出口，从2001年11月到2002年1月的3个月里，下降了几乎50%。由于阿根廷对提取银行存款采取管制措施，阿根廷方面拖欠智利的外贸借款增加了。智利对阿根廷的投资和企业参股高达41.68亿美元，因后者危机而损失19亿美元，占参股总数的45%。智利旅游部门统计，自南半球入夏以来，取道阿根廷来度假的旅客也比往年减少45%。

阿根廷和巴西、乌拉圭、巴拉圭同为南方共同市场成员，彼此之间贸易依存，经济联系千丝万缕，自不免兴衰相系。阿根廷危机及其影响在通过多种方式进行传递。贸易方式，就是其他国家的产品在阿根廷失去竞争力，对阿出口不得不大幅下降。投资方式，我们已经谈到智利的例子。特别是乌拉圭。由于阿根廷限制提款，乌拉圭银行的储户包括阿根廷储户担心美元存款遭到冻结，也纷纷提现，出现银行挤兑。还有心理方式。一向被看好、特别是在美国媒体被吹得很高的阿根廷金融市场发生那样严重的危机，当然会造成拉美的人心慌乱，产生难以预料的社会后果。

乌拉圭近一半出口在南共市内部进行，出现危机属于在劫难逃。2002年1月至7月的半年里，它的外汇储备流失76%，从31亿美元下降到6.31亿美元，银行个人外币存款下降近40%，第一季度国内生产总值下降10.1%。7月以后危机更加严重，仅17日至19日这3天，外汇储备就暴跌近5.7%。7月30日，因为无法抵挡挤兑狂潮，银行宣布破产，国有银行冻结所有定期存款。然后是本国货币暴跌，物价暴涨，国家风险指数骤然上升，出现数千人哄抢超市和商店的社会骚乱，以至于发不出足球运动员的工资，运动员们也在集会抗议了。乌拉圭中央银行盘点2002年乌拉圭经济，说连续4年累积下降17.5%，四家银行破产，工商业一片萧条，全年经济比2001年下降10.8%，为20年来下降最多，国内生产总值122.76亿美元，仅相当于10年前的水平。

乌拉圭是一个300多万人的小国，一向有"南美瑞士"之称，被认为政局稳定，生活安逸，人民富足，还是"拉美金融避风港"。但是它没有生活在真空里。尽管在出现危机的时候，国际货币基金组织和世界银行曾经出手援助，然而在西方全球化的潮流和邻居危机不断的情况下，它已经风光不再，从此国无宁日，进入多事之秋了。

巴西是拉美最大的经济实体，曾在1999年爆发金融危机，旧伤未愈，现在又面临阿根廷的危机。2002年5月以来，局势日渐动荡。外资大量出逃。2002年7个月中雷亚尔贬值50%，为墨西哥危机以来最大跌幅。股市和外汇市场激烈波动。6月17日到21日一周内，股市下跌11%。国家风险指数也接着增长9.03%，攀升到1738点，接近1999年金融危机时候1770点的最高水平。因为

10月大选，劳工党领袖卢拉看好，美国和西方疑虑重重，外资明显减少。这使巴西政府不得不寅支卯粮，用长期国债来填补财政亏空，金融形势面临更大的麻烦。

甚至还在阿根廷总危机爆发以前，阿根廷、乌拉圭、巴西步入险境的情况就已经十分相似。从1998年到2001年，这三个国家所欠国际金融机构的债务，大口大口地吞噬着国内生产总值。截至2001年7月，巴西外债总额从相当于国内生产总值的53%上升到71.9%，乌拉圭从34.2%上升到55.6%，阿根廷从42%上升到61.2%。另一组可以说明问题的，是三国的巨额财政赤字，其中巴西占81.5%，阿根廷占17.1%，乌拉圭占1.4%。不仅如此，在最近的一年里，巴西和阿根廷之间的贸易额几乎下降一半，2001年1月到6月为62.60亿美元，而2002年的同一时期减少到只有34.19亿美元。

诺贝尔经济学奖获得者、世界银行前首席经济学家约瑟夫·斯蒂格利茨认为，阿根廷、巴西、乌拉圭遇到的金融危机的共同特点，是资本市场出现不稳定局面。阿根廷的问题从1997年亚洲金融危机开始。它们共同地被拖进一种资本市场的"歇斯底里症"。一些阿根廷经济学家的共同看法是，这几个国家之间总是把萧条出口到对方。

这种情况，加上接受国际货币基金组织长期提供的拙劣的治国方略和货币方法，加上轻信"少壮派经济专家"通过计算机程序提供的不负责任的、低质量的咨询和预测，决定性崩溃的日子就一天一天临近了。

"新自由主义的恐怖"

在新自由主义导致阿根廷出现表面繁荣的时候，西方特别是美国主流舆论得意忘形地宣称这是新自由主义的成就，西方政府和媒体特别是美国方面和国际货币基金组织，在相当一个时期把阿根廷看作是新自由主义的好学生或者"华盛顿共识"的样板，把它推荐为第三世界国家学习的典范。在阿根廷危机总爆发的时候，他们的调子骤然改变。美国官方一方面承认其不良后果，即所谓"探戈效应"，一方面竭力缩小它的影响，用白宫发言人阿里·弗莱谢尔的话来说就是，"看来这场危机只是阿根廷的一个孤立事实"①。

问题在于，离开西方全球化的总格局，离开美国的全球霸权主义，离开美国和其他西方国家在第三世界强制推行的新自由主义，无论墨西哥金融危机、亚洲金融危机还是阿根廷危机，都无从解释。

正是新自由主义，把阿根廷引入了六大陷阱。

第一个陷阱，举债增长。

就其最初爆发的直接导火线而言，一般把阿根廷的金融危机首先看作是一场大规模的债务危机。

在拉美国家的社会动荡中，债务始终是一个举足轻重

---

① 曾昭耀：《新自由主义阿根廷破产启示录》，《中国改革报》，2002 年 5 月 13 日。

的因素。20 世纪 70 年代的石油危机，一方面使西方积累大量资金，一方面使相当一些依靠进口石油的第三世界国家经济陷入困境。联合国贸发会议 1999 年的一项报告，就把 70 年代后期列为第三世界国家借债的第一次高潮。1979 年至 1980 年，拉美外债增加 85%。1982 年爆发拉美债务危机和金融危机。90 年代前期，出现第三世界借债的第二次高潮，流入资金达到 1000 亿美元，占第三世界国家外资总额的 30%。其中大量外资流入拉美国家。由此相继出现墨西哥金融危机和亚洲金融危机。

拉美国家每年千方百计地设法偿还到期的债务利息，然而越还越多，积欠债务总额滚雪球一样急剧膨胀，到 2002 年已经超过 8000 亿美元。比如拉美第一经济大国巴西，公共债务从 1995 年的 607 亿雷亚尔增加到 7590 亿雷亚尔，8 年中增加 10 倍以上，占到国内生产总值的 63%。巴西每年需要 500 亿外资来平衡国际收支，大部分用于还本付息。1999 年巴西金融危机，美国等发达国家提供 400 亿美元。2002 年 5 月巴西大选临近，那个西方不大看得上眼的工人出身的卢拉当选日近，美国、西班牙的金融家们发出"投资谨慎"的信号，导致雷亚尔大幅贬值，金融市场一片慌乱。8 月，国际货币基金组织答应增加 300 亿美元的援助贷款。但这时的巴西，外资总额 2500 亿美元，每年还本付息 470 亿美元。国际货币基金组织提供的大部分资金，也不是用来开创就业机会和振兴经济，而是被用于还付国际货币基金组织和世界银行的债务。贷款和债务并驾齐驱，为归还债务而借债，债务在归还中越来越重。什么时候才能从中解脱呢？

　　阿根廷债务暴涨开始于我们已经提到的 20 世纪 70 年代后期。在 1976 年到 1983 年执政的军政府开始执行新自由主义政策的最初年代里，外债增加 4 倍。重要部分用于购买武器，恰正投合美国当局的需要。这个政府还颁发一个新的《外资投资法》，为吸引外资而解除政府对汇率的控制，大大有利于多国金融资本和地方商业精英的结盟，已经预示了 20 年以后的危机。

　　军政府以后的文人政府，接受债权国的要求而继续执行过去的政策。由于让贬值的本国货币稳定却又重新估价用美元标记的私人外债，私人债务被转给国家而社会化，也就是要全体国民来偿还了。主要的受益者，是作为借方的多国公司和本来欠债的私人公司。

　　举债增长导致传统贸易平衡中盈余的丧失，投资为支付海外的利息、股息加快外流，整个经常项目收支状况急剧恶化，国家经济命脉越来越维系于对外资的依赖，对外赤字有利于进口而破坏着国内制造业。同时出现国内资本的外流。举债发展由此而转变为举债还债。在没有债务负担的情况下，赤字将不会大量增加，而大多数的破坏恰恰来自债务，来自没完没了、越来越多地支付利息、股息和服务费用。华盛顿完全了解这一过程却一味火上浇油，真正的目的，就是把阿根廷推到不得不大量廉价出卖国家资产的可悲境地。

　　根据阿根廷官方公布的数字，到 2001 年年底，国家公私债务总规模约为 2100 亿美元，其中公共债务 1444.5

亿美元，外债占 65%，内债占 35%，90% 以上为美元等外币债务。公共债务中，政府债券 500 多亿美元，其余为欠国际金融机构及外国政府的债务。公共债务的总规模，相当于贬值前国内生产总值的 40% 左右。走到这样的地步，国家危机的全面爆发，就是指日可待的事情了。

第二个陷阱，"盯住美元"。

1991 年，梅内姆政府开始大力推行一项货币改革，即比索和美元以 1 比 1 挂钩的固定汇率为核心的联系汇率制，理由是为了使阿根廷资产阶级成为世界"金融共同体的负责任的一员"。它符合国际垄断金融集团和本国金融机构的利益，得到华盛顿的全力支持。

由于私有化和严格的预算有助于大量吸引外资，在这一计划实施的最初几年里，经济增长率有所提高。但是这种基于美元和比索对等的所谓稳定化计划，使国家不能不更加严重地依赖私有化和借款以维持起码的运转。而且越是"盯住美元"，就越是要大量出卖国有资产，就越是要大量借债，这成为一种无论如何也无法走出的恶性的怪圈。

所谓"盯住美元"的固定汇率制，实际上是一种殖民主义的货币制度。20 世纪 50 年代前后，所有的英国殖民地都实行这样的制度。它的目的，就是剥夺第三世界国家的金融主权，使其遇到危机而束手无策，以便保护外国资本的利益。政府只能在可以被兑换为美元的情况下才能印更多的钞票。所以经济只有通过获得直接投资、出售国有企业、出口盈余或者贷款引入更多外资才能增长。在最初的一阵私有化浪潮过去以后，外资的进入日渐缓慢或减少，美元升值使出口商品越来越困难。于是举债成为增加货币供给和经济增长的唯一途径。这就落入仅仅为着国家存活也不得不举债的陷阱。1990年阿根廷外逃资本480亿美元。阿根廷只能眼巴巴地看着而无能为力。当外资银行甚至以要求七国集团政府拒绝向阿根廷提供援助为手段施加压力，西方政府和国际货币基金组织横加干涉内政的时候，阿根廷方面仍然也只能逆来顺受。

第三个陷阱，通货紧缩。

澳大利亚学者、悉尼大学教授约瑟夫·哈利维，在2002年的一篇文章中，把阿根廷危机称为"由于恶性通货紧缩而产生的经济和货币关系的内向爆炸"。他写道：实质上，在过去的20年中，阿根廷顺次被纳入如下这一机制：国家承担私人外债负担，私人部门继续增加新的债务，而国家通过私有化政策卖光了国有工商业，从而为本民族的和国际的私人公司创造金融利润。国家于是将债务负担卸到了整个国民特别是工人肩上——以牺牲工资、社会福利和公共投资为代价，强迫国人给私人公司提供金融剩余①。

按照这位澳大利亚学者的解释，政府恰恰是在和资本家利益无关的领域也就是社会保障领域实行紧缩。工资冻结在工人身上。雇用劳动者损失最大。恶性通货紧缩并不

---

① 约瑟夫·哈利维：《亚洲经济共同体的缺位与日本经济危机》，美国《每月评论》，2002年第5期。

导致物价下降，作为垄断资本的结果，它甚至会导致物价继续上升。在这种情况下，公共服务的价格比如交通费、医疗费等实际上提高了。这就进一步使人民陷入灾难。"在美国财政部和国际货币基金组织的支持下，阿根廷的资产阶级摧毁了国内的社会保障体系和福利体系，这在过去两年导致了经济全面崩溃，甚至达到终止货币流通的地步。整个过程是一个历史事件：国内资产阶级阶级利益和国际金融利益合流，最后使阿根廷大多数人的生计被破坏。"

紧缩在继续，利息支付负担在加重。然而2001年夏天，经济部长卡瓦洛又宣布一项完全不可能实现的"零预算"赤字政策。国际货币基金组织推迟13亿美元的贷款，于是群众走上街头，把德拉鲁阿总统赶下台。但是政府接着发明一个不同美元挂钩的新货币，叫作阿根廷元。规定资本家的收益包括物价、租金、利息用美元和比索，而老百姓的收益包括养老金、工资则用阿根廷元来支付。人民愤怒了。然后又来一个总统杜阿尔德，试图重建同国际货币基金组织的联系。周而复始，人民的忍耐就到达极限了。

第四个陷阱，私有化和国家经济跨国公司化。

阿根廷用来吸引外资的，是大量廉价出售国有资产。梅内姆使阿根廷成为一个最彻底地推行私有化、对国有企业进行大规模私有化改造，同时大批出卖土地资源的国家。用阿根廷人的话来说，"整个国家都被卖了"。政府卖光了竞争性国有企业，几乎卖光了战略性国有企业，包括开采石油、天然气资源的国有企业，通信、电力、公用事业，甚至还有港口、码头、飞机场、火车站。1995 年阿根廷最大的十家银行，到危机前夕卖得只剩一家。从日用生活品、面粉厂到汽车制造厂，外国资本占领了一切可以赚取利润的、关系国家命运的企业和行业。

估计 10 年间出卖国有资产的总价值达 650 亿至 1000 亿美元，由此吸引外国直接投资流入约为 600 亿美元。国民经济几乎被彻底地跨国公司化了。1989 年，国家掌握着电信、石油、煤炭、天然气、航空、火电水电的发电供电、银行和保险、钢铁、军工、石油化工、铁路、公路、海运、港口、码头、电视台和广播电台等主要企业。1999 年，国家掌握的企业只有国家银行、造币局、电视的某些频道等几个寥寥可数的企业了。国家制造业能力和工业基础荡然无存，商品、机器及零部件进口在进出口总额中占绝对大的分量。经济命脉尽落于外资掌中。跨国公司还控制了国家总出口的 90.4% 和总进口的 63.3%。国家经济主权无从谈起。

即使按照官方的说法，价值 650 亿到 1000 亿美元的国有资产，卖得只剩 600 亿美元，也是一种大大赔本的国家行为。

国外投资集中于基础部门和服务业。它大都直接购买现有资产而不是建立新的企业、形成新的生产力，甚至所谓"外资"不过是以外资之名向阿根廷银行的贷款。原先的生产部门相当一些被改造为消费部门。它在阿根廷生产部门的投资，主要是扩大在南方共同市场范围内的互补性而增加外资自身的生产能力，比如汽车生产，不过利用阿根廷的资源、劳动力和制造污染而已。总之，这样外资大量进入和国家经济的跨国公司化，外资对阿根廷国有资产及私营企业的收买和并购，只不过使外资方面大发其财，不是使阿根廷国家经济生产能力、创汇能力得到相应提高而是使其每况愈下。即使在正常年景，阿根廷外资企业利润总量也有50％汇出境外，不会在阿根廷进行消费，更说不上扩大生产。

最荒唐的是按照国际货币基金组织建议实行社会保障私有化。这不仅直接威胁着人民的生存，而且原先"预算内"经费变为"预算外"经费，预算情况必然大大恶化。实在没有什么可以比这一措施更能够表明新自由主义私有化直接剥夺第三世界国家和人民权利的阴险性质了。

第五个陷阱，腐败丛生。

出卖国有资产，有的价格过低、半卖半送，有的卖出以后亏损而又高价买回，这一过程中行贿、受贿、诈骗，黑洞深不可测，最终的负担一概由国家承担，转嫁到人民的身上。此外还有行政、司法、金融、党派、建筑、医疗、教育等在社会几乎所有方面弥漫开来的腐败之风。

阿根廷航空公司本来赢利，但是"靓女先嫁"，低价卖给外资，政府承担10亿美元的债务。然后外资使它变赢利为亏损，政府为使其得以继续运行而再次承担另外10亿美元的债务。在这一过程中，政府投资和航线收入的大部分，尽入外资和某些私人囊中。直到政府为此增加3倍的债务，公司还在外资手里。这真是何为私有化的绝妙注解。

西方发起的埋葬社会主义的斗争，在经济领域的一张主要王牌，是说社会主义计划经济必然导致腐败。这成为20世纪以来的一个全球性的、最大的冤假错案。现在的事实是，不仅在西方国家内部，而且凡是在社会主义计划经济已经被消灭得荡然无存和几乎全盘接受新自由主义的地方，腐败案例倒是越来越多、越来越大，成为西方全球化中的一道抹不掉、盖不住、涂不白的风景线。至少在阿根廷，正是国有资产私有化背后的巨额回扣，成为腐败的孕床，催生了、壮大了一个官僚买办阶层。外电曾经报道，厄瓜多尔总统会见记者时一句话脱口而出："阿根廷政府官员都是贼。"这为阿根廷民意调查所证实，只是闹出一场阿根廷政府抗议的外交风波。

第六个陷阱，把希望寄托于美国。

一位学者的比喻不是在说笑话："在晴天时能从华尔街借到很多雨伞，而一旦风雨来临，则一把伞也借不到。"①

拉美国家由于同美国相邻或相近而存在一种特殊的关系。从美国方面来说，就是为着自己的利益而进行没完没了的、直接的或者间接的干预，既有政治的、军事的干预，尤多经济的干预。这种干预，提供了非常丰富的材料，可以写出几部乃至几十部大书。而且现实至今还在书写着这部拉美人民的血汗、资源、智慧变为美国垄断资产

① 李长久：《债务——拉美动荡之源》，《经济参考报》，2002年8月21日。

阶级财富的活生生的历史。这是充满不愉快、充满灾难的历史。

阿根廷当局曾经那样地信任和依赖美国，美国当局也直接地或者通过国际货币基金组织不断地向阿根廷提供最终有利于自己的各种战略和政策建议，提出自己的要求和条件。他们精于算计，没有多少好处的时候就远避，来一个他人苦难与己无关；能够讨点便宜的时候就来显示热心肠；一旦无利可图，则立即拉下脸来、冷若冰霜。

阿根廷总危机的爆发与国际金融机构拒绝贷款直接相关。但是当局仍然在着力向美国讨好。2002年3月17日的阿根廷《号角报》透露，为了换取美国和国际货币基金组织的贷款，阿根廷外交部长鲁考夫1月间出访美国，曾经表示愿意向哥伦比亚提供军事援助，通过训练哥伦比亚政府军直升机飞行员，支持美国干预哥伦比亚内政的军事计划。美国方面未置可否。3月间，阿根廷方面再次向美国提出这样的建议，遭到阿根廷国内的普遍反对。《号角报》刊出的该报副主编古利亚的文章认为，为了取得美国援助而不惜把国家引上危险道路，必将带来严重后果。

2002年4月24日，阿根廷总统杜阿尔德又提出过一个包括14点内容的《政府经济计划》。其实质，是表示接受并执行美国政府和国际货币基金组织提出的苛刻条件。它受到美国政府和国际货币基金组织的欢迎，却遭到国内人民的强烈反对。

这涉及美国和国际货币基金组织的所谓援助。

　　尽管这种援助同其他手段一样成为造成拉美国家危机、导致更深地陷入危机的一个因素，拉美国家每次出现危机，还是都寄希望于美国援助。那成为一种"路径依赖"。墨西哥如此。巴西如此。阿根廷也如此。阿根廷的不同在于，在它需要饮鸩止渴的关键时刻，美国和国际货币基金组织偏偏连这种"鸩"也拒绝提供。2002 年年底，援助倒是来了。但是是些什么东西呢？那是援助物品的集装箱，阿根廷海关关长内韦斯说："运来的东西都是垃圾，里面有带血的衣服、带粪便的裤子、长着霉菌的饭锅和过期的食品。"①

　　从 2001 年年底阿根廷总危机爆发，政府宣布倒账，到 2004 年 2 月，阿拖欠到期债务累积已经达到 780 亿美元。其中大部分为政府在国外发行的公共债券。2003 年 1 月，阿根廷政府同国际货币基金组织曾经达成一项协议，后者同意提供 133 亿美元应急贷款，当然仍然是用于还债，并且规定 2003 年 12 月由国际货币基金组织对阿方履行相关条款情况进行审议。一审议，就发生分歧，阿根廷拒绝接受危及自己经济复苏的要求，贷款再次中止。

　　从总危机爆发和阿根廷宣布倒账，一些国家的债券人开始向本国法院提起诉讼，要求阿根廷归还到期债务。2004 年 2 月间，美国司法机关宣布查封阿根廷在美国的政府及私人资产。其中包括阿根廷驻美大使官邸、驻美洲

------

　　① 《关于一个装有美国对阿根廷圣安娜居民的捐助物品的集装箱的争论，变成了一个国际事件》，西班牙《起义报》，2002 年 11 月 23 日。

国家组织大使官邸及办公楼、驻美三军武官处等 15 处总值约 2000 多万美元的外交资产，以及阿根廷私营邮政公司在美国的一笔总额 1100 万美元的存款。

按照维也纳外交公约，外交资产享受豁免权，不能被查封。美国方面不顾维也纳公约的规定进行查封，理由是阿根廷政府当年为着借债和吸引外资，曾经在几种债券上作出愿意放弃主权豁免的承诺。但是现政府认为，前政府的这种承诺本身是违反国际法的，因而无效。阿根廷和美国正在为此打官司。至于查封阿根廷私人公司的存款，说法是它与政府有关系，查封是间接地向阿根廷政府索债。

这次查封事件引起阿根廷人民的愤怒。阿根廷人民发动了针对美国的、名为"人民查封"的抗议活动。美国查封消息传出的第二天，阿根廷一些民间团体组织大量民众，包围三家有代表性的美资企业——花旗银行、麦当劳店和喜来登饭店，高举旗帜示威游行，进行象征性的"人民查封"。

我们谈到"路径依赖"：分明越来越明白寄希望于美国不会有什么好结果，却仍然寄希望于美国，而且在目前的世界秩序中还不得不寄希望于美国。每一次希望都导致希望的破灭，每一次破灭又总是呼唤新的希望，虽然新的希望必然地产生着更大的破灭。这实在是一种悲剧。

国家被拖入这六大陷阱，几乎完全被捆住手脚，还能够有多少真正属于自己的作为呢？

美国当局当然不是出于无知、也不是无意间，而是为着自己的利益，蓄意把阿根廷引入陷阱的。

　　斯蒂格利茨就认为，阿根廷是一个受到美国愚弄的国家。他说："可以将阿根廷的经历理解为就是国际货币基金组织的优秀学生的经历。灾难所以发生，不是因为不听国际货币基金组织的建议，恰恰因为听从了它的建议。"①

　　阿根廷人民所面对的，其实是一个并不复杂的问题：先生教导学生、鼓励学生甚至强制学生做这做那，为什么最后总是先生收获利益、学生收获灾难呢？一家美国报纸就写道："这个拉美第三大经济体在遭受了大萧条以来最严重的创伤后，反美情绪不断高涨。在布宜诺斯艾利斯，银行、麦当劳、旅馆和其他象征美国的符号都遭到攻击。甚至阿根廷的政治家和报纸杂志社都断言，是美国蓄谋摧毁阿根廷经济。"②

　　不是别人，而是梅内姆政府时期的计划战略部国务秘书、现任阿根廷战略研究所所长豪尔赫·卡斯特罗，这个在梅内姆推行新自由主义时期发挥过绝非一般作用的重量级人物反思阿根廷危机，在出访中国的时候，发表一种反映阿根廷实际而又显示出世界眼光的见解：

　　　　在经济全球化背景下，从 1995 年开始，以一年半或两年为周期，经济危机不断出现：1995 年墨西哥货币贬值，引起了国际金融动荡；1997 年 7—8 月发生了亚洲金融危机；1998 年 8 月，俄罗斯宣布停

---

① 斯蒂格利茨：《受愚弄的阿根廷》，美国《华盛顿邮报》，2002 年 5 月 12 日。
② 《经济危机引发愤怒》，美国《华盛顿邮报》，2002 年 5 月 19 日。

止以卢布偿还外债。这一系列危机产生了两个直接后果：一是发生在全球所有新兴市场经济体的挤兑，它们都向美国及一些中心发达资本主义国家寻求庇护；另一个后果是引起巴西等国的连锁反应（1999 年巴西因银行挤兑而减少了 500 亿美元）。同时，在其他新兴市场国家也引发了连锁性的金融体系的危机，其中之一就是阿根廷。

　　阿根廷表现出新兴市场国家在经济全球化背景下发生危机的一系列特点。1998 年第四季度阿根廷陷入的衰退，就是由 1995 年开始的经济全球化致使国际资本减少造成的①。

　　也是阿根廷颇有地位的经济学家、阿根廷经济研究所研究人员马丁·霍雷斯说：

　　在最近十年中，国际金融体制在世界不同地方发生的危机中跳来跳去。例如纽约股市的"黑色星期四"、墨西哥的"龙舌兰效应"、土耳其危机、东南亚金融崩溃、俄罗斯外债支付困难，等等，都证明了拉丁美洲的经济危机只不过是一部故事片中的一个片段而已。

---

　　① 《阿根廷学者豪尔赫·卡斯特罗谈阿根廷危机》，《拉丁美洲研究》，2002 年第 5 期。

巴西即将上任的总统卢拉，在巴西面临的危机和阿根廷危机中间，找到了类似的原因：

我们踏上了同一条船。这两种危机都是因为执行了新自由主义经济政策的结果。这是因为多年来全世界的保守势力斗争在赞赏这样一种政策，即不加区别地开放国内市场、出售国家资产、破坏工业和社会政策、举借外债、听命于跨国信贷机构的摆布。在阿根廷，这些又被长达十年的货币兑换方式加重了。其结果就是阿根廷没能实现经济增长。巴西冒着同阿根廷类似的风险，因为费尔南多·恩里克·卡多佐总统执行了同样的政策，即在1999年货币贬值之前，我国的货币一直保持着过高币值，而且也引发了债台高筑的现象①。

拉美社的一篇文章，根据阿根廷和巴西危机的事实，分析了西方全球化过程中美国为首的国际垄断资本利用新自由主义盘剥第三世界的总体战略。其中的一些基本判断，适用于拉美国家，也适用于自觉地或者糊里糊涂地信奉新自由主义的所有第三世界国家：

多年以来，国际金融巨头、国际货币基金组织和新自由主义经济者，在跨国企业和新闻媒体的帮助

---

① 《破产中的拉丁美洲》，西班牙《改革十六》周刊，2002年8月19日。

下，对其他各个独立的国家进行着血腥的剥削。

国际货币基金组织总是要求这些国家大幅度削减预算，并不珍惜这个国家的社会保障和公务员的工资。

对于国际货币基金组织来说，这是万无一失的措施。因为只有这样，才能使这些国家的政府有资金来偿还它们所担负的沉重的外债，并保证它们在今后年月中的还债能力。

事实上，国际货币基金组织代表的是国际金融巨头的利益。这种利益与依赖于国际货币基金组织生存的各个国家的人民的利益是完全对立的。当国际金融投机者利用其他国家的经济危机聚敛财富的时候，依赖于国际货币基金组织的各国经济却变得越来越贫穷。①

请读者原谅我们的不厌其烦的引述。

对于第三世界知识分子来说，这是一种悲哀，一种很难彻底摆脱的悲哀。经常会产生这样一种想法，即自己写下的话——尽管第三世界知识分子的教养和研究水平并不比西方国家差，尽管第三世界有着大批才智卓越的学者——仿佛注定不如外国人首先是西方人、西方出版物上写下的话更有分量、更具权威性，或者说更能够为多数读

---

① 《众所周知，阿根廷经济是国际货币基金组织对第三世界国家以及新兴市场国家推行的经济政策的结果》，拉美社里约热内卢 2002 年 3 月 5 日。

者所接受。因此，特别是在论述全球性问题的时候，不由自主地会引出一些来自西方出版物而有利于确立自己论点的资料，会因为西方国家也有同自己看法接近的情形而高兴。不论国籍、民族、语言和肤色怎样不同，被压迫人民、被压迫民族的人民的心，总是相通的。而且越是全球化，越是西方垄断资本企图确立、巩固和扩大自己的全球统治，就越是这样。如果从西方寻找自己的同道而并不丝毫动摇自己的民族自尊、阶级自尊，那正是历史自信力的表现。如果认为西方人的肤色即权威的标志，宁愿彻底失去自我而亦步亦趋，那就不可救药了。

这是一个简单的事实，即阿根廷危机是第三世界在西方全球化进程中的必然结果。危机无论以什么形式爆发，终归要爆发；阿根廷不是唯一的，也不是最后一个。

阿根廷是新自由主义的样板：既是新自由主义短暂的表面繁荣的样板，又是新自由主义危机和破产的样板。关于新自由主义到底是一种什么东西，关于它的欺骗性、危害性和在历史运动中的暂时性，阿根廷告诉世界的，已经太多太多。如果在阿根廷危机之后照旧麻木不仁、一仍其旧，还要执拗和钟情于新自由主义，还要重复阿根廷之路，把陷阱中的挣扎看作是天堂中的享乐，不碰得头破血流不回头，碰得头破血流也不回头，那要么是被美国和国际货币基金组织的蒙汗药闹得昏聩到已经失去起码的判断力，要么是自己一伙的权益已经同国际垄断资本血肉交融、以至于不惜拿国家和人民的权益作为交换筹码。这就简直不可救药了。

今天的西方全球化已经造就了一种全球性"路径依赖"。特别是在拉美，任何一个国家爆发的经济危机、金融危机都不是什么"孤立事实"，都同美国和国际货币基金组织有着不可切断的关系。拉美国家的经济政策、经济结构虽然存在各自不同的缺陷，其危机的共同原因，却正在国际资本市场的不稳定造成的外资枯竭以及国际货币基金组织等国际金融机构提供的饮鸩止渴的新自由主义政策。而世界最大的债务国美国，就由此向全世界转嫁本国的金融风险。

如果说需要对上述引文略微做点补充的话，那就还应该看到这样一些情况。

第一，每次危机，都是积之数年以后爆炸一般突然发生，其灾难和影响又要拖长许多年。不要说发生危机的亚洲国家和地区，连1995年危机的墨西哥，也至今没有完全摆脱危机的阴影。

第二，危机总是出现在接受新自由主义的国家和地区，危机的严重程度同接受新自由主义的程度成正比例。在这些国家和地区，国家对外的主权和独立在削弱，对内的分裂倾向也损害着国家的统一。生产资料所有权和财富、收入的分配，政治权利和社会地位，在不同阶级、不同民族、不同部门、不同地区的日益严重的两极分化，造成国家实际上的隔离的、分裂的状态。在这个意义上，一些国家和地区的金融危机，同时是一场政治危机、信任危机、社会危机。

第三，危机总是出现在主要由于外资大量进入、由于依赖外资而表面繁荣了一阵子的国家和地区。恰恰是表面上越繁荣的国家和地区，危机对国家和民族的打击就越大。阿根廷就一度是吸引外资最多、由此造成的繁荣最引人羡慕的国家。

第四，危机一到，表面繁荣化为货真价实的灰烬。但是买办资产阶级人物可以出走西方国家以逃脱危机，或者乘机继续侵夺国家和人民的利益以自肥；国内上层民族资产阶级人物的实际生活水平不会下降，中层在跌落；一切灾难，都集中地倾泼到最广大的普通民众的身上。

毛泽东同志的 20 个基本论点[*]

（二十二）就其主要特点来说，中国共产党是一个怎样的党呢？

这是一个人类进入帝国主义时代，在饱受这个时代几乎所有压迫形式蹂躏的、苦难异常深重的国家产生和崛起的党，一个领导人民同 20 世纪一切种类的剥削阶级、剥削制度——从握有最强大经济力量、科技力量和军事装备的帝国主义，到国内官僚买办资产阶级、封建地主阶级，到最野蛮、最落后的农奴主阶级——进行过较量并取得胜利的党。

这是一个经历过阶级斗争和民族斗争、国内斗争和国际斗争考验，经历过武装斗争和非武装斗争、战场厮杀和谈判桌上的较力、合法斗争和非法斗争、公开斗争和地下斗争、政治的经济的和思想文化斗争考验，经历过各种党内斗争和饥饿与险恶自然环境考验，成功地通过所有这些

＊ 本文为作者所著《全球化与共产党》第三章，中国人民大学出版社 2005 年出版。

炼狱的党，一个由于毛泽东同志和他的战友们的丰富政治经验、崇高道德品质而多数党员对内外敌人的收买、腐蚀、糖弹攻击与和平演变有着高度警觉和抗拒能力的党。

这是一个在半殖民地半封建的、农民居人口多数的社会中创建和进行活动，农民出身的党员长期以来在党员总数中居多数的党。农民和其他小生产者的思想会带到党内并产生影响。但是即使在工作重点放在农村的时期，即使在土地革命、土地改革和其他农村工作中，党都在自觉地以工人阶级思想进行教育和引导，努力把农民出身的党员提高到工人阶级的、共产党的水平上来。毛泽东同志从来强调，严重的问题是教育农民，必须把小资产阶级引上无产阶级的轨道。在党的领导下，从出身农民的共产党员中，成长起一大批具有无产阶级世界观的，功勋卓著的政治家、军事家、外交家、经济专家和科学家、文艺家，蔚蔚然成为中国史乃至世界史上的奇观。所谓中国共产党是"民粹党"的说法，完全没有根据。

这是一个曾经犯有多种形式的错误，错误路线不止一次在中央占据主导地位，又总是自己纠正错误，把错误作为一种财富，用它来教育党员和人民，在总结自己教训中更加团结、在政治上理论上越来越成熟的党。

这是一个以弱胜强，一个由于敌我力量对比和自身原因屡屡被逼迫到死亡边缘，又一次一次死里逃生，重新集结起来进行战斗、获得新生的党，一个经受过难以想象的挫折和失败、和自己的人民共同走过艰难、在长期生死与共的斗争中建立起深厚群众基础的党，一个无论内外敌对力量多么强大、无论自己的错误多么严重、无论失败多么惨痛、无论付出多么大的代价，都终究压不垮、剿不灭、杀不光、打不倒、骗不了、拆不散的党。

这是一个领导人民通过不同阶段在国家经济建设和社会发展方面创造巨大成就，从造不出一辆自行车而自己设计和制造出汽车、火车、轮船、飞机、卫星、导弹、核武器，建立起独立的比较完整的工业体系和国民经济体系，扫荡千百年来困扰我们民族的腐败、迷信、卖淫、吸毒、黑社会现象，提高全民族的文化教育与健康水平，结束1840 年以来"东亚病夫"的历史，使到处遭受侮辱的中国人在世界上挺起腰杆、扬眉吐气的党。

这是一个继续 1840 年以来中华民族为民族解放和人民解放而进行的斗争，继承这些斗争的伟大传统和经验，依靠最先进的工人阶级，团结人数最多的农民阶级和包括民族资产阶级在内的一切受到帝国主义、封建主义压迫的阶级、阶层，具有最广泛、最深厚群众基础的党。

总之，这是一个集中了中华民族全部智慧和优秀品格、为使中华民族摆脱不幸而有今天的地位发挥了最大作用、付出了最大牺牲的，为民族的更大的、全面的进步作出决定性贡献的党。

中国共产党的胜利，是中国工人阶级、中国人民的胜利，是世界共产党人、世界工人阶级、世界被压迫人民和被压迫民族的胜利，是马克思列宁主义、毛泽东思想的胜利。

（二十三）中国共产党的特点和功勋来自全心全意为

人民服务，来自同人民之间的血肉联系。这种血肉联系，成为中国共产党壮大和蓬勃发展的生命的源泉，成为它的全部经验的结晶。

关于在中国条件下依靠工人阶级和团结全民族的绝大多数人，建立、巩固、发展、深化同人民群众的血肉联系，中国共产党有一系列理论的、政策的、工作方法的独特创造。这成为毛泽东思想的一个基础性的部分。为此作出最大贡献的，是毛泽东同志。和毛泽东同志一道经历过革命战争和新中国初期的奋斗的老一代人与没有这些经历的年轻人，对于这些真理的认识和体会，会有很大的不同。但是总是有一次一次的磨难考验着共产党人，每一次磨难都会唤起对先前似乎已经认识的真理的重新认识，而且越是沉重的磨难，真理也越是光彩熠熠。特别是毛泽东同志逝世以来中国和世界的历史，包括苏共下台和苏联解体的历史，每一页都在继续写下毛泽东同志伟大和毛泽东思想现实生命力的证词。

毛泽东同志关于人民的历史地位、关于党同人民关系问题的独创性见解，可以概括为20个基本论点。

这20个基本论点是：

（1）"人民"这个概念，在不同的国家和各国的不同历史时期，有不同的内容，但是始终构成居民的绝大多数。在中国，人民中最先进、最革命的阶级是工人阶级，工农联盟是人民力量的基础，广大的小资产阶级和民族资产阶级也属于人民。在建设社会主义的时期，一切赞成、拥护并参加社会主义建设事业的阶级、阶层和社会集团，都属于人民的范围。

（2）人民，只有人民，才是创造世界历史的动力。

这个论断提出于抗日战争时期。

1960 年 5 月，毛泽东同志在河南郑州分别会见来自非洲、拉丁美洲、亚洲一些国家的朋友。根据当时负责起草新闻稿的熊向晖同志的记述，毛泽东同志在阅读新闻稿的时候，删去了原稿"中国人民在毛泽东主席领导下取得的伟大成就"中的"在毛泽东主席领导下"和"伟大"，改为"中国人民在自己的工作中所取得的成就"。

他说："为什么一定要说毛泽东的领导呀？没有毛泽东，中国人民就取不得成就了？这是唯心史观，不是唯物史观。我把唯物史观的精髓概括成一句话，叫作'人民，只有人民，才是创造历史的动力'。过去打仗，靠的是人民；现在建设，靠的还是人民。一切成就都来自人民自己的努力。"

他又说："领导人和人民不能分开，而是人民的一部分。'中国人民在自己的工作中所取得的成就'，其中包括了你们，也包括了我。如果脱离人民，做官当老爷，那就不能包括。领导人和人民也不能等量齐观。今天我向拉丁美洲朋友讲了，你的稿子上也写了，'人民是决定的因素'。应当突出'决定的因素'，不应当突出'非决定的因素'。就是说，应当突出人民，绝不要突出个人。"[1]

---

① 熊向晖：《历史的注脚——回忆毛泽东、周恩来及四老帅》第 17—18 页，中共中央党校出版社 1995 年版。

（3）"卑贱者最聪明"，人民是真正的英雄。

中国人民中间，有成千成万的"诸葛亮"，每个乡村、每个城镇，都有那里的"诸葛亮"。在社会主义建设中，人民群众有向一切可以发挥自己力量的地方和部门进军、向生产的深度和广度进军的无限的创造力。社会的财富是工人、农民和劳动知识分子自己创造的。只要这些人掌握了自己的命运，又有一条马克思列宁主义的路线，不是回避问题，而是用积极的态度去解决问题，任何人间的困难总是可以解决的。首先要向群众学习。必须明白，群众是真正的英雄，而我们自己则往往是幼稚可笑的。不了解这一点，就不能得到起码的知识。

（4）人民群众自己解放自己。

马克思列宁主义的基本原则，就是要使群众认识自己的利益，并且团结起来，为自己的利益而奋斗。中国是中国人民的，不是反动派的。中国必须独立。中国必须解放。中国的事情必须由中国人民自己作主张，自己来处理，不允许任何帝国主义国家再有一丝一毫的干涉。党的指示和政府的法令是领导和帮助群众，而不是给群众以恩赐。菩萨是农民立起来的，到一定时期，农民会用自己的双手丢弃这些菩萨，无须旁人过早地代庖。

（5）组织起来，实现人民的大团结。

帝国主义敢于欺负我们，主要原因在于中国民众的无组织状态。中国各民族不团结，是旧中国统治者统治的结果，也是帝国主义挑拨离间的结果。

党的基本任务，是宣传群众和组织群众。共产党员每到一地，都要深入群众，根据群众的觉悟程度，启发和帮助群众提高，在群众内心自愿的原则下，帮助群众逐步组织起来。首先要使先锋队觉悟，下定决心，不怕牺牲，排除万难，去争取胜利。还必须使全国广大人民群众觉悟。动员了全国的老百姓，就造成陷敌于灭顶之灾的汪洋大海。组织起来，将自己由利于反动派剥削压迫的散沙状态改变为团结状态，实现人民的大团结，是中国人民长期斗争的一个成果。

（6）共产党的路线就是人民的路线。

共产党人彻底地为人民利益工作，认为人民的利益高于一切，以中国最广大人民的最大利益作为自己的出发点，一切言论行动以合乎最广大人民的最大利益、为最广大人民所拥护为最高标准。

（7）党是革命事业的领导者、组织者，又是建设事业、群众生活的领导者和组织者。

党的领导权必须具备两个条件：（甲）率领被领导者（同盟者）向着共同的敌人作坚决的斗争，并取得胜利；（乙）对被领导者给以物质福利，至少不损害其利益，同时对被领导者给以政治教育。要使群众认识，党代表他们利益，和他们呼吸相通，接受党的政治号召，把革命当作他们的生命和他们无上光荣的旗帜。没有这两个条件或两个条件缺一，都不能实现领导。

要得到群众的拥护，就要真心诚意地为群众谋利益，解决群众的生活和生产的问题。要组织、领导和帮助人民发展生产、改善生活、提高文化，解决油盐柴米的问题、房子的问题、衣的问题、生孩子的问题、读书上学的问题、生疮害病的问题。每个共产党员都要替人民着想。部队负责同志要替战士着想。机关负责同志要替大厨房着想，替杂务人员着想。群众生产，群众利益，群众经验，群众情绪，群众的每一要求与每一提议，一切群众需要解决的问题，都是领导干部应该时刻注意的，都应该提上议事日程。

（8）共产党员不是要做官，而是要真诚地为人民服务。

共产党人是革命的先锋队。他们热爱人民，真诚地为人民服务，不是要做官，而是要革命，不能有一时一刻脱离群众。在民众运动中，他们是民众的学生和朋友，而不是民众的上司；是诲人不倦的教师，而不是官僚主义的政客。在政府工作中，他们应该是十分廉洁、不用私人、多做工作、少取报酬的模范。鲁迅的两句诗，"横眉冷对千夫指，俯首甘为孺子牛"，应该成为我们的座右铭。"千夫"就是敌人，对于无论怎样凶恶的敌人我们绝不屈服。"孺子"就是无产阶级和人民大众。一切共产党员，都应该学鲁迅的榜样，做无产阶级和人民大众的"牛"，鞠躬尽瘁，死而后已。

（9）党的干部是人民的勤务员。

中国共产党在一个几万万人的大民族中领导革命和建设，如果领导者是一个狭隘的小团体是不行的，党内仅有一些委琐不识大体、没有远见、没有能力的领袖和干部也是不行的。一切干部，不论职务高低，都是人民的勤务员，所做的一切都是为人民服务。人民是主人。老百姓可以骂我们，我们却不应该骂他们。

（10）共产党员应该在人民群众的实践中经风雨、见世面。

无论在什么问题上，共产党员一定要同群众相结合。每到一地，都要和那里的群众打成一片，都要细心地倾听群众的呼声。应该经风雨、见世面；这个风雨，就是群众斗争的大风雨，这个世面，就是群众斗争的大世面。凡属真正团结一致、联系群众的领导骨干，必须从群众斗争中逐渐形成，而不是脱离群众所能够形成的。

我们党有成百万有经验的干部。这些干部，大多数是好的，是土生土长，联系群众，经过长期斗争考验的。有建党时期的，有北伐战争时期的，有土地革命战争时期的，有抗日战争时期的，有解放战争时期的，有全国解放以后的，他们都是我们国家的宝贵财富。东欧一些国家，没有这样一批干部。我们有在不同革命时期经过考验的这样一批干部，就可以"任凭风浪起，稳坐钓鱼台"。

（11）知识分子要和工农民众相结合。

对于知识分子的正确的政策，是革命胜利的重要条件之一。没有革命知识分子，革命就不会胜利。一切为人民服务的知识分子应该受到尊敬。知识分子如果不和工农民众相结合，则将一事无成。知识分子必须逐步树立无产阶级世界观，思想感情和工农兵大众的思想感情打成一片，感情由一个阶级变到另一个阶级。这需要经过长期的甚至是痛苦的磨炼。美国确实有科学、有技术，可惜抓在资本家手里，不抓在人民手里，其用处就是对内剥削和压迫，对外侵略和杀人。我们的专门家一方面帮助群众、指导群众，一方面向群众学习，使自己的专门知识不致成为脱离群众、脱离实际、毫无内容、毫无生气的空中楼阁。专门家只有代表群众，他们的工作才有意义。

（12）人民群众的意见和经验，是党制定政策的基础。

我们工作中决定的因素，是发现哪些政策是人民大众接受的，哪些是有意见的、反对的。只有证明为大众拥护的政策，才能成为我们党的政策。革命的政治家是千千万万群众政治家的领袖，他们的任务是把群众政治家的意见集中起来、加以提炼，再使之回到群众中去，为群众所接受、所实践，而不是闭门造车、自作聪明、只此一家、别无分店的那种贵族式的所谓"政治家"。——这是无产阶级政治家同腐朽的资产阶级政治家的原则区别。

（13）群众路线是党的基本的领导方法和工作方法。

凡属正确的领导，就是将群众的意见（分散的无系统的意见）集中起来（经过研究，化为集中的系统的意见），又到群众中去作宣传解释，把党的方针变为群众的方针，化为群众的意见，使群众坚持下去，见之于行动，并在群众行动中考验这些意见是否正确。然后再从群众中集中起来，再到群众中坚持下去。如此无限循环，一次比一次更正确、更生动、更丰富。这就是马克思主义的认识论。

（14）只有代表群众才能教育群众。

　　要了解情况，唯一方法是向社会作调查。没有调查，实际工作者无法了解变化着的情况，只懂得理论不懂得实际的人不能将理论与实际相联系。没有调查就没有发言权。共产党领导机关的基本任务，是了解情况和掌握政策。了解情况就是认识世界。全党进行系统的、周密的调查研究，是转变党的作风的基础一环。调查研究，第一是眼睛向下，而不是昂首望天。没有满腔热忱，没有眼睛向下的决心，没有求知的渴望，没有放下臭架子、甘当小学生的精神，一定不能做，一定做不好。要做人民的先生，先做人民的学生。只有做群众的学生才能做群众的先生。只有代表群众才能教育群众。

　　（15）按照群众的需要和自愿领导群众前进。

　　一切为了群众的工作都要从群众的需要出发，而不是从良好的个人愿望出发。超过群众觉悟、违反自愿原则的命令主义是错误的，迁就群众中少数人的不正确意见，落后于群众、违反领导群众前进原则的尾巴主义也是错误的。有些群众容易注意当前的、局部的、个人的利益而不了解长远的、全局的、集体的利益。不少青年人不容易深切了解，我国人民怎样经历千辛万苦的斗争才摆脱帝国主义和国民党反动派的压迫，建立一个美好的社会主义社会要经过怎样的长期的艰苦劳动。因此，需要在群众中经常进行生动的、切实的政治教育，并且把发生的困难作真实的说明，和人民一起研究解决的办法。

　　（16）革命战争伟大力量的最深厚根源存在于人民群众之中。

中国共产党所领导的革命战争是吸引革命人民的旗帜，党所领导的军队是真正人民的军队。没有人民的军队便没有人民的一切。紧紧地和中国人民站在一起。全心全意地为中国人民服务，是这个军队的唯一宗旨。每一个指战员以至每一个炊事员、饲养员，都是为人民服务的。军队不但是战斗队，而且主要的是工作队，会打仗、会做群众工作、会生产，无往而不胜。党的领导保证着军队和人民群众的鱼水关系。在革命战争中，群众是打不破的铜墙铁壁。正是由于人民的真心诚意的支持，从红军、八路军、新四军到人民解放军，从大刀长矛、小米加步枪到现代化装备，从消灭小股敌人武装、消灭日本侵略军和蒋介石反动武装到击败号称无敌于天下的美国军队，中国共产党领导的人民的军队，成为一支令剥削阶级和外国侵略者闻之胆寒的传奇般的军队。

（17）统一战线是中国革命和建设胜利的法宝之一。

中国共产党在国内唤起民众，团结工人阶级、农民阶级、城市小资产阶级和民族资产阶级，在工人阶级领导下，结成国内统一战线，发展到建立和巩固工人阶级领导的以工农联盟为基础的国内统一战线。在国外，联合世界上以平等待我的民族和各国人民，结成国际统一战线。这就是国内国际的两个绝大多数。

在国内，统一战线包括在一定条件下利用敌人营垒中的矛盾、有区别地对待各种中间势力。但是，必须坚决地揭露和清除民族叛徒，必须保证工人阶级及其先锋队共产党的领导地位。统一战线的原则有两个。第一个是团结，第二个是批评、教育和改造。关门主义是错误的。投降主义和对别人采取排斥和鄙弃态度的宗派主义也是错误的。

（18）关于工人阶级领导的、工农联盟为基础的人民民主专政。

工人阶级（经过共产党）领导的以工农联盟为基础的人民民主专政，是一种政治制度。它是保卫人民革命成果和建设社会主义的武器，要求在人民内部实行民主，对反动派实行专政。它的第一个作用是压迫国内反动阶级、反动派和反抗社会主义的剥削者、破坏者，解决国内敌我之间的矛盾。第二个作用是防御国家外部敌人的颠覆活动和可能的侵略。人民民主专政保证着人民在国家生活中的主人翁地位，是经济建设和各项事业发展的先决条件。

（19）人民必须管理上层建筑。

我们的文化是群众的。基本的问题，是为群众的问题和如何为群众的问题。要站在无产阶级和人民大众的立场，歌颂一切人民群众的革命斗争，暴露一切危害人民群众的黑暗势力，把历史的颠倒再颠倒过来，使帝王将相老爷太太少爷小姐统治的舞台恢复历史的真面目。

在共产党取得执政地位以后，劳动者管理国家、管理军队、管理企业、管理文化教育的权利，是社会主义制度下劳动者最大的权利，最根本的权利。如果没有这种权利，劳动者的工作权、休息权、受教育权等权利，就没有保证。只有全国各族人民都负责，人人负起责来，才能避免人亡政息。

社会主义民主的问题，首先是劳动者有没有权利来克服务各种敌对势力和它们的影响的问题。像报纸、刊物、广播、电影这类东西掌握在谁的手里，由谁来发议论，都是属于权利问题。人民不管理上层建筑是不行的。不能够把人民的权利问题，理解为国家只由一部分人管理，人民在这些人管理下享受劳动、教育、社会保险等权利。

（20）正确处理人民内部矛盾。

社会主义社会存在敌我矛盾和人民内部矛盾两类性质完全不同的矛盾。大量存在的是人民内部矛盾。人民内部矛盾，在劳动人民之间，是非对抗性的；在被剥削阶级和剥削阶级之间，除了对抗性的一面，还有非对抗性的一面。一般说来，人民内部矛盾是在人民根本利益一致基础上的矛盾，应该采取民主的方法来解决。所谓民主的方法，就是讨论的方法，批评和自我批评的方法，说服教育的方法。

（二十四）这20个基本论点显示出的，不是若干互不相关的、支离破碎的观点，而是一种世界观、学说、理论的大厦和有机体系。大厦和体系的根基在于：不是西方也不是中国的神仙皇帝、贵族官僚、大亨大腕，而是人民，才是创造世界历史的动力，才应该也必定会成为世界历史的真正主人。

对于毛泽东同志和他的战友，对于忠诚的共产党人来说，这完全不是什么把"人民"挂在口边、写在纸上的政治标签，不是在需要的时候表演一番的姿态，而是安身立命的根基。

（二十五）中国人民、中国共产党的奋斗实践锻造了自己的领袖毛泽东同志。毛泽东同志是党所领导的中国革命事业和社会主义建设事业的开创者。

毛泽东是中国人民的最忠诚的儿子。他真正彻底地把人民看作自己和自己事业的出发点、归宿和最高准则。当外国侵略者压迫中国人民的时候，他是伟大的民族英雄。当本国剥削阶级压迫人民的时候，他是阶级解放和社会解放的伟大旗手。当共产党执政而某些共产党员利用人民的授权牟取私利、危害人民的时候，他是党内腐败倒退现象的最不留情的敌人。他不能容忍任何危害人民利益的行为，即便这种行为出自他所缔造和担任最高领导者的共产党内、出自曾经同他一道战斗并且建树过功勋的高层人物，也必须坚决地进行处理。他同人民完全融合在一起，认为人民的利益高于一切，为此牺牲数位亲人的生命也毫不退缩。同时，他把民族解放、阶级解放、社会解放，视为人民自己解放自己的事业，也把清除党内腐败倒退现象视为人民自己解放自己的事业。

在党取得执政地位之前，党和人民为一方，占据统治地位的反动阶级为另一方，这种敌我性质的阶级矛盾是社会的主要矛盾。随着这一矛盾的解决和社会主义制度的确立，除了无产阶级和资产阶级的矛盾，会出现处于执政地位的党同人民群众的矛盾。这里大量存在的，是党的方针政策怎样逐步调整和完善以更好地实现绝大多数人利益的问题，是人民怎样在党的领导下、在作为国家和社会主人的情况下、在历史创造的实践中继续前进的问题；所有这些，都属于人民内部矛盾。党内的官僚主义、命令主义、违反纪律等脱离群众乃至一部分危害群众利益的问题，一般地也属于人民内部矛盾，可以和应该通过党内教育、通过批评和自我批评来解决。

在研究苏共走向腐败、衰落乃至失去执政地位的原因的时候，可以责备它的党内教育、党内法规不够完善和没有能够坚持下去。党内教育和法规是重要的和必不可少的。但是问题不仅在这里。如果集中苏共党内教育和法规的条文，大约可以有几大厚册。问题尤其在于这种教育和法规永远不能脱离、更不能代替人民的监督。否则不过形同虚设而已。应该记住，即使解决党内问题，人民群众仍然归根到底具有决定性的作用。

为使党内腐败倒退现象不至于发展到越出思想作风、工作作风的范围而沉疴难愈，不至于形成同权力结合的利益集团而尾大不掉，不至于走到改变党和政权性质的严重地步，或者为在已经出现这样的危险局面的时候拯救党，唯一的出路，只能是充分发扬党内民主和人民民主，只能是党内大多数同人民群众团结一致，只能求助于"人民是创造历史的动力"这一具有决定意义的法宝。

毛泽东同志的伟大就在于，在他看来，执政地位、伟大功勋、光荣历史、崇高威望、领导职务，都不能成为共产党员惧怕群众、同群众有些许隔离的理由，都不能成为共产党员特别是领导干部利用权力为自己和家人牟取私利的理由；在共产党员脱离群众的错误同群众利益之间，只能选择后者而绝不能选择前者。中国共产党执政以后，他反复要求党员领导干部到群众中去，包括多次发动整风运动、听取各种意见和批评，包括规定干部必须参加生产劳动、进行系统深入的调查研究。来自群众的即使是激烈的、错误的批评和意见，都表现着群众对党的信任和拥戴；这种信任和拥戴，要比成吨成吨的评功摆好、阿谀奉承有价值得多。相反，如果群众对党的工作、国家的命运采取事不关己的态度，历史主动性和创造精神受到挫伤，陷入政治上的消沉和冷漠，满足于寻求小恩小惠和眼前利益，倒是一种悲剧了。

在无产阶级取得国家政权、共产党执政的社会条件下，怎样保证国家的社会主义性质不会蜕化、人民已经取得的权利和成果不会丧失，是世界共产主义运动中的一个新问题。

马克思和恩格斯没有遇到这个问题。列宁严肃地指出，被推翻的剥削者，总是千方百计地企图恢复他们被夺去的天堂，把复辟的愿望变成复辟的行动。斯大林领导的苏联共产党，以成功地抗击德国法西斯军事入侵和进行国内社会主义建设，为解决这个问题作出了重要的贡献。从处于执政地位的共产党内提出和解决这个问题的，是毛泽东同志。他在这方面的贡献，特别是随着苏联社会主义国家的解体和东欧社会主义国家的演变，显示出巨大的理论价值和紧迫的实践意义。

毛泽东同志和中国共产党，在国际共产主义运动中，最早揭露和批判赫鲁晓夫时代开始的苏联共产党的蜕化变质，指出"由于赫鲁晓夫的修正主义，伟大的苏联人民用血汗创立的世界上第一个社会主义国家，正面临空前严重的资本主义复辟的危险"。① 在20世纪60年代中苏两党的论战中，毛泽东同志主持和审定的一系列重要文章的判断，其真理性已经被苏共下台、苏联解体的事实所证明。

毛泽东同志认为，在党同群众关系出现严重问题的时候，在开展党内斗争的同时，需要直接诉诸群众，来一个"孙悟空大闹天宫"。作为共产党的创始人和最高领导人，在党执政的条件下，有如此的胸怀和气量，能够如此鲜明地依靠人民的力量解决党内发生的问题，这对于任何处于执政地位的剥削阶级来说，这在任何剥削阶级政党中，都是完全不能想象的。人类社会几千年历史，数不清的王冠和权杖，皇帝、国王、总统们沾沾自喜地陶醉于别人喊自己"万岁"的呼声之中，还从来没有一个民族、国家、阶级、政党的领导人，如毛泽东同志这样呼喊出"人民万岁"的口号。

在国际共产主义运动中，从马克思恩格斯起，伟大革命家一旦逝世，总有一些人自以为高明地出来清算他们的所谓错误。对马恩的清算，出来一个第二国际修正主义。丢掉列宁、斯大林"两把刀子"，出来从赫鲁晓夫到戈尔巴乔夫的苏共背叛集团，埋葬了苏共和苏联。也有人出来清算毛泽东同志的错误。毛泽东同志有过错误。中国共产党有过错误。人民也会有错误。没有任何人、任何政党是绝对真理的化身。问题的症结恰恰在于，是不是从人民的

_____

① 人民日报编辑部、红旗杂志编辑部：《关于赫鲁晓夫假共产主义及其在世界历史上的教训——九评苏共中央公开信》。

利益出发。为着人民的利益，也需要人民的付出，有些牺牲是可以避免的。党应该努力避免错误特别是大的错误，应该不要重复错误和及时地纠正错误。人民不会生出怨愤。人民比较地能够原谅这样的错误，这样的错误也比较地容易得到纠正。

列宁也谈到马克思、恩格斯的错误。这两位历史巨人在估计革命时机很快到来的问题上，"有很多错误，常常犯错误"。

他说，两位伟大的革命思想家在努力提高（并且确实提高了）全世界无产阶级的水平，使他们摆脱日常的琐碎的任务时所犯的这种错误，同官气十足的自由派在宣扬、喊叫和诉说他们的谬论（说革命是无谓忙碌，革命斗争是徒劳，反革命的"立宪"幻想妙不可言）时所表现的平庸智慧比较起来，要千倍地高尚，千倍地伟大，千倍地有历史价值，千倍地正确……

俄国工人阶级一定能用他们充满错误的革命行动来争得自由，推动欧洲前进。让那些在革命方面没有行动的庸人以没有错误而自夸吧。①

毛泽东同志把终生献给中国各族人民的解放和发展的事业。人民的评价，是对他的功过的最权威的裁决。有知识分子基于个人不公平遭遇对他进行批评。间或也有人身攻击、编造历史、诬陷栽赃的文字。但是，在他离开自己人民 20 多年以来，出现无数新的歌曲，却唯独歌颂他的

---

① 《列宁选集》第 1 卷，人民出版社 1995 年版，第 728 页。

歌曲能够继续广为传播；出现无数反映群众情绪、对领导人进行批评甚或嘲讽的政治性的民谣与笑话，却唯独没有一句表现出对他的丝毫不敬；出现无数新的或仿佛新的政治概念，却唯独他的那些平易而深刻的警句，比如"为人民服务"、"群众路线"、"艰苦奋斗"、"谦虚谨慎"、"实事求是"，最长久地活在人们的口上；出现无数新的画像和美术作品，却唯独他的肖像贴在农民的炕头、挂在汽车方向盘的旁边。任何给毛泽东同志抹黑的企图，总是被人民的轻蔑冲卷得无地自容。毛泽东，他的英名和事业，已经深深地刻在中国各族人民的心里，已经和中国各族人民的情绪、意愿、历史选择融为一体。

（二十六）毛泽东同志1945年在《论联合政府》中说："二十四年的经验告诉我们，凡属正确的任务、政策和工作作风，都是和当时当地的群众要求相适合，都是联系群众的；凡属错误的任务、政策和工作作风，都是和当时当地的群众要求不相适合，都是脱离群众的。"[①]

我们可以说，这是中国共产党80多年的经验告诉我们的真理，同样也是苏共下台、苏联解体的教训告诉我们的真理。

我们还可以说，这个历史的真理，无论过去、现在、将来，都与共产党的生命同在。在世界社会主义运动的再度勃起、在世界人民结束西方全球化的新的历史创造的进程中，它将再次闪射耀眼的光芒。

[①] 《毛泽东选集》第3卷，人民出版社1991年版，第1095页。

　　我们更可以说，中国共产党、中国社会主义事业曾经有过曲折和灾难，而且还会遇到过去不曾遇到的曲折和灾难，但是那种关于在中国重演一回苏联悲剧的设计，注定落空。原因就在于，这些设计家不懂得历史、不懂得现实、不懂得人民。

　　现代中国政治的秘密，在某种程度可以说凝结为三个字——毛泽东。那么多显赫一时的东西转瞬即逝，毛泽东却深深地刻在 960 万平方公里的每一寸土地上。一切文件会议、路线政策、战略模式、高谈宏论、奇思怪想、谎言谬说，只要事涉国家民族的全局和命运，都躲不开毛泽东，都不能不归结为同这位已经逝世的人物的对话。有人怀念、赞同、歌颂，有人抨击、否定、嘲讽。但是固然没有、何况并不需要号召和组织，故作姿态的冷落淡化和不动声色的压抑规避也无济于事，却是越往后，他就越为更多的人们所接受。

　　与其说他属于过去，不如说他更属于现在和未来。在中国半封建半殖民地到社会主义、共产主义的全部历史进程中，毛泽东，都是中华民族的灵魂、中国人民的旗帜。可以预言，在新的历史创造活动中，中国历史上没有任何人，能够发挥他那样巨大而深刻的作用。

苏共党建主要教训※

　　（五十四）问题的全部症结在于，在党同人民群众关系问题上，苏共领导集团从社会公仆变为社会主人，从全心全意为人民服务变为骑在人民头上作威作福。苏共生于斯、盛于斯、衰于斯、败于斯。这就是苏共下台、苏联解体的最根本的原因。

　　从党的建设的角度来说，在党同人民群众关系问题上，苏共垮台至少有五个方面的教训。这就是：改变党的工人阶级先锋队性质；阉割共产主义的目标；抛弃马克思列宁主义；用片面的、孤立的发展代替全面的、综合的发展；破坏民主集中制的组织原则，形成脱离人民和党内大多数的、由极少数人组成的特殊利益集团。

　　（五十五）第一个教训，是改变了党的工人阶级先锋队性质。

　　从苏共第 22 次代表大会起，苏共已经声称，它不再

　　※ 本文为作者所著《全球化与共产党》第六章，中国人民大学出版社 2005 年出版。

是工人阶级先锋队而是"苏联人民的先锋队",成为"全体人民的党"。苏共以这样一种自吹自擂走上脱离绝大多数人的不归之路,向着自己的坟墓走去。

这里在似是而非中玩弄了一个语法游戏。难道能够说共产党不是人民的先锋队、不代表全体人民吗?当然不能。但是问题在于,这里有一种因果关系:共产党因为是工人阶级先锋队,所以才是人民的先锋队、才代表全体人民。如果舍弃工人阶级先锋队这个关键性环节,抹杀这里的因果关系,所谓党是人民先锋队、代表全体人民也就无法成立。我们已经论及党的先进性和群众性问题,指出党的先进性来自群众性、越是先进的才越是群众的。怎么能够设想,共产党可以离开自己阶级的先进性,空谈代表一般的"人民"呢?怎么能够设想,一个多少有点马克思主义气味的党,可以离开自己的阶级基础、阶级性质,空谈党的建设问题呢?

(五十六)围绕取消党的工人阶级先锋队性质的问题,苏共官方舆论和西方主流舆论沆瀣一气、颇为合拍,理由也越讲越无所顾忌。大体是:苏联已经没有阶级对立、阶级斗争,只有"全体人民"了;起决定作用的已经不是人民而是科技了;在西方国家,工人阶级生活水平提高了、人数减少了,阶级矛盾缓和了,甚至只有阶层而没有阶级了。——事已至此,还有什么必要谈论工人阶级先锋队呢?

美国最后一任驻苏大使马特洛克在《苏联解体亲历记》中写道:苏共领导集团内部关于阶级斗争问题的辩

论由来已久，戈尔巴乔夫、雅科夫列夫、谢瓦尔德纳泽总是含蓄地采取行动以削弱这一理论，而改革政策的推进隐含在"新思维"的模糊不清的词语中。1988年夏季，辩论走向公开化。谢瓦尔德纳泽在刊于《真理报》的一篇讲话中说，"在和平共处时期不存在什么特殊形式的阶级斗争"，"现今，起决定作用的，是我们依靠先进科学、现代化设备和尖端技术来加快物质财富生产与合理分配的能力，以及我们开发和保护那些人类生存所必不可少的资源的能力。"马特洛克兴奋得难以言表："我一直孜孜以求的东西终于呈现在我的面前。阶级斗争这个决定对外政策实质的理论被官方人士宣布予以放弃。"他立即向谢瓦尔德纳泽通报，"我已把他的有关阶级斗争的讲话作为一个可喜的迹象向华府作了汇报。"①

（五十七）特别是社会主义社会的阶级、阶级斗争问题，从20世纪60年代起，一直成为各国共产党人发生激烈争论的焦点之一。能不能正确认识和处理这样的问题，对党和国家的命运关系极大。

阶级对立、阶级斗争，这个事实本来一目了然。第一，国际资产阶级，难道有一天停止过对于工人阶级、对于被压迫人民、对于被压迫民族、对于社会主义的阶级斗争吗？雇佣劳动，经济剥削，镇压罢工，控制和压制舆论，逮捕监禁反抗他们统治的进步分子和革命分子，颠覆

---

① 小杰克·F·马特洛克：《苏联解体亲历记》（上册），世界知识出版社1996年版，第165—166页。

他国政权、制造内乱、培植和扶持代理人政权，封锁、禁运、制裁、间谍活动和武装入侵，行贿、收买、造谣、诬陷和用于掩耳盗铃的关于"自由"、"民主"、"爱"一类鼓噪，统统是阶级斗争。如果不是为了阶级斗争，他们的法庭、监狱、军队、情报机构、舆论机关，到底是干什么的呢？

第二，从苏联起，至今为止，所有的社会主义国家，都处于帝国主义的国际包围中。社会主义自出现之日，就成为他们必欲置之死地而后快的眼中钉。为了除去这个眼中钉，他们什么手段都可以使用也都在使用。没有一个社会主义国家，可以仅仅依靠自己地理上的边界，阻挡这种来自国际方面的阶级斗争，阻止这种阶级斗争在其国内有所反映。从西方发达国家和第三世界的关系、资本主义同社会主义的关系来说，西方全球化的过程，本来就是国际垄断资产阶级扩大和巩固自己全球统治、使这种统治变为永恒的过程。西方舆论把他们的阶级斗争说得美如鲜花，却处心积虑地妖魔化、淡化乃至取消共产党、工人阶级、被压迫人民、被压迫民族对他们进行反抗的阶级斗争。天下没有这样的道理。这本身当然也是阶级斗争。

共产党的政策，应该建立在客观分析阶级、阶级矛盾、阶级斗争状况的基础上，成为依靠和团结最大多数、孤立和打击极少数的郑重的阶级政策。扩大化，打击了不应该打击的甚至应该团结的力量，当然是错误的，当然会给自己的事业造成损失。这很容易使对手得到可乘之机。不过也不妨反问一句：资产阶级进行阶级斗争，有没有扩大化的问题呢？特别是今天，美国垄断资产阶级为首的国际垄断资产阶级，在全球部署敲骨吸髓的网络，在他们认为需要的时候和需要的地方，屠戮整个的民族，毁灭不可重复的古老文明，破坏人类得以生存的地球环境，有谁指责过它的"扩大化"吗？在阿富汗、伊拉克大开杀戒，灭南斯拉夫之国，没有人说它扩大化。几枚导弹集中射向中国驻南斯拉夫使馆，也只能算是"误炸"。这就是说，在人类社会进程中出现了这样一个阶级，除了自己，都是可杀、可烧、可毁、可灭的敌人，年年、月月、日日、处处进行阶级斗争，而无所谓"扩大化"。

在人类社会历史上，还从来没有任何阶级有过这样无边无际的特殊权利。美国垄断资产阶级自我加冕，赋予自己这样的权利。也正因为如此，它就把自己摆在全人类共同敌人的位置了。

苏共犯过阶级斗争扩大化的错误。面对帝国主义的国际包围、军事威胁和国内外敌对力量颠覆革命政权的复辟活动，作为对反共反人民的敌对阶级首先挑起的阶级斗争的回应，领导本阶级和人民大众通过阶级斗争捍卫新生的社会制度，是党的职责和权利。在敌我斗争形势错综复杂的条件下，出现扩大化难以避免，问题在于有错必纠。否则，不区分具体的时间、地点、条件和纷繁的社会历史情况，夸大阶级矛盾，一味用处理敌对阶级间阶级斗争的方式来处理本来不属于这样性质的社会矛盾，就会自我伤害，徒然树敌，增加混乱，导致认识的简单化和一系列政策错误。

尽管如此，这些错误没有直接酿成党的下台和国家解体。苏共的最严重的错误，在于从一个极端走到另一个极端。这就是从赫鲁晓夫到戈尔巴乔夫，也来一个不区分具体的时间、地点、条件和纷繁的社会历史情况，都拒绝用阶级分析的方法分析社会矛盾，否认社会主义社会阶级、阶级矛盾、阶级斗争的存在，否认阶级斗争仍然是我们时代历史的直接动力和社会变革的巨大杠杆。它既在西方国内阶级斗争的事实面前闭上眼睛，又在西方每天对社会主义国家的征剿、封锁、围堵、制裁、瓦解、攻击面前闭上眼睛，在西方对第三世界的压迫和剥削面前闭上眼睛。在苏联国内，它先是以已经消灭剥削阶级夸大自己的成就，然后是听任甚至放纵实际存在的新资产阶级的活动，直到党的领导集团中的主要人物成为国际垄断资产阶级政治、经济、思想文化和国内资产阶级的随从，最后撕下共产党、社会主义、马克思列宁主义的外衣，在自己党和祖国的葬礼上沐猴而冠。

在一些次要的问题上还会有不同看法。但是关于社会主义社会是否存在阶级、阶级矛盾、阶级斗争以及这种斗争的激烈和严酷，关于社会主义国家执政的共产党正确认识和处理阶级、阶级矛盾、阶级斗争问题怎样地直接关系到自己的生死存亡，特别是有苏共下台、苏联解体的历史摆在面前，应该说，已经不再成为需要争论的问题了。

（五十八）无论在取得执政地位之前还是在取得执政地位之后，都不能设想，一个不承认马克思主义阶级斗争理论的党，还能算作是共产党。

　　马克思主义关于阶级分析、阶级矛盾、阶级斗争的学说，是工人阶级和被压迫人民、被压迫民族认识社会、判明自己的实际地位和寻找解放之路的锐利武器。在工人阶级取得国家政权以前如此，在工人阶级取得国家政权以后仍然如此。在国内问题上如此，在国际问题上仍然如此。在人类社会尚未发展到最后消灭剥削阶级、剥削制度的阶段之前，丢弃这个武器就意味着背叛和不战而降。

　　在西方加紧推行自己的全球化，用亚洲人民的血汗钱、非洲儿童的尸骨、拉美的金融动荡构筑统治世界的大厦的时候，在维护人民权利的正义声音几乎被从世界主要媒体扫荡殆尽的时候，在共产党人被强制地封上嘴巴和纷纷遭到解雇、监视、拘禁、关押、枪杀的时候，关于世界除了爱和甜蜜之外再无其他的宣传是一种麻痹和欺骗，关于马克思主义阶级斗争学说陈旧过时的宣传尤其成为阶级斗争的现代版。

　　党的任务不是搬弄马克思主义的现成词句，不是教条式地用敌对阶级两军对垒、格斗厮杀作为阶级斗争的唯一形式——尽管这种形式当前仍然存在，而是对具体社会历史条件中的阶级、阶级矛盾、阶级斗争状况进行经得起实践检验的分析，由此确定并经常变化自己的战略和策略。

　　但是历史再一次以异常沉痛的教训告诫共产党人，不要忘记马克思主义创始人的名言：我们绝不能和那些想把阶级斗争从运动中勾销的人一道前进。

　　（五十九）苏共改变党的工人阶级先锋队性质，自称是代表"全体人民"的"人民先锋队"，仿佛基础和拥护者的队伍在扩大。然而事实上，它却因此而既不再代表工人阶级，更说不上代表全体人民，而是仅仅代表国内新生资产阶级和国际资产阶级。

苏共作为工人阶级先锋队活动的时代，正是苏联人民以人类历史上罕见的英雄主义精神共同建设和保卫自己社会主义祖国的时代，也是苏联人民空前团结的时代。苏共作为所谓代表"全体人民"的"人民先锋队"活动的时候，却成为苏联日渐混乱、衰败和国内民族矛盾激化、人民分裂的时代。

1989 年前后，苏联有过一个"苏联共产党代表谁"的调查，认为党代表工人阶级的占 4%，代表劳动人民的占 7%，代表党员的占 11%，代表党政官员的占 85%。到党下台、国家解体以后，1996 年又有另一个调查：来自原先苏联党政官员中的人，在总统周围居有官位的占 75%，在各政党领袖中占 57.1%，在地方精英中占 82.3%，在政府中占 74.3%，在经济界占 61%。① 戈尔巴乔夫那个共产党代表谁，党下台前后的两组调查数据，颇有说服力。

（六十）取消共产党的工人阶级先锋队性质，一个直接后果，是逐渐形成了网罗野心家、腐败分子和其他社会糟粕的党的领导集团。

在党执政的条件下，由于党的光荣历史和社会威望，有报国志向的优秀人物会聚于党内，怀着强烈个人欲望和

---

① 参见俄罗斯 1996 年 1 月 10 日《消息报》。

投机心理的人们也会挤进党内。最好的人在党内，最坏的人也在党内。党越是横向发展党员质量也越低，党越是淡化、忘记和背弃全心全意为人民服务的宗旨，前者越是受到排挤，后者越是如鱼得水、飞黄腾达。

于是出现两种共产党员。

一种是真共产党员，在认识问题和社会实践中，在日常交往和道德操守上，在为夺取政权而进行的殊死斗争中和取得政权以后的工作中，都努力把马克思主义作为自己的世界观和人生的准则。

另一种是假共产党员。浸透个人发财升官的欲望，本来同共产党的宗旨风马牛不相及，尽可以相信别的什么主义、加入别的什么组织。当共产党员意味着艰难、代价、付出和献身甚至生命危险的时候，他们无影无踪。当共产党员意味着收入丰厚、职位升迁的时候，他们指天誓日地表示效忠，甚至践踏朋友和同志的政治生命以加官晋爵。当反对和背叛共产党意味着收入丰厚、职位升迁的时候，他们又纷纷向党泼污水，以至于出卖和辱骂党、攻击忠诚的马克思主义者，以此作为邀功请赏的筹码了。

中国宋代文学家欧阳修有《朋党论》，说君子以道为朋，小人以利为朋，君子所守者道义、所行者忠信、所惜者名节。"小人所好者禄利也，所贪者财货也。"这里的道、道义、忠信、名节，对于共产党人来就，就是党的阶级属性，就是党的宗旨、理想、信念和纪律。这里的利，不是天下苍生的大利，而是小人的私欲、私利。

鲁迅先生讲到一种东倒西歪、无论左右而不变其激烈的"翻着筋斗"的革命家。革命高潮时候他们故作激烈，"将革命使一般人理解为非常可怕的事情，摆着一种极左倾的凶恶的面貌，好似革命一到，一切非革命者就得死"。然而激烈得快，也平和得快，革命低潮时候便退伍、落荒、颓废、叛变，以致激烈到拿朋友的头作晋见礼。

欧阳修说的"小人"和鲁迅说的那种"翻着筋斗"的革命家，成为假共产党员的生动画像。

在党内工人阶级英雄主义占主导地位的时候，这种"小人"总是遭到清除。但是党的高歌凯旋和取得较长时间执政地位，却使"小人"很容易进入党内和躲过清除。他们一批一批地滋生，为人民服务的诚意和能力一代不如一代，政治的和道义的堕落一代胜过一代。首先是私欲的低级形态的演出，比如在生活上脱离群众、高高在上、追求享受和特权，比如为着维护和扩大缺乏群众基础的权利而在作风上崇尚形式主义、虚浮夸饰、风头主义、小道取容，竭力使党的机构官僚化、衙门化。后来发展为以权谋私、媚上剥下、贪污受贿、结党营私，直到草菅人命、欺压百姓、侵吞公产、卖党卖国，自觉地对内屈服于国内资产阶级，对外屈服于国际资产阶级，完全置国家兴败、民族盛衰、人民死活于不顾。

当"小人"由个别而群体、由下层而上层、由权力较小到权力扩大、由外围而核心，占据党的相当一些重要岗位的时候，他们就能够利用党的现成的组织系统和纪律约束，通过媒体、宣传、教育以至于组织手段，在党内和

全社会，丑化党的历史、党的缔造者的辉煌业绩和老一代
革命家用鲜血凝铸的光荣传统。灭人之国，必先去其史。
国如此，党亦如此。待到党已经无力抵制他们，面对他们
瘟疫一般毒化党、污染社会的行为而束手无策的时候，他
们完全有力量用各种借口一批一批地把忠诚的共产党员从
各级领导岗位撤换下来，几至完全拒绝、压制和窒息人民
的声音，把本来清晰的真理越搞越糊涂，把党和社会拖入
是非混淆、黑白不分的混沌，甚至以非为是、以黑为白的
谬误的泥坑。

　　放弃党的工人阶级先锋队性质，放弃由此决定的党的
先进性，开启了灾难的入口。一方面，党员对损害党、损
害人民的现象或者敢怒而不敢言，或者认识糊涂、麻木不
仁、无动于衷。在上层，理想、信念、纪律徒有虚名，不
过是维持门面、欺骗群众的标签，或者排除异己、扩大权
力的口实。理想、信念、纪律和与此内在联系着的英雄主
义、献身精神，仅仅作为一种惯性的力量，在一些普通党
员中继续存在和发挥作用，但是已越来越如凤毛麟角，充
其量仅具宣传价值了。另一方面，随着代谢分解机能渐次
衰退，已经是遍地贪官污吏、下流政客。这些人鸡犬升
天、权势膨胀，于是忠良遭到贬斥，百职为之寒心，党的
优良传统由变为空谈而遭到冷落和委弃于地、任人践踏。
"金吾皆乳臭，庙堂尽奸佞"，党已经变为各怀鬼胎牟取
私利者的乌合之众。

　　苏共在越来越大的规模上去精华而取糟粕，在糟粕中
选择糟粕，其代表人物则渐次集中于党的领导机构直到中

央委员会和中央政治局。他们以党的组织名义瓦解、削弱党，破坏党在长期奋斗中建立的与人民群众的血肉联系。他们在党内和人民中高度孤立，生活在藐视、嘲弄、愤怒和唾骂中。但是党却失去自卫的能力，只能坐以待毙，直到使有近一个世纪辉煌历史和近2000万党员的伟大的苏共顷刻瓦解，使一向在文字和口头上标榜的党的凝聚力、战斗力成为笑话。

在走向共产主义的漫长行程中，起伏、挫折、失败、倒退不可避免。无论是"拉出去"、"打进来"，无论是思想的、政治的、组织的，党内存在极端个人主义者、腐败分子、变节分子甚至雅可夫列夫一类人物，这些人取得某些权力，并不足怪。问题在于，苏共先是吸收越来越多这类货色混入党内而听之任之、无所措手足，越是使他们成为上层腐败的基础，上层腐败越是转而培养、扩充、深化这种基础，人民赋予的权力也越是由于脱离人民而转化为反对人民的权力，最后的政局糜烂、不可收拾，也就成为逻辑的后果了。

伟大的苏联共产党，因为背离工人阶级先锋队性质而如此严重地脱离人民群众，而被自己曾经数度战胜的内外敌对势力赶下台，这个悲剧完全有资格永久地载入史册。

（六十一）第二个教训，是苏共阉割了共产主义的目标。

对于共产党人来说，共产主义是一个有自己科学界定的严肃而沉甸甸的话题。

1982年召开的中共第十二次代表大会，以其对共产主义问题的完整、科学和富有时代感的论述，得到许多国家兄弟党的关注和赞赏。

大会指出，共产主义是无产阶级的整个思想体系，同时又是一种社会运动。作为一种运动，其最终目的是实现共产主义的社会制度。这种社会制度在我国的完全实现，还需要若干代人的长时期的努力奋斗。但是共产主义思想的传播，为最终实现共产主义理想而进行的运动，早在中国共产党成立和领导进行新民主主义革命的时候就开始了。我国社会主义社会的确立是这一运动的结果。我们每天的生活都包含着共产主义，都离不开共产主义。我们党内和党外的那么多英雄模范，那么多为了革命理想而奋不顾身、牺牲一切的人，指导他们行动的难道不就是伟大的共产主义精神吗？"因此，共产主义的思想和共产主义的实践早已存在于我们的现实生活中。那种认为'共产主义是渺茫的幻想'、'共产主义没有经过实践检验'的观点，是完全错误的。"①

共产主义理想曾经鼓舞和指引苏联共产党人，战胜难以想象的困难和强大的敌人。共产主义精神和道德曾经激发苏联人民建设社会主义的巨大积极性和创造性。但是，当赫鲁晓夫把共产主义归结为不过是一盘土豆烧牛肉、扬言20年建成共产主义社会的时候，人民看到的是无聊和俗不可耐。当戈尔巴乔夫引进美国式的资本主义，以此取

---

① 《全面开创社会主义现代化建设的新局面——中国共产党第十二次全国代表大会上的报告》，见《十一届三中全会以来党的历次全国代表大会中央全会重要文件选编》（上），中央文献出版社1997年版，第249页。

代共产主义作为国家发展模式的时候，人民看到的是欺骗和虚妄，是党的怯懦和背叛，是他对党和人民的侮辱。

（六十二）第三个教训，是苏共抛弃了马克思列宁主义。

马克思列宁主义是保证党的工人阶级先锋队性质，党认识世界、改造世界和团结人民群众的思想的、理论的旗帜。苏共从斯大林后期起，出现把马克思列宁主义教条化的倾向。从赫鲁晓夫时代起，马克思列宁主义由于盖上"官方"的印章、附属于党的领导集团的私利，一方面被作为当局执政合法性和成就的装点物，起着谋取个人权位和利益的工具的作用；一方面被作为当局根据自己需要任意取舍揉搓的"诠释学"。洋洋洒洒的论文，厚如砖块的著作，摆满书架，充溢着教学和研究单位，但是同人民群众的实践相脱离，越来越失去活力。

然而苏共没有从纠正教条主义走向马克思列宁主义，却以反对教条主义和"发展"、"创新"之名，走到曲解和对马克思列宁主义创始人的人格侮辱以及对整个学说的一笔抹杀。苏共曾经先后出现两种主管意识形态工作的中央大员：先是教条主义者，主要本领是在已经发展变化的新的世界里符咒一般诵读《马克思恩格斯全集》和《列宁全集》；后是成为戈尔巴乔夫埋葬苏共主要助手的雅可夫列夫。此人不仅对马克思列宁主义怀有刻骨的仇恨，而且按照苏共后期几位领导人披露的材料，早已经被美国情报机构所收买。这类人物最初拿出的，是马克思、列宁的只言片语和经过他们肆行歪曲的杂拌，后来就只剩下编造这些巨人有多少情妇或者杀了多少人的谣言的才华了。

马克思列宁主义一旦脱离人民的历史创造活动而成为"官方"的私有物，就不能不丧失自己的具有决定意义的理论品格。用马克思的话来说，他的理论在本质上是革命的、批判的。用恩格斯的话来说，科学越是毫无顾忌和大公无私就越符合工人阶级的利益和愿望。但是在当局已经放弃为人民服务的宗旨，马克思列宁主义被禁锢于书斋和课堂、仅仅作为当局权力的遮羞布的情况下，在当局一方面纵容色情、暴力、下流、庸俗和对反共思潮表示无边的宽容，唯独对战斗的马克思列宁主义挥舞砍刀的情况下，在当局在关于爱、关于甜蜜的小夜曲的伴奏中同国内外资产阶级蜜月共度、向人民的利益进攻的情况下，马克思列宁主义已经没有合法存身的余地，倒是背弃和糟蹋马克思列宁主义可以大行其道了。

这里人们看到的，也许还有马克思、列宁的肖像和名字，也许还有来自马克思、列宁的引文，但是已经没有马克思列宁主义。人民抛弃这样的党，真是天公地道。

（六十三）第四个教训，是逐渐用片面的、孤立的发展代替全面的、综合的发展。

在生产力问题上，有两段话，对于认识苏共的这一错误具有直接的意义。

一段见于马克思关于英国和殖民地印度关系的论述：英国带来的铁路将造成互相交往和来往的新的需要，产生现代工业，但是"英国资产阶级将被迫在印度实行的一切，既不会使人民群众得到解放，也不会根本改善他们的社会状况，因为这两者不仅仅决定于生产力的发展，而且还决定于生产力是否归人民所有"①。

另一段见于 1998 年诺贝尔经济学奖获得者、印度学者阿马蒂亚·森《以自由看待发展》一书的中文版序言："当中国在 1979 年开始进行大规模经济改革的时候，这个国家已经拥有受过良好教育的人口以及发展良好的医疗保健体系，而且不存在土地拥有量的不平等（这种不平等常见于发展中世界，而且在中国土地改革以前也存在）。""远在实行经济改革之前，中国就一直是在当代世界——特别是通过教育扩展、医疗保健体系转变和土地改革上的重大进步——促进社会变革的一个先行者。"②

越到后来，苏共越是绝对化到把社会发展归结为仅仅是发展生产力、仅仅是经济增长，直到用一堆经济数字和百分比，甚至用一堆折合为美元的总量与平均数，代替社会发展的全部。这就使把社会发展庸俗化的错误进一步加深，在更浅薄的意义上又一次庸俗化了。

（六十四）生产力具有归根结底的决定作用。但是首先，全人类的第一个生产力是工人、劳动者。如果说生产力包括生产工具的话，那么，在一切生产工具中，最强大的一种生产力正是革命阶级本身。其次，不存在为发展生产力而发展生产力，生产力本身不构成自己发展的目的。再次，生产力的发展既不是脱离生产关系的过程，也不是

---

① 《马克思恩格斯选集》第 1 卷，人民出版社 1995 年版，第 771 页。

② 阿马蒂亚·森：《以自由看待发展》，中国人民大学出版社 2002 年版，第 19 页。

脱离上层建筑特别是政治上层建筑的过程。最后，生产力处于基础地位，真正意义上的社会的发展，只能是在这一基础上的全面的、综合的发展。如果一个国家某个时期有灿烂的经济总量和人均收入的数字，但是存在于总量和人均数字背后的，是国家与民族的附庸地位，是政治、经济、社会权利的两极分化，是绝大多数人的失业与贫困、被剥夺接受教育与享有科技成就的权利，是信念迷失、丑恶横行、正义贬值、道德沦丧与自然生态的破坏，它的发展成就就不能不在很大程度上大打折扣甚至成为一种反发展，就不能不潜伏着巨大的危机。

在共产党执政的社会主义国家，发展生产力的目的，不是顺应少数人的发财欲望和填满他们的钱袋，而是满足人民群众不断增长的物质文化需求；发展生产力的过程，不是削弱人民的权利和降低人民的地位，而是社会主义生产关系、上层建筑再生产和壮大革命阶级本身的过程；不是引导人民在眼前的蝇头小利面前停下脚步，而是使人民在政治上、精神上、文化上、道德上继续前进，不断提高行使社会主人翁权利的能力和发挥历史创造力的过程。

仅仅苏联的历史就可以证明，社会主义不仅能够极大地促进生产力的发展，同时开创出一种社会全面解放、全面进步，用全面的发展代替片面的发展的道路。这是一种以绝大多数人为中心，绝大多数人参与和实现绝大多数人利益、使绝大多数人从民族压迫和阶级压迫以及物质匮乏、精神愚昧、道德低下、文化落后中解放出来和普遍提高，绝大多数人掌握自己的命运、享受自己的劳动成果的道路。这是一种全新的历史道路。如果不能确定这样一种方向、不能沿着这样一种方向不倦地进行新的探索和创造，那种所谓社会主义是没有意义的。

（六十五）在人类进入帝国主义的时代，苏联完全有资格被认为是落后国家经过社会主义革命、确立社会主义制度而社会生产力得到大幅度提高的范例。苏联在发展生产力以及发展教育、文化、科技方面的成就举世瞩目。已经在人类历史确立下来的社会主义制度所以对世界人民具有吸引力，所以获得存在而且注定前景广阔的历史根据，正在于它体现了这种全面的、综合的发展和进步。这是列宁和斯大林领导的苏联的光荣，是社会主义的光荣，也是第三世界的光荣。

从赫鲁晓夫时代起，苏共主要的甚或仅仅以发展生产力、物质财富增长和人均收入提高的速度，作为同资本主义进行比较的尺度，作为显示社会主义制度优越性的唯一标杆。这是从以人民为中心的全面的、综合的发展和进步的一种可悲的倒退。有一段时间，经济在增长，但是人民的物质文化生活水平没有相应的提高，人民的权利受到党内特权利益集团的侵蚀，而且越到后来，经济本身也越加处于停滞状态。这就势必走到贬低社会主义的独特贡献、贬低苏联人民自己的创造性经验的荒唐地步，使国家再度陷入重复西方资本主义发展的片面性和可怕波折，取消自己的优势而以自己的劣势同资本主义的优势相比较，永远地落在后面。它当然不能不导致人民的不满。

（六十六）第五个教训，是破坏民主集中制的组织原则，形成脱离人民和党内大多数的、由极少数人组成的特殊利益集团。

苏共从建党起即实行民主集中制。民主集中制是共产党人的一种创造和对人类政治文明的独特贡献。

今天的共产党人，在考虑党内民主问题的时候，不妨回顾一下列宁的时代。无论在理论上或是在实践上，那都是具有开创意义的。

从 1917 年十月革命到列宁逝世，共 77 个月。党由地下斗争到公开状态，由在野到联合多党执政再到党成为唯一执政党，经历了对外的战争和国内战争、经济崩溃和饥荒，经历了世界上从来没有过的灾难、贫困和牺牲。党只有保持高度的团结和统一，才可能战胜困难。列宁强调，客观形势和党的任务要求党的各级组织"绝对必须执行"中央委员会的指示，要求"无条件地执行"代表大会的决议。

这里是说必须"执行"中央指示和代表大会决议。但是就这些指示和决议的形成而言，就党内同志的关系而言，列宁在同样的意义上强调的是充分的民主。（1）全国或者地方的代表大会可以有与主报告观点不同的副报告，供比较和选择，以保证决策的正确性；（2）禁止具有特殊政纲和集团纪律的、闹独立的派别活动，允许党员、各级组织在适当场合提出自己的意见，鼓励对党的缺点的批评；（3）重大分歧问题交付全党讨论表决；（4）在领导集体内部，可以同列宁争论，他们是同志和战友，而不允许出现帝王和谄臣、佞臣之间那种关系；（5）提倡报刊经常地、广泛地批评党的错误；（6）在代表大会和中央尚未作出决定的时候，可以否定最高领导人的提案；（7）和反对自己的同志合作共事；（8）可以在各种会议上质询、递条子、提问题；（9）普通党员也可以按照规定的形式、在规定的范围内与党的领导人辩论；（10）由代表大会选举产生专门委员会，检查党的财务收支，并向大会报告；（11）由党的代表大会从工人和农民中选出75—100名（这当然是大致的数字）中央监察委员，当选者同中央委员一样，应该经过党的资格审查，享有中央委员的一切权利；（12）中央监察委员会有一定数量委员必须出席中央政治局会议，应该不顾情面，"不让任何人的威信，不管是总书记，还是某个其他中央委员的威信，来妨碍他们提出质询，检查文件，以至做到绝对了解情况并使各项事业严格按照规定办事"。

　　这些方面的规定和经验，当然不能认为是完美无缺的。党在党内民主问题上的创造性，没有理由在这里终结。苏共战胜了建国初期的巨大困难，人类第一个社会主义国家站住了，一种新生的社会制度确立下来了，就是这些规定和经验的正确性的无可辩驳的证明。这些规定和经验，贯穿其中的主要原则，到赫鲁晓夫和戈尔巴乔夫的时代，不仅没有坚持下来，没有加以健全和完善，而是或者被忘记，或者形同虚设，乃至全面地反其道而行之——例如，事关党和国家命运的重大问题的决策完全由极少数人所垄断，党的最高领导人的意见不允许讨论和批评，等等——，那个党也就在走向寿终正寝了。

（六十七）共产党的党内民主具有两重性。一方面，由于党同人民的血肉联系，这种党内民主是基于人民民主的民主，是党通过自己的基层组织和党员，广泛吸取人民智慧、概括人民意见、集纳人民意志的民主。另一方面，这是基于全体党员平等权利、凝聚党员共产主义积极性、由党的严格纪律所内在地维系的民主。这两个方面互为因果、损荣与共、相互联系和渗透。党内民主属于人民民主，服务于人民民主，又是人民民主的集中形态。

在为取得政权而斗争的年代，党、党的某个组织和党员个人，其正确或是错误，总是直接关系到生死存亡，总是一方面直接暴露在敌人面前，一方面直接暴露在人民的面前。由于残酷的斗争环境和秘密的、相对分散的状态，在全局上，很难形成严格的等级制度，领导机关和领导人很难依靠高度集中的指挥系统贯彻自己的意旨，更多情况下只能实现路线的政策的领导。这就为各级党组织甚至党员个人根据当时当地情况吸取来自人民的经验和智慧、发挥创造性，提供了较大空间，也使得全局性错误的风险和后果多少分散化了。

建立新的国家政权，共产党成为国家的执政党，提出了党在新的情况下继续保持和加强同人民之间的血肉联系、完善自己组织制度的任务。列宁逝世以后，苏共既没有尖锐而明确地提出、更没有有效地实现这个任务。党在革命战争年代形成的同人民群众的血肉联系，越来越沦为仅仅称得上是一种惯性力量，也因此而越来越不再能够从现实中得到无尽的营养而被代际继替所中断。于是逐渐形成与高度集中、等级制度并存的官僚体制，决定党和国家命运的内外政策越来越成为极少数人的专利和特权，对全民资产的支配权越来越转向所有权。党和国家机构成为本来意义上的"衙门"。处于上层极少数同广大人民群众之间的、党和国家机构的普通工作人员，只能承担看来没有思想性的文牍主义的、形式主义的程序性任务，而且也只有在这个范围内循规蹈矩才可以有晋升的机会。党内民主、人民民主徒有其名。党内大多数和广大人民群众已经在事实上被剥夺就重大问题参与决策、进行监督甚至发言的权利。

共产党总是需要正确地处理两种关系。一个是同国内外资产阶级的关系。一个是同广大人民群众、同国内外大多数的关系。由掌握全民资产的支配权向掌握所有权转移的过程，是一个政策转换的过程，也是一个上层极少数思想、心理、价值观、世界观和生活方式资产阶级化的过程。离开人民越远，离资产阶级就越近。同样，离开资产阶级越远，离人民也就越近。脱离自己的人民而屈服于国内资产阶级，脱离世界广大被压迫人民、被压迫民族而屈服于国际资产阶级，党和国家的性质改变，成为同一的过程。

完全不能设想，在一个共产党执政的社会主义国家里，可以没有人民的充分的民主权利，可以在没有人民充分民主权利的情况下存在党内民主。党要求自己的党员联系群众，有远见卓识、献身精神、严格求实、忠诚正直。拥有越来越多这样的党员，把他们的智慧和力量集中起来，党才能够形成正确的决策和统一的力量，才是不可战胜的。人民民主和党内民主，在同样的意义上关系到党的生死存亡。

党的全局性的决策，只能由全党作出。党的地方和部门组织的决策，只能由参加该地方、该部门党的工作的全体党员作出。党的阶级属性和宗旨决定了，党的决策、纪律、生机和凝聚力，建立在党员个人经验、创造性的基础上。一个不能保证党员个人权利，不能保证实现党员民主选择得到实现的党，是没有前途的。

党的领导机构是执行党的决策的指挥部和组织者。领导机构内部实行一人一票表决制。领导机构和领导人由民主选举产生，实行任期制。选举不是保险箱。即使是公正的选举，也不能保证一定选举出优秀的、称职的领导机构和领导人。但是民主基础的广泛性、选举程序的民主性，一般地总是同选举结果的正确性呈正比，在多数情况下远比个别人的暗箱操作和单纯的行政任命可靠。

在党的宗旨的范围内，七嘴八舌、议论风生、个人创造性和统一意志、统一行动、严格的纪律，同样都是党内政治生活的常态。没有前者，党只能存在虚假的、不堪一击的团结。没有后者，党将不配成为革命工人阶级的战斗的司令部而只能沦为聊天室和空谈俱乐部。

（六十八）党的民主集中制承担着两个重大任务，即选优和纠错。

作为一种组织制度，民主集中制是选择优秀的、称职的领导机构和领导人，使党履行历史的责任，无负工人阶级和人民的重托，无负党员的希望的组织保证。同样重要的是，它还应该是发现选择错误及党的其他错误的时候，及时地、有效地纠正错误的组织保证。党需要选优机制，也需要纠错机制。所谓纠错机制，就是排泄废物和毒素的机制。实现这两项任务，成功地发挥两种机制的作用，都要求有坚实的人民民主和党内民主的基础。

选优和纠错，最根本的标准在于，是不是坚持全心全意为人民服务的宗旨。党的某项政策可能符合其所以形成的规定程序，但是实践证明它危害了群众的利益，那就应该得到纠正。党的某个干部可能因为符合上级机关、上级领导人的口味而得到任命，但是如果群众对他持怀疑态度甚至反对态度，那就应该撤销对他的任命。

民主集中制保证着党内的平等和公正。党内总是会有不同的意见。这就需要一种制度，使得各种意见取得平等争论的地位，使得正确的意见能够采用民主的方法产生、完善和进入决策，使得错误的意见能够在民主讨论中得到纠正，使得党的团结保持原则性和广泛性。只有这样，党才能永远不沾染欺上瞒下、见风使舵、阿谀谄媚、吹牛拍马、排斥异己的剥削阶级政客作风，使得正义得到支持、庸俗得到遏制、腐败得到消除。

（六十九）民主集中制成为苏共胜利的一个重要原因。但是，后来既发生滥用民主、破坏党的统一意志和统一行动的错误，又发生滥用集中、破坏党的民主和侵犯党员民主权利的错误。苏共曾经有过打击正确意见的错误。这种错误应该纠正。但是赫鲁晓夫特别是戈尔巴乔夫，不是用民主集中制的办法、用共产党人解决党内矛盾的正常办法，而是用丑化党、分裂党的办法"纠正"这种错误，居心已经不良，举措步步荒唐，就不可避免地养痈遗患、走上毁灭党的道路。特别是戈尔巴乔夫，成为集两方面错误于一身的代表人物。

苏共没有阻止赫鲁晓夫和戈尔巴乔夫这类人物在党内上升和进入党的领导核心，没有及时识破他们的真正面目和采取果断步骤把他们消除出去，特别是在戈尔巴乔夫的政治背叛已经不是隐秘的而是公开的、不是口头的而是在事实上给党和国家造成了灾难性的损失，党内外也已经有许多同志对他进行坚决揭露的时候，他们的已经蜕化的组织制度几至没有发挥出任何有益的作用。苏共从走向衰退到被解散的事实说明，就选优和纠错这两个方面而言，它的组织制度都存在致命的弊端。

（七十）总结苏共党建方面的教训，应当特别提到两部著作。

一是日本作者的《苏联解体之谜》[1]，认为国家解体之谜在党，党解体之谜在领导集团，"像戈尔巴乔夫这样的改革家能够成为苏共领导人本身，在某种意义上就是历史之谜"。

文章认为，党领导国家政权，但是如果执政的共产党成为与国家组织一体化的行政组织，就已经不是本来意义上的共产党了。共产党是靠科学的世界观、政治信念和严

---

[1] 夸田茂树：《苏联解体之谜》，载《This ls 读者》（日本），1992 年第 3 期。

格纪律相维系的政治组织。现在的情况是："党员不是根据理想、信念入党，而是为了取得在国家机关或社会组织谋取优厚待遇所不可缺少的条件而入党的。在勃列日涅夫时代，由于意识形态的腐蚀，党员的心理已经近似日本公务员的心理。所以使党员捍卫党或燃起党员的使命感起而采取政治行动的可能性极小。苏共官僚们最关心的既不是马克思和列宁的意识形态，也不是拥护社会主义制度，而是维护和扩大自己的特权，保持既得利益。即使要坚持共产主义意识形态和社会主义制度，也是为了维护党政官僚的利益。"

日本作者把这种政治环境中成长起来的共产党员的大部分，称为"顺应主义者"，即随机应变、随波逐流、随风转舵，"当改革政策成为当局的正式路线时，所有党员都在顺应领导层的意识形态路线和政策的改变"。事实上最热衷于资本主义化的正是党政官僚。"1987年以来逐渐实行了国有财产私有化、国营企业私营化政策。在市场化政策实施过程中，与新企业家或黑社会结成一团热衷于私有化的，是颇谙其中诀窍的党政官僚们。他们利用固有的特权、有利的社会地位以及裙带关系，首先把国有财产攫为己有，办起有利可图的企业。"

另一部著作，是我们已经涉及的美国大卫·科兹教授和新闻记者弗雷德·威尔的《来自上层的革命——苏联体制的终结》。

该书作者写于1996年的英文版序指出，"西方媒体充斥着各种关于下层群众撼动苏联体制并群起而攻之的故事"，"我们的结论是，苏联体制的瓦解，不是源于与经济崩溃一道而来的群众暴动，而是源于其自身的统治精英对个人利益的追求"。所以应该把苏联体制的终结理解为"来自上层的革命"。该书中文译者后记也说，两位美国作者对苏联解体持一种在西方世界里颇为独特的看法，这就是，"最根本的，是上层利益选择的结果：党和国家精英中起主导作用的一部分人觉得资本主义更有吸引力，更能给他们带来实惠——经济的、政治的、地位的等，因此放弃了原来就不太坚定的理想，加入到分割国家财产、抢夺社会政治地位的亲资本主义大潮当中"。

解体过程中和解体以后 10 多年来的历史，仿佛有意地在为两位西方作者的论点作注解。

那里绝大多数人的生活没有提高反而陷入困境，一批共产党高层官员却随着党的下台而官运财运并驾亨通。他们纷纷脱帽加冕——脱下共产党的帽，加上诸如总统、总理、部长、董事长、总经理之类的冕。俄罗斯一家报纸载文，说这些人在独联体各共和国"看准了政治行情"，拼命攫取金钱和权利，政治投机，铜臭熏心，良心扭曲，成为"政坛蛀虫"①。苏共原政治局委员叶利钦带头退党，转瞬之间变成俄罗斯总统。党和国家的许多上层人物，依照背叛社会主义和拥戴资本主义的程度而在新政权中荣升到相应的位置，或者同时成为银行家和大富翁。对于他们来说，过去已经引起群众愤恨的某些特权、处于非法状态

---

① 《金钱与权利的追逐者》，俄罗斯 2002 年 2 月 27 日《消息报》。

的贪污受贿行为，今天合法化了，可以放开手脚为所欲为变本加厉了。最后一任最高苏维埃主席团主席、原苏共中央政治局委员卢基扬诺夫说，过去群众对政治局委员使用国家特别分配的别墅有意见，但是和今天部长们的别墅相比，那简直就是茅草屋。

苏联的"改革"，真是货真价实的"革革过命的命"——革马克思列宁主义的命，革社会主义的命，革共产党和共产党人的命，革工人阶级和人民大众的命。总体的结果是，改革改出了历史的巨大倒退，改出了重新革命的对象和必然性。这种对于同列宁、斯大林的名字，同无数先烈鲜血联系在一起的伟大事业的践踏越是残酷无情，也越是成为新的列宁和斯大林再生的社会条件。

全 球 化 与 共 产 党[*]

（七十七）历史提出的问题，只有在历史中、也只能
够由历史本身作出回答。要问连苏共这样一度强大的党都
已经失去执政地位，为什么共产党还有存在的必要，最简
单的答案是：因为存在西方全球化，存在全球人民从这种
资本主义全球压迫中解放出来、进行属于自己的历史创造
的必然要求。

西方全球化从其出现就在被压迫、被剥削的民族和阶
级中制造着反对者。资产阶级进行着自身的、同时进行着
自己掘墓人即无产阶级的再生产。正如马克思主义创始人
所说："资产阶级生存和统治的根本条件，是财富在私人
手里的积累，是资本的形成和增殖；资本的条件是雇佣劳
动。雇佣劳动完全是建立在工人的自相竞争之上的。资产
阶级无意中造成而又无力抵抗的工业进步，使工人通过结
社而达到的革命联合代替了他们由于竞争而造成的分散状

　＊　本文为作者所著《全球化与共产党》第八章，中国人民大学出版社2005年出版。

态。于是，随着大工业的发展，资产阶级赖以生产和占有产品的基础本身也就从它的脚下被挖掉了。它首先生产的是它自身的掘墓人。资产阶级的灭亡和无产阶级的胜利是同样不可避免的。"①

共产党是工人阶级为追求阶级解放而进行的斗争的产物，是人类为摆脱剥削制度压迫特别是资本主义灾难而进行的斗争的产物，是人类从西方全球化中解放出来、使人民由全球化的客体变为主体、在全球范围成为历史和自己命运主人的核心力量。越是西方全球化，越是资本主义全球扩张和不断地再生产，历史和人民也越是需要共产党，越是提供和创造着党新生、壮大、成熟和在全球历史舞台高扬起前进、发展、胜利的旗帜的条件。

（七十八）没有任何其他政党，具有共产党同全球化进程之间内在联系的品格。

第一，工人阶级作为党的阶级基础，其劳动和消费、原料和产品及其使用的设备和技术，从而它的生活方式和思维方式，都以世界市场为前提。这就是说，工人阶级只有在世界历史意义上才能存在。

第二，工人阶级始终是现代社会中同先进生产力相联系、同历史进步趋势相联系的阶级。生产力和科学技术的发展，改变着社会也改变着工人阶级，然而在资本主义私有制的框架内，工人阶级的劳动创造一切而这个阶级自己却一无所有，永远处于最底层，永远是最坚决、最彻底、

---

① 《马克思恩格斯选集》，第 1 卷，人民出版社 1995 年版，第 284 页。

最具有革命性和创造性的部分。因此，工人阶级只有解放全人类才能解放自己。

第三，工人阶级及其先锋队共产党在一定的民族或者国家的范围活动，有可能首先在这一范围上升为领导阶级。然而正是由于资本主义统治的全球扩张，由于这种统治的扩张到处使不同肤色、不同国籍、不同民族的人们呻吟在一个叫做雇佣劳动的怪物的压榨下，而随着贸易自由的实现和世界市场的建立、随着工业生产以及与之相适应的生活条件的趋于一致，各国人民之间的民族分隔和对立日益消失，资本同劳动的对立越来越全球化。在这个意义上，工人没有祖国，世界工人阶级的团结、在不同民族和国家上升到统治地位的工人阶级的联合行动至少是各主要国家的联合行动，应该说，正是工人阶级解放的根本条件之一。

第四，共产党的理论基础即马克思列宁主义，所认识和研究的对象不限于比如德国、英国或者俄国，它所揭示的规律也不仅仅属于比如德国、英国或者俄国。在它描述和分析比如德国、英国或者俄国的问题的时候，也从来没有把问题作为一种孤立的国内现象，而是把握着这些国家在世界总体联系中的地位。马克思列宁主义面对的，是人类社会规律特别是人类进入资本主义时代以来的社会规律。它本身就是世界历史运动规律的理论。它使今天一切标明全球化研究的学说、派别、著作因为狭隘和至多具有局部的、枝节的意义而黯然失色。在这个意义上，马克思列宁主义是视野最为开阔、最系统和全面的、最具有科学和实践力量的全球化理论。

第五，西方全球化和资本主义的世界统治，使工人阶级斗争得以建立全球联系，使共产党得以在更广大的范围和更深刻的基础上形成、完善自己的基本政治属性。资本世界统治有强有力的地方也有相对薄弱的地方，各国的发展不平衡。共产党存在和活动的社会历史条件有着极大区别。但是正因为同样被国际资本所统治，所以形成党的共同的基本政治属性。另一方面，社会历史条件的千差万别，又决定着各国党的异常艰难的探索任务，提供着异常广阔的创造的天地。世界共产党人在各国具体条件下工作，同时有着全球范围的共同目标，能够把代表国内大多数和团结世界大多数统一起来。

第六，共产党人的活动，是世界人民寻求平等、公正、民主的社会秩序的历史要求的延续和最高形式。它是从斯巴达克、陈胜和吴广、托马斯·闵采尔、玻利瓦尔、圣·马丁、孙中山到世界各民族人民反抗压迫和剥削的伟大革命传统的继续，是从赫拉克利特、苏格拉底、孔子、但丁、伏尔泰、黑格尔到世界各民族人民伟大文明创造活动的继续。正如列宁在回答"为什么马克思的学说能够掌握最革命阶级的千百万人的心灵"这个问题时所说的："这是因为马克思依靠了人类在资本主义制度下所获得的全部知识的坚固基础"①。毛泽东同志立足于中国的回答就是：从孔夫子到孙中山。

---

① 《列宁选集》，第4卷，人民出版社1995年版，第284页。

这些特点，是共产党曾经具有、应该具有和唯有共产党才能够具有的。

（七十九）1848 年由马克思恩格斯起草、多国共产党人共同制定的《共产党宣言》，是世界共产党人的第一个纲领性文件。它关于世界历史运动规律的一系列基本判断，至今指导着各国共产党人。

资产阶级，由于开拓了世界市场，使一切国家的生产和消费都成为世界性的了。

它迫使一切民族——如果它们不想灭亡的话——采用资产阶级的生产方式；它迫使它们在自己那里推行所谓的文明，即变成资产者。一句话，它按照自己的面貌为自己创造出一个世界。

资产阶级使农村屈服于城市的统治。它创立了巨大的城市，使城市人口比农村人口大大增加起来，因而使很大一部分居民脱离了农村生活的愚昧状态。正像它使农村从属于城市一样，它使未开化和半开化的国家从属于文明的国家，使农民的民族从属于资产阶级的民族，使东方从属于西方。

资产阶级在它的不到一百年的阶级统治中所创造的生产力，比过去一切世代创造的全部生产力还要多、还要大。

在当前同资产阶级对立的一切阶级中，只有无产阶级是真正革命的阶级。其余的阶级都随着大工业的发展而日趋没落和灭亡，无产阶级却是大工业本身的产物。

在无产阶级的生活条件中，旧社会的生活条件已经被消灭了。无产者是没有财产的；他们和妻子儿女的关系同资产阶级的家庭关系再没有任何共同之处了；现代的工业劳动，现代的资本压迫，无论在英国或法国，无论在美国或德国，都是一样的，都使无产者失去了任何民族性。法律、道德、宗教在他们看来全都是资产阶级偏见，隐藏在这些偏见后面的全都是资产阶级利益。

过去一切阶级在争得统治之后，总是使整个社会服从于它们发财致富的条件，企图以此来巩固它们已经获得的生活地位。无产者只有废除自己的现存的占有方式，从而废除全部现存的占有方式，才能取得社会生产力。无产者没有什么自己的东西必须加以保护，他们必须摧毁至今保护和保障私有财产的一切。

过去的一切运动都是少数人的或者为少数人谋利益的运动。无产阶级的运动是绝大多数人的、为绝大多数人谋利益的独立的运动。

资产阶级生存和统治的根本条件，是财富在私人手里的积累，是资本的形成和增殖；资本的条件是雇佣劳动。雇佣劳动完全是建立在工人的自相竞争之上的。资产阶级无意中造成而又无力抵抗的工业进步，使工人通过结社而达到的革命联合代替了他们由于竞争而造成的分散状态。于是，随着大工业的发展，资产阶级赖以生产和占有产品的基础本身也就从它的脚下被挖掉了。它首先生产的是它自身的掘墓人。资产阶级的灭亡和无产阶级的胜利是同样不可避免的。

共产党人的最近目的是和其他一切无产阶级政党的最近目的一样的：使无产阶级形成为阶级，推翻资产阶级的统治，由无产阶级夺取政权。

无产阶级首先必须取得政治统治，上升为民族的阶级，把自身组织成为民族，所以它本身还是民族的，虽然完全不是资产阶级所理解的那种意思。

代替那存在着阶级和阶级对立的资产阶级旧社会的，将是这样一个联合体，在那里，每个人的自由发展是一切人的自由发展的条件。

共产党人不屑于隐瞒自己的观点和意图。他们公开宣布：他们的目的只有用暴力推翻全部现存的社会制度才能达到。让统治阶级在共产主义革命面前发抖吧。无产者在这个革命中失去的只是锁链。他们获得的将是整个世界。

全世界无产者，联合起来！

这些论断的科学性，已经和继续在"历史向世界历史的转变"也就是资本主义所开始的全球化的客观过程中得到验证。在全球化研究这样的问题上，西方主流舆论一次一次地宣布马克思的过时和陈旧，但是还不得不一次一次地继续向马克思发起挑战。这种挑战，除了证明马克思主义的生命力，除了把自己列入过时、陈旧、荒诞、混乱的耻辱榜，不会有其他结果。

（八十）这里只是从理论上谈及全球化、西方全球化和其中工人阶级及其先锋队共产党的地位与作用问题，而不是在呼吁立即发动一场世界革命。任何革命，无论是在一地、一国、数国乃至世界，无论过去、现在还是将来，这都不是谁心想事成或者人为煽动的结果，而为社会矛盾发展的客观形势所使然。革命政党本身也是这种形势的产物，而且只能在客观形势所决定的条件下活动。

自20世纪末以来，西方全球化积极推进的世界，正患着一种新的全球病：否定革命、远离革命、咒骂革命，丑化马克思列宁主义和社会主义，改变共产党的革命性质直到干脆埋葬共产党。这已经成为性感广告、化妆品一样的时尚，成为升官发财的捷径。

真正的共产党人不会羡慕这种全球病，也需要警觉地提醒自己不再重犯共产党人曾经多次犯过的主观主义性质的革命急性病。

（八十一）在一个资本主义已经建立起世界联系而且这种联系越来越密切的时代，各国共产党比过去任何时候更加不可能在一种封闭的环境中产生和活动，更加不可能在一种完全脱离国际条件的情况下取得社会主义革命或是建设的成功。

苏联社会主义革命和建设的胜利，是苏共和苏联人民在特定国际环境中艰难奋斗的产物。当苏共清醒地认识自己活动的国际环境，有效地利用不同国际垄断资本集团之间的矛盾，利用各国被压迫人民、被压迫民族解放斗争所造成的客观形势并积极支持这种斗争，从自己人民也从各国被压迫人民、被压迫民族的历史创造活动中汲取智慧的时候，它是生机蓬勃的。

问题在于，至晚在20世纪50年代以来，苏共已经不再把自己的胜利看作世界工人阶级和被压迫人民、被压迫民族的共同胜利，不再根据世界绝大多数人的利益判断敌我和是非、确定战略和策略。于是发生一系列理论的、政策的错误。越到后来，这些错误也越清晰。

第一，不是基于世界历史运动的客观联系和总体进程，来认识党与社会主义的命运和在坚持中继续发展马克思列宁主义理论，而是把社会主义凝固于苏联的已有程序，把马克思列宁主义理论凝固于维护苏共当权集团的私利。

第二，把世界工人阶级、世界共产党人之间的平等的、建立在共同事业基础上的国际合作，歪曲为苏共作为"老子党"的颐指气使，赋予自己干预他国他党内部事务、在他国他党头上发号施令的特殊权利。

第三，把社会主义苏联同其他第三世界国家之间的平等的、真诚合作和互相援助的关系，歪曲为霸主和附庸的关系，在脱离国内大多数的同时，脱离世界的大多数人。

第四，当美国整合国际反共势力，西方资产阶级暂时放下内部纠纷，在消灭社会主义和各国共产党的共同事业面前空前团结起来的时候，苏共却做了一系列扩大共产党人之间、社会主义国家同第三世界国家之间分歧的、使亲痛仇快的事情。

第五，从赫鲁晓夫时代起，苏联刮起一股所谓"重新认识"资本主义的风。和任何事物一样，资本主义也在发展和变化，需要不断地重新认识，而且越是重新认识，就越应该揭示它在世界历史运动中的客观联系。但是那些"重新认识"的鼓噪，在方法论上却把美国的富庶强大看作一种孤立自在的现象，割断其国际联系和全球掠夺的基础。随之产生的，就是弱化民族自尊和阶级自尊，就是对西方首先是对美国的盲目崇拜和刻意模仿。

第六，对美国资产阶级当权集团抱有幻想，甚至同美国霸权主义时而勾结、时而争夺，压抑第三世界民族解放运动和盘剥第三世界利益，从民族利己主义走到社会帝国主义。

第七，资本主义的发展是片面的，但是以美国为首的西方围剿苏联、围剿社会主义，却是全面的，实行着包括军事、经济、科技、外交、政治、思想文化等广泛领域的综合而系统的战略。另一方面，越到后期，苏共和苏联政府越是把主要精力、物力、财力集中于军事，热衷于同美国进行军备竞赛，既不再相信人民是打不破的铜墙铁壁，也不再着力于社会的全面进步特别是切实提高人民大众的社会地位和物质文化水平，更不再坚持共产党人的英雄主义和献身精神以抵制西方政治的、思想文化的围剿。

所有这些错误，都在促成苏共下台、苏联解体的过程中，充分暴露出来和发挥了重要作用。

新自由主义与第三世界 *

第三世界占人类的大多数，从资本主义全球化的第一页起，就成为它制造的一切灾难的最大承担者。这种全球化的过程，亦即盘剥、劫掠、奴役、征服第三世界的过程。在经历20世纪的巨大变故——社会主义和第三世界民族解放运动对资本主义、帝国主义世界体系的历史性冲击——之后，在重新获得进行剥夺的权力的时候，国际垄断资产阶级就怀着一种疯狂的、近乎世纪末的复仇心理，集中自己的全部政治经验和可以调动的所有手段，收拾第三世界了。

新自由主义在第三世界的实施过程和它的结果，可以大体概括为20个方面。

第一，削弱第三世界国家的国家主权、民族独立。在我们的时代，国家主权、民族独立是一切发展的决定性前

---

　　* 这是作者承担的中央政策研究室2005年度研究课题成果。原文大约5万字，这里选入的是一个提要。

提。它既是第三世界国家在第二次世界大战以后取得的最大成果，又是国际垄断资本彻底征服第三世界的最大阻力。一个经济比较落后的国家，希望尽快发展起来，特别是在面临强大外部势力威胁和进行争夺的情况下，主权和独立，具有根本性的作用。新自由主义下手的地方，正是牵一发而动全身的命穴。所谓"小政府、大市场"的理论，就是诱导和强迫第三世界国家政府屈从于西方跨国公司和它的贸易规则，弱化和放弃维护自己国家、自己人民利益的职能。新自由主义全球化把"国家"、"独立"这样一些概念制造成为问题，而把垄断资本控制的市场变成比国家更广阔和更权威的空间，要求第三世界国家政府放弃对经济与贸易活动的控制。这就使第三世界面对西方全球化的进攻，处于不设防的状态，几乎完全失去自我保护和反抗的能力了。

第二，以"保守"、"专制"、"独裁"、"无赖"、"流氓"、"恐怖"等罪名，打击和毁灭第三世界的健康力量，改变、颠覆能够维护自己国家和人民利益的、对美国当局不那么驯服的政府。通过有选择地对第三世界一些所谓精英与政界人物进行收买、洗脑和培训，高祭起"民主"、"改革"、"创新"一类堂皇冠冕，培植顺应和代表西方垄断资本利益的政治势力，喂养和扶持对自己奴颜婢膝并能够有效地镇压人民反抗的政府。

第三，剥夺第三世界国家的文化主权。借助于全球媒体、教育业、娱乐业、广告业、旅游业和文化输出，派出五花八门的技术援助组织、专家研究机构、和平队、宗教团体、基金会等等，把西方文化中唯利是图、以邻为壑、享乐至上、伤天害理、追求物欲和感官刺激的，最野蛮、最肮脏、最颓废、最狂乱的文化渣滓运进第三世界，一方面瓦解和毁灭第三世界民族文化的根基，一方面用精神鸦片毒化第三世界国家的社会和人们的灵魂，埋葬人类文化的多样性，以取消第三世界人民的民族精神、自我意识和历史创造的主动性。

第四，在第三世界推行"以西方为中心"的所谓观念更新运动，制造和深化对西方首先是美国的盲目崇拜。到处把资本主义美国的政治、经济和文化制度以及生活方式，鼓噪为世界历史的顶点和各国不得不仿效的样板。美国道路被塑造为第三世界发展的唯一道路。美国的一切被塑造为第三世界的至高无上的标准。美国学历成为谋求职业和晋升的最高凭证。第三世界城市建设到处复制美国大城市的风格，几乎每个城市都要努力建设几处让美国富人有"家"的感觉的微型西方社会或西方"飞地"。基础设施首先是交通运输和能源部门的建设，信息、通信、金融及文化、教育、旅游、娱乐部门的建设，都在为垄断资本的利益服务和迎合西方的口味。

第五，毁灭第三世界国家的民族经济，削弱经济主权，使第三世界关系国计民生的经济部门的控制权，落到西方跨国公司的手里。最早落入这种陷阱的是拉美。按照新自由主义要求进行的国有企业转制，导致国有企业消亡，大大加强国际垄断资本在重要经济领域特别是战略资源领域和高新技术领域的垄断地位。根据 2000 年到 2002

年的资料，跨国公司在拉美最大 100 家制造业企业的销售额中占 55%，在最大 500 家企业的销售额中占 42%，在最大 100 家银行的资产中占 37%。

新自由主义首先在墨西哥造成 1982 年的债务危机。整个墨西哥，成为一个"待出售国家"。然后是和加入北美自由贸易协定同时来到的 1994 年的金融危机。在阿根廷，私有化同样把国家出售一空。到 1995 年，最大 10 家银行中阿根廷自己还有 6 家，2002 年只剩 1 家。这也是在劫难逃，经济危机必然袭来。在巴西，这个 20 世纪 60 年代和 70 年代曾经以"巴西奇迹"使世界为之瞩目的国家，新自由主义改革带给它的，只是一个接一个的危机和越陷越深的两极分化、贫困和经济倒退。随着民族工业被西方吞噬，拉美成为西方商品的展览场和竞技场。

新自由主义成为全球强势的过程，就是第三世界廉价拍卖的过程。俄罗斯在拍卖，东欧在拍卖，拉美在拍卖，非洲在拍卖。特别是经过一场金融危机，亚洲也在拍卖。

像俄罗斯和拉美，土地辽阔、资源丰富，本来已经具有相当的经济实力、科学技术水平和教育的基础。但是一旦接受西方诱导或强加的新自由主义药方，陷入依附状态，就只能收获衰退，而且即便有所觉悟，摆脱起来也相当困难。拉美的多数国家正在抛弃新自由主义。最彻底的是委内瑞拉和玻利维亚，被美国视为眼中钉，必欲置之死地。在巴西，工人出身的卢拉高呼反对新自由主义的口号当选为总统，然而摆脱新自由主义的每一个行动，都阻力重重、步履艰难。

　　第六，剥夺第三世界国家占有、控制和使用自己自然资源的主权，使其成为为西方提供资源的场所。随着国家主权、民族独立地位和民族工业、自主创新能力的衰落，开发、加工、销售受控于西方跨国公司，丰富的自然资源没有成为第三世界国家发展的基础反而成为贫困的原因。所谓把第三世界变为资源提供地，包括能源、原材料这样的物质资源，也包括廉价劳动力这样的人力资源。在国际垄断资产阶级的经济地图上，几乎每一个第三世界国家，都被分配提供其中的一种或多种资源。中东提供石油，非洲、拉美、俄罗斯提供石油、天然气、有色金属、淡水、森林和热带、亚热带动植物，中国提供煤炭和某些稀有金属。特别是俄罗斯、中国、印度，还要提供廉价劳动力。

　　第七，制造第三世界国家的农业困境，使许多第三世界国家从自给自足或粮食出口国变为粮食进口国，世界绝大多数人口的粮食安全状况日益恶化。新自由主义的推行，使第三世界国家的土地，要么改建为适应西方和本国富人需要的休闲娱乐场所、用于发展房地产和建设商场、港口、机场、高速公路，要么成为环境破坏的牺牲品或垃圾场，要么只种植西方需要的产品，结果是本国所需粮食的种植面积大为减少。西方农业垄断公司在第三世界扩大对于土地、种子、水、农用机械、化肥、农药以及农产品加工与农产品市场的控制，西方国家一向给自己的农业提供高额补贴，美国还特别把粮食作为外交政策的武器，从而使西方从中牟取暴利，使第三世界农业越来越走向萎缩。农民大量破产，粮食生产者不得不高价购买粮食，第三世界人口或者因饥饿、贫困、疾病而死，或者长期营养不良。这是资本主义全球化的不可避免的结果，新自由主义则尤其成为一种加速剂。

第八，破坏第三世界的自然生态系统，造成环境的急剧恶化。这主要来自：西方国家把大量污染企业迁到第三世界，在第三世界建立许多就近利用资源和廉价劳动力的污染性工厂，由此赚取利润而把污染留给第三世界；对第三世界的资源进行掠夺性开发；把第三世界作为自己工业污染物的垃圾场；在这里不断地制造和挑起战争、试验和使用大规模杀伤性武器；传播其掠夺资源、破坏环境的不可持续的生产方式和生活方式。

第九，把"自由贸易"锻造为勒紧第三世界国家脖颈的绳索。在西方发达国家和第三世界国家之间进行的贸易，从来就是不平等贸易。新自由主义使这种不平等贸易大为扩展、深化并法律化了。它的一个杰作，是北美自由贸易协议。被拖入这一协议的墨西哥，已经成为世界公认的反面范例。由于北美自由贸易协议的实行，墨西哥的本来有效的国内生产体系逐步瓦解，原来从事进口替代工业的中小企业大量破产，取而代之的是从事出口加工的客户工业。美国在墨西哥出口中所占比重上升到90％，外资直接投资中美国占到72％以上。作为北美自由协议的继续和扩大，美国正在强制推行美洲自由贸易区计划。这个计划包括北美洲、南美洲和中美洲及加勒比地区除古巴之外的34个独立国家。但是拉美人民已经看穿了美国当局的用心，使它的打算一次一次落空。

第十，新自由主义全球化，实际上就是国际金融垄断资本主义的全球化。西方在第三世界推行的新自由主义金融改革，主要目标是削弱金融主权、取消政府对金融的管理和监督职能，实行金融殖民。大量外资的涌入，使国际垄断资本以极为低廉的价格甚至无偿地占有第三世界国家资源和财富，制约后者的发展能力，保证自己的繁荣。美国利用自己主导的国际货币基金组织、世界银行以及各国在美国诱导下建立起来的中央银行制度，成功地确立起全球金融霸权和推行金融自由化。新自由主义全球化毁灭社会主义制度出现以后形成的自力更生的基础，摧毁第三世界国家工业发展的力量，构建了这一金融霸权下的全球金融赌博场，而把第三世界抛入这个赌博机，进一步沦为被劫掠的对象。

第十一，用债务陷阱缔造垄断资产阶级和帝国主义的全球权力。西方总是在诱迫第三世界国家成为债务国。拉美国家在第二次世界大战以后的最初年代里没有债务，但是特别是自70年代后期开始，债务包袱越背越重，同时也越来越加深对于美国的依附。1985年，卡斯特罗指出，外债是一种剥削机制。从那时到2005年，拉美外债增加1倍以上，达到7800亿美元，已经支付的利息达到1.8万亿美元。

在非洲一些国家，债务占国内生产总值的比重达到50%甚至80%以上。2002年，非洲42个重债务贫困国家的债务总额，高于年出口总额的2.2倍。第三世界所欠西方债务在1999年超过3万亿美元，其中拉美占42%，亚洲占 33%。这些天文数字的债务，在当前世界秩序下，是第三世界完全不可能偿还的。

今天的债务问题，不是经济问题而是政治问题。

第十二，援助成为政治控制和经济掠夺的工具。单纯从数量来说，西方援助本来就是一个笑话。联合国要求西方官方援助的比例为其国内生产总值的 0.7%，实际上不断减少，1990 年为 0.35%，1999 年只有 0.2%，美国 2001 年只有 0.11%，达到第二次世界大战以来的最低点。

对美国来说，援助就是政治。对外援助的大宗款项给予埃及和以色列。以色列本来是富国。埃及则因为 1979 年与美国盟国以色列达成和平协议而得此恩宠。80 年代非洲主要受援国为索马里、苏丹、扎伊尔和刚果。理由是这些国家旗帜鲜明地支持美国与苏联争霸非洲。1998 年巴基斯坦爆炸原子弹，美国中断援助；等到它成为美国反对所谓恐怖主义的盟友，援助又得以恢复。"9·11"事件后，美国看中了土耳其，提出如果土耳其允许美军通过其领土进入伊拉克，就提供 60 亿美元的援助；如果土耳其军队不进入基尔库克油田，还可提供更多援助。

援助当然又不仅是政治。布热津斯基曾经阻止日本援助墨西哥，"因为美国无法容忍边境周围出现一个新的日本"。但是 1994 年墨西哥金融危机，美国立即提供 500 亿美元的援助；全世界都看出，这不是在援助墨西哥，而是在拯救新自由主义，在杜绝正在俄罗斯、拉美、亚洲国家乘势推进的新自由主义的崩塌。英国《卫报》说，"穷国只有在签字同意世界银行/国际货币基金组织的经济条件

后才能拿到钱"，"世界银行一半左右的援助项目，都有
要求推行私有化的条件"。①

援助同时是一种经济窃夺。西方发达国家对外援助资
金的80%，最终通过附加的购买其出口产品条件的形式，
流回本国。马哈蒂尔说，西方有魔术师般的两只手：一只
手援助第三世界国家1美元，另一只手从这些国家掠走2
美元。

第十三，把有利于国际垄断资产阶级的知识私有化，
用"知识产权"的名义在全球法律化，抑制和扼杀第三
世界国家自主地进行知识创新的能力，制造和扩大第三世
界国家同西方之间的科技差距，深化第三世界国家的依附
状态。因特网的出现被吹嘘为所谓"信息社会"、"信息
时代"的标志。但是非但没有使世界的联系更紧密，却
反而制造了西方国家和第三世界之间的越来越大的数字鸿
沟。

劳动力换技术吗？印度用自己的资源为西方培养和输
送大量科技劳动力，自己却不能从西方国家得到高科技技
术。"美国对印度的友情是有限的。美国不愿意向印度转
让技术，也不为印度提供制造最新型武器系统的方案，旨
在使印度永远依赖其供应武器和零部件。"②

资源换技术吗？苏联和俄罗斯，持有同样丰富的资

① 《八国集团在援助问题上是如何欺骗世界的》，2005年8月23日，英国《卫报》。

② 《印度作为美国的战略盟友而崛起》，2004年1月26日，美国《基督教科学箴言报》。

源，然而具有自主科技能力的苏联是强大的，丧失自主科技能力的俄罗斯却在走下坡路。资源丰富的非洲正在成为第四世界。在巴西有着独特自然资源的亚马逊森林地带，西方正在发动被称为"哥伦布第二次登陆"的基因战。

市场换技术吗？中国科技部一位副部长根据中国汽车工业现状发表的演说，简直有切肤之痛："以市场换技术"说法认为，只要市场开放了，技术也会随之而来，通过招商引资来引进大批技术，但事实证明这种路子根本是自欺欺人。中国汽车工业表面繁荣。市场让出去了，原有技术也丢了，新的技术又不掌握，真正成了依附型的汽车工业。中国的汽车生产技术和能力，就是在这种壮士断臂之举下被废掉，直接导致中国汽车市场 90% 被跨国公司占领的局面。①

第十四，第三世界血汗工厂化。血汗工厂是资本主义的必然形式。它存在于西方资本主义国家内部。新自由主义的一大贡献，就是使它在第三世界国家广泛推行开来，成为国际垄断资产阶级压榨盘剥的一种基本形式。第三世界的血汗工厂，带来就业而不带来进步，成为西方跨国公司的天堂和工人的地狱。资本、技术、设计、管理权、产品销售权因此利润都集中于西方，第三世界到处存在的荒山秃岭、残砖断瓦、干涸湖泊旁边的污浊空气中，劳动力成本就越来越被压缩到极点了。第三世界劳动者为满足人类生存源源不断地提供着大量产品，然而自己却在一种形

---

① 2005 年 11 月 26 日，香港《大公报》。

同废墟的环境中陷入悲苦的深渊。

美国已经把墨西哥变成自己的血汗工厂。恰恰是一家墨西哥报纸，这样谈到中国的血汗工厂问题：近45万家外国企业雇佣了1亿名来自最贫困地区的劳动者，他们每天工作15小时以上，每周工作7天，工厂空间狭小、卫生条件极差，工人薪水少得可怜。野心勃勃的外国企业肆无忌惮地疯狂剥削，中国劳动者的权利遭到践踏。这一切不是来自其他方面，而是来自"新自由主义奴役"。①

第十五，在第三世界不同国家之间，在第三世界国家内部，制造不和、挑拨离间、破坏团结，使其永远处于动乱和分裂状态。殖民主义时代遗留下来的历史裂痕，边界的纷争，民族归属、宗教信仰的不同，都成为西方制造麻烦的切入口。

在一些原来属于苏联的共和国和东欧国家，西方插手其内部事务，教唆、操纵一些人制造事端，发动所谓"颜色革命"。那里已经不属于社会主义了，但是还不罢手，不管你什么颜色。症结在于，不允许存在统一的、强大的、和平建设的环境，不允许各国人民依靠自己的力量建设自己的国家，不允许第三世界团结起来，为此就在使出卑鄙手段的时候来一段柔情似水的田园诗，颠覆西方不喜欢的政府，另立代理人政府。

特别是在非洲，西方强制推行新自由主义和为着争夺自然资源挑起动乱和战争，成为同一个过程。非洲成为鲜

---

① 《中国共产党人？》，2005年12月9日，墨西哥《宇宙报》。

血和尸骨的河流。往往非洲人之间杀得天昏地暗，而得到最大利益的却是隐身其后的西方大国。这是一种典型的"代理人战争"。在争夺钻石的战争中，西方人"一方面把钻石带到西方的国际市场，另一方面向非洲人提供他们急需的武器"①。石油资源成为经常引发战争的导火线。非洲国家出卖资源所得的1/3，都被用来购买武器。美国是最大的军火经销商。

在认为必要的时候和必要的地方，西方就赤裸裸地站到第一线，运送武器、进行军事培训直到派驻军队、建立军事基地。在拉美，从反对"恐怖主义"到"缉毒"，都成为直接插手的理由。墨西哥盛行新自由主义的一个伴生物，就是在美国军校受训的墨西哥军官人数急剧增加，"同时，以缉毒为借口，用来镇压农村和城市骚乱的军事技术的转让也增加了。这样，墨西哥和哥斯达黎加等国一样，在冷战期间历史性地拒绝与美国国防部保持密切的关系，而现在，墨西哥成了拉美最主要的接受美国训练计划和官方转让用以控制人民的军事技术的国家，还接受了对付社会骚乱罢工的训练。"②

第十六，悍然发动对第三世界国家的侵略战争。解体苏联、提出所谓"华盛顿共识"、发动入侵伊拉克的海湾战争，几乎在同一个时间发生。这是一种历史的象征：从此第三世界不仅被淹没在新自由主义的灾难中，而且被蹂

① 《都是钻石惹的祸》，2000年5月14日，英国《观察家报》。
② 《墨西哥会屈服于美国随心所欲的作法吗?》，2000年6月11日，墨西哥《至上报》。

躏于帝国主义的战火中。自那以后，美国在第三世界的各大洲和在欧洲属于第三世界的国家里，已经一而再、再而三地从空中、海上、陆地多次发动侵略战争。除了来自人民的、带有自发倾向的反抗，基本上没有任何力量能够对它形成具有威胁意义的制约。

第十七，制造第三世界的灾难性的经济倒退。作为资本扩张的产物，第三世界随着资本主义确立其统治地位而出现。第三世界的历史，自其出现，就是苦难的、同时也是探索和奋斗的历史。第三世界发展最好的时期，正是社会主义取得世界历史性胜利、民族解放运动蓬勃发展的时期，亦即20世纪的50年代到70年代。那被称为"奇迹的15年"。

当美国为首的国际垄断资产阶级用新自由主义绞杀和取消第三世界人民自己的创造力和历史主动精神的时候，悲剧的幕布，就决定性地拉开了。在自这以后，人类进入新自由主义在全球站稳脚跟和居于统治地位的年代，第三世界就只有"失去的10年"和"又一个失去的10年"了。

按照美国经济学家麦迪森《世界经济千年史》的统计，第三世界国内生产总值即GDP的增长率，如果以1973—1998年和1950—1973年进行比较，亚洲（不含日本）从5.18%增长到5.46%，这种增长被其他地区的停滞和倒退抵消了；拉丁美洲从5.33%下降到3.02%；非洲从4.45%下降到2.74%。

联合国拉美经济委员会曾经公布这样两组数字：拉美

人均国内生产总值 1960—1980 年年均增长率为 3%，1981—2002 年下降到 0.5%，其中阿根廷、玻利维亚、厄瓜多尔、秘鲁、委内瑞拉 5 国为负增长：拉美经济在世界经济中所占的比重，1960 年为 8%，21 世纪初只有 4%。

　　按照西方当局欣赏的、他们的全球化的标准，非洲不仅是最早全球化的地区，而且是当前最深地被纳入所谓世界体系的地区。1990 年，跨地区贸易在非洲国内生产总值中所占比例达到 45.6%，而同一时期欧洲不过 12.8%，北美洲 13.2%，亚洲 14.2%，拉丁美洲 23.7%。但是非洲没有因此富裕和强大，反而被新自由主义推入第四世界，或者借用一篇英国报纸文章的题目：成为"濒临死亡的洲"。[①]

　　关于亚洲，正是美国扶植的苏哈托的新自由主义改革，使印度尼西亚国营经济大面积垮台和拍卖，使苏哈托家族骤然大富大贵。在泰国，新自由主义引发了国家是否将沦为殖民地的争论。截至 1998 年，泰国 35 家金融公司中有 9 家被外资接管。"此间一些金融界人士认为，如果由这种形势发展下去，泰国即使不完全沦为经济殖民地，也将同'半个殖民地'没有二样。因此，泰国经济界有人对国际货币基金组织提供的治疗泰国经济危机的药方是'苦口良药'还是'毒药'提出疑问。"[②]

　　新自由主义送给阿拉伯世界的礼物，叫作破败凋敝。

---

①　《濒临死亡的洲》，1999 年 7 月 10 日，英国《每日电讯报》。
②　1998 年 4 月 3 日，新华社曼谷电。

且不说美军入侵之后的残酷蹂躏，联合国1996年年底公布的数据，已经足以令人心酸落泪：阿拉伯世界有7300万人即总人口的将近30%生活贫困，1000万人遭受饥饿，农村一半人饮用水不卫生，1/3的人没有基本医疗保证。至于为控制海湾国家的跨国公司打工的劳动者，就更加苦不堪言。

第十八，使第三世界绝大多数人的生活水平大幅度下降。从20世纪50年代到70年代，第三世界国家生活在绝对贫困状态的人口比例在下降。新自由主义导致的趋势则完全相反了。

20世纪末叶，新自由主义的主流舆论喜欢进行横向比较而嘲笑社会主义者经常进行的纵向比较。这就是说，社会主义者总是宣传，因为社会主义而国家比以前富裕了、人民生活比以前提高了。而新自由主义主流舆论加劲鼓噪的，却是大陆不如台湾、北朝鲜不如南朝鲜、东德不如西德之类，因此社会主义不如资本主义。

科学的态度是，两种比较都是必要的。问题在于事实，在于绝大多数人的社会地位和实际利益。历史就是我们的一切。人民创造历史、推动历史，正是为着历史的前进。一切事物，都历史地存在和发展。即使横向的比较，如果离开历史，还能够剩余什么呢？

世界贫困人口的80%集中于亚洲。最突出的是印度。仅就GDP来说，90年代印度经济年增长率达到6%，印度人已经拥有更多的汽车、电视机和洗衣机。在这个意义上，它算得上新自由主义改革的先锋。印度的王牌是信息技术。但是信息技术产业几乎完全无助于贫困人口脱贫，多数人也不相信经济的快速增长将使穷人受益。

在拉美，从1960年到1970年，按照拉美经济委员会的定义，位于贫困线以下的家庭比例，从51%减少到40%，极端贫困家庭从26%下降到19%。80年代以来的新自由主义改革，贫困人口的比例并没有多大变化，但是绝对量在增加、生活质量在下降。英国一家周刊说，"对大多数拉丁美洲人来说，自1990年实施的由国际货币基金组织支持的经济计划并未带来多少实际利益。事实上，与1990年或1980年相比，拉丁美洲现在的人均生活水平并没有什么提高。大多数社会指标显示，该地区实际上出现了倒退。"[①]

新自由主义全球化在非洲的主要成就，就是制造连续20多年的经济困境，使它成为真正意义上的"人类贫民窟"。整个非洲的人均收入，90年代不过相当于60年代。其中撒哈拉以南非洲国家绝大多数居民的生活水平，还比1960年低25%。

第十九，使第三世界的国际地位下降，日益边缘化和发言权减弱，不再能够作为一个整体在国际社会有效地维护自己的权益。第二次世界大战以后，社会主义的成就和第三世界民族解放运动的蓬勃发展，曾经使广大第三世界国家认识到自己的最大的敌人在哪里、自己的最大的利益在哪里，形成一种空前团结、共同斗争的局面。苏联解

---

① 《拉丁美洲悲惨的未来》，2005年6月2日，英国《简氏外事报道》。

体，新自由主义泛滥，进一步深化第三世界国家的依附地位。西方首先是美国，采取所谓"区别对待"的政策，按照他们的需要，给予这个国家或者其中的某种政治势力贷款、援助、扶持，给予那个国家或者其中的某种政治势力制裁、封锁、敲敲打打，不断地制造和扩大裂痕，以收渔人之利。70年代，第三世界国家齐心协力，在联合国大会投票恢复中国的合法地位。今天就很难设想再出现那样一种局面了。

第二十，强加一种政治制度，用新自由主义改革把第三世界冷冻起来，使国际垄断资产阶级对于第三世界的统治、使第三世界的殖民地地位凝固化和永久化。无论有多少关于民主、自由、人权的夸夸其谈或遮羞布，西方当局也不会允许出现即便一个和他们一样强大富庶的国家。第三世界的天真的人们认为，西方会帮助他们过西方富人那样的生活，或者说，只要照抄照搬西方的政治制度，自己的国家就会成为西方一样的国家。历史终究会引导他们从新自由主义的实际进程和自己的切身经历中，明白已经千百次重复、今天还在以更加恶劣的形式重复的资产阶级生存公式：资产阶级全球扩张，不是用自己的面貌改造世界，而是用自己的需要改造世界，如马克思、恩格斯的名言，"为自己"创造一个世界，使全球服从于它们发财致富的条件。

二十大罪，不过举其大端罢了。

欧洲流行一本由《经济学家》杂志创办人爱德华·戈德史密斯和国际全球化论坛主席杰里·曼德尔编辑出版

的《全球化黑皮书》，收集一些英美作者的文章。该书把新自由主义全球化归结为"施行殖民权力的过程"，并开列出当年殖民列强和今天西方大国对第三世界政策的若干共同内容：向穷国发放贷款，使其依附自己；把当地精英培养为自己的代表，策划各种政变和颠覆活动；最终摧毁当地经济；支持腐败政权；解除金融控制，使穷国成为证券投机的玩物；通过国际贸易协定削弱民族国家的权力；强调增长而不顾及可持续发展和生态后果；扩大两极分化；控制媒体，以掩盖对自己不利的东西，等等。

新自由主义全球化已经使联合国确定的全球最不发达国家的数目，从 20 世纪 70 年代的 25 个，增加到 21 世纪的 49 个。对于第三世界来说，新自由主义是一个重新殖民者地化的过程，是一个付出更惨重代价重演过去悲剧的过程。殖民主义者已经用第三世界人民鲜血和生命铸就自己统治的大厦，现在，他们又通过推行新自由主义，用第三世界人民的鲜血和生命，来缔造国际垄断资产阶级统治的永恒天堂。新自由主义的罪恶，与其说是写在不如说是刻在历史的耻辱柱上。勉强借用李密讨隋炀帝檄文中的话来说就是："罄南山之竹，书罪未穷；决东海之波，流恶难尽。"

《全球化与第三世界》提要*

（1）全球化是人类社会历史的自然进程。随着生产社会化程度的提高，随着社会生产力、普遍交往、世界市场的扩大，资本主义确立下来并成为全球化的起点。马克思、恩格斯把这称为"历史向世界历史的转变"："它首次开创了世界历史，因为它使每个文明国家以及这些国家中的每一个人的需要的满足都依赖于整个世界，因为它消灭了各国以往自然形成的闭关自守状态。"①

（2）全球化是存在诸多矛盾的历史过程。有两种全球化：一种是资本剥削、雇佣劳动，即资本主义全球化或者说西方全球化，另一种是劳动追求解放的全球化，或者说工人阶级、被压迫人民、被压迫民族从历史运动客体转化为主体的全球化。全球化历史进程的主动权至今掌握在资产阶级手里，并由它决定着全球化的性质和方向。这一

---

　　* 《全球化与第三世界》为作者承担的国家社会科学基金 2005 年度重大研究项目，本文为项目成果提要。
　　① 《马克思恩格斯选集》第 1 卷，人民出版社 1995 年版，第 115 页。

过程还将继续一个很长的历史时期。但是无论在广度和深度上，资本及其关系的再生产在全球化，工人阶级、被压迫人民、被压迫民族的团结、理想、斗争及其理论和实践也在全球化。

（3）在资本主义全球化的历史上，写着西欧对东欧、南欧的征服，西方在非洲、拉美、亚洲、澳洲的掠夺、侵略、屠杀、殖民和分疆裂土、占地为王、扶植代理人，包括1840年以来对中国的掠夺和侵略。演变东欧、解体苏联，新自由主义旋风下的商品贸易和资本出口以及政治模式、文化模式、生活方式的强制性渗透和推行，属于这种全球化的当代版。它被称为"新全球化"、"新自由主义全球化"或者"美国化"。它由美国为首的国际垄断资产阶级所主导，以新自由主义作为意识形态，目标是确立美国的全球永久霸权。以"9·11"事件为标志，新自由主义全球化正在转向新保守主义全球化；后一种全球化是前者的变种，都属于资本主义全球化的帝国主义阶段。这是资本主义全球化中最伪善和最具欺骗性，同时最残酷、最野蛮的阶段。

总之，一脉相承，变本加厉。用《共产党宣言》的话来说就是："正像它使农村从属于城市一样，它使未开化和半开化的国家从属于文明的国家，使农民的民族从属于资产阶级的民族，使东方从属于西方"，它按照自己的面貌为自己创造出一个世界，使"整个社会服从于它们发财致富的条件"。①

（4）从全球化出现的最初时期，工人阶级、被压迫人民、被压迫民族的斗争——即通过抗击西方全球化，扭转全球化的资本主义性质和方向，使全球化成为实现全球多数人利益的历史过程——就一直没有停止过。工人阶级对资本压迫的一切反抗和实现自己利益、确立自己统治的一切尝试，被压迫人民、被压迫民族面对国际资本统治所进行的一切争取自由、民主和民族解放的斗争，成为全球化中最具生命力的历史潮流。

对西方全球化的具有革命意义的全球性冲击，已经有过至少两次。第一次是19世纪后期的巴黎公社革命。第二次是20世纪初叶的俄国十月革命、20世纪中叶的中国革命和随后第三世界各大洲的民族解放运动。每次冲击，都有相应的政治、经济、思想文化的成果。最近的一家英国报纸文章谈到非洲："非洲经济发展的黄金时期是上个世纪五六十年代，那是世界上持续时间最长、涉及地区最广的经济繁荣期。"②

当前正在酝酿中的，是第三次。

（5）西方编造了一个谎言："反全球化"。他们用这个词涵盖西雅图和布拉格的示威、圣保罗论坛和世界社会论坛、哥伦比亚和尼泊尔的武装反抗。这个谎言企图掩盖一个基本事实：世界工人阶级、被压迫人民、被压迫民族

① 《马克思恩格斯选集》第1卷，人民出版社1995年版，第277、283页。
② 《宗教缘何成为新的政治问题》，2005年1月18日，英国《金融时报》。

所共同反对的，不是一般的全球化，而是资本主义全球
化。

（6）西方又编造了一个谎言："别无选择"。它最早
出自英国首相撒切尔夫人。和美国总统里根一样，她是死
硬的保守主义者。他们那个主义，就是保护、扩大国际垄
断资产阶级的利益，然而向世界特别是第三世界抛售的品
牌，叫作新自由主义。然后宣布，他们的全球化也许并非
尽善尽美，但是"别无选择"。

西方全球化给全球人民安排的"别无选择"，就是永
远地做奴隶，充当他们"发财致富的条件"。最让他们恐
怖的是，世界人民的全部斗争，都归结为抛弃和埋葬这种
"别无选择"。

（7）西方还编造了一个谎言："历史的终结"。它出
自美国国务院政策研究室副主任弗朗西斯·福山。按照这
种设计，演变东欧、解体苏联，然后是美国一霸，这就是
人类历史的句号，从此历史不会也不必再有任何变化发
展。也不过三五年间，这种以一己私利为世界历史肚脐的
昏话，已经成为笑料。

（8）西方继续编造了一个谎言："产业工人衰落"和
"工人阶级消失"。

近30年来新自由主义的推行，分裂工人阶级队伍，
削弱和瓦解工会组织，使工人运动、社会主义运动乃至整
个左翼运动陷入困境和低潮。

社会生产力、科学技术的发展和资本主义的变化，使
工人阶级包括产业工人阶级的结构和成分也有所变化。一

家美国网站载文指出，产业工人阶级的成员已经超出传统的工厂蓝领工人及其家属的范围。在资本主义生产方式中，产业工人阶级应该包括采矿业、建筑业、制造业、交通运输业、通信业、能源业的生产工人或非监管工人（即没有监督和管理其他人权利的工人）。按照美国劳工部公布的统计数据，20 世纪 90 年代同 60 年代相比，受雇用的产业工人阶级在私营部门非监管工人中所占比重，从大约一半降低到 1992 年的 29%。这种统计是不科学的。这里没有计入同类行业而受雇于政府部门的工人、邮政部门的雇员和批发业、零售业及其他服务部门从事实际生产的工人。在社会总劳动工时中，产业工人所占比重大大高于它在工人总数中的比重。人数有所减少的产业工人所创造的产值，在国内生产总值中的比重，从 1960 年的 42.61%，增加到 1989 年的 44%。每个制造业工人所运作的实物资产，从 1963 年的 9300 美元，增长到 1987 年的 26404 美元。产业工人阶级生产并往往运作了支撑资本积累和日常生活的全部基础设施——道路、港口、机场、工厂、办公楼、街道、公共交通、住房等。产业工人的劳动仍然是社会经济活动的基础。产业工人拥有无论工人阶级内部还是外部任何一个社会群体都没有的潜力。①

　　这还只是说到美国。在世界范围，由于资本及其关系的扩张和渗透，以各种方式受雇于资本、参加剩余价值生

---

① 《产业工人阶级仍然重要吗?》，2003 年 3 月 12 日，美网站 http://www.zmag.org。

产的雇佣劳动者队伍——全日制的和非全日制的、全职的和兼职的、长期的和从事临时性工作的工人，从破产的所谓中产阶级中跌落下来的人们，特别是被资本新卷入的第三世界的无数昨天的小生产者——空间地扩大。一方面是资本主义全球化扫荡世界各个角落，到处摧毁不同于资本主义的生活方式，到处把小生产者甚至千百年来与世隔绝的原住民和古老部族统统卷入雇佣劳动的旋风，一方面却宣扬"产业工人衰落"和"个人阶级消失"，这是一个明显的骗局。事实一如上述美国网站文章所说：

　　　显然，今天人口中的大多数（或许是占劳动力80%的人），不论生产的商品是实物还是服务，都只能靠创造剩余价值的工资劳动来维持自己的生活和自身的再生产。不论这个占人口多数的劳动者所在产业部门的分量发生什么样的变化，今天整个工人阶级在人口中所占的比重远远超过了马克思、恩格斯、列宁等经典作家时代的工人阶级。

　　西方品牌的谎言弥漫世界。和资本主义全球化仍然成为全球化的主流一样，这类谎言仍然占据世界舆论的主流地位。

　　（9）西方全球化自20世纪后期以来凯歌猛进。其阶段性的主要成果是：演变东欧和解体苏联，亚洲、俄罗斯及拉美的金融危机、经济危机、社会危机，非洲的战乱、贫困、饥饿和日甚一日的边缘化，"9·11"以后以反对所谓恐怖主义发动的侵略战争。它已经导致全球文明和历史的巨大倒退。这种倒退，在不同地区和国家、不同方面有不同的表现。关于倒退了多少年，有少则 20 年、30年，多则一个世纪的不同评价。

西方全球化的推行，已经使它获得另外一些名称：两极分化全球化，市场原教旨主义全球化，私有化全球化，廉价拍卖全球化，欺诈全球化，投机全球化，造假全球化，谎言全球化，色情全球化或卖淫全球化，毒品全球化，走私全球化，犯罪全球化，抢劫剥夺全球化，杀戮全球化，不平等全球化，失业全球化，贫困全球化，饥饿全球化，难民全球化，现代奴隶制全球化，人口贩卖全球化，童工全球化，垃圾全球化，道德沦丧全球化，腐败全球化，文明破坏全球化，生态破坏全球化或污染全球化，恐怖全球化，邪教全球化，灾害全球化，等等。这里指出的现象，各有自己的范围或侧重，也有交叉和重叠，远非一部或几部书能够列得无所遗漏。但是当代西方全球化到底是在做什么又做了些什么，大体轮廓是清晰的。

一家日本媒体刊出马来西亚总理马哈蒂尔的一篇文章，其中说：冷战结束，共产主义败北，取胜的不是民主主义而是资本主义，"今天共产主义的挑战已经不存在了，资本主义真正的丑陋面目也就暴露出来了"。①

（10）这里所举各种名目的全球化，其中全球取得最

---

① 《2020 年构想——以谦虚精神向资本主义挑战》，2000 年 1 月 10 日，日本《朝日新闻》。

大共识的，是两极分化全球化。

90 年代初，一家墨西哥报纸已经这样概括我们面对的西方全球化时代：这是"世界实际上为 1/5 的人所有，而 4/5 的人处于贫困和落后中"的"赤裸裸的两极化为特点的时代"。①

人类创造的财富总量超过过去任何时代，两极分化也超过过去任何时代。两极分化出现在西方发达国家和第三世界国家之间，也出现在西方发达国家内部和第三世界国家内部不同民族、种族、阶级、阶层、地区、行业、性别、年龄之间及其内部。所有这些领域的两极分化，都达到从未有过的广度和深度。

西方发达国家同第三世界人均收入的差距，根据不同的计算方法，有两种表述。

美国学者斯塔夫里亚诺斯两卷本《全球分裂——第三世界的历史进程》的表述是：1500 年 3：1，1850 年 5：1，1900 年 6：1，1960 年 10：1，1970 年 14：1。②

主要根据联合国机构和世界银行的数据，目前人们经常引述的说法是：从 20 世纪 60 年代的 30：1 扩大到 90 年代的 78：1，进入 21 世纪则超过 80：1。比尔·盖茨等 4 人的财富高于拥有 6 亿人口的 42 个国家的国内生产总值。80 个国家的人均收入低于 10 年或更早以前。美国

---

① 《萨莫拉：全球化将对穷国产生较大影响》，1992 年 1 月 15—16 日，墨西哥《至上报》。

② 斯塔夫里亚诺斯：《全球分裂——第三世界的历史进程》，商务印书馆 1993 年版，第 15 页。

为养狗、猫、鱼、爬行动物一类宠物，全年开支 310 亿美元，和全球 12 亿最穷困人口的生活费大体相当。鉴于这种可悲的趋势，已经出现第四世界、第五世界的提法。

中国统计出版社编辑出版的《国际统计年鉴》收入来自联合国机构和世界银行数据库的数据：2002 年，世界国内生产总值人均 5213 美元，国民总收入人均 5120 美元，谷物（仅稻谷、小麦、玉米、大豆四项）人均 327 公斤。如果世界秩序和生活方式稍微公正合理，怎么会有匮乏和饥饿！但是我们这个世界偏偏有 8 亿多人每天饿着肚子上床，偏偏每年 500 万儿童被活活地饿死！

人类社会的两极分化，应该包括人的生存条件、社会权利、地位和尊严、受教育机会和教育程度、医疗保健等社会生活一切方面的两极分化。2000 年 2 月，圣保罗论坛在尼加拉瓜首都马那瓜举行第九次会议，参加者来自拉美和加勒比地区、欧洲、北美、亚洲和非洲的 39 个国家，通过《尼吉诺奥莫声明》。这个声明指出：

> 世界经济已进入一个掠夺阶段。描写当代世界的关键词，是集中、两极分化和新殖民统治。集中是财富、财产和生产的集中。两极分化是政治、经济和社会的两极分化，导致的后果是贫困、排斥和边缘化。
>
> 在国际领域，这种两极分化和不平等表现在，地球上一小部分人消费了绝大多数产品，享受着一切可以享受的服务；财产集中在不足 300 个家族的手里；成百上千万的人没有工作，得不到医疗卫生服务，没

有饭吃，没有体面的住房，没有受教育的机会，不能享受一代又一代曾经得到过的生存、再生产和发展的基本权利。

（11）1989年年底，邓小平同志说：

> 可能是一个冷战结束了，另外两个冷战又已经开始。一个是针对整个南方、第三世界的，另一个是针对社会主义的。西方国家正在打一场没有硝烟的第三次世界大战。[①]

15年过去了，西方全球化告诉全球的东西还要更多。第一，两个冷战已经不是"可能"而是现实。第二，在第三世界，已经不只是冷战，而是发动了硝烟冲天、死尸横野、灭绝国家和民族的货真价实的热战。第三，美苏冷战大体旗鼓相当，现在的冷战和热战，才真正是以强凌弱、以大欺小的"不对称战争"，一方有世界第一流的经济和军事实力，另一方却国弱民贫，双方力量对比极度悬殊。这也是一种两极分化。

顺便举三个方面的例子，作为对邓小平同志判断的补充。

其一，美国学者彼得拉斯论美国对付社会主义国家政策的内容之一是："把复辟资本主义和增加不平等的政客

---

① 《邓小平文选》第3卷，人民出版社1993年版，第344页。

描绘成'改革家'或'革命者',而把反对他们的人贴上
'保守派'的标签,以逆转政治语汇涵义的手法,来制造
意识形态的混乱和政治上的迷津。许多进步人士被这种意
识形态操纵搞得晕头转向。"关于美国怎样利用意识形态
瓦解社会主义,还可以看一看苏联前部长会议主席尼·雷
日科夫的《大动荡的十年》、俄罗斯学者利西奇金和谢列
平的《第三次世界大战——信息心理战》、俄罗斯学者
谢·卡拉－穆尔扎的《信息操纵》。

　　其二,因特网有过一篇美国学者瓦尔登·贝罗的
《里根主义和第三世界命运的逆转》①,来自美国普鲁多出
版社和粮食与发展政策研究所合作出版的《黑暗的胜利:
美国、结构调整与全球贫困》。那里谈到的正是美国垄断
资产阶级的两个敌人、两件大事:一个是在苏联、东欧、
中国"击退共产主义";另一个是因为"北方的利益和南
方的利益是根本相对立的",所以要"击退南方,在美国
主宰的世界经济体系内,重新征服越来越难以管理的第三
世界",并且说,"里根政府自上台之日起,就有一个管
教第三世界的日程表",这个日程表上的一个具有战略意
义的动作叫作"结构调整"。当时特别是后来的事实证
明:所谓"击退共产主义",不限于苏联、东欧、中国;
所谓征服、管理、管教第三世界,不限于经济,而是包括
经济、政治、思想文化广泛的范围;"结构调整",另外
的名称是"改革"、"华盛顿共识"。

---

　　①　http://www.chinabulletin.com/

其三，西班牙一家报纸谈到美国的几个"圣菲文件"。由里根和乔治·布什两任总统的顾问及军工企业的智囊团撰写的《第一圣菲文件》（1980 年）和《第二圣菲文件》（1988 年）主张美国实行世界统治，抵制"苏联扩张主义"，涵盖 1981 年至 1992 年。后来有《第三圣菲文件》。克林顿向小布什过渡时期又有了《第四圣菲文件》，"也提出了帝国新殖民战略，不过针对的是二十一世纪的第一个十年"。其中为美国树立的新敌人是："永远的敌人"菲德尔·卡斯特罗，取代苏联人的恐怖主义分子，中国共产党人，美国共产主义分子和左派，拉丁美洲的左派。①

国际垄断资产阶级已经不仅把各国共产党人，不仅把第三世界，而且把全球工人阶级、被压迫人民、被压迫民族，把人类进步事业与人类的全部文明传统和文明成果，无一例外地统统当作敌人。

（12）"第三世界"还存在吗？

最近几年，颇有一些学者热心考证"第三世界"这个词最早何时出现、何人使用。对于我们来说，重要的是历史事实。我们没有忘记毛泽东同志在 20 世纪 70 年代提出三个世界划分的理论，没有忘记邓小平同志直到晚年仍然坚持这个理论。

墨西哥《至上报》把第三世界称为自资本主义产生以来"就为资本主义提供大量廉价劳动力和原料这样两

---

① 《新千年的帝国新殖民战略》，2001 年 10 月 14 日，西班牙《起义报》。

种基本生产要素"的"资本主义扩张的亲生子"。^① 第三世界是资本主义的伴生物，是指资本主义体系中殖民地、半殖民地和处于类似的被支配地位的国家和地区。与其说它专指一些国家、地区或者一组统计数字，不如说它表述的是一种不平等关系；这种不平等关系，是全球范围、包括多方面内容的综合性现象。

随着苏联解体，西方主流媒体在第三世界问题上出现四种提法。首先，第三世界是"人类中派不上用场的残物"，称不上是"世界历史的组成部分"。其次，它已经消亡，应该"把'第三世界'这个词抛弃掉"。其三，需要"重新殖民化"，"使非殖民化过程颠倒过来，恢复古老的帝国价值观，甚至倒退到白人统治的旧秩序"；最后，"把导弹和大炮口瞄准第三世界"。^②

淡化或取消"第三世界"这一概念，有利于掩盖西方全球化中年年、月月、时时、处处存在和不断重复的压迫与剥削关系，磨损和软化世界工人阶级、被压迫人民、被压迫民族变革这种不平等关系的斗争，让他们在浑浑噩噩中安驻于做稳奴隶和做奴隶而不稳的命运，忘却血泪的过去和血泪的现实。

第二次世界大战以后，首先在西方，出现一个通用的替代词"发展中国家"。但是第三世界使用这个词的含义

---

① 《萨莫拉：全球化将对穷国产生较大影响》，1992 年 1 月 15—16 日，墨西哥《至上报》。

② 见卫建林《历史没有句号——东西南北与第三世界发展理论·绪论》，北京师范大学出版社 1997 年版。

是一回事，西方词典中这个词的含义是另一回事。

几位西方学者的理解耐人寻味。

斯塔夫里亚诺斯《全球分裂》认为："第二次世界大战前，今天被称为第三世界的大部分地区被划分为欧洲列强的殖民地。那时，用来修饰这些殖民地的形容词通常是'落后的'，而不像今天这样带有外交辞令的术语：'欠发达的'，在联合国，甚至越来越经常使用更婉转的说法：'发展中的'，——尽管这个用法容易使人产生误解。"①

诺贝尔奖获得者、瑞典经济学家冈纳·缪尔达尔，在给他带来巨大声誉的《世界贫困的挑战——世界反贫困大纲》中写道：西方的研究工作有一种"外交辞令"，"把'不发达国家'这个字眼变成各种委婉说法所达成的普遍一致，就是这种思想共识的一个象征。其中一个字眼就是'发展中国家'"，"我们常常让我们的科学术语中混杂进通俗的、政治性讨论中的词句，如我们的意思不过是说一个不发达国家，却用'发展中国家'，说非共产主义世界时用'自由世界'。对我来说，这并非是一个不重要的语义疏忽，而是更深层偏见的象征。这即使在逻辑角度上也起着干扰作用。"②

（13）资本主义的本性就是无限扩张。资本主义产生、存在和发展的两个支柱，为剥削国内人民和剥削第三

---

① 斯塔夫里亚诺斯：《全球分裂——第三世界的历史进程》，商务印书馆1993年版，第10页。

② 冈纳·缪尔达尔：《世界贫困的挑战——世界反贫困大纲》，北京经济学院出版社1991年版，第7、382页。

世界人民。在谈论今天西方的发达和大亨们天文数字的巨额财富的时候，一味颂扬那里几个所谓精英仿佛来自天授的奇才异能，无视西方人民的劳动，忘记非洲黑奴、印第安人、亚洲劳工的尸骨，隐瞒西方在第三世界攻城略地、杀人越货、抢劫财宝和资源以及盘剥廉价劳动力、强占市场这些他们全球化中的"丰功伟业"，至少是一种无知。第三世界付出代价和牺牲，收获贫穷和灾难，造就了伦敦、巴黎和华盛顿的辉煌；这成为一个镜子的两面。把资本主义从近代世界历史运动进程的总体中割裂和孤立出来，眼界心胸超不出西方资本家钱袋，以西方资产阶级为中心、为价值判断唯一标准的思维方式，至少算得上一种西洋牌的僵化和教条主义。

第三世界为人类历史的进步——无论物质创造的进步还是精神创造的进步，也无论经济社会的进步还是科学技术的进步——作出了巨大的贡献。其中还应该包括：以各民族的独特文明丰富了人类文明的宝库；以反抗侵略、压迫、剥削的斗争推进人类社会走向民主、自由、平等和公正；苏联和一系列社会主义国家的出现及其国家建设的成就和在维护世界和平方面的努力，世界殖民体系的瓦解，标志着第三世界解放和发展的新的历史时期；演变东欧、解体苏联以后，第三世界人民在巨大磨难中进行的新的探索和创造，包括社会主义中国的探索和创造。

全球化进程面临十字路口：如果任由西方全球化继续扫荡全球，如果没有第三世界人民参与的、造福于第三世界人民的全球化来根本改变西方全球化的资本主义性质，全人类和我们生存的星球，都将陷入万劫不复的灾难深渊。

（14）历史运动本身提出创立一种新的学科的紧迫要求。这就是研究全球化进程中第三世界发展问题的第三世界发展学。

社会主义苏联即使在最充分显示其社会主义特征的时候，也仅仅满足于为第三世界国家共产党或共产党执政的第三世界国家提供某些政治的、物质的支持。倒是西方，在第二次世界大战以后出现了发展经济学、发展政治学、发展文化学之类。80年代以来，它曾经盛行于第三世界各国的大学讲坛。其中既有西方的政治意图，也有正直学者的科学探讨。这种发展学的全部秘密可以归结为：西方利益下的第三世界发展。它立足西方理论，采用西方方法，依靠西方提供的数据，由西方政府、基金会、大学提供资助，既说不上从第三世界的实际出发，又说不上总结第三世界人民历史创造的经验，更说不上目前某些西方学者也已经意识到的"第三世界立场"。其主旨不在第三世界发展而在西方发展。因此它属于西方经济学、西方政治学、西方文化学的分支。历史已经把这种西方发展学历史地终结了。

这又使我们想起了那位博学而善良的缪尔达尔：

在这伟大的觉醒时代，如果不发达国家的年轻经济学家陷入发达国家经济思想而不能自拔，那将是可悲的。发达国家经济思想妨碍那些国家的学者去努力

符合理性，而对不发达国家学者们的学术创建更充耳
不闻。

　　我但愿他们有勇气抛弃那些无意义的、不中肯的
而且有时显然不适当的教条和理论思路，从研究他们
自己的需要和问题中刷新思路。①

　　缪尔达尔本人被公认为西方发展学的先驱和取得最大
成就的人物之一。他1957年的这段话，仿佛为今天而写。
我们看到他当时的远见和睿智，却还得在今天现实中咀嚼
这种远见和睿智，只是带着比当年更多的苦涩和痛楚而
已。

　　（15）整个近代历史特别是20世纪以来的历史，为
第三世界发展学提供了一个基本的理论框架和一系列支持
这个框架的基本的理论观点。

　　第一，第三世界与资本主义世界体系共存亡。第三世
界所以在西方全球化中处于不平等、受欺侮的地位，正是
因为资本主义统治和扩张。第三世界发展的过程，必然是
改变全球化资本主义性质、资本主义方向的过程。

　　第二，第三世界发展的最高目标，是实现没有压迫和
剥削、第三世界人民成为自己命运主人的全球化。这只能
是全球绝大多数人参与的、实现绝大多数人利益的全球
化。

----

　　① 参见卫建林：《历史没有句号——东西南北与第三世界发展理论·绪论》，北
京师范大学出版社1997年版。

第三，第三世界发展的基础和决定性前提，是国家的主权、民族的独立。它贯注于第三世界发展的全过程和所有方面。这种主权和独立，是第三世界实现、维护和发展自己权益的最强有力的防线。

第四，这种发展，应该吸收广泛的经验，需要国际性的呼应和支持。但是自己人民的力量、来自自己成功和失败的经验，有着特别珍贵的意义。归根到底，第三世界的发展，是依靠自己人民历史创造精神的发展，是第三世界人民自己的发展。

第五，第三世界发展学是研究第三世界发展的科学。它立足于第三世界的现实，总结第三世界人民数百年来为民族的、社会的、阶级的解放而进行探索和斗争的经验，不断地基于实践的创新而进行理论的创新，以人类最大多数的历史创造丰富人类文明的宝库。

第六，第三世界的发展，不是取消或削弱各国、各民族的历史和文化传统，而是使它在新的时代条件下得以保持和丰富。另一方面，在资本主义全球化中，第三世界有着共同的命运、共同的利益、共同的目标，作为孤立的弱者是无力的，只有合作与团结才能有所作为。《共产党宣言》说，资本主义的发展，正在使工人阶级通过革命联合代替由于竞争而造成的分散状态。这同样适用于第三世界。

第七，西方全球化造就了国际垄断资产阶级及其在各第三世界国家的代理人官僚买办资产阶级。在第三世界发展中，前者是最大的阻力，后者是最直接的阻力。

第八，在资本主义进入帝国主义的时代，特别是十月革命之后，第三世界民族资产阶级的领导，至多可以取得某些政治上的或一定时期经济增长的成果——即使这些成果，也将是不稳定的——而无力实现彻底的反帝国主义的民主主义革命。旧民主主义已经终结。彻底的民主主义，只能是工人阶级领导的、走向社会主义的新民主主义。

当中国在日本帝国主义的铁蹄下面临亡国灭种威胁的时候，毛泽东同志说：要在中国建立资产阶级专政的资本主义社会，首先是国际资本主义即帝国主义不允许。帝国主义侵略中国，反对中国独立，反对中国发展资本主义的历史，就是中国的近代史。第一次世界大战以后有过一个基马尔式的小小的资产阶级专政的土耳其，最后也已经变成半殖民地。中国革命将分为两步，第一步是建立无产阶级为首领的中国各个革命阶级联合专政的新民主主义的社会，然后再发展到第二步，建立中国社会主义的社会。①

它适用于中国，也适用于今天的第三世界。

有三个实例。

一个是墨西哥。早在俄国十月革命之前，它就曾经有过多次抗击西方侵略者的革命斗争。斗争成果之一，是早于苏维埃宪法的 1917 年宪法。这个宪法宣布土地、矿山、森林等自然资源属于国家，承认普选权，承认工人、农民的经济与社会权利，规定实行小学教育免费，禁止童工。它在第三世界发展的历史上具有开创的意义。但是它没有

---

① 见《毛泽东选集》第 2 卷，人民出版社 1991 年版，第 679–681 页。

走上社会主义道路，国家的发展不曾达到苏联的水平，至今还严重地依附于美国。

一个是古巴。它从反帝的民主主义性质的革命走向了社会主义，而面对美国的恐吓与威胁，卡斯特罗的口号是：没有社会主义就没有祖国。

一个是苏联。社会主义垮了，作为国家的苏联同时解体，剩下的国家其主权和独立岌岌可危。社会主义使它从第三世界变成第一世界，背弃社会主义使它回到第三世界。

第九，第三世界的发展，应该是包括政治、经济、思想文化及环境与社会生活所有方面进步的全面的发展，也就是马克思在谈到俄国问题时曾经设想的，避免资本主义一切弊端而肯定其一切成果的发展。①

（16）美国、苏联和中国，是从第三世界崛起的具有代表性的三个大国。

美国最早由战胜欧洲殖民统治而取得独立，走出第三世界。从这以后，它在本土屠戮和灭绝原住民，在美洲大陆后来又在其他大陆进行侵略与扩张，同第三世界处于对立状态。从资本主义阶段进入帝国主义阶段，在资本主义的范围内，已经不可能出现第二个美国，甚至不可能争得完整意义上的独立和主权。世界强国就是美、英、法、德、意、日，200年来，大体上仍然是这样一种格局。

十月革命前的俄国和后来成为苏联一部分的其他加盟

① 见《马克思恩格斯全集》第19卷，人民出版社1963年版，第438页。

共和国，都属于第三世界。正是社会主义，使苏联在贫穷
落后、久经战乱的基础上和异常险恶的国际环境中，在远
比西方大国更短的时间里，成为给自己人民带来最大利益
的世界强国之一。苏联存在的 70 多年，是世界无产阶级
也是第三世界人民为之骄傲的 70 多年。

中国革命在十月革命的影响下发生和取得胜利。中国
社会主义事业的成就，为世界所瞩目。中国属于第三世
界。这是说，社会主义中国发展了，强大了，不会像苏联
后来那样，忘记第三世界，欺侮第三世界，成为损害第三
世界利益的"超级大国"。中国永远是第三世界可以信赖
的朋友。

（17）苏联解体不是社会主义的失败，而是背弃社会
主义的结果。

苏联自赫鲁晓夫到戈尔巴乔夫的内外政策，越来越显
示出背离社会主义的趋向。在国内，工人阶级政党共产党
变成所谓"全民党"，因为丧失自己的阶级根基而脱离最
广大的人民群众。它的对外政策，从支持第三世界改变为
实行社会帝国主义，最后沦为向西方七国集团求救的乞
丐。

有越来越多的资料披露这方面的事实。美国学者大
卫·科茨、弗雷德·威尔的一本书，就叫作《来自上层
的革命》。作者在该书中文版序中写道："在本书中，我
们认为'来自上层的革命'导致了苏联的解体，就是说，
在由戈尔巴乔夫改革产生的新的政治条件下，大部分位居
国家要职的苏联党－国精英，以及其他重要的官方组织，

从拥戴社会主义转向了拥戴资本主义。他们放弃了共产党而支持叶利钦，叶利钦是领导亲资本主义联盟共产党前高级官员，后来成了俄罗斯总统。我们认为，他们转而拥戴资本主义，是由于他们认识到，从社会主义转变成资本主义，能使他们变得更加富有。"[1]

（18）苏联解体使人们懂得，颠覆社会主义，同时意味着侵吞民主主义革命的成果。

1991年夏季，尼克松在这个他称为"苏联正在迅速接近真相大白的时刻"，拿出了他们的底牌：

> 美国的关键战略利益不在于从经济上挽救莫斯科，而是要摧毁苏联的共产主义制度。
> 戈尔巴乔夫是共产党组织培养的产物，是一个爱国的俄罗斯民族主义者。
> 只有面对着势不可挡的压力，他才能转向。如果危机加深到使他别无选择的程度，他才会接受肢解帝国、摧毁社会主义的改革。[2]

美国牌改革一箭双雕、两个目标：摧毁社会主义，"肢解帝国"即削弱乃至取消主权国家与民族独立。或者说，不允许社会主义，也不允许彻底的民主主义。"别无

---

① 大卫·科茨、弗雷德·威尔：《来自上层的革命·中文版序》，中国人民大学出版社2002年版。

② 尼克松：《戈尔巴乔夫的危机与美国的机会》，1991年6月2日，美国《华盛顿邮报》。

选择"，就是殖民地、半殖民地化。这后一件事，现在还在继续做。

（19）所有第三世界发展中的苦难、曲折、失败和胜利，都应该成为第三世界发展学研究的内容。社会主义不是第三世界之外更不是第三世界之上的另一个世界。社会主义实践，是第三世界发展进程中取得最大成就的历史创造。所谓东西关系，属于南北关系的一种特殊形态。

苏联解体，西方全球化大举进攻，社会主义古巴耸立在直接面对美国炮口的最前沿。卡斯特罗针锋相对提出的口号是：社会主义全球化。

（20）第三世界的发展，在20世纪初叶和中叶取得空前伟大的胜利，又在20世纪后期遭遇空前惨重的失败。

这一回合的胜利和失败，和过去都不同。

巴黎公社的范围是法国的一个城市，存在了72天。苏联是多民族的、世界疆土最大的国家，存在了74年。苏联之后的中国革命、其他一系列社会主义国家的出现以及世界殖民体系的瓦解，都是巴黎公社时代所没有的。巴黎公社之后，全球范围左翼运动、社会主义运动沉寂30多年，以十月革命发生为标志再度勃然而起。东欧演变、苏联解体，世界左翼运动和社会主义运动陷入低潮，但是中国和若干社会主义国家继续存在和发展。扭转全球化的资本主义方向，不仅是可能的，而且已经成为现实的历史运动。运动没有中断。空前伟大的胜利和空前惨重的失败所提供的，正是创造未来的空前丰富的经验宝库。

西方全球化似乎强势披靡、无往而不胜。但是它的每一个步骤，都包含着、积累着、再生产着导致它最终失败的因素。用马克思的名言来说："腐烂是坏死的实验室。"

西方全球化的一个最大贡献理应载入史册。这就是：资本主义的全球扩张，现代生产力特别是现代科学技术的巨大发展，通过制造不断加剧的两极分化导致全球阶级关系越来越简单化，一方面开辟了提升工人阶级政治自觉的新的基础，另一方面正在架起联系西方发达国家工人阶级和第三世界被压迫人民、被压迫民族的桥梁，使他们每一天都切身感受到共同的利益、共同的命运、共同的敌人，使前者以更开阔的历史视野认识自己的阶级使命，使后者日益工人阶级化和革命化。

马克思主义再度成为工人阶级和全人类解放的旗帜。难怪美国一家报纸写道：尽管列宁建立的帝国已经解体，列宁关于国际资本主义的理论并未过时，"随着培育资本主义的政治秩序的破裂，资本主义——至少是由全球经济代表的处于高级阶段的资本主义——可能崩溃"，列宁"可能笑到最后"。①

（21）第三世界，世界工人阶级、被压迫人民、被压迫民族，成为资本主义全球化灾难的最大承担者和扭转全球化资本主义方向的决定性力量。世界的希望在这里。

历史的风向远未根本改变但是已经有所变化。苏联解体不过10多年，所谓"别无选择"、"历史的终点"一类

---

① 《列宁和全球化——随着资本主义的发展壮大，那种培育资本主义的政治秩序崩溃了吗?》，1999 年 12 月 8 日，美国《基督教科学箴言报》。

热昏的胡话，已经连它的制造者也宁愿忘记和羞于继续鼓噪了。21 世纪不会沿着前 10 年的轨道前进，成为全球共识。

人民在对西方全球化作出自己的回答。从西雅图开始的群众性示威游行活动的参加者，主要来自西方发达国家。它几乎使西方首脑们的每一次聚会，都要为躲开群众性抗议、找一个安全的地点和时间而绞尽脑汁。在第三世界，社会主义中国的发展开创着新的历史道路。墨西哥萨帕塔印第安人起义，打响了武装抗击西方全球化的第一枪。美国重兵入侵和进驻伊拉克，杀人越多而反抗越烈。拉美几个主要国家已经公开抛弃新自由主义，开始新的探索。至于圣保罗论坛、世界社会论坛，则成为全球反西方全球化力量走到一起的象征。

在东欧国家、俄罗斯和组成原来苏联的那些共和国，20 世纪 90 年代的时髦，是对资本主义的盲目崇拜和"美国，我们的父亲"这样的口号①，是对列宁和斯大林的疯狂的咒骂。没有太久，这就已经成为永远的回忆。对美国的信任在那里直线下降。列宁和斯大林重新获得尊敬。斯大林的遗体被赫鲁晓夫逐出红场，他的名字在戈尔巴乔夫和叶利钦时代被等同于专制、残酷、罪恶、暴君。这个由他的党、他的祖国的上层人物和西方反共专家携手制造的人类历史上的最大冤案，正在由他的人民得到匡正。这种

---

① 美联社 1991 年 6 月 21 日报道，美国国务卿贝克到地拉那访问，该城万人空巷，口号有："美国，我们的父亲"、"布什爸爸"。

重新点燃起来的尊敬，完全没有强迫命令和升官发财的考虑。它发自人民的心底，是品尝过社会主义的胜利和失败、品尝过资本主义的光彩和污浊之后历史比较的产物，因此蕴涵着异常巨大的社会能量。

从西方发达国家传来呼唤新的马克思的声音。在资本主义全球化的当代现实中重新揭示马克思和马克思主义的意义，继续寻找解开历史之谜的新钥匙，每年都吸引世界各国进步学者到纽约、伦敦、巴黎或其他西方城市，举行规模越来越大的、探讨越来越深入的国际会议。这种会议除了当局军警的监视，从来没有遇到群众性抗议和示威的干扰。

新的思潮——从不同方面、在不同程度上否定新自由主义、否定资本主义的思潮——在全球方兴未艾。这不是行政命令或者美国中央情报局资助的产物，而是经历过最近30年历史颠簸之后的更具理性和科学精神的产物。苏联解体、美国称霸全球，弗朗西斯·福山宣布此即"历史的终结"。而新思潮的主题，却是宣布新自由主义的终结、美国霸权的终结、资本主义的终结，其中包括探讨这种终结之后的新的替代道路、替代制度、替代战略、替代模式。这种思潮植根于人民历史活动和社会变革进程的最深层，绝非导弹可以吓哑、美元可以堵塞，正在勃勃然蔚为21世纪人类思想创造的壮观。

（22）无论马克思、列宁还是毛泽东同志，都没有使用过"全球化"这样的概念。20世纪90年代以来，西方媒体和第三世界媒体在谈论全球化问题时，经常引用马克思关于世界市场、列宁关于帝国主义、毛泽东同志关于三个世界划分的论述。问题不在于概念，不在于个别的论述，而在于基本理论体系。马克思主义是全球化问题的唯一科学理论体系。

　　马克思主义的生命和真理的力量，在于它对历史运动规律的科学揭示，在于它随着历史运动的前进而不断丰富和发展。全球化和第三世界发展问题，是马克思主义的题中应有之义。遵循马克思主义的立场、观点、方法，研究当前世界历史进程，就全球化和第三世界发展问题作出系统回答，正是马克思主义在当代的一个重大而具有创新意义的课题。

新自由主义三原则*

　　新自由主义是什么，如何为新自由主义定义，本身是一个存在争论的问题。

　　可以列举总结为条文而且得到公认和经常被引用的，美国经济学家威廉姆森 1999 年在《拉美调整的成效》一书中概括的 10 条：（1）加强财政纪律；（2）重新确定政府的公共开支重点；（3）开展税制改革；（4）实施金融自由化；（5）统一汇率；（6）实现贸易自由化；（7）放松对外资的限制；（8）对国有企业实施私有化；（9）放松政府的管制；（10）保护私人财产权。

　　仅就字面意义而言，这里有些表述语焉不详，可以作出完全不同的解释。问题在于实际上是什么意思和怎么做。比如（1）（5），同那么多"放松""自由化"相比，意思好像是相反的。但是所谓加强、所谓统一，正是要把权力和利益集中于垄断资本，向这样的方向加强和统一。

---

　　* 本文发表于《马克思主义研究》，2006 年第 2 期。

这就合乎逻辑地要求别处放松，以便给垄断资本以自由。（3）也是这样的意思，而且在英国、美国和一些实行新自由主义的第三世界国家，人们已经看到富人减税、穷人加税的情形。（2）含糊其辞，怎样"重新确定"呢？实际上是减少主要用于普通劳动者的公共福利事业的开支。（4）和（7）、（8）和（10）可以分别归在一起。

也是就字面意义而言，读来如坠云里雾中，在似乎中性的词语中还会多少有一种温柔美妙的感觉。然而，它一旦离开纸面，一旦付诸现实，对于普通劳动者和最大多数人来说，就意味着一步一步地走向灾难的深渊：收入下降，开支增加，失业，上不起学，看不起病，住不起房，打不起官司或者有理无钱而必然地输掉官司，越来越锥心刺骨的不平等感，越来越受到社会的排挤、侮辱、歧视，几乎完全丧失保护自己的能力，变为任人戏弄盘剥、欺凌宰割的对象。然后是国际垄断资本阴影下日益加剧和无法摆脱的贫困化、大面积饥荒和不断袭来的灾害。不论有多少漂亮话、多少花样翻新的掩饰和缓冲的步骤，新自由主义的野蛮性和残酷性，绝不亚于人类仅有的两次世界大战。

一

新自由主义有三项基本原则。

第一项原则是，一切进入市场，市场主宰一切。所谓贸易自由化、市场自由化、金融自由化、"无形的手"，主旨无非这一套。

用法国哲学家让·鲍德利亚的话来说，就是一切都变成可交易的、可买卖的交换价值，"这一过程是极端粗暴的，因为它将整齐划一作为理论状态，在这个过程中，全部独特的事物和特性、每一种另类的文化以及每一种不能表现为货币的价值都将被取消"①。贫穷者出卖人身和言论自由、民主权利以换取生存。富人操纵媒体、广告、学术，这一过程中合谋的出卖和收买，养育出一大批体育、影视娱乐业、学术的与社会的甚至政治的明星。资本家的利益操纵政策的制定和实施，支配官员的任用升迁，控制议员甚至总统的选举，制造出经济、政治、文化、学术的寡头专制。物的交易的同时，还有精神、人格、道德、信仰、权力乃至政治的、国家利益的、民族利益的交易。苏联共产党领导集团的掌权人物，以这种出卖迎合美国垄断资产阶级，成为我们时代的最大悲剧。

任何自由，以至于新自由主义鼓噪的贸易自由、市场自由、金融自由，都是相对的、有条件的。现在的条件，就是西方发达国家首先是美国对于世界经济、政治、文化权力的垄断。西方跨国公司控制或操纵世界经济。尽管交易范围可能扩展到许多国家，但是大多数交易仍然属于其企业的内部行为。贸易自由、市场自由、金融自由的花言巧语，掩盖着帝国主义国家同海外投资者之间的紧密关系，掩盖着国家同跨国公司、跨国公司之间越来越强的相

---

① 《愤怒的沉思》，德国《新社会》月刊2002年第7—8月合刊。

互依赖关系。正是这种关系，影响着政治决策的走向。

在我们这个世界上，国家内部的统治阶级和被统治阶级之间，西方发达国家同第三世界国家之间，一旦被所谓市场自由、贸易自由、金融自由这类东西联系起来，其野蛮、残酷、虚伪，就特别醒目地显现出来。

事实上只有资本的自由——在资本中只有垄断资本的自由，在垄断资本中只有国际垄断资本的自由——而绝无工人阶级、被压迫人民、被压迫民族的自由。国际垄断资本高唱"自由"在全球扩张、长驱直入，然而甚至民族资本如果想唱起同样的调子从中分一杯羹，也注定被抛在一旁。至于劳动者，就只配自由地被资本蹂躏和在悲苦中呻吟了。

西方要求第三世界国家对它无限制地开放市场、取消对其商品进入的限制，自己却保留和扩大对第三世界国家商品贸易的限制。美国一家报纸刊登的文章承认，"经济学家经常喋喋不休地要求世界穷国放弃其经济保护和限制措施，放弃马克思学说，使经济转变成自由市场经济。穷国照着做了，但是它们接着就发现，由富国经营的全球市场几乎没有自由可言，反而关闭着，无法打进去。"①2001年的一项统计显示，经合组织中最富有的25个国家，农业补贴达3600多亿美元，相当于撒哈拉沙漠以南所有国家的国民生产总值。"这为他们自己的农民提供了

---

① 《第三世界发现"自由"市场关闭着》，1992年4月24日，美国《洛杉矶时报》。

不平等的优势，同时使发展中国家的产品被迫压价，市场缩小。"①

作为目前国际秩序下国际分工资源配置的外在表现，美国和中国这两个世界上最大的发达国家和第三世界国家之间的贸易关系，尤其成为"贸易自由"的注脚。中国在纺织、服装、玩具等劳动密集型产品的加工和出口方面具有国际竞争优势。在表面上，中国从对美加工贸易出口中获取较大顺差，实际上中国不过赚取了很少的加工费。外商企业越来越成为中国加工出口贸易的主要增长点，这些加工费中的很大一部分被外商分享。2005 年，美国利用中国纺织品出口问题发动对华贸易战，并联合一些欧洲国家为中国纺织品出口设置障碍。这个行动，已经极大地加剧中国低收入纺织工人的困境。美国大肆宣扬对华贸易逆差，背后隐藏的正是美国企业的巨额隐蔽性收益。然而就是这样，美国还在以"贸易自由"之名对中国兴师问罪，压制中国出口和设置重重障碍，用抬高国际石油价格的手段遏制中国经济发展。这里到底有多少自由、又是谁的自由呢？

资本的所谓自由流动，严重地限制着第三世界国家的发展，特别是限制着第三世界的发展能力。

金融资本是资本的最高形式，是垄断资本的核心。所谓金融自由，结果是美元占全球外汇的比重从 10 年前的 51% 上升到今天的 70%，全球 2/3 资本流入美国，形成

---

① 《穷国也许不会接受贸易谈判》，2001 年 5 月 15 日，美国《华盛顿邮报》。

美国生产美元，其他国家生产美元能够购买的产品这样一种国际金融体制。于是所有资产，无论何地，只要美元标价，本质上都成为美国的资产。当石油以美元标价的时候，美国就本质上无偿地占有了世界石油。美国印刷的美元越多，美国资产上升价格则越高。美国通过发行货币和吸收外国直接投资，迫使他国不断增加外汇储备和购买美国的债券、股票，迫使穷国不得不以自残性价格向美国大量出口，对美进行经济支持以至于成为资本净输出国，以此保持美元优势和国际收支平衡。

以新自由主义为特征的资本主义全球化，不仅使资本走遍世界、穷国灾难频仍、利润流向美国，而且成为美国经济霸权通过美元霸权实现的一种全球性扩张运动。金融业是美国最大的产业。美国80％以上的国民生产来源于金融投资为主的服务贸易，现有国际金融规则非对称地有利于金融资本特别是美国金融资本。1994年墨西哥金融危机以来，世界很多国家相继出现大规模金融危机。而按照国际货币基金组织要求进行的金融改革仍在继续，使世界堕入投机盛行、货币崩溃、经济萎缩的更大危机。

如果说1994年墨西哥金融危机还主要是一种地区性危机的话，那么1997年爆发的亚洲金融危机，就几乎横扫整个第三世界，真正具有全球规模了。时任美国副国务卿的斯特罗布·塔尔波特在一篇文章中说："一个国家的

货币，是国家主权和统一的重要体现和基础。"① 美国一
位曾在财政部任职的银行家罗杰·奥尔特曼比这位副国务
卿还要坦率些：

> 如今，我们释放出一种与核武器截然不同但具有
> 差不多威力的力量。这种力量几乎能够在一夜之间推
> 翻政府及其政策。现在还没有适当的体系来控制这种
> 力量。这种力量就是全球金融市场。②

这里已经提出所谓金融自由具有核武器威力的问题。
同两位美国人的文章相比，日本评论家重村智计对亚洲金
融危机的分析，就更加具有历史感：

> 在冷战时代美国之所以能够维持它在西方的霸主
> 地位，是因为它手中握着"核武器""美元"和"石
> 油"这三大武器。在整个冷战时代，美国的实力江
> 河日下。但是这次的金融危机重又显示出"作为商
> 品的美元"的强大，成为美国确立新霸权的武器。
> 如果考虑到美国是唯一的超级军事大国，并且是掌握
> 着"信息"的硬件和软件的国家，那么目前它就正

---

① ［英］斯特罗布·塔尔波特：《在多事之秋同俄罗斯打交道》，英国《金融学
家》，1998 年 11 月 21 日。

② ［美］罗杰·奥尔特曼：《九十年代的核武器》，美国《纽约时报杂志》，1998
年 2 月 28 日。

在掌握作为霸权国家的新武器。①

　　新自由主义的贸易自由、市场自由、金融自由，没有缓解更不用说消除贫富两极分化，相反，无论在西方发达国家、在西方发达国家和第三世界之间还是在第三世界国家内部，都以更多更贫困的穷人为代价，制造出财富更多更集中的富人。

　　国际货币基金组织 2003 年的调查表明，43 个最贫穷国家中，37% 的国家已经几乎不存在贸易壁垒，包括乌干达、赞比亚等非洲 18 个最贫穷国家已经大大放开国内的汇率和利率。但是这些适应新自由主义标准的举措没有导致经济状况的好转，而是更加糟糕。全球 49 个最贫困国家，除孟加拉以外，人均国内生产总值的年增长率近十年仅为 0.4%。西方国家情况则完全两样。美国报纸说，贸易自由化是"全球经济增长的引擎，有利于全世界的家庭"。但是它举出的，不是"全球"和"全世界"，而只是美国的数字："在美国，根据乌拉圭回合和北美自由贸易协定采取的市场开放行动，使普通四口之家每年得到 1300 美元到 2000 美元。"②

　　与贸易自由、市场自由、金融自由同在的一个术语，是自由竞争。体重上百公斤、受过专门训练的壮汉，和被

---

　　① ［日］重村智计：《韩国危机所隐藏的真相》，日本《中央公论》，1998 年第 3 期。

　　② 《美国放宽贸易限制的五条理由》，2001 年 11 月 8 日，美国《国际先驱论坛报》。

折磨得遍体鳞伤、瘦骨嶙峋、奄奄一息的普通人，按照前者的规则和训练科目，来一番"自由竞争""适者生存"的摔跤比赛，结果不难预料。撒切尔夫人 1979 年出任英国首相，宣布人类的不平等是天生的，但新自由主义所鼓励的竞争，却由于给"天才和俊杰们以发挥和表现的机会"，"给每一个人带来好处"。结果相反：她当政的时期，1/10 英国人生活在贫困线下，进入 21 世纪，官方承认，1/4 的英国人和 1/3 的英国儿童是穷人。

关于遵循新自由主义的自由、把市场奉为上帝必然使世界更平等、使贫困者富裕起来的允诺，已经成为不屑一顾的笑话。

二

新自由主义的第二项原则，是适应市场自由的要求，大规模推行私有化进程，进行以产权改革为核心的一系列改革。

产权改革就是生产资料的私有化。社会主义经济制度的确立，已经进行过一种产权改革——剥夺剥夺者。现在的"产权改革"，意味着剥夺者的反扑。在夺回被剥夺的权利和财产的时候，新自由主义的一个宣传谋略，就是首先竭力转移人们对生产资料所有权问题重要性的关注，从这里进行一番比如占有权、控制权、使用权、经营权、管理权之类令人眼花缭乱的分解。这种分解，只有在作为所有权的实现途径的时候，才是清晰的。但是用新自由主武装起来的新的剥夺者的目标，始终在所有权，不过是通过分解，加上连篇累牍的温文尔雅而含义模糊的外交辞令，分步骤地夺回所有权而已。

私有化阴云下勃然兴起的新公司、新市场、新精英、新富豪，主要是对现有存量财富进行私分和掠夺。目标总是首先集中于社会给予人民的好处。热热闹闹的改革喇叭、花里胡哨的广告宣传和证券业、赌博业、卖淫业的繁荣，伴随着实物经济的衰退。投机的增长抵消和掩盖着停滞。最大的增长来自兼并、下岗失业和压低工资。于是，私有化的过程，同时成为整个世界一方面在拍卖、另一方面在兼并即加强垄断的过程。这两个过程，都已经达到疯狂的程度。

西方连哄带骗地施加压力，要第三世界国家"全面私有化"。莫斯科决策者按照美国顾问的建议拍卖——实际上在很大程度上是赠送——几乎全部国有资产。巴西拍卖了大约 80%，得到大约 800 亿私有化收入，但是截至 2000 年，却要偿还 1200 亿美元的国债利息。然而即便在撒切尔夫人大声疾呼私有化的时候，英国经济也没有全面私有化，特别是石油工业，政府一直控制着大部分股票。在美国，从里根开始，当局不仅没有减少而且是在不断扩大国防和军事开支。

20 世纪 90 年代，跨国公司并购的平均增长速度达到 30.2%，成倍于全球对外直接投资 15.1% 的平均增长速度。90 年代中后期，跨国并购投资占国际直接投资的 70%—90%。进入 21 世纪，兼并势头不减。在美国国内，企业并购很大程度上是为着加强军备、满足军火商的利益。20 世纪 80 年代日本"收购美国",可以作为美国和其他西方国家之间发生兼并现象的一个最好例证。日本资金大举购买的主要是美国房地产和娱乐业。90 年代日本股市和房地产泡沫相继破灭,大批公司和银行负债累累,被迫全线退缩,第二次世界大战以后通过贸易从美国得到的经济利益,由此而悉数归还美国,其经济至今不能走出衰退阴影。美国的一条界限,是把高技术特别是重大装备制造业牢牢控制在自己手里。第三世界向西方跨国公司廉价拍卖自己的优质企业,即所谓"靓女先嫁"。西方国家包括美国有时也会允许甚至引诱第三世界国家来兼并自己的企业。然而兼并更加严重倾斜和不对称:"靓女"不嫁,技术不给,价格昂贵,给你一堆破烂和几分"面子",而自己则甩掉包袱和得到所需要的投资。

美国报纸评论 2005 年中国并购美国企业的现象,认为"到目前为止中国企业收购的都是濒临破产的问题企业,可以归类为'最不可能成功的企业'","即使这些公司最终还是避免不了倒闭,背负这个包袱的将是中国公司"。因此,中国的并购"对美国经济起着正面作用,正如中国大举购买美国国债也有助于美国经济发展一样"。文章谈到中国最大企业之一海尔集团准备收购美国家用电器制造商美泰公司,出价大约 13 亿美元,"超过了美国厂商给出的价格"。这是一家什么样的公司呢?文章概括为四个字："摇摇欲坠"。①

　　这里已经提出由于新自由主义盛行而身价大为提高的知识私有化即"知识产权"改革问题。

　　即使在人同自然的关系、在人类利用自然力为自己谋取生存和发展条件的问题上，知识的源泉都是劳动。生产实践中的知识一代一代地积累下来，通过人类交往得到传播、扩散、检验、充实，成为人类文明的共同财富。每个民族都为人类文明作出自己的独特贡献。任何知识都不属于个人和个别公司。在自由资本主义时代，尽管知识包括工业技术创新成果的传播需要付出代价，不过和今天相比，那种代价微不足道。美国的工业化，就是无偿模仿英国的一个例证。知识产权，即大资本利用专利瓜分市场、排除新的竞争者的"特权"，随着资本主义进入帝国主义阶段提出，成为垄断的产物和推进器。它自产生，就具有阻碍科技知识传播和广泛利用于实现多数人利益的反动性质。

　　知识产权是垄断资本自封的一种特权。它的再生产又起着不断巩固和扩大垄断资本的作用。2005 年 3 月，世界知识产权组织公布，2004 年国际专利申请数量创造新纪录，其中美、日、德、法、英五国占 72.5％，美国占34.9％。而第三世界所占比重最高的五个国家韩国、中国、印度、南非、新加坡总共占 6.3％，大约为德国的一半。在统计表上列入第三世界国家的专利，很大部分实际

----

　　① 《中国并购热隐含的好处》，2005 年 6 月 26 日，美国《纽约时报》。

上还不属于第三世界国家的个人或公司，而属于进入第三世界国家的外资公司。

知识产权本质上是针对穷国、针对穷人、针对劳动者的特权。知识劳动者所得甚少，倒是工厂主和销售商大获利益。它大幅度地提高穷国、穷人使用有价值的科技成果、文化成果和教育材料的成本，使病人无法得到价格低廉的药物。正如新加坡报纸转载的一篇泰国文章指出的，冷战时期美国允许日本、韩国、台湾通过模仿尽快实现工业化，那是一种为政治服务，"优先照顾反对共产主义的冷战联盟"。今天则不同，所谓知识产权，意味着改变与普及科技要交大笔专利使用费，"与贸易有关的'知识产权'跟从市场上赚取利润无关，涉及的是最封建的经济做法——索取租金"，目的是"巩固先进知识由美国高科技工业垄断的地位"。因此强制保护知识产权，"已经成为美国的伟大圣战"。①

对西方的技术依赖导致民族主动精神和创新能力的下降，导致国家日甚一日地附庸化。亚洲金融危机爆发前夕，已经有人就此发出警告，认为引进外来技术可能产生昙花一现式的繁荣，在工业化初期多少具有积极作用。但是随着经济的发展，亚洲已经不能再依赖引进技术，"本国的革新能力变得更重要了"②。可惜这种提醒没有发生作用，危机仍然爆发了。

---

① 《美国企图垄断科技知识》，1996年5月18日，新加坡《联合早报》。
② 1997年4月17日路透社马尼拉电。

　　可悲的是，亚洲金融危机之后，并不是所有受害国家和地区都得到教训、改弦更张，切实强调本国人民的历史主动性和创新精神。西方主导的私有化包括知识产权的私有化，不是在削弱而是在继续甚至变本加厉。跨国公司在通过产业内的分工、设计所谓"研发链"、确定专利和技术标准以及研发机构的独资化或控股化运作，对第三世界国家实现技术控制。第三世界国家的技术人才被大量挖走。

　　新自由主义全球化的一个伴随物，是腐败全球化，是所谓"无形的手"后面的污浊的黑手，是一方行贿，提供高额回扣、奖学金、版税、出国旅游、色情服务和其他好处，另一方出卖自己国家的权力和利益。贪婪的政治当权者，靠西方公司当之无愧地拥有知识产权的"细菌培养液"，在私有化的浪潮中陡然大富大贵。世界银行前副行长斯蒂格利茨对全球私有化有一种尖锐的评价。在他看来，私有化的实现不仅以消费者为代价，而且以工人为代价，就是把工人从所谓低生产效率的国有企业转变到失业状态。但是减人未必增效，反而势必增加社会成本。私有化最严重的问题是经常发生腐败。斯蒂格利茨指出，市场原教旨主义者经常宣称私有化将减少被经济学家称为"寻租"的政府官员活动，这些政府官员不是从政府的企业中赚取利润，就是向他们的朋友馈赠合同和工作岗位。但是实际情况往往并非如此，在许多国家，私有化已经把事情弄得如此之糟，以至于如今私有化被开玩笑地说成是"贿赂化"。斯蒂格利茨特别举出俄罗斯。私有化的大风大浪，书写了俄罗斯历史上至今无法洗刷的、最耻辱的篇章："俄罗斯提供了'不惜任何成本实现私有化'的危害的破坏性案例研究。"①

关于私有化在新自由主义中的地位，只须指出这样一类判断就足够了：一家美国刊物认为私有化是全球化的"合谋者"②；一位加拿大学者称"当代全球化的一个近义词居然是'私有化'"，"什么事情都在私有"③。

这使我们想到《共产党宣言》怎样回答对共产党人"消灭私有制"的责难：

> 我们要消灭私有制，你们就惊慌起来。但是，在你们的现存社会里，私有财产对十分之九的成员来说已经被消灭了；这种私有制之所以存在，正是因为私有财产对十分之九的成员来说已经不存在。可见，你们责备我们，是说我们要消灭那种以社会上的绝大多数人没有财产为必要条件的所有制。④

资本主义以一种私有制剥夺另一种私有制，即以资本主义私有制剥夺个人劳动为基础的私有制。这就是资本主

---

① 约瑟夫·斯蒂格利茨：《全球化及其不满》，机械工业出版社 2004 年版，第 45—47 页。

② ［美］迈克尔·坦泽尔：《经济全球化：国际货币基金组织和世界银行的影响》，美国《每月评论》，1995 年第 4 期。

③ 基蒙·瓦尔斯卡基斯：《全球化如大舞台》，《国际社会科学》（中文版），2000 年第 5 期。

④ 《马克思恩格斯选集》第 1 卷，人民出版社 1995 年版，第 288 页。

义：绝大多数人成为双手之外一无所有的无产者，社会财富集中于占人口极少数的资产阶级的手里。这是《共产党宣言》时代的情形。

然而20世纪由十月革命开创的社会主义革命和后来发生的民族解放运动，造成一种新的历史状况。在社会主义国家，剥夺资产阶级和消灭剥削制度，使工人阶级和全体人民成为生产资料的主人，奠定着一种新的政治上层建筑的经济基础。在取得国家主权、民族独立的第三世界国家，也程度不同地通过剥夺帝国主义的控制权、没收帝国主义财产，逐步实行国有化。这就是国际垄断资产阶级推行新自由主义，对世界工人阶级、被压迫人民、被压迫民族进行大规模阶级的、民族的复仇行动的背景。"夺回失去的天堂"，就是夺回此前被人民剥夺的国内外资产阶级的权利和财产，同时占有人民在新的社会历史条件下创造的财产。这也是他们如此拼命推行私有化和各种名义的改革药方的原因和实质。特别是在俄罗斯和原先属于苏联的各加盟共和国，这种私有化改革的种种美妙允诺、残酷进程和悲剧后果，已经成为新自由主义最新的、最具说服力的教材。

三

新自由主义的第三项原则是，以所谓"小政府"的名义，削弱第三世界国家管理自己经济事务的权利。

这里首先遇到两个问题。第一个问题，政府的性质，这是什么样的政府，即压迫人民的政府还是实现人民利益的政府。第二个问题，政府如何管理国家的经济事务，即按照经济规律管理经济还是放弃职责或者管得过死。所谓大还是小，也还要区别所指是政府工作人员的数量、机构的多少还是权限范围。如果是压迫人民的政府，人民的选择就是推翻它、从根本上改造它。如果是人民自己的政府，那就应该加强、完善、提高效率，有什么问题解决什么问题。至于政府在经济工作中的职能，即便在同一种社会制度下，不同国家、不同地区、不同部门甚至不同时期，都应该有所区别。在多数情况下，不能用什么大政府或者小政府之类语焉不详的提法，归结这里的复杂问题。症结不在于政府的大小，而在于为谁服务。

第三世界国家的主权和民族独立，一个群众基础坚实、对人民负责、有凝聚力和高效率的政府，是民族创造力和实现自己人民多方面权益的前提。面对西方强大资本及其政治的、文化的、军事的力量，它又构成捍卫国家尊严的最后的、也是最有效的防线。对于资本的全球扩张来说，最大的阻力，正来自第三世界国家的这样一种政府。只有在这个意义上，才能对新自由主义倡导的所谓"小政府"，对至今还在西方主流媒体起劲地鼓噪的"民族国家过时"的理论，作出符合实际的解释。

"小政府"论的根据之一，是大型跨国公司的出现。它清楚地暴露出"小政府"论的一种角色，即充当跨国公司拉拉队。它掩盖了跨国公司同其母国的关系。问题的实质仍然在于国家的关键性作用。所谓"自由市场"本身，就是国家战略、政策、规划甚至政治高压的产物。所有西方发达国家，都是主要靠国家的力量达到今天的发达程度。刚刚摆脱殖民地、取得独立地位时的美国，如果不靠国家力量包括严格的贸易保护措施同西欧对抗，其发展包括今天的成就将完全不能想象。在军事、政治、外交、经济领域，包括主要的自然资源，美国、英国、法国、德国、意大利、日本都曾经有过残酷竞争的历史，归根到底都依靠国家的力量直到用战争的方式获得解决。今天的大型跨国公司，销售和投资的相当大部分都在母国内部进行，都由来自母国的董事会成员发挥决定性作用。《财富》100 强中的大企业，多是美国计算机、半导体、电子行业的领军企业，都从政府的防务合同中享有大量优惠。主要电信企业都依赖政府采购和颁发许可证，以及政府与国际财团之间的讨价还价。连鼓吹削弱政府功能的新自由主义，其兴盛、肆虐、获得和保持主流地位，都在使尽浑身解数取得政府的好感和通行证，都在想方设法影响和操纵政府、把自己的信徒塞进政府。特别是随着资本主义进入帝国主义阶段，西方国家垄断性极高的大型跨国公司，以其越来越强大的经济力量左右政局，影响力日益远远超过大部分政党，以至于某些政党更不消说政客，实际上成为一定财团的政治代表。资产阶级国家本来就是资产阶级利益的管理委员会。但是现在，作为"国家"的那种仿佛高居于各种社会力量之上的"中立地"进行仲裁的外衣，所谓"超阶级"的面具，正在彻底地剥去，政府资本化和资本政府化成为同一过程，"国家"和它所代表的垄断资本正在合为一体。

这并不是一种仅仅和新自由主义相联系的新现象。恰恰是在谈到美国政府的时候，一家美国杂志刊登的文章写道，它"具有强制其他国家政府持有该国的货币或者能够在很大程度上代表该国货币干预外汇市场的力量，那么，它们就能更自如地应对全球混乱和抵抗那些遏制资本流动的压力。虽然这种强制力量本身，也许不足以在一个私有化程度日益加深的金融体系中支撑一个范围更大的市场，但是它在历史上对于支持美元和英镑作为关键货币却是重要的"。①

新自由主义适应国家垄断资本主义向国际垄断资本主义的转变，新自由主义引诱和强制第三世界国家削弱政府职能，使第三世界在不设防的情况下听任国际垄断资本长驱直入、为所欲为。他们对苏联和后来俄罗斯的要求，也是全面私有化，从基础上毁灭确保国家统一和进行有效控制的能力。这已经成为美国对外政策的一个重要部分：要第三世界国家"小政府"，而由它来控制第三世界国家的政府，用硬力量或者软力量，用所谓"颜色革命"，组建对自己俯首帖耳的、为自己服务的政府，以便把这些国家的国有资产和人民劳动成果转移到自己的手里。

西班牙《起义报》载有一篇署名奥斯卡·索托的《跨国公司收买某些国家当权者获取特权和加强掠夺》②

---

① 《美国在世界金融体系中的非对称性优势》，美国《基金政治经济学评论》2003 年夏季号。

② 参见 2005 年 8 月 22 日，《环球视野》第 81 期。

的文章，专门分析美国同中美洲国家签署的自由贸易条约。在这个条约中，跨国公司获得法人资格，投资者为"高等质量的人"，可以要求国民待遇、最惠国待遇、人员自由流动，还可以自由转让商品、资本和利润。中美洲国家不得向跨国公司提出任何要求，政府不能惩罚其行贿受贿行为，不能提出跨国公司不喜欢的国家发展的公共政策，审计部门不能涉及跨国公司的合同，还要保护它们无节制的特权，使之远远超过中美洲国家自己的居民。另一方面，跨国公司对中美洲国家的发展不承担任何义务。自由贸易下的这种第三世界的"小政府"，实在已经小到几乎可以完全取消。

新自由主义设计的第三世界国家的"小政府"，也不是什么都"小"。抵御国际垄断资本扩张、抵御外部入侵及政治压力和文化渗透的职能要小而又小，小到等于零。但是对内控制和压迫人民反抗的职能，却最好大而又大，大到足够保证西方利益的稳定实现。一些第三世界国家在按照西方的要求进行裁军。一般地说，在保障国家主权和安全的前提下，裁军是促进国家经济社会发展的一种积极步骤。然而如果强敌临于国门，却削弱军队抗击外敌、保卫国家安全的职能，转而通过扩大国内警察和保安队伍的措施加强对内镇压人民的力度，裁军的积极意义就荡然无存。

在美国支持下发动军事政变上台的智利总统皮诺切特，被认为是拉美新自由主义的旗帜。当他对共产党人和革命工人大开杀戒的时候，美国当局从来没有一句即便是委婉的、外交辞令式的批评。如彼德拉斯所说，"新自由主义崛起的原因并不是左派的失败或市场经济的优越性，而是武力手段非常有效"，新自由主义的拉美，"在每次行动中，新自由主义分子都要开动国家政治机器，动用军队、司法和公共行政部门参与斗争，以实施其新自由主义政策计划"。① 另一方面，西方国家自己特别是美国，却在不断地加强政府的作用。一个突出的表现，是加强军队和与军备有关的科研、生产、销售行业的发展。他们的政府在其国内越来越少地在资本家和工人之间进行某些调解，越来越多地赤裸裸地站在资本家一方，放肆地肢解和镇压工人运动。

　　巴西著名学者特奥尼托尼奥·多斯桑托斯指出：即使在撒切尔夫人执政时期，英国经济也没有全面私有化，仍然保持着比较大的国有经济的成分。在英国石油工业的重组中，撒切尔夫人的政府当时掌握着大部分股票，主要是为了使政府对经济进行有效的控制。在 80 年代，里根政府也是动用了国家的力量，在国防、军事力量方面的开支很大。他的目的是复兴国家的经济。国家的作用是非常明显的。② 就国际范围来说，正如联合国前秘书长加利指出的："说到底，眼下正在建立的，不是一个新的超越国家的世界国，而是一个世界新秩序政治的阵线——换句话

---

　　① 　詹姆斯·彼德拉斯：《替代拉美的新自由主义》，社会科学文献出版社 2004 年版，第 11、10 页。
　　② 　参见《马克思主义与现实》，2000 年第 6 期。

说，就是西方七国统治。"① 如果没有有形的、物质的拳头，市场这双所谓"无形的手"永远难以发挥作用。没有美国的世界驻兵和军事基地、航空母舰和F—15战斗机，就不会有麦当劳的全球凯旋。1992年2月，时任克林顿政府国防部长的科恩向微软员工发表讲话说：我认为，如果没有我们强大的军事，像微软现在享受的繁荣，将不复存在。

美国政府经常发表声明宣言之类对别国说三道四、乱加指责，以"治外法权"在全球横行霸道。美国的国会还设立其他国家的小组或委员会，以国家组织的名义粗暴干涉别国内政。从克林顿到布什，美国的总统成为美国军火的全球推销商。美国越来越以军事力量捍卫美元金融霸权和其在"自由"名义下的知识霸权、贸易霸权、市场霸权，这已经成为我们这个世界的一种严酷现实和历史进步的最大障碍。

"9·11"事件之后，美国当局尤其着力于加强自己的国家和政府。德国一家杂志把它的这一行动称为"重新发现国家"，说美国这种"强大国家正在经历复兴"的过程，不过是"警察和军队融为一体"②。需要补充说明的是，美国的这种十足的国家行为，不限于美国国家疆界，已经成为把美国当局的意旨强加于全球的过程。

任何民族的真正进步，都是人民历史创造力的产物，

---

① 参见《全球化中的知识左派》，中国社会科学出版社2000年版，第113页。
② 《重新发现国家》，德国《国际政治与社会》，2002年第1期。

都不是本国更不是其他国家军刀棍棒驱使下奴役般强迫付出的结果。我们曾经谈起过 20 世纪五六十年代亚洲一些国家和地区的经济增长，指出美国包围苏联、中国的政治需要、军事压力的作用。那也属于"国家"而不属于"市场"的作用。问题还有另一面。比如韩国，1961 年上台的总统朴正熙，采用类似计划经济的模式推行经济开发和现代化计划，实现经济腾飞，那也主要是靠政府的力量而不是市场的力量。后来美国强加的市场取向的改革，成为韩国陷入 1997 年亚洲金融危机的一个基本原因。最近几年，韩国重新强调民族团结、民族自尊和自主创新，情况日渐好转。

被新自由主义蹂躏十余年的拉美正在觉醒，一个引人注目的步骤，就是重建国家创新体系，以政府为中介，在大学、研究所等学术机构和企业之间形成合作关系，走自主创新、摆脱技术依赖的道路。社会主义古巴，一个每天受到美国威胁封锁的小国，成为第三世界卫生健康状况最好的国家，在生物技术、医学、农业和基础科学领域达到领先水平，其经验特别成为拉美人的骄傲。委内瑞拉和巴西也在觉醒中。

新自由主义各项基本原则之运用于第三世界，成为它到底是一种什么货色的说明书。我们想到斯蒂格利茨概括的西方用新自由主义掠夺第三世界国家的"四步曲"：

第一步，私有化。第三世界国家一些领导人以世界银行的要求压制批评，自己则从削价出售以数亿计的国有资产中捞取大体 10% 的回扣。

第二步，资本市场自由化。抽逃资金，为吸引外资而提高利率，严重打击穷国工业并耗光国家财富。

第三步，价格市场化。削减或取消对普通人粮食、燃料、水等基本生活用品的补贴，同时价格飞涨，引起社会骚乱和动荡，外国公司再用"跳楼价"收购价值连城的企业并获取各种巨大权利，比如矿山开采权或港口。

第四步，自由贸易。如同鸦片战争用战争推行不平等贸易一样，用金融和财政手段推行不平等贸易。

这里的四步曲，用之于第三世界各大洲的不同国家及其所谓改革的不同阶段，具体做法、具体内容不尽相同，但大体相类，结果是一样的。

英国学者彼得·高恩为自己的一本评论新自由主义的书起了一个好名字，叫《华盛顿的赌博》，无论作为该书推销的广告词还是该书的内容提要，它的中文译本①封四的一段话，都具有独立的价值：

　　20世纪90年代，随着苏联的衰退和解体，美国政府和商界精英试图使美国成为21世纪控制全球主要经济和政治局面的强权国家。它们尝试用两种新的办法——新自由主义运动和全球化运动，来分别改变其他国家的内部和外部局势。这样一来，美国将得到全球跨国新秩序的种种好处，而随之带来的风险和成本则被分散到了美国国外。这就是华盛顿全球赌博所

---

① 彼得·高恩：《华盛顿的赌博》，江苏人民出版社2003年版。

不为人知的另一面。

这里只有一个提法需要略加修正，即"两种新的办法——新自由主义运动和全球化运动"，其实就是一种：以新自由主义为思想政治旗帜的资本主义全球化的当前阶段。

新自由主义是什么？它是 20 世纪末以来国际垄断资产阶级对世界工人阶级、被压迫人民、被压迫民族进行大规模阶级复仇和确立全球统治的主要工具。新自由主义作为一场华盛顿的全球赌博，意味着国际垄断资本的不受任何约束的、无止境的压榨和剥削，意味着强者成为唯一赢家的绝对自由。

这就是已经写在最近 30 年世界历史上的结论。

劳动政治经济学的胜利[*]

——合作经济论纲

一

世界在新自由主义、新帝国主义霸权的蹂躏下被撕成碎片。社会在史无前例的文明废话的喧嚣中，陷入史无前例的贪婪、野蛮、抢劫、欺骗和道德沦丧的恶性循环圈。在几座孤岛般耸立的富人金殿和他们欢庆自己全球化终结性胜利的宴席四周，遍布着失业、贫困、疾病、死亡和绝望的呻吟。我们总是听到一种冷冰冰的嘲弄：这里也许存在着不公平，但是你们除了叹息、哭泣、愤怒，除了俯首听命、当牛做马、任由撕裂，已经不可能有什么作为，"别无选择"！

---

　* 本文是作者承担的中央政策研究室 2004 年度一个研究课题的成果，2006 年 10 月修改完稿。

　　埋葬工人运动数百年来的成就，肢解工会和其他工人阶级组织，分裂和腐蚀工人阶级队伍，使工人成为仅仅为自己生存而同阶级兄弟进行残酷竞争的单个人，剥夺公共权利，在理论上贬低劳动、无限地抬高资本的历史地位，呼唤和培植自私、贪婪、损人利己与动物性、原始性、自发性，在政治制度、经济制度、文化形态上制造美国崇拜，成为新自由主义的主旋律。于是，在白宫和唐宁街炮制的咒语中，一切对现实秩序的质疑和社会道路的新探索都被宣布为毫无意义，历史在美国垄断资本王冠下终结。

　　"别无选择"——这是一个和私有制同在的陈腐命题。奴隶主和封建地主阶级，都曾经宣布自己的统治必定传之万世。关于雇佣劳动的天然合理和资本统治永恒性的话语，早已作为资产阶级的精魂，被它融会渗透于社会生活的所有方面，成为精致得密不透风、窒息人类创造力的学说。

　　但是尽管蒙受苦难和羞辱，尽管这种苦难和羞辱已经构筑起仿佛不见尽头、没有边际的黑暗隧道，人民却总是跟跄着脚步，在有形和无形的镣铐中挣扎前行，伸出枯瘦的、沾满汗水与血迹的双手摸索和创造。自有人类社会，历史从来没有凝固于仅仅有利于剥削者的任何一个"别无选择"。人民不会吞下他们只配永久受苦受难的"别无选择"。曾经深信不疑的神仙皇帝戏弄他们，满口蜜糖的达官富贾戏弄他们，自上自外施舍恩赏的慈善之举戏弄他们。但是新的苦难成为历史运动的新的标志：人民在自己的历史教科书上扫荡着谎言，在自己劳动和自己奋争的基地上，再度建立着对自己力量的不可动摇的信任。

　　人民经由自己的胜利和失败，认识自然也认识社会，认识对手也认识自己。他们逐渐知道，使他们陷入苦难的不是几个恶人，而是一种进行统治的阶级和国家制度；懦怯退让使他们吞下苦果，单枪匹马的反抗又总是收获失败，团结是他们的唯一武器。这种团结，起初在很小的范围，目标也限于争取眼前的、局部的、零散的利益，然后才是地区的、国家的，是作为阶级的行动。——这不是一次性的、直线完成的，而是在螺旋式循环中经历曲折和起伏的历史进程。

　　资本全球化的凯旋，正在创造一种新的条件，把他们推进到前所未有的、足以使全球剥夺者闻之丧胆的地步：本来意义上的"全世界无产者联合起来"。一切过去的失败和胜利，都仿佛只是更大失败也成为更大胜利的序幕和预演。这个社会的多数，正在世界历史的本来意义上重新集结起来。他们的力量如细雨润物、潜移默化到社会的每一个细胞和毛孔，而终将聚合为排山倒海、摧枯拉朽的革命风暴。他们正在改变世界的一切。历史属于他们。

　　合作经济，就是人民的一种选择。

　　资本主义制度的确立，除了把人区分为掌握生产资料从而掌握社会统治权的资本家和一无所有的雇佣劳动者，还端给人类一个资本主义市场。这个市场成为资本攫取剩余价值的天堂。被剥夺者的回应，是破坏机器、怠工、罢工和游行示威，直到武装革命夺取国家政权和创立新的国家政权及经济运行制度。同时出现的，是力图在资本主义制度及其市场经济范围内，依靠劳动者自己力量减轻剥削程度、维护自己利益的合作经济。

在试图用合作社方式改变整个资本主义制度的时候，空想社会主义者失败了。1832年，欧文在伦敦创办的劳动产品公平交换市场，仅仅存在一年多。1833年，这位菩萨心肠的改良家又在伦敦主持召开了合作社和职工会的代表大会，并通过一个使工人以和平途径掌握生产管理权利的计划，尚未付诸实施已经流产。

但是工人阶级局部改造旧制度的实践，却在默默无闻中脚踏实地地进行中。

1844年，英国一个叫作罗虚代尔的小镇的28位工人，组织消费合作社向社员出售牛奶、面粉等日用品，减少中间商的盘剥。后来发展到购买土地和兴办加工业。他们创造的自愿、一人一票、民主管理、公平买卖、注重社员教育的"罗虚代尔原则"，很快在欧洲国家传播开来，至今成为世界各国公认的合作社原则。

马克思拒绝任何崇拜，唯独对于人民的历史主动精神、人民的创造深怀敬意。在他高度关注工人阶级的政治斗争、理论斗争的时候，工人阶级在历史进程中的每一个当时看来尚处于萌芽状态的创造性成果，也同样进入他的视野。罗虚代尔合作社出现以后20年，1864年第一国际成立。马克思在成立宣言中，把工人合作工厂称为"劳动的政治经济学对资本的政治经济学"的一个"更大的胜利"：

　　我们说的是合作运动，特别是由少数勇敢的"手"独立创办起来的合作工厂。对这些伟大的社会试验的意义不论给予多么高的估价都是不算过分的。工人们不是在口头上，而是用事实证明：大规模的生产，并且是按照现代科学要求进行的生产，在没有利用雇佣工人阶级劳动的雇主阶级参加的条件下是能够进行的；他们证明：为了有效地进行生产，劳动工具不应当被垄断起来作为统治和掠夺工人的工具；雇佣劳动，也像奴隶劳动和农奴劳动一样，只是一种暂时的和低级的形式，它注定要让位于带着兴奋愉快心情自愿进行的联合劳动……①

　　没有谁比马克思更清楚工人阶级掌握国家政权的根本意义。工人合作经济，只有在工人阶级享有国家政权、在全国范围内实行的时候，才能真正释放出它的社会能量，而在资本主义条件下，政府总是在其中进行收买和使运动受到阉割。但是马克思仍然高度评价自己时代即便广受掣肘的"带着兴奋愉快心情自愿进行的联合劳动"在原则上的优越性和广阔前景，认为这是"在旧形式内对旧形式打开的第一个缺口"，"资本和劳动之间的对立在这种工厂内已经被扬弃，……这种工厂表明，在物质生产力和与之相适应的社会生产形式的一定发展阶段上，一种新的生产方式怎样会自然而然地从一种生产方式中发展并形成

———————————
① 《马克思恩格斯选集》第2卷，人民出版社1995年版，第605—606页。

起来"。①

马克思论巴黎公社，说公社失败了，公社的原则是永存的。公社的原则之一，即他1871年在《法兰西内战》和恩格斯20年后在该书1891年单行本导言中明确肯定的公社的一项法令：把已经关闭和停产的企业交给工人合作社按合作方式经营。

马克思逝世以后，恩格斯曾经建议参加国会的德国社会民主党，针对俾斯麦政府向轮船公司资本家提供年度补贴的决定，提出向工人合作社提供同样数额补贴的议案。他相信，如果给资本家赠款似乎是用来振兴工业，那么给工人赠款将产生更大的效果，"请你们把工人和资产者放在平等的地位上。你们每从工人口袋里直接或间接地送给资产阶级一百万，工人们也就应该得到一百万；国家贷款时也应如此。"② 他说："至于在向完全的共产主义经济过渡时，我们必须大规模采用合作生产作为中间环节，这一点马克思和我从来没有怀疑过。"③

马克思和恩格斯，是最早也最科学地充分认识合作经济这一工人阶级历史性创造的真正价值的仅有的人。

二

列宁同样是从历史创造者的角度、工人阶级和人民大

① 《马克思恩格斯全集》第25卷，人民出版社1974年版，第497—498页。
② 《马克思恩格斯全集》第36卷，人民出版社1974年版，第261页。
③ 《马克思恩格斯全集》第36卷，人民出版社1974年版，第416页。

众的角度，分析他所处时代的走向和推崇劳动者合作生产的。他为缔造新生社会主义制度的短暂生涯，社会主义苏联 70 多年的历史起伏，在合作经济问题上留下具有深刻意义的遗产。

十月革命以后的最初年代，从沙皇时代就已经存在的工人合作社，主要控制在孟什维克和社会革命党人手中，在政治上采取一种不合作的甚至敌视布尔什维克和新生社会主义政权的立场。列宁一方面指出一些合作社领袖被收买和腐蚀的情形，要求派进人员、扩大工人成分以改造"资产阶级合作社"，另一方面看出，即便为资产阶级分子所把握的、在很大程度上有利于中小资本家的合作社，既然作为合作社，就会程度不同地存在群众主动精神。

这正是列宁关注的重心。他说，"合作社所做的工作无疑是在发挥群众的主动精神，这是它的一大功劳"，合作社建立在群众主动精神之上，"这点是最主要的"。因此，"合作社是资本主义社会建立起来的、我们应当加以利用的唯一的机构"①。

他在逝世前一年指出，"我觉得我们对合作社注意得不够"，"目前我们应该特别加以支持的一种社会制度就是合作社制度"，革命胜利初期俄国合作社的发展，就等

---

① 见《在莫斯科中央工人合作社代表会议上讲话》，《列宁全集》第 35 卷，人民出版社 1985 年版，第 197—201 页；《在全俄国民经济委员会第二次代表大会上的讲话》，《列宁全集》第 35 卷，人民出版社 1985 年版，第 393 页；《共产国际第二次代表大会文献》，《列宁选集》第 4 卷，人民出版社 1995 年版，第 271 页。

于"社会主义的发展"①。这里既包含着十月革命以来俄国新政权某种政策反思的成分，也为其后苏联社会发展进行着重要的提示。

这就是我们从列宁身后世界历史所发生的重大变化进一步理解列宁伟大遗训的锁钥。

以斯大林为首的苏联共产党，在工业化和农业集体化进程中，很快消灭个体、私人经济，建立起全民所有制经济。全民所有制经济在提高苏联人民的物质文化水平和维护国家安全方面所创造的辉煌告诉世界，社会主义制度可以催生任何奇迹。但是在严峻的国际环境和经验不足的情况下，特别是实现农业集体化，存在着缺少耐心的教育、引导和等待的现象。这就使充分尊重和发挥人民历史创造精神的基础没有达到足够地坚实，使自上而下的命令主义得以发生。正是在这里，繁衍出滋生官僚主义和僵化窒息的条件。

这种状况到勃列日涅夫时代已经相当明显。国家运转主要靠官僚集团支撑，上层结党营私、权力膨胀、昏庸腐化，大量攫取国家财富，口称"共产党"、"马克思列宁主义"、"社会主义"，而实际上每日每时都在用行动演出着资本主义。人民群众被排除在国家和企业的权力之外，不再认为自己居于主人公的地位，而当前执政的这个"共产党"，本质上也已经不同于列宁、斯大林的共产党，不再是代表他们利益的党，他们犯不着继续保卫和维护这

---

① 《列宁选集》第 4 卷，人民出版社 1995 年版，第 767、769、771 页。

个党。离开人民等于取消党，再一次成为颠扑不破的真理。

随着苏联解体、共产党失去执政地位，曾经多少带着行政命令色彩建立起来的东西，又由叶利钦一纸行政命令顷刻瓦解。苏联人民奋斗牺牲建立起来、给人民带来极大利益的社会主义全民所有制经济，在私有化浪潮自上而下的冲击下，很快退回到个体、私人经济甚至具有殖民地性质的经济。

两种相反方向的历史运动，两种对立的政治立场，症结竟然殊途同归于群众主动性问题。前者急于实现群众的利益而没有为群众主动性的充分发挥、为群众经济和社会管理能力的充分提高创造足够的条件，相反，由此滋生繁衍的官僚主义不仅不能保证群众的长远的、根本的利益，而且由于挫伤群众主动性而蕴涵着导致历史停滞甚至倒退的因素。这就成为后者猖狂肆虐的一个历史前提；在这里，人民的权利被剥夺，人民的财产被抢劫和瓜分，重新沦为被压迫者、被剥夺者，加上新自由主义消解马克思主义革命精神、分裂和腐蚀工人阶级的政策，群众历史主动性的再度勃发就不能不经历更多的磨难、需要更长的时期了。

一种对于工人阶级和人民大众来说最有害的、成为历史变革最大悲剧的现象出现了。这就是马克思在总结巴黎公社教训时所说的：

> 资产阶级的凡尔赛恶棍……要巴黎人抉择：或是接受挑战，或是不战而降。工人阶级在后一场合下的

消沉，是比无论多少"领导者"遭到牺牲更严重得多的不幸。[1]

三

世界风云变换、政局起伏跌宕，一个阶级胜利了又失败了，一种社会制度确立起来又在某些地方解体了，但是工人合作社、农民合作社以及不同程度上体现着合作社精神的各种经济组织，却仍然遍布世界各国和几乎所有的行业。它普遍存在于西方发达国家，在第三世界国家也已经相当广泛。从城市到乡村，从工业、建筑业、服务业、金融业、保险业、贸易、科学技术、教育、医疗、住宅业、旅游业、新闻出版到农牧渔林业的各个门类，合作社无处不在。

1895 年成立的国际合作社联盟（ICA），目前吸收100 多个国家和地区不同行业的合作组织，成为获得联合国咨询地位的最大非政府组织。

在皈依新自由主义教条、私有化浪潮一浪高过一浪的最近 30 年来，我们特别注意到四个方面的实例。

第一个是以色列基布兹。

以色列从建国就把"劳动征服一切"作为民族信条。基布兹是它的主要的农业生产组织形式。其政治纲领，是

---

[1] 《马克思恩格斯选集》第 4 卷，人民出版社 1972 年版，第 394 页。

在人与人之间建立没有剥削、没有高低贵贱之分的经济平等、政治民主的制度。它的主要准则是：（1）生产资料的集体所有制；（2）一切权利平等，管理人员由全体成员选举产生；（3）各尽所能，不准剥削，有劳动能力的成员必须劳动，没有劳动能力的成员由集体供养。这些信条、纲领和准则，既没有因为同美国的特殊关系而放弃，也没有因为它的政府实行为世界多数国家反对的对外政策而改变。尽管世界格局的变化使基布兹遇到困难，尽管基布兹的具体管理措施也会有所改革，它却继续保持自己的原则存在和发展，成为以色列最大的农工商联合体。基布兹人口占以色列4%，其农业产值和出口农产品占全国总量40%，生产出全国小麦的50%、牛肉的55.4%、棉花的80%。按照一种政治色彩浓厚的提法，基布兹被看作资本主义汪洋大海中的"共产主义绿洲"。①

　　第二个方面的实例，来自俄罗斯和捷克。

　　笔者1999年10月访问距离莫斯科170公里的图拉州，在那里参观谢金诺区的普利什涅集体农庄。在俄罗斯社会混乱、经济衰退、人民生活普遍下降的情况下，农庄所在市和区的负责人称，这个农庄虽然只不过保持着1990年的水平，却仍然是当地最好的农庄。

　　叶利钦强迫解散集体农庄，许诺给私人家庭农场优惠。但是国家陷入困境，私人农场也纷纷破产。在谢金诺区，90%的集体农庄保留着，和苏联时代相比，发展生产

---

　　① 《市县领导月刊》，2004年第6期。

和提高物质文化生活的困难增加了，然而比私人农场日子
好过。农庄有现代化的养猪场、养鸡场和奶牛棚。最漂亮
的是有健身房、游泳池、篮球场的体育馆，有声乐室、舞
蹈室、绘画室、舞厅、会议厅的文化宫。文化宫明亮宽敞
的走廊，墙壁上张贴着他们的小演员在州和国家剧场演出
和比赛得奖的照片。农庄的领导人说，他们的骄傲，就是
有本区最漂亮的幼儿园，可惜不是因为男子汉不够格，而
是因为社会问题，孩子生得太少。

　　农庄负责人说，现在车臣正在打仗，前线需要粮食。
前几天，国防部的军官来向我们要粮食，说最好是小麦，
哪怕给点土豆也好。我说，政府不是下令解散集体农庄、
提倡私人农场，还要给私人农场优惠吗？去找私人农场好
了。他们很尴尬。老实说，在无边无际的土地上，想要找
到那些私人农场都很困难，何况他们根本拿不出粮食。我
们的仓库里什么都有！但是需要他们拿现金。①

　　在捷克，1989 年政局剧变，新上台的政府对合作社
不是支持而是限制。然而合作社工作者以顽强的自立、自
助、自强精神克服困难，使合作社事业顶住风浪，并且有
所发展。

　　目前捷克有全国影响的合作社有四种。一是消费合作
社，有 70 个基层社，65 万社员，办有 110 个批发商店，
5000 个零售商店，在零售市场占有率为 9%，其中食品占
有率为 15%。二是生产（工业生产）合作社，有 450 万

---

① 文甘君：《忧郁的俄罗斯在反思》。

个基层社，32万社员，产品有家具、工艺品、食品、纺织品、服装、建筑材料、化工产品、机械、电器、玻璃陶瓷制品、电脑、照相器材、旅游用品等1000多个品种，占全国工业总产值5%。三是农业合作社，现有900个，种植土地占全国耕地面积47.7%，产品占全国农产品67%。四是住宅合作社，有70万社员，提供全国居民住宅的1/5。

第三个实例出现于阿根廷。

阿根廷危机以来，一些破产或停产的中小企业的职工接管企业，成立由职工自主经营的合作社，不仅使已经破产的企业起死回生，很快恢复生产，也保住了自己的就业机会。政府和司法部门对这类合作企业给予保护和扶持，在一定时期免征所得税，为其联系客户，提供技术支持。全国自主经营的合作社企业已经组成全国复兴运动。一些地方还出现工人"夺厂运动"，驱逐老板及其管理人员，自主组织起来，民主管理，继续生产。当传统原料供货商联合进行抵制的时候，他们得到原住民合作社的帮助。这种类型的工厂也已经召开自己的全国性代表大会，成立全国工人自我管理工厂联合会，与失业工人的义勇队全面合作，提出占领所有已关闭工厂，公开老板隐藏的商业机密；成立统一的工人基会；工人有权在任何时候撤换不称职的工人代表；要求国家银行对工人自我管理企业优先提供低息贷款。

第四个实例见于巴西农村。

巴西农业合作社成立于20世纪60年代至70年代。

目前一些合作社已经成为包括农牧业生产、加工、仓储、贸易的产业集团，在创造就业岗位、提高农村人口素质方面具有重要作用。合作社对社员和员工进行培训，开办幼儿园、学校，建立医院、文化体育场所，有些还有自己的报纸和电视台。巴西每个州有合作社协会。全国也有代表性机构。

合作社特别受到无地农民的欢迎。由于资本主义制度下的农业机械化，大量农民被农场主裁减，失去生活依托，成为无地农民。他们组织起来艰难斗争许多年，政府不得不把一部分土地廉价卖给他们甚至分给他们。但是重新分得土地以后，既无资金，又无农具，没有力量抗御自然灾害和参加市场竞争，仍然处于弱势地位，为生活所迫，又会失去土地，再次成为无地农民。在合作社，他们互相帮助，依靠集体的力量和建立一种民主平等的关系，就能够生活下去了。巴西将合作化确定为农业发展战略。总统卢拉强调，农业合作化是中小农民的唯一出路。

无论发达国家或是第三世界国家，社会发展程度都在很大程度上取决于社会组织程度。合作社是有利于促进社会发展的一种组织形式，在缩小两极分化、增加就业、保护环境、加强食品安全、维护社会公正方面，已经和正在发挥积极作用。

四

合作经济组织在一些地方、一些时候失败，在另一些地方、另一些时候又会崛起，正所谓"野火烧不尽，春风吹又生"。这成为新自由主义废墟上的神奇的现实。

第一，从马克思主义的产生、巴黎公社、俄国十月革命到第三世界民族解放运动，世界人民的伟大实践和灌注其中的历史主动精神，标志着自有人类社会以来的最辉煌篇章。20世纪80年代以来新自由主义统治世界的30年，成为人民群众历史主动精神遭受侮辱和践踏、日趋衰微的30年。新自由主义的最大罪孽，就是用垄断资本的利益、史无前例地强制和欺骗规范世界，企图在全球范围削弱和取消民族的、人民大众的首先是工人阶级进行历史探索和创造的主动精神。

但是伴随着新自由主义最大罪孽的，还有它的最大错误。它的政界要人、将军、金融家、舞文弄墨的理论贩子和各色跟班，沉溺于欢庆胜利的盛宴而傲视人民，自以为一个苏联共产党下台和苏联解体，就注定人民主动精神在人类历史上的永久消失。这帮蠢货不懂得也不可能懂得，人民不是克里姆林宫后来那些贪婪昏聩的官僚，不是几张美元就可以下跪的软骨头。人民主动精神，这才是历史进步的永恒的、决定性的力量。

第二，工人阶级创造的、已经存在160多年的合作经济，有着特别深厚的根基。

资本主义全球凯旋的狂风暴雨，社会主义失败的凄风苦雨，都不能导致合作经济斩草除根。它不同于资本主义私人所有制经济，又不同于社会主义全民所有制经济，但是能够以多种多样的形式在不同民族历史与文化背景和不同生产力发展水平上，既存在于资本主义社会，又存在于社会主义社会。新自由主义动摇和肢解西方发达国家的福利制度，倾覆社会主义政权和共产党的执政地位，削弱第三世界国家的独立与主权，在全球掀起铭刻着它的掠夺标记的资本主义性质的经济改革，但是也许只是一个小企业、一个村镇、一个城市社区，也许只是一种产业、一个生产环节，也许只有三五个人、一二百人，也许拿不出厚本的理论著作和规章条款，甚至在新自由主义全球化最猖獗的时期和最猖獗的地方，合作经济仍然如巨石重压下的藤蔓，坚韧地存在着、产生着、生长着。

第三，合作经济生命力、适应性和发展空间的秘密，来自工人阶级和劳动大众的勇敢的"手"和主动精神。

不完善的制度压制群众历史主动性，黑暗的制度扼杀群众历史主动性。但是任何社会都不可能离开劳动、离开劳动者的"手"而维持即便一天。这种"手"创造着社会物质财富，同时创造着摆脱压迫而自由劳动的社会要求。

第四，在资本主义以新自由主义的形式把空前的灾难强加给人类的时候，工人阶级和人民大众是这种苦难的最大承担者，也是走出这种苦难的历史道路的开拓者。

合作经济在资本主义的以色列的存在，在埋葬社会主义的俄罗斯和捷克的存在，在阿根廷、巴西这些饱受新自由主义摧残的第三世界国家的再生，无论怎样地弱小和不完善，但是毕竟传递着历史运动的一种信息：从社会底层和经济细胞激发和培育群众主动性，实现劳动者的不同形

式的团结与合作，正在成为走出新自由主义乃至资本主义
噩梦的一个新的起点。

五

20世纪90年代初，弗朗西斯·福山把苏联解体、新
自由主义凯旋和美国资本主义制度宣布为"历史的终
点"。不过三五年的时间，这种不可一世的得意姿态和终
点之说，就成为一种笑料。世界各地已经陆续出现各种文
字的著作，从不同角度论证新自由主义终结、资本主义终
结以及美国霸权衰落主题。一种方兴未艾的思潮生机勃
勃。这就是90年代中期以来，在各国人民抵制、抗议新
自由主义斗争基础上出现的，以替代新自由主义乃至整个
资本主义作为研究对象的"替代学"。

它本身也歧见纷纭。但是甚至德国神学教授乌尔里
希·杜赫罗的《全球资本主义的替代方式》，虽然以《圣
经》为准绳，倡导"使教会生活获得新生"，也仍然从关
注群众主动性提出问题。他主张在社区、地区和国家层
面，"在自主、平等、参与性民主和团结的基础上建立分
享资源的体系"。① 他本人就是名为"凯罗斯—欧罗巴"
的争取经济公正的民间运动的创建者之一。神学成为人民
呼声的一种渠道的另一个例子，是在拉丁美洲人民反对新

---

① 乌尔里希·杜赫罗：《全球资本主义的替代方式》，中国社会科学出版社2002
年版。

自由主义和资本主义奴役中产生广泛影响的"解放神学"。

更多的替代学著作没有杜赫罗这样的神学色彩。

詹姆斯·彼德拉斯的《替代拉美的新自由主义》，强调的是萌生新的生产方式。他注意到，发生在巴西、巴拉圭的抢夺土地、农民合作社以及种植可可的玻利维亚农民，都与合作的生产方式有联系，并与城市工人阶级结盟。他说，占领一家工厂、市政大楼或一块土地，并不仅仅出于物质上的需要，"而且也是为了肯定他们自己的自我价值、尊严以及自我管理能力"。①

一位美国学者为自己的著作起名叫作《反对资本主义》。他以 40 万字篇幅论证的替代模式，就是经济民主或者说"工人的自我管理"。②

衡量社会变化深度的真正标尺，在于工人阶级历史创造性和群众主动精神提高的程度以及他们从历史运动客体向主体转化的程度。人民的不幸是值得同情的，但是人民的解放从来都是人民自己的事业。任何时候都不可能把个人的意志强加给历史。马克思的告诫之一，是不要做"自夸制造出革命"的人。甚至取得胜利的无产阶级及其政党，也"不能强迫"人民"接受任何替他们造福的办法，否则就会断送自己的胜利"③。这就是无情的历史辩

① 《替代拉美的新自由主义——〈拉美透视〉专辑》，社会科学文献出版社 2003年版。

② 戴维·施韦卡特：《反对资本主义》，中国人民大学出版社 2002 年版。

③ 《马克思恩格斯全集》第 35 卷，人民出版社 1971 年版，第 353 页。

证法。

　　当新自由主义改革削弱民族独立和国家主权、吞噬属于人民的巨大资源和财产的时候，当世界由于民族的和人民大众的创造力被剥夺殆尽而在垄断资本的镣铐下呻吟的时候，重新呼唤、培植工人阶级和人民大众的主动精神，已经成为社会进步的紧迫问题。工人阶级和人民大众的斗争，总是首先开辟他们身边的、存在巨大扩展空间的活动天地。一家工厂、一块土地也许微不足道。但是一旦由组织起来、团结起来的群众自己来管理，它就成为群众展示、发展、锻炼自己，提高历史创造性和社会管理能力的舞台。只要他们有了自己的运动——不管这种运动采取什么形式和达到怎样的规模，只要是属于他们自己的运动，他们就会有这样的舞台。

　　从这里起步的历史运动，愈益社会化的劳动的实践，将必然地走向生产资料"集中在联合起来的个人手中"，走向"每个人的自由发展是一切人的自由发展的条件"的联合体，走向"每一个民族都将有同一个统治者——劳动"的时代①。

　　劳动把人类社会推进到 21 世纪，使劳动政治经济学带着新的社会能量，注定在新世纪的历史活剧中扮演一回主角。

---

　　① 《马克思恩格斯选集》第 3 卷，人民出版社 1995 年版，第 19 页。

世 界 向 何 处 去*

记者：20 世纪中叶，我们把那个时代，称为"世界资本主义和帝国主义走向灭亡、社会主义和共产主义走向胜利的时代"。现在，应该怎样看这个问题呢？

答：您提出一个大问题。任何时代、任何民族，总有人考虑这样的大问题。毛泽东主席要求全国人民关心国家大事。对于彻底的马克思主义者来说，这是很自然的事情。

您所说的提法，见于我们党同苏联共产党论战的时期。用它概括十月革命以后的时代，在原则上是站得住的。问题在于理解。第一，这是指比较长时间历史运动的、全局性的趋势。恩格斯为《共产党宣言》1893 年意大利文版写序，说但丁是中世纪的最后一位诗人和新时代的最初一位诗人。但丁活动的 1300 年前后到恩格斯的时

---

* 本文是作者接受《国外理论动态》记者采访时的谈话，发表于《国外理论动态》2000 年第 1 期。

代，属于封建主义走向灭亡和资本主义走向胜利的时代，跨度就是 600 年。

第二，在阶级社会，研究时代问题，不能离开阶级力量对比的估量，由此分析哪些阶级强大却显示出阻碍社会生产力发展的没落腐朽的趋向，哪些阶级弱小却显示出推进社会生产力发展的新生的进步的趋势。《共产党宣言》宣告了现代资产阶级所有制必然灭亡，十月革命成功和苏联社会主义制度的确立成为社会主义时代到来的标志。

记者：但是东欧剧变、苏联解体，世界社会主义运动陷入低潮了。

答：这就是我要说的第三点。世界历史运动走着"之"字形的路，有各种复杂的因素发生作用。新事物战胜和取代旧事物呈现为一种过程，历史的前进，是在一定社会条件、阶级力量对比的变化中发生的，曲折、起伏甚至倒退和复辟，均属正常。但是总趋势没有改变。

旧制度复辟的情况屡见不鲜。1789 年法国大革命之后的半个世纪里，就有过 1804 年的帝政复辟、1814 年的波旁王朝复辟和 1815 年拿破仑百日政变失败后波旁王朝的第二次复辟，到 1830 年 7 月革命，才摧毁封建专制统治的复辟企图，使资产阶级的政权巩固下来。

我们现在讨论的，是当代历史走向问题，是社会主义制度取代已经有数百年历史的资本主义制度的问题，是社会主义、共产主义取代已经有数千年历史的人压迫人的旧社会的问题。失败、复辟、倒退，一次又一次，毫不足怪。这就是毛主席讲的人民的逻辑：失败、斗争、再失败、再斗争，直至胜利。

记者：事实是，社会主义的声音已经大为减弱，马克思的名字也已经几乎被遗忘，各国共产党的党员在明显减少。

答：所以说世界社会主义运动陷入低潮。

苏联解体以后，1993 年 3 月间，我曾前往看望一位开国元勋。他身经百战、战功赫赫，但是来日无多了。他的枯瘦而有力的手指掐着我的手腕，用颤抖的声音说出的深情的话，使我终生难忘：现在是马克思主义者受难的时代。

在叶利钦宣布停止共产党活动的第一个月里，6000多名苏共机关工作人员前往登记失业。职业介绍所声明，他们获得新工作岗位的机会最少。为国家建立功勋的苏联英雄和社会主义劳动英雄、忠诚的共产党人，同广大工人阶级和其他劳动者并肩，基本生活条件和人身安全受到威胁，挣扎于失业和贫困。

东欧清洗共产党人的运动全面展开。

捷克斯洛伐克新总统哈韦尔，宣告撤换共产党时期任命的中央、地方直到农村的各级干部，称之为"第二次革命"。议会规定，处级以上捷共党员每人写自传交代同安全机关关系、在高级党校学习和党中央机关工作的经历。政府要求三个星期内完全撤换清洗范围内的干部，包括 1968 年"布拉格之春"后被开除的原捷共党员。议会《清查法》所列清查对象达 100 万人，刑法修正条款规定支持或宣传共产主义判处一年到五年徒刑。

在统一以后的德国，东德领导人被"缉拿归案"，东德地区每一个人都得接受审查，原公务人员被重新录用者最多10%，共产党人流落街头，形成一支"受过高等教育的无产者队伍"。

罗马尼亚新总理提出，把共产党领导人"送交法办"。

波兰共产党中央所在地成了证券交易所，原统一工人党党员10年内被禁止担任公职。

匈牙利规定，社会主义工人党党员5年内不得担任任何领导职务。

欧洲其他地区的共产党组织减少到21个，党员人数减少到不足100万，在各国议会所占席位也由将近300席减少到80多席。美国共产党党员人数减少一半。日本共产党党员由50万减到三十几万。澳大利亚共产党解散。

记者：关于苏共下台和苏联解体，一般认为，原因在于计划经济体制、军备竞赛和科技落后，经济没有搞好。

答：这是一个在世界范围发生争论的问题。争论也许还要继续几十年、上百年。

党内党外、国内国际，导致解体的原因是多方面的。因为计划经济吗？苏联正是实行社会主义计划经济，在短期内成为世界一流经济、军事、科技、教育、文化强国。它的经济也有问题，比如怎样更充分地发挥劳动者的主动性、积极性，还有管得过死，对农业和轻工业重视不够。第一个社会主义国家，世界资本主义包围，美国尤其虎视眈眈，仅仅为了生存，也不得不发展军备。1990年，苏联出现二战以后的首次负增长。尽管如此，解体17年了，俄罗斯人民的物质文化生活，还没有赶上1990年的水平。

其兴其衰，最重要的、根本性的原因，不在经济而在政治。

一个伟大的无产阶级政党，领导20万工人赤卫队员和革命士兵取得了十月革命的胜利，以300万党员的牺牲取得了卫国战争的胜利，在1800万党员的时候，党下台，国家解体。后来的党的领导集团变了，从联系群众变得脱离群众，从人民的公仆变成了社会的主人，从坚持社会主义变成了主张资本主义。

两位美国学者列举的"在西方处于支配地位的观点"，即苏联解体"乃是由于其内部矛盾所引起的社会主义经济的崩溃，以及普通民众要求废除社会主义并代之以资本主义这场来自于社会底层、受到民众欢迎的革命"，已经成为一种笑话了。他们说，"苏联制度是由其领导层中的一部分人推翻的"，"苏联共产党精英在把资本主义引进苏联方面起着关键的作用"。①

他们阐述这一观点的著作的书名，就叫作《来自上层的革命》。这就是说，苏联解体既不是来自社会主义，也不是社会主义失败的证明，恰恰相反，正是后来苏共领导集团背叛社会主义的结果。

记者：戈尔巴乔夫1985年出任苏联共产党中央总书

---

① 大卫·科兹、弗雷德·威尔：《来自上层的革命——苏联体制的终结》，中国人民大学出版社2002年版，中文版序第4页、正文第7页。

记，还是进行了一系列改革。他的那些措施，对苏联摆脱计划经济的束缚，还是起了一定的积极作用。

答：一切改革都是具体的。戈尔巴乔夫的前任安德罗波夫，先他提出改革。苏共这两任总书记的改革，方向完全不同。亲历这两种改革的苏联部长会议主席雷日科夫，在《大动荡的十年》里写道，后一种改革是对前一种改革的背叛。我1999年访问俄罗斯，会见苏联最高苏维埃主席卢基扬诺夫。他干脆把戈尔巴乔夫和后来叶利钦的改革，直接称为"反革命"。后来在季诺维也夫《俄罗斯共产主义的悲剧》里，也看到同样提法。

一份时间表，可以告诉我们很多东西。

1990年3月15日，美国《新闻日报》发表《戈尔巴乔夫，是新沙皇还是明星？》历数他出任苏共总书记5年以来的创新：提出"人道社会主义"；抛弃对外关系中的阶级斗争思想；公开谴责斯大林；导致立陶宛共产党统治完结；取消共产党由宪法赋予的权利。

6月2日法新社报道《戈尔巴乔夫荣获五项奖》，包括罗斯福自由奖、爱因斯坦和平奖、马丁·路德·金国际和平奖、良知呼吁基金会的历史人物奖，以表彰他"改变了当代世界事态的进程"。

1991年8月24日，也就是戈尔巴乔夫获得诺贝尔和平奖之后两个月，他辞去苏共总书记职务，并要求苏共中央委员会"自行解散"。

第二天，叶利钦命令停止俄罗斯共产党活动，苏联英雄、苏军前总参谋长阿赫罗梅耶夫元帅自杀身亡。美国总统布什"兴奋地看到苏联清洗共产党人",称之为"激动人心的一天",说"这显然敲响了全世界共产主义运动的丧钟"。

8月28日,叶利钦下令,没收属于苏共和俄共的全部不动产和动产,包括存入银行、保险公司、股份公司、合资企业和俄罗斯境内、境外其他机构的卢布货币资金与外汇。俄罗斯总统办公厅开始接管叶利钦命令范围内的一切建筑物、企业、组织、学校、医疗保健机构、医院和其他机关及其所属的动产和不动产、人员和工资基金。29日,俄罗斯同乌克兰签订经济军事协议,第一次使用"前苏联"。法新社说这是划时代的,它"宣布了苏联的死亡"。含有贬义的"前苏联"这一概念,从此由西方媒体向全球扩散。

12月7日,白俄罗斯、乌克兰、俄罗斯领导人,在明斯克签署建立独联体的协议,宣布"作为国际主体和地理政治实体的苏联正在丧失其存在"。21日,苏联十一个加盟共和国首脑签署《阿拉木图宣言》,宣布"苏维埃社会主义共和国将停止存在",并通知戈尔巴乔夫。25日,戈尔巴乔夫辞去总统职务。

1992年1月1日,苏联国旗从克里姆林宫顶飘然落下。

这份时间表,就有对苏共下台、苏联解体原因的回答。

记者:西方主流舆论一般认为,这是全球化的开始,全球化极大地推进了世界的进步。

　　答：西方控制话语霸权，基于自己的政治偏见，发动铺天盖地的洗脑运动，制造和散布混乱的、错误的、似是而非的观念。上述"前苏联"，即属此类。仅仅进行概念的拨乱反正，使人们的认识回到事实的轨道，就是一件亟待提上日程的工作。

　　全球化不是从苏联解体开始，而是从资本主义出现开始。这就是马克思、恩格斯《德意志意识形态》所说的，"历史向世界历史的转变"。

　　但是全球化是一个存在复杂矛盾的客观过程。主要矛盾，一方是资本主义全球化，或者说西方全球化、资本扩张全球化，另一方是以工人阶级为代表的、反对这种全球化的力量。前者至今居于全球化的主导地位，决定着全球化的性质。它的现阶段，就是新自由主义全球化。新自由主义全球化也有一些别的称呼，比如美国化、国际垄断资产阶级霸权主义全球化、新殖民主义全球化之类。工人阶级所代表的、反对资本主义全球化的力量，随着资本主义的出现而出现，在理论上经由空想社会主义走到科学社会主义，在实践上已经有巴黎公社、十月革命这两次对资本世界统治的全球性冲击。全球化进程中的这两个方面，彼此矛盾又此消彼长。十月革命打断了西方全球化原先的进程。这一进程在解体苏联之后续接下来，所以才有全球化从苏联解体开始的说法。

　　因此我不能赞同笼统地说"全球化推进了世界的进步"。哪一种全球化呢？如果说十月革命推进了世界的进步，那是符合事实的。此外是什么呢？在非洲贩卖黑奴，在美洲屠杀印第安人，在中国发动鸦片战争、日本侵华战争、支持蒋介石打内战，直到发动侵略朝鲜的战争，都属于西方全球化。如果说这是推进世界的进步，那么第三世界人民反抗资本—帝国主义侵略的斗争和民族解放运动，十月革命和中国革命，中国的抗日战争、人民解放战争和抗美援朝战争，难道是在阻碍世界的进步吗？

记者：我们讨论的，是现在的全球化，是和国际社会、国际惯例接轨的这种全球化。国际舆论认为，它推进了世界进步。

答：请原谅我的咬文嚼字。

今天所谓"国际社会"、"国际惯例"、"国际舆论"中的"国际"，主要就是指几个西方国家的统治集团，或者说，国际垄断资产阶级，人类中很少一个比例。他们自封为"国际"。报纸、刊物、广播、电视、音像出版物，真正属于占人类绝大多数的工人阶级、被压迫人民、被压迫民族的声音，还有多少呢？

"接轨"也是这样。实际上不过是消灭社会主义、同资本主义接轨，削弱民族独立和国家主权、同新殖民主义接轨，不过是后者吃掉前者。各民族、各国人民，都抛弃自己的优秀传统和对人类文明的独特贡献，国格人格一概接到美国政治经济文化模式和生活方式的轨上，连做梦都要"美国梦"，那是一个怎样的世界呢？

恩格斯《共产党宣言》1893年意大利文版序言说，"不恢复每个民族的独立和统一，那就既不可能有无产阶级的国际联合，也不可能有各民族为达到共同目的而必须实行的和睦的与自觉的合作。"这大约可以属于马克思主义的接轨论了。

"现在的全球化",就是新自由主义全球化。

新自由主义全球化的核心原则,一是用私有化掠取全球资源和财富;二是用市场自由化、贸易自由化、金融自由化之类实现世界对西方跨国公司和企业的单向开放;三是用"小政府"摧毁第三世界维护独立、主权和自己国家与民族权益的最后一道防线。它从 20 世纪 80 年代由英美兴起,而后狂风一般席卷全球。

关于私有化,需要多说几句。

西方主流媒体宣传,社会主义公有制经济,是"全民所有、全民所无",是"官僚经济"、"官本位经济"、"低效率经济"、"腐败经济"、"培养懒汉"等等,因此要私有化。免费读书、免费医疗、低物价,就是实实在在的"全民所有"。私有化之后的苏联各加盟共和国,其官僚主义、官员控制和参与掠夺,其腐败程度,比之苏联时代,是严重了还是减轻了呢?俄罗斯已经多次公布民意调查,认为现在青年的爱国心、责任感、敬业精神和道德水平,远远不能同他们的祖父一辈、父亲一辈相比。

1991 年波兰《论坛报》发表该国私有化最初 8 个月企业赢利的若干数字。那是有可比性的:国营企业 8.4%,私营企业 1.4%,外资企业 6.3%;邮电行业国营 25.9%、私营 9.2%,盐行业国营 8.1%、私营 1.4%,外贸行业国营 7%、私营 – 1.4%。① 此后全力消灭国营企业，就谈不上可比性了。

可以批评公有制经济，但是上述批评不足以服人。

西方主流媒体还宣传，私有化就是民营化，就是把资产交给人民。是交给人民了，还是交给寡头了呢？普京把俄罗斯由此产生的寡头，称为"政府任命的亿万富翁"。资本主义的产生和发展，意味着剥夺以自己劳动为基础的小私有制。在资本主义社会中，私有财产对 9/10 的成员来说已经不存在。1957 年，在肯尼亚召开的一个关于非洲土地问题的工作会议也说："要剥夺一个农民的土地，最好的办法，莫过于让他完全占有土地，并且规定土地所有权可以转让。"② 这是资本主义的老套路。现在对付苏联，是先把社会主义公有制分解为小私有制，然后再掠夺小私有制，加上直接盗窃抢劫属于全民的财产和自然资源，形成资本主义私有制。

俄罗斯几乎每个人，都在私有化的最初阶段获得 1 万卢布。国家领导人说，这相当于一辆伏尔加汽车。然而很快，这笔钱就只能买一公斤劣质香肠，而巨额国家资产则落入寡头之手，最后受控于西方了。因此，在新自由主义全球化的日程表上，私有化的"底"，并不是在解体后的苏联各加盟共和国和第三世界国家，形成新的民族资产阶

① 柳静：《西方对外战略策略资料》第一辑，当代中国出版社 1992 年版，第457 页。

② 保罗·哈里森：《第三世界——苦难、曲折、希望》，新华出版社 1984 年版，第 67 页。

级，壮大民族经济，而是加强国际垄断资本对全球经济的进一步垄断。这只要看一看西方跨国公司通过兼并和重组而垄断的规模越来越大，就可以明白了。

记者：是不是可以概括地介绍一下，新自由主义全球化给全球带来了什么呢？

答：美国一家杂志说，新自由主义教导人民"为了获得重生后的纯净和健康，你必须在经济上和社会上被置于死地"，它没有促进西方的发展，在第三世界也"绝无一例成功"。[①]

英国经济学家安格尔·麦迪森，在长期经济增长和国际比较研究领域享有极高声望。他的《世界千年经济史》提供的数据，截至1998年。

他把1950年至1973年看作为世界经济的"黄金时代"。然而，随着新自由主义之确立全球的统治地位，无论第三世界、苏联东欧地区和西方国家，都处于停滞和倒退。"世界经济的增长放缓了，亚洲的进步已经被其他地区的停滞和倒退所抵消"。全球人均收入增长速度下降一半。占世界人口1/3的168个国家经济恶化。非洲人均收入水平完全停滞不前。拉美和许多亚洲国家收入的增长比之黄金时代微不足道。"在苏联和解体后形成的国家中，经济情况的恶化是灾难性的"。东欧和苏联1998年人均收入只是1973年的3/4。他称之为"西方衍生国"的美国、加拿大、澳大利亚和新西兰，国内生产总值的年平均增长

---

① 《全球化进程崩溃》，美国《哈泼斯杂志》，2004年第3期。

率，从黄金时代的 4.03%，下降到 1973—1998 年的
2.98%。唯独全球的收入差距，"远超过以往任何时代"。
最富有和最贫穷地区之间的人均收入差距，在那个黄金时
代，从 15：1 下降到 13：1，1998 年则上升到 19：1。

麦迪森认为，20 世纪的最后 25 年间，较缓慢的技术
进步是世界经济增长放慢的原因之一。"那些自封的'新
经济'的权威们不愿意接受技术进步放缓的观点。他们
用一些支离破碎的微观经济上的证据为自己辩护。然而，
他们所谓的技术革命的作用至今还没有在宏观经济统计上
显示出来。所以，我无法赞同他们那种乐观的预期。"[1]

西方在倒退。第三世界在倒退。苏联东欧尤其在倒
退。

苏联解体成为 20 世纪人类社会发展的最大悲剧。

一个统一的、强大的国家被肢解得破败凋敝，人民在
近一个世纪里创造的巨额资产和丰富的自然资源，备受劫
掠和廉价拍卖。曾在叶利钦时代出任对外经济关系部长的
经济学家谢·格拉济耶夫写道：自我毁灭国家经济制度的
政策，打着自由化经济改革的旗号，从 1992 年开始在俄
罗斯实行，"搞国有资产私有化和推行的金融政策，都成
了无法无天和腐败的同义语"，"就在实行市场改革的幌
子下，坚定不移地实行起一种为国际资本的利益而侵吞国
民财富、使国家沦为殖民地的政策"。这项政策给俄罗斯

---

[1] 安格尔·麦迪森：《世界经济千年史》，北京大学出版社 2003 年版，第 3、9、15、116、180、120、11 页。

人民带来了灾难性后果。俄罗斯的贫困程度自 1990 年以来加深了 14 倍，生活在贫困边缘或已经陷入贫困之中的人口几乎占人口一半。收入差距至少 19—24 倍，在莫斯科则达到 44 倍。①

俄罗斯在私有化运动中损失 1.7 万亿美元，截至 2002 年的 12 年间，外流资金估计为 1000 亿到 5000 亿美元。国家生产力遭到远比第二次世界大战更为严重的破坏，文化、科学、教育、卫生医疗事业的损失难以数计，连续十数年基本上没有建设。

苏联解体、东欧剧变，世界工人运动、民族解放运动和社会主义运动一道陷入低潮，世界马克思主义者、社会主义者、共产党人和广大热爱祖国、追求民族解放的人们，一道迎来凄风苦雨的日子。

从那时起，无论东欧国家，还是俄罗斯和原属苏联的各共和国，都在埋葬社会主义的过程中，从西方搬来新自由主义的苏东版——"休克疗法"。结果是有"休克"而无"疗法"；勉强可以称为"疗法"的，就是私有化。在第三世界，则有新自由主义的拉美版"华盛顿共识"和非洲版"经济结构调整"。它以阶级的、民族的复仇的疯狂性，瘟疫一样传播开来，到处摧毁社会主义和民族解放运动高涨时期经济社会发展的积极成果，压制和剥夺人民自己创造历史的势头。国家主权、民族独立被严重削弱，

---

① 谢·格拉济耶夫：《俄罗斯改革的悲剧与出路》，经济管理出版社 2003 年版，第 3、4、25、26、31 页。

经济社会全面倒退，人民生活普遍下降，贫富两极分化加剧，环境和生态遭到毁灭性破坏。

新自由主义对于第三世界国家的安排，用美国一家周刊的话来说，就是"重新殖民化"："使非殖民化过程颠倒过来，恢复古老的帝国价值观，甚至倒退到白人统治的旧制度。"①

西方当局在弹冠相庆的盛宴中，推出"历史的终结"：终结于社会主义的消灭和资本主义的世界统治，终结于新自由主义和美国霸权主义的万寿无疆。人类历史不会再有新的发展，也无须进行任何新的创造。他们把这叫作"别无选择"和"不可逆转"，企图在历史达到仿佛对自己最有利的时候为它画上句号。

记者：但是西方毕竟为第三世界国家带来了资金和先进的技术，带来了民主自由这些现代文明理念。这就是一种进步。

答：资产阶级的民主自由，相对于封建主义而言，具有进步性。但是因反对斯大林"独裁"而成为"持不同政见者"，后来回国的俄罗斯哲学家季诺维也夫，就把新自由主义俄罗斯的那种民主，称为"殖民地民主"。拉美人民懂得，美国暗杀和策动军事政变的"民主自由"，是什么东西。在美国发动的侵略战争中死亡65万、逃出国外160万、国内流离失所150万，其余则战栗于美国枪口下的伊拉克人民，更有资格回答这个问题。

---

① 《再见吧，莫伊先生》，美国《新闻周刊》，1996年11月11日。

　　第三世界国家使用西方资金服务于自己的发展，这未必不是好事。但是西方资金输出的目的和手段，第三世界国家怎样使用这些资金以及使用的结果，是两个不同的问题。

　　英国侵入印度，带来了蒸汽机、铁路和欧洲的管理知识。但是这使我想起马克思的两段话。

　　一段是："不列颠人给印度斯坦带来的灾难，与印度斯坦过去所遭受的一切灾难比较起来，毫无疑问在本质上属于另一种，在程度上要深重得多。"

　　另一段是："英国资产阶级在印度所实行的一切，既不会使人民群众得到解放，也不会根本改善他们的社会状况，因为这两者不仅仅决定于生产力的发展，而且还决定于生产力是否归人民所有。但是，有一点他们是一定能够做到的，这就是为这两者创造物质前提。难道资产阶级做过更多的事情吗？难道它不使个人和整个民族遭受流血和污秽、蒙受苦难与屈辱就实现过什么进步吗？"①

　　新自由主义全球化中西方同第三世界的关系，不过是当时英国同印度关系的当代形态。

　　要说和150年以前的区别，大约可以举出漫天飞舞的关于"自由"的空话和知识产权问题。不论在第三世界的哪个地方，都没有看到即便一个实例，证明出让资源、市场、主权和廉价劳动力，可以得到来自西方国家的先进

---

　　① 《马克思恩格斯选集》第1卷，人民出版社1995年版，第761页；《不列颠在印度统治的未来结果》，同上，第771页。

的、关键性的技术。就总体而言，第三世界同西方的技术差距，不是由于新自由主义全球化而缩小，而是扩大了。

记者：回到我们这次采访的主题吧。您怎样看待世界走向问题，或者说，世界向何处去呢？

答：让我们从西方宣布"历史的终结"开始。

苏东剧变以来17年，世界历史走向变化之大、之快，足以使任何严谨的研究者，感慨自己的落伍。

在苏联各加盟共和国，历史遭遇一个耐人寻味的问题：巨恶大贪的巧取豪夺和盗窃吞噬，政治折腾、权力纷争、社会混乱，人民何以在艰难中存活，国家何以在艰难中运转呢？

寡头们有千万和上亿的国外存款、私人飞机和游艇，尽可以到伦敦采购珠宝、豪华住宅和足球队。穷人怎么活呢？免费读书、免费医疗和其他福利政策，因为惠及全国人民，尚未断然取消。免费或低价的住房、设备、小轿车，陈旧粗糙却可以继续使用。莫斯科就有"破拉达比新奔驰跑得快"的民谚。过去分得的城郊的小别墅，由消闲避暑改为种土豆、卷心菜。社会主义时代创造和得到的物质文化成果，经得起那样一种空前未有的疯狂的破坏、出卖、争抢和挥霍，仍然养育着自己的人民。这本身就是奇迹。奇迹的产生，恰恰来自70多年社会主义建设的深厚的根基和家底。

社会主义有一种其他社会运动所不具有的品格和异常坚韧的生命力。这就是，它从人民的历史创造活动中生长起来，即便头被砍掉，根须还在大地的深层。

　　历史是世代延续，难道十月革命以后的社会主义俄国，不是继承了沙皇俄国的家底吗？革命前的俄国，根据美国学者斯塔夫里亚诺斯《全球分裂——第三世界的历史进程》一书提供的资料，属于第三世界。英国首相丘吉尔，说了一句公平话："斯大林接受的是还在使用木犁的俄罗斯，而他留下的却是装备了原子武器的俄罗斯。"①这可是完全不同的家底了。

　　社会主义的根基，一方面是物质的根基，一方面是精神的、道义的、人心的根基。正是在失去社会主义的年代里，人们从苦难中重新点燃起对十月革命的开创者、战胜法西斯的英雄和祖国建设者的由衷的敬意。他们始终存在于人民的记忆里，并渐次转化为从灾难深渊拯救祖国的新的物质力量。被推倒的列宁和斯大林的塑像，再度耸立起来。对于苏联共产党的怀念，成为俄罗斯最新的社会风景线。过去的"持不同政见者"，挺身加入祖国光荣历史捍卫者的行列。甚至在解体进程中扮演积极角色的人物，也发出和当时完全两样的声音。

　　人民的选择，从根本上决定着国家决策。恢复苏联国歌《牢不可破的联盟》的旋律为目前的俄罗斯国歌，把苏联时代的红五星作为俄军军旗图案和军徽图案，原样再版发行《联共（布）党史简明教程》并指定为高等学校历史教科书，与此相关，还进行了一系列国内外政策的调整。这导致基本结束国家解体初期的混乱倒退局面。2005

---

　　① 　卡尔波夫：《大元帅斯大林》，社会科学文献出版社 2005 年版，第 793 页。

年，伤痕累累的俄罗斯，已经跻身世界十大经济体。

苏联各加盟共和国中，白俄罗斯是一个特例。1994年卢卡申科当选总统，拒绝"休克疗法"，被西方主流媒体嘲笑为"社会主义复辟"。1996年至2004年，它的国内生产总值平均年增长6.6%，2005年为9.2%，这里没有两极分化，人均收入位居独联体各国的前列。同1990年苏联解体前夕相比，2005年俄罗斯的生产力接近当时的82%，乌克兰不及60%，白俄罗斯却增长到120%。西方策动"颜色革命"连连得手，唯独碰壁了白俄罗斯，卢卡申科高票当选，出任第三任总统。

东欧国家的某些政党，仍然时不时地炒作"清算共产党间谍"。然而匈牙利总理一句小范围的却诚实的话"我们从早到晚，谎话连篇"，居然引发布达佩斯的反政府暴力活动。路透社2006年9月20日的报道说，"这可以看作是前社会主义东欧地区对16年来的经济大变革感到疲倦的又一个例子"。同时出现的，是对于老一代社会主义领导人的追念。一些国家恢复合作社。斯洛伐克"候选总理"菲乔，在2006年7月2日的电视辩论节目中，声称"不愿意成为售货政府总理"，呼吁停止出售国有资产。人民寄望于社会主义的潮流，在继续涌动。

关于斯大林如何残暴、如何杀人如麻、如何灭绝人性，西方主流社会已经推出数不清的著作。现在的文章，还做在斯大林身上。《外交事务》2006年1—2月号有《关于斯大林的失败的测评：俄罗斯人及其独裁者》。按照它提供的2003年以来在俄罗斯三次调查的数据，对斯大林的怀念没有随老一代的消亡而消亡，青年对斯大林的态度正变得越来越肯定，"大多数俄罗斯人对斯大林的态度是不合格的"。因此"俄罗斯非常需要采取系统的非斯大林化运动"，这种需要日益迫切，而且只能得到"外界的帮助"才能实现。

"非斯大林"，又要"系统"，又要"运动"，又要"外界的帮助"。然而已经"非"过了、"系统"过了、"运动"过了，也已经"帮助"过了。今天的"不合格"，正是这一切之后，俄罗斯人民自己的选择。悲天悯人，热心过分，难道关于俄罗斯的事情，俄罗斯人民自己的选择注定不合格，一定要和远在太平洋彼岸白宫的决策者保持一致，才算"合格"吗？

人民在比较中认识真理。且不说社会主义取得世界性胜利的年代，甚至像苏联后期，犯有严重政策性错误但是尚未在国家制度层面摧毁社会主义，那种经济社会发展和人民生活水平，都成为失去社会主义制度之后的美好回忆。这就是为什么无论俄罗斯，还是苏联其他加盟共和国或者东欧国家，至今还需要为恢复到社会主义最后年度的经济增长率而奋斗。社会主义使人民团结和国家强大，失去社会主义则使他们分裂和倒退。人民选择的，正是他们自己的道路。

记者：社会主义运动在继续，一个重要的表现，就是中国。

答：在世界社会主义运动低潮中，中国等国家继续坚持社会主义，得到长足的发展，尤其具有重大意义。

解体苏联的时候，美国一方面把停止援助古巴作为向戈尔巴乔夫施压促变的筹码，一方面加大对古巴的干涉和演变。社会主义大国苏联解体了，社会主义小国古巴站住了。古巴人均收入不及美国 1/10，预期寿命、入学率和美国一样；婴儿死亡率低于美国。美国《是的!》杂志2006 年一篇论及石油问题的文章，承认古巴农业是世界最有利于生态保护和最具社会责任感的农业，把这看作是古巴为社会主义创立的一种新的优越性。

西方主流媒体把朝鲜称为"流氓国家"、"精神病人国家"、"邪恶轴心国家"，不知疲倦地制造和传播朝鲜饿殍遍地、社会动荡的新闻。苏联解体给朝鲜造成的直接经济损失，超过朝鲜战争，期间还有连续四年的自然灾害。但是这个 GDP 仅相当于美国1/350、人均收入不足世界平均水平 1/5 的国家，却在他们所称的"艰难的行军"中，继续免费教育、免费医疗、免费住房和免农村税费，社会发展指标使一些西方发达国家相形见绌。

1989 年 5 月 18 日，《波士顿先驱报》发表美国总统老布什关于中国的谈话，认为"人们已经认识到社会主义的失败"。1991 年 1 月 3 日新华社报道，日本出版一本《新的世界秩序和日本》，主张靠美、日、德三极体制建立这种新秩序，"中国坚持'四项基本原则'，这与世界整个潮流相悖。中国早晚要放弃毛泽东思想。到那时，中国将不再是单一的共和国，将成为国家联邦或完全分裂的国家。只有到那时，亚洲的冷战才能消除。" 1991 年 11月，日本《选择》月刊又发表《美国的目标是使中国解体，从而除去最后一个眼中钉》。

事实再一次让他们出丑了。

正如胡锦涛总书记指出的："在社会主义革命和建设时期，我们确立了社会主义基本制度，在一穷二白的基础上建立了独立的比较完整的工业体系和国民经济体系，使古老的中国以崭新的姿态屹立在世界东方。在改革开放和社会主义现代化建设时期，我们开创了中国特色社会主义道路，坚持以经济建设为中心、坚持四项基本原则、坚持改革开放，初步建立起社会主义市场经济体制，大幅度提高了我国的综合国力和人民生活水平，为全面建设小康社会、基本实现社会主义现代化开辟了广阔的前景。"在第三世界国家的发展普遍遭遇困境的时候，中国共产党人提出了自己的社会主义的科学发展观，绘制了构建社会主义和谐社会的宏伟蓝图。

记者：最近有两篇议论中国的文章。一篇是俄罗斯《政治杂志》9月25日的《中国模式对抗新自由主义》，另一篇是《香港虎报》10月16日的《中国领导新自由主义——美国看来已经失去世界最自由的自由市场经济地位》。您做何评论呢？

答：新自由主义全球泛滥，在多大程度上对中国的一些人有影响，是一个问题；中国党和政府的基本政策，是另一个问题。把中国社会主义事业归之于新自由主义，是荒谬的。中国经济社会各项事业所取得的巨大成就，中国由于这些成就而赢得的世界人民的尊敬，来自中国共产党的领导，来自社会主义制度的巩固和完善。

记者：苏东社会主义的根基尚未彻底摧毁，近年来又出现怀念社会主义的声音。中国等社会主义国家继续存在和发展。这都证明，"历史的终结"的理论站不住了。然而要说明当前世界历史的走向问题，说服力似乎还不够。

答：更加需要研究当前世界历史运动中的社会主义问题。

记者：应该怎样理解社会主义运动呢？

社会主义运动，亦即《共产党宣言》所说的无产阶级运动："绝大多数人的、为绝大多数人谋利益的独立的运动"。运动过程中会确立起社会主义的社会制度。运动推进着、丰富着作为一种学说、理论、信仰的马克思主义。马克思主义又居于指导地位。社会主义制度本身，也在运动中变化和不断地完善。

我们这一代人对社会主义的理解，狭窄一些，就是计划经济；宽泛一些，也很容易归结为就是当年苏联的社会制度或者中国的社会制度。就社会制度而言，不能说苏联解体，社会主义就完结了，也不能因为中国坚持社会主义，就排除其他国家、其他地区沿着社会主义方向的新的创造。

记者：这是一个值得探讨的问题。您放眼世界的时候，除了已有定评的几个社会主义国家，还看到了社会主义吗？

答：社会主义在哪里？在书本上、宣言里，还是在工人阶级和人民大众历史创造活动实践中？列宁说得好："群众生机勃勃的创造力是新社会的基本因素"，"社会主义不是按照上面的命令创立的。它和官场中的官僚机械主义根本不能相容；生气勃勃的社会主义是由人民群众自己创立的。"①

这里就有认识世界走向问题的科学的方法论原则。也如列宁所说："马克思最重视的是群众的历史主动性"，"他最重视的是工人阶级英勇地奋不顾身地积极地创造世界历史。马克思观察历史，是从正在创造历史，但无法事先绝对准确地估计成功机会的那些人们的观点出发的"。②

把社会主义理解为工人阶级和人民大众的历史创造活动的实践，那就应该看到，社会主义从空想到科学，在20世纪，经过确立社会主义制度、运动的高涨和发生严重错误以后陷入低潮几个不同的阶段，它的成果已经融入世界文明，成为世界人民的共同财富。它在21世纪继续存在着、发展着，并且已经显露某些新的特点。

记者：把社会主义看作一种"运动"而不是凝固的东西，这符合历史辩证法。现在需要从这样的角度提出社会主义问题，也需要研究世界社会主义运动在21世纪的新特点。

答：很希望我们的学者从人民历史创造活动的实践出发，深入地系统地研究这样的问题。在这方面，越是世界社会主义运动处于低潮，中国共产党人、社会主义中国的理论工作者，也越是承担着一份特殊的、庄严的责任。

---

① 《列宁全集》第26卷，人民出版社1959年版，第269页。
② 《列宁选集》第1卷，人民出版社1995年版，第705、707页。

　　关于21世纪世界社会主义运动的新的特点，我也是最近才开始思考。最多不过有一些提纲式的回答，有些地方多说几句，有些地方列个题目，目的是引起讨论和批评。

　　第一，这是在全球规模上，生产力社会化程度和人类交往程度达到空前发展水平的历史条件下的社会主义。

　　第二，这是经历前所未有的伟大胜利和惨痛挫败，经历战争的与和平的、执政的与失去执政地位的诸多严酷考验，积累起比过去任何时候都更加深刻、更加丰富的正反面经验的社会主义。

　　第三，这是抛弃教条和固定模式，更加充分地尊重人民历史创造主动精神，更加广泛地融会人类文明成果和各民族人民优秀文化传统，在全新历史环境中实现马克思主义基本原理同实际相结合，到处进行新的探索和激起创造活力的社会主义。

　　这里要感谢《国外理论动态》。你们的刊物连续多年向国内读者介绍世界各国的情况，使我们了解一个更加广阔的世界。我的很多知识，都来自贵刊。

　　比如在新自由主义一度最为猖獗的拉美，委内瑞拉对外抗击美国霸权主义，对内发展合作经济、国有经济，实行土地改革，支持免费医疗、教育和食品补贴，建立参与式民主制度，加强军队和人民的联系，等等①。墨西哥《每日报》2006年6月4日《拉美的新社会主义》也说，

---

　　① 《委内瑞拉的二十一世纪社会主义》，《国外理论动态》，2006年第10期。

委内瑞拉倡导劳动者共同管理国家经济，"为大多数人民创造多种经济发展机会"。巴西解决无地农民问题的办法之一，是在农村实行劳动者的合作经济。阿根廷经济危机中，不仅有"断路者运动"的活跃，而且出现许多工人集体占有和民主管理的企业。布宜诺斯艾利斯一家五星级饭店，改由职工集体经营，变亏损为赢利。墨西哥萨帕塔运动控制的恰帕斯州，实行一种带有印第安文明特色的自治制度。我们尚不知其详，但是多家报道介绍，这里有一种平等、诚实的社会气氛，比之墨西哥动荡不断的其他地区，这里是安定的。

在亚洲，最近报刊介绍的孟加拉经济学家尤努斯建立和推行的"穷人银行"，"以合作经济的方式，替贫穷国家的穷人打开了一扇新的机会之窗"。[①] 印共（马）多年执政的喀拉拉邦，自然条件差，但是经济有起色，人民大众享有的文化、教育、医疗待遇也远好于其他地区。尼泊尔共产党（毛泽东主义）在自己控制的地区进行土地改革、建立人民参与的民主政权，威望越来越高。

记者：我们一向认为，社会主义意味着共产党领导、国家政权、无产阶级革命和无产阶级专政。您举出拉美和亚洲国家一些实例，是不是说，那也是社会主义？

答：我们这里没有讨论通过革命或者改良的道路取得国家政权和建立社会主义制度的问题。不能用已经存在的

---

① 《"穷人银行家"尤努斯为穷人创造生命奇迹》，香港《亚洲周刊》，2006 年 10 月 29 日。

社会主义制度的标准，剪裁当前的历史运动过程。在新自由主义全球化猖獗、社会主义革命条件尚未成熟的情况下，我特别注意的，是劳动者合作经济这种形式。请原谅我又搬出马克思。

1844 年英国出现罗虚代尔的工人合作社。1864 年马克思在第一国际成立宣言中，说这意味着"劳动的政治经济学对资本的政治经济学"的一个"更大的胜利"。《资本论》第三卷写道，股份制度导致资本集中，"剥夺已经从直接生产者扩展到中小资本家自身"，接着说"工人自己的合作工厂，是在旧形式内对旧形式打开的第一个缺口"，"资本主义的股份企业，也和合作工厂一样，应当被看作是由资本主义生产方式转化为联合的生产方式的过渡形式，只不过在前者那里，对立是消极地扬弃的，而在后者那里，对立是积极地扬弃的。"①

为了适应社会主义公有制经济的股份制改造，我们相当一些报刊文章很喜欢引用这里《资本论》中的话。不过只引股份制如何必要，却不引对股份制资本主义性质的分析，尤其完全舍弃马克思关于工人合作工厂的论述。于是伪造出一个抛弃工人阶级历史主动性、只吹嘘资本主义股份公司的马克思。这实在算不得郑重的治学态度。

在世界社会主义运动的低潮中，劳动者合作经济的形式，作为一种新创造再次出现。这属于绝大多数人的、为

---

① 《马克思恩格斯选集》第 2 卷，人民出版社 1995 年版，第 605—606 页；《马克思恩格斯全集》第 25 卷，人民出版社 1974 年版，第 497—498 页。

绝大多数人谋利益的探索，属于向着社会主义方向的探索。

　　记者：前些年时髦过一种"重新认识"。

　　答：实践、认识、再实践、再认识，循环往复，螺旋式上升，这是符合客观规律的。社会主义在资本主义导致的苦难中产生。社会主义制度诞生了，本身需要在实践中完善。这就是我们党所说的，"改革是社会主义制度的自我完善"。今天条件下合理的东西，明天条件改变了，也许会陈旧，那就需要继续有所改变。人类的认识，既有相对稳定的一面，又总是处于不断变化的过程中。认识是发现。重新认识是重新发现。发现什么？发现客观事物的规律，发现人民历史创造的经验。即便到共产主义社会，也需要"重新认识"。

　　前些年时髦过一阵"重新认识"，主导倾向在很大程度上不过是丑化和否定社会主义、赞赏和追求资本主义。这是政治偏见、主观情绪的产物，可以算作是为新自由主义鸣锣开道的序曲，不是推进认识走向客观实际，而是使认识更加远离客观实际，走向迷误和荒诞。

　　在经历新自由主义的浩劫之后，"重新认识"再次被历史推上前台。现在"重新认识"的主体，是人民。人民在重新认识资本主义，也重新认识社会主义。

　　一位印第安农民，以宣称"美国噩梦"当选为玻利维亚总统的莫拉莱斯，在2006年8月28日德国《明镜周刊》发表谈话说，资本主义只会伤害拉美，而社会主义意味着公平和公正，使拉美不再"像过去那样被种族主义或法西斯主义者所统治"。这就是重新认识。

在世界社会主义运动的低潮中，在社会主义者遭受迫害的日子里，出现越来越多、越来越强大的呼吁社会主义的声音，而且有些来自国家领导人。这在 10 多年前，是不可想象的。

第四，这是具有更广泛而深厚阶级基础、社会基础的社会主义。

西方宣传，随着科技发展，"劳动消失了"、"工人阶级消失了"。社会如果没有劳动，一天也不能存在。科技也是劳动。美国富人可以专门享乐和休闲了，衣食住行、穿鞋戴帽，却来自美国工人阶级和第三世界血汗工厂工人的劳动。纽约地铁罢工，几近死城；"没有移民的一天"，商店餐馆关门、工厂停工，没有人清除垃圾，几乎全国瘫痪。

新自由主义全球化，更加成为资本主义生产关系、雇佣劳动全球化的过程，或者说全球规模上再生产的过程。资本在全球化，雇佣劳动也在全球化。新自由主义一方面扩大贫富两极分化的鸿沟——西方发达国家同第三世界国家之间的，西方发达国家之间及其国家内部的，第三世界国家之间及其内部的鸿沟，另一方面扩展着雇佣劳动者的队伍。工人大量失业。失业也属于工人阶级。曾经作为资本主义社会稳定器的所谓中产阶级，包括科技知识分子，在剧烈的社会分化中，绝大多数落入工人阶级队伍。曾经远离资本主义中心的第三世界居民，从作为小生产者的农民、牧民、渔民，到保持着原始部落习俗的原住民，正在直接或间接地沦为跨国公司的雇佣劳工。

工人运动在新自由主义中受到压制和削弱，但是没有销声匿迹，而且自世纪之交起，呈现出复苏迹象。

在美国，有 1995 年波音公司、1997 年包裹服务公司、1998 年通用汽车公司、1999 年西雅图、2002 年西海岸码头工人、2005 年年底到 2006 年公交工人的大罢工。在欧洲各主要城市，动辄数十万、上百万人的罢工和示威此起彼伏。

记者：还应该注意到反全球化运动的兴起。

我不赞成"反全球化运动"这样的概念，应该表述为反对西方全球化或者新自由主义全球化运动。

这是一种群众性社会运动。运动每每在西方发达国家首脑、巨富、其他代表人物聚会的时间和场地，火山一样爆发，闹得首脑们不得不东躲西藏到某个孤岛或兵舰，形成"7 个人开会，7 千人警卫，7 万人示威"的局面。运动主题，从反对两极分化、反对贫困和失业、反对环境污染到反对美国发动的"反恐战争"，参加者包括来自各大洲的不同肤色、不同民族的人群，最多时遍及世界各主要城市，参加者达到 2 千万。其主力和骨干，并非如一些媒体文章所说是"乌合之众"，而是主要来自西方发达国家的工人阶级。

2006 年出现两个标志性事件。

一个是 3 月间法国围绕"首次雇佣合同"的劳资冲突，大中学生发难，铁路、公交、航空等行业工人协力支持，300 万人参加，持续两个月之久，一度发展为使巴黎陷入瘫痪的"暴乱"。工人和学生并肩发起针对失业和超经济剥削的斗争而达到如此规模，在近30年来的欧洲尚属首次。

另一个大规模抗议活动，因美国当局对来自各国的新移民加大处罚力度而爆发。活动从2006年3月延续到5月，高潮是5月1日的"没有移民的一天"。游行示威波及20个州的将近100个城市，参加者包括来自世界各国的数百万人。美国本来就是一个移民国家，目前移民占世界移民总数1/5。移民是美国的"打工仔"和"打工妹"，是最艰苦、最危险、报酬最低的劳动的主要承担者，处于工人阶级最底层。美国当局曾经以"阻止迁徙自由"指责第三世界国家"违反人权"。现在，它一方面享用移民用艰苦劳动和牺牲创造的富足，一方面却要对他们加大处罚力度。这不能不激起愤怒。这场斗争，显示出第三世界人民的团结，而且得到多数美国居民的同情和支持，被认为是20世纪60年代以来美国最大和最具战斗力的劳工运动。

在第三世界，痛苦的流泪和呻吟，转化为对新自由主义和美国霸权主义的愤怒的抗议与新的社会道路的探索。

1994年1月1日，美国和墨西哥签署自由贸易协定，墨西哥恰帕斯山区印第安人民打响了反对新自由主义全球化的第一枪。他们认为，这个协定是墨西哥人的死亡通知书。拉美社会运动随之风起云涌，2001年起则有每年一次的世界社会论坛。论坛从拉美开到亚洲和非洲，成为第三世界人民普遍觉醒和新的群众性斗争的信号，被称为

"第三世界的联合国"、"21世纪的万隆会议"。参加者以第三世界国家为主，也包括许多西方发达国家的组织和个人，从高层政界人物、诺贝尔奖得主、著名科学家到普通工人、农民、学生，人数从数万增加到十几万。和新自由主义所谓"别无选择"相对立，它的共同呼声是"另一个世界是可能的"。2006年年会，已经明确提出"要社会主义，不要帝国主义"。

第五，这是在进步人类对新自由主义全球化进行阻击和进行新的探索的斗争中成长起来，引导人类摆脱新自由主义全球化灾难的社会主义。

这里不讨论俄罗斯和委内瑞拉两国的社会性质问题。但是有一个事实是清楚的：努力摆脱新自由主义枷锁、寻找有利于实现绝大多数人利益的政策，结果就是基本停止倒退，经济在恢复，有发展，社会事业也出现新的面貌。

第六，这是世界知识界走出迷惘，和人民、和历史运动的客观进程、和马克思主义逐渐建立起新的联系的社会主义。

西方知识界正在兴起两大思潮。

一个是马克思从备受冷落和攻讦，成为民意测验中得票最高的人物。以他的英名命名的理论，也越来越成为进步知识界分析当代新自由主义现实和资本主义命运的最锐利武器。

另一个是，曾经喧闹一时的"历史终结论"自己被历史所终结，代之而起的"新自由主义终结"、"资本主义终结"、"帝国主义终结"、"美国霸权主义终结"，系统地或者从某个侧面对诸如此来的东西进行清算，成为新的理论热点。以此作为书名的著作，由英、法、德等不同语言译为中文出版的，已经有数十种之多。《国外理论动态》近年刊出有关这一主题的文章，不少于数百篇。

那位提出"历史终结论"的弗朗西斯·福山，在世界各国领略到美国霸权主义引发的普遍的反美情绪。他说："我错了"，我是一名"叛徒"，现在成为"马克思主义者"了。①

在伦敦、巴黎和纽约，几乎每年都有各国马克思主义者、社会主义者的重大聚会。纽约召开的世界社会主义者大会，针对新自由主义的全球私有化发出呼吁："世界不是被用来出卖的"。2005年11月间伦敦召开的欧洲反资本主义左翼大会宣言，要求建立一个"基于和平而非战争、团结而非竞争、平等而非压迫、正义而非剥削的替代社会"。第五届国际马克思大会即将于2007年10月在巴黎召开，议题就是反对资本主义和替代性政治选择。

第七，这是伴随新自由主义全球化而日益全球化，越来越显示出取代资本主义的历史趋向的社会主义。

新自由主义全球化划分了这样的阵营，一方面是占人类极少数而且越来越少的国际垄断资产阶级及其附庸，一方面是占人类绝大多数而且越来越多不同程度地受到压迫、剥削、排挤、边缘化的社会人群。当把一切权益归于自己的时候，也就把一切不满、怨愤、仇恨集于自己了；

---

① 2006年3月19日，英国《星期日泰晤士报》。

当把一己私利全球化的时候，这种不满、怨愤、仇恨也就全球化了。

资本主义全球化，特别是它的新自由主义阶段，从生态、生物多样性环境、妇女儿童、教育科技、道德伦理、民族宗教领域，到战乱、两极分化、贫困、失业、饥饿以及人类生存的各种基本问题，等等，到处制造倒退和灾难。人类为摆脱这种倒退和灾难，进行持续不断的、各种形式和途径的斗争。然而在现存秩序的范围之内，倒退没有终止，灾难益加深重。在它之外寻找和创造新的社会秩序，成为不可避免的历史追求。

记者：难道世界历史走向，就是要么社会主义，要么资本主义，除此之外，没有别的判断了吗？这是不是又回到问"姓资姓社"的争论，把问题简单化呢？

答：新自由主义全球化使世界成为资本主义的世界。在世界历史运动基本走向这样的问题上，归根到底，除了资本主义、社会主义，我看不到其他主义。"第三条道路"没有超越这两个主义，何况热闹时间不长，已经烟消云散。西方学者有世界将走向黑暗、走向混乱的说法。这是对于新自由主义现实与前景的一种描绘，没有回答黑暗和混乱之后的情形。各国人民都在努力摆脱以新自由主义面貌出现的资本主义；向哪个方向摆脱，摆脱之后走向哪里呢？从生产力和生产关系、经济基础和上层建筑的发展规律来说，从世界绝大多数人的愿望来说，只能走向社会主义。

走向社会主义的道路和社会主义制度的具体形式，将不会是单一的。至于为此奋斗的人们的认识怎样从自发到自觉，把自己所投身的历史运动叫作什么，如何命名，则是另外的问题。这是具有无限创造空间的领域。我想，只要是绝大多数人的、谋求绝大多数人利益的运动，在历史方向上就属于社会主义。

"姓资姓社"的争论从来没有停止过。与其说是人和人之间的争论，不如说是两种历史运动之间的争论。我们不赞成把"姓资姓社"问题简单化，不赞成把世间事物像切西瓜一样分为或资或社两种，而后决定取舍。玩弄口号和标签，最省事也最没有用。历史运动过程要复杂得多。不过鲁迅论出汗，也说林妹妹出的是香汗，焦大出的是臭汗。一个螺丝，也要问"姓资姓社"吗？如果考察原料、采掘、设计、工艺、加工、销售、知识产权、利润分配，都是劳动和一定社会关系的产物。如果考察用途，用于为人民谋利益和成为屠杀伊拉克人民的坦克的零配件，还是不一样。西方社会中符合生产力发展规律的先进技术和管理经验，拿来建设社会主义，是好事，既不能随便扣上"姓资"的帽子，也不能因其"姓资"而拒绝。何况来自其他社会主义国家的先进技术和管理经验，也不能照搬照抄。

在社会制度、历史走向这样的问题上，问"姓资姓社"无罪。在社会主义中国，问一问，应该是可以的。一个理论工作者，不把自己的智慧贡献给祖国的社会主义事业，而是热心于不加分析地宣传不问"姓资姓社"，还要拉出终生为社会主义事业奋斗的邓小平同志的只言片语

加以歪曲进行这样的宣传，还要在党的报刊上进行这样的
宣传，还要以共产党理论家的资格和名义进行这样的宣
传，实在是一种悲哀。

社会主义有严格的界定，不能把所有反对侵略战争、
维护世界和平和追求民主自由平等正义的力量，所有抗击
霸权主义、热爱祖国、捍卫人民权益和文化传统的力量，
所有追求人与人、人与自然和谐相处的力量，都直接等同
于社会主义。但是只要否定资本主义和在资本主义之外进
行新的追求与创造，无论把自己叫什么，无论别人怎么称
呼，无论自觉与否和自觉的程度，走到底，都如涓涓细流
之归于大海，多少成为社会主义的天然同盟者，在历史地
走向社会主义。

记者：您列出了一个大纲。但是好像有点怀旧。历史
只能前进，不能倒退，倒退没有出路。

答：美国学者沃勒斯坦等所著《自由主义的终结》
一书中提出，"我们这么快就要怀起旧来了吗？我想我们
应该如此。"①

该书所集文章，写于 1995 年到 1998 年，中译本 2002
年出版。从那以后，怀旧之风还在继续升温。我们不能不
佩服著者的历史敏感。

倒退还是前进，任何时候都是相对的、历史的、具体
的。要说倒退，新自由主义是最大的倒退。"倒退没有出

---

① 伊曼努尔·沃勒斯坦等著：《自由主义的终结》，社会科学文献出版社 2002 年
版，第 15 页。

路"，如果作为新自由主义打击对手、自我推销、自我扩张的咒语，本身就成为而且促进着货真价实的倒退。

苏东社会主义政权垮台，被革命推翻的皇族后裔、地主资本家纷纷回来，索要他们失去的权力和财产。列宁真是不幸而言中了："他们在遭到第一次严重失败以后，就以十倍的努力、疯狂的热情、百倍的仇恨投入战斗，为恢复他们被夺去的'天堂'、为他们的家庭斗争，他们的家庭从前过着那么甜蜜的生活，现在却被'平凡的贱民'弄得破产和贫困（或者弄得只好从事'平凡的'劳动……）。"①

这种历史倒退现象本身属于新自由主义，也从其全球化中分一杯羹，成为支柱之一。虽然更大的利益，属于新生的强盗和窃贼，属于国际垄断资本及其附庸和他们的代理者。

我们这里所说的，不是他们，而是人民的怀旧。西方国家人民怀"黄金时代"两极分化没有今天这样严重的旧。第三世界人民怀享有本国主权、民族独立的旧。苏东人民怀没有失业、倡导道德高尚、平等地享受物质文化福利的旧。无所不在地怀旧，就成为新自由主义全球化导致全球倒退的铁证。

人民的这种怀旧是倒退吗？

新自由主义的今天，从人民曾经取得的成果倒退两步甚至三步。由此算起，倒退一步就是前进。比之殖民地

---

① 《列宁选集》第 3 卷，人民出版社 1995 年版，第 612 页。

化，民主主义是前进，社会主义更是前进。

人民的怀旧正在成为历史进步的垫脚石。萨帕塔运动曾经召开一个来自五大洲参加者的第一届保卫人类对抗新自由主义国际聚会。它的领导人马科斯，在开幕辞中宣读的是诗一样的语言："保有自己的过去，那样我们将拥有未来。"①

这里一个问题是怎样对待历史。历史就是我们的一切：人类多数的力量在这里，人民的力量在这里，真理在这里，社会主义在这里。另一个问题是，人民的历史创造活动永远具有创新的性质，没有什么比人民自己的经验、自己的教训更为宝贵，更能够唤起创造新的社会道路的激情与智慧。

新自由主义全球化为它的被埋葬，也为社会主义的新的创造和再度崛起，积累着历史的力量。

世界处于新的大变革的前夜。经历低潮的世界社会主义运动，将又一次奏起它的凯旋曲。历史不是资本主义的朋友。未来属于社会主义。

---

① 《蒙面骑士——墨西哥　副司令马科斯文集》，上海人民出版社 2006 年版，第335 页。

图书在版编目（CIP）数据

卫建林自选集/卫建林著．（"学习"理论文库）
－北京：学习出版社，2007.4
ISBN 978－7－80116－605－0

Ⅰ．卫… Ⅱ．卫… Ⅲ．①卫建林－文集②社会科学－
文集 Ⅳ.C53

中国版本图书馆 CIP 数据核字（2007）第 019551 号

卫建林自选集

WEIJIANLIN ZIXUANJI

卫建林　著

责任编辑：于　薇
技术编辑：纪　边

出版发行：学习出版社
　　　　　北京市西长安街 5 号（100806）
　　　　　010－66063020　　010－66061634
经　　销：新华书店
印　　刷：北京新丰印刷厂
开　　本：880 毫米 × 1230 毫米　1/32
印　　张：16.625
字　　数：330 千字
版次印次：2007 年 4 月第 1 版　2007 年 4 月第 1 次印刷
书　　号：ISBN 978－7－80116－605－0
定　　价：75.00 元

如有印装错误请与本社联系调换